KB070278

로도스 섬 해변의 흔적 3

고대에서 18세기 말까지
서구사상에 나타난 자연과 문화

나남
nanam

한국연구재단 학술명저번역총서
서양편 387

로도스 섬 해변의 흔적 3

고대에서 18세기 말까지
서구사상에 나타난 자연과 문화

2016년 5월 5일 발행
2016년 5월 5일 1쇄

지은이_ 클래런스 글래컨
옮긴이_ 심승희 · 진종헌 · 최병두 · 추선영 · 허남혁
발행자_ 趙相浩
발행처_ (주) 나남
주소_ 10881 경기도 파주시 회동길 193
전화_ (031) 955-4601 (代)
FAX_ (031) 955-4555
등록_ 제 1-71호(1979. 5. 12)
홈페이지_ http://www.nanam.net
전자우편_ post@nanam.net
인쇄인_ 유성근(삼화인쇄주식회사)

ISBN 978-89-300-8866-4
ISBN 978-89-300-8215-0 (세트)

책값은 뒤표지에 있습니다.

'한국연구재단 학술명저번역총서'는 우리 시대 기초학문의 부흥을 위해
한국연구재단과 (주)나남이 공동으로 펼치는 서양명저 번역 간행사업입니다.

로도스 섬 해변의 흔적 3

고대에서 18세기 말까지
서구사상에 나타난 자연과 문화

클래런스 글래컨 지음
심승희 · 진종헌 · 최병두 · 추선영 · 허남혁 옮김

나남
nanam

Traces on the Rhodian Shore

Nature and Culture in Western Thought
from Ancient Times to the End of the Eighteenth Century

by Clarence J. Glacken

Korean translation edition © 2016 by Korea Research Foundation
Published by arrangement with University of California Press, Berkely, USA
via Bestun Korea Agency, Seoul, Korea.

로도스 섬 해변의 흔적 3

고대에서 18세기 말까지
서구사상에 나타난 자연과 문화

차 례

제3부

근대 초기

도입부

1. 서 론

사상사에서는 르네상스와 발견의 시대를 함께 논할 만한 상당한 근거
가 있다. 르네상스 시대 동안 고전에 대한 탐구욕은 중세의 식자들보다
훨씬 대단했다. 출처가 보다 분명해졌고, 고전 세계로부터 직접 가져왔
으며 그 양도 보다 풍부해졌다. 알베르티(Leon Battista Alberti)*의 《건
축십서》(*Ten Books on Architecture*)는 이런 연구 풍토를 웅변적으로 잘 보
여준다. 알베르티는 그의 저작에 간접적으로라도 영향을 준 거의 모든
저자들의 책을 철저히 읽었을 뿐만 아니라 비트루비우스의 저작을 놀랍
도록 비판적인 시각으로 읽었다. 고대 세계의 사상에 대한 이와 같은 관
심과 더불어 르 로이(Le Roy)*와 뮌스터(Sebastian Münster)* 등의 저작
을 보면 인간의 역사에 새로운 것이 나타났다는 인식이 보이는데, 발견

의 시대에 성과를 거두면서 이러한 인식은 더 커진다.

교황 비오 2세(Pius II)*였던 피콜로미니(Aeneas Sylvius Piccolomini)의 회고록으로 보건대 르네상스 시대에는 인간에 의해 변형된 경관과 변형되지 않은 경관이 혼재된 아름다움을 인식하면서, 풍경에 대한 사랑을 역사적 연상과 결합시킬 수 있었다. 이 회고록을 좀더 자세히 살펴보도록 하자.

비오 2세가 살던 이탈리아의 경관에도 야생은 존재했다. 그러나 올리브 과수원과 포도밭, 폐허와 같이 인간의 활동을 떠올리게 만드는 것들 역시 결코 멀리 있지 않았다. 풍경을 감상하는 기쁨은 종종 서명이나 추기경과의 모임같이 교황의 의무를 수행하는 과정에서 경험되었다. 그는 온천욕을 위해 메르사(Mersa) 강을 거슬러 올라가며 "이른 봄의 달콤함"을 느끼기도 하고, 시에나(Siena) 부근의 "형용할 수 없이 사랑스러운" 농촌을 거닐기도 하며 "잘 재배된 나무, 포도나무, 쟁기질된 곡물밭이 있는 완만한 언덕"을 감상하기도 하고 "목초지나 씨 뿌린 밭이 딸린 녹색의 계곡과 그사이로 거침없이 흐르는 개울"을 기쁘게 바라보기도 한다. 새들은 자연적으로 자랐거나 인간이 조성한 무성한 숲 속에서 "즐겁게 노래한다".

시골의 대저택과 수도원 같은 인간의 침입 흔적은 시에나의 모든 언덕에 있다. 뱀장어가 헤엄치는 메르사 강을 오르면 입구 주변은 인간의 손길이 집중된 "성과 저택들로 빽빽이 채워져" 있지만, 온천탕 주변에는 보다 야생적인 시골 풍경이 나타난다. 그는 22번째 시간(오후 2~3시_옮긴이) 경에는 목초지로 가서 가장 푸르고 우거진 강둑의 풀밭에 앉아 사절단과 청원자들의 말을 듣곤 했으며 온천탕까지 가는 길에는 농부의 아내가 가져온 꽃이 뿌려져 있었다.

그는 더위로 몸이 지치는 로마를 피해 티볼리(Tivoli)**에서 여름을 보내곤 했다. 가는 길에 나눴던 트로이 전쟁에 대한 대화는 곧 소아시아의 지리로 이어졌다. 이후 그는 여가 삼아 아시아에 대해 묘사하는 글을 썼

12

는데, 이때 "프톨레마이오스, 스트라본, 플리니우스, 쿠르티우스(Q. Curtius),* 솔리누스(Julius Solinus),* 멜라(Pomponius Mela)* 등등 이 주제의 이해를 돕는 구절을 쓴 고대의 많은 저자들을 인용"했다. 이 구절들은 어찌나 흥미로운 사실들로 가득한지! 마치 잘 경작된 경관 속에 드문드문 폐허가 산재한 모습이 기술된 고전적 에세이다. 마치 알베르티의 저작과 같다.

티볼리 곳곳은 폐허로 남아 있다. 비오 2세는 아니에네(Aniene) 강** 절벽 위의 사원이 베스타(Vesta) 여신(로마의 신으로 불과 부엌의 여신_옮긴이)에게 바쳐졌을 것이라고 생각하며, 한때는 웅장했을 원형극장의 흔적에 주목한다. 아니에네 강의 일부는 도시를 관통하도록 물길이 돌려져 "방앗간, 공방, 분수에 물을 제공하며 장소의 아름다움을 크게 고양시킨다". 도시로부터 3마일 정도 떨어진 곳에는 꽤 큰 읍(邑)처럼 세워진 웅장한 하드리아누스 황제의 별장이 있다. "시간은 모든 것을 망가뜨린다"라는 말처럼 한때 화려한 태피스트리로 장식되었던 성벽이 현재는 담쟁이덩굴로 뒤덮여 있다. 자주색 관복을 입은 호민관이 앉아 있던 영광스러운 자리에는 찔레나무와 가시나무가 자랐다. 여왕의 방은 뱀의 은신처가 되었다. 별장과 도시 사이에는 아름다운 포도밭과 올리브 과수원, 그리고 포도나무 사이에서 자라는 석류 같은 나무가 자리 잡았으며, 또한 탑처럼 높이 솟은 거대한 수로들이 여전히 버틴다. 이 수로들은 폐허의 모습만으로도 건설 당시의 엄청난 비용을 짐작하게 한다.

그가 수비아코(Subiaco)**를 방문했을 때, 인공적으로 만들어진 경관, 예컨대 포도나무의 아름다움이나 유용성을 위해 강의 흐름을 바꾼 모습, "바위를 깨고 새로 조성한 포도밭에서 붉은 포도가 울창하게 자라는 모습"과 같은 인간의 위업에 다시 주목했다. 비테르보(Viterbo)**는 "샘이나 정원이 없는 집이 거의 없을 정도로" 도시와 시골이 섞인 곳이다. "거의 매일 새벽 그는 시골에 가서 더워지기 전에 상쾌한 공기를 마시고 초록의 작물과 개화하는 아마(亞麻)를 살피며 하늘의 청명한 색을 즐기곤

했는데 이는 그가 가장 좋아하는 일이었다".

시에나의 아미아타 산(Amiata)**에 대해 그는 "정상까지 숲으로 뒤덮여 있다"고 썼다. 구름에 덮인 경우가 많은 윗부분에는 너도밤나무가 있고, 너도밤나무 아래 부분에는 밤나무가 있고, 그 아래에는 떡갈나무와 코르크나무가 있고, 가장 낮은 비탈에는 포도나무와 잘 조림된 나무, 잘 경작된 밭과 초지가 있다. 이 모습은 이미 인용한 루크레티우스의 묘사를 떠올리게 한다(V, 1370~1378; 1권 271쪽 참고).

경관은 인간의 과거를 상기시킨다. 비오 2세는 포장의 흔적이 아직까지 남은 아피아 가도(Appian Way)**를 지나 네미(Nemi) 호수*를 방문했다. "그 길의 많은 부분은 로마제국의 전성기 때보다 더 아름다웠다. 왜냐하면 5월에 가장 푸르고 무성한 개암나무가 드리워져 그늘을 이루었기 때문이다. 어떤 예술가보다도 뛰어난 자연이 그 길을 가장 즐거운 곳으로 만들었다". 비오 2세의 저작에는 이후 시대에 더 큰 규모로 나타날 어떤 것의 단초가 드러난다. 그 어떤 것이란 자연에 대한 미학적 감상, 인간 정신을 환기시키는 경관의 힘, 역사적 연상, 전성기 때와는 완전히 다른 특성을 가진 폐허 — 이 폐허는 다른 종류의 인공미를 창조해 폐허로서의 현재적 역할을 가진다 — 등이다. 이 중에서 가장 놀라운 것은 아미아타 산인데 자연과 [인간의] 예술이 산허리에 생생히 살아 있다. 1)

이런 사고는 과거 지중해 세계에서 나왔고, 또 다른 사고는 발견의 시대에서 나왔다. 여기서 내 목적이 이미 잘 알려진 발견의 시대의 결과를

---

1) 이 문장의 참고문헌은 축약본이긴 하지만 *Memoirs of a Renaissance Pope*와, Florence A. Gragg가 번역하고, Leona C. Gabel이 편집하고 서문을 쓴 *The Commentaries of Pius II*이다. 이 책들을 선택한 이유는 가장 쉽게 구할 수 있었기 때문이다. Gragg와 Gabel이 번역한 완역본은 *Smith College Studies in History*, Vols. 22, 35, 30, 35, and 43에 있다. 시에나 지방에 대해서는 pp. 154~155, 소아시아에 대해서는 pp. 190~191, 티볼리에 대해서는 pp. 193~194, 수비아코에 대해서는 p. 213, 비테르보에 대해서는 p. 261, 아미아타 산에 대해서는 p. 277, 아피아 가도에 대해서는 p. 317에서 인용했다.

개관하는 것은 아니지만 여행과 항해로 습득한 발견물을 해석하는 데 사용할 수 있었던 지적(知的) 자산에 대해 언급하는 것도 좋을 것 같다. 유럽사와 세계사에서 진부한 주제 중 하나가 발견의 시대, 특히 콜럼버스의 항해로 가능해진 지적 지평의 확장이다. 따라서 발견의 시대 이후 인류의 지적 삶이 신속하다기보다는 아주 천천히 확대·심화되었다는 점, 그리고 보테로와 라피타우 신부(Father Lafitau)*의 저작과 같은 매우 섬세한 기술과 인식 역시 발견의 시대가 지난 한참 후에야 이루어졌다는 사실을 제외하고는 이 주제에 공들일 필요는 없다. 또한 인간이 발견의 시대를 아무 생각 없이 맞이하지 않았다는 것과, 발견의 시대가 인간과 자연 간의 관계에 관하여 제기한 질문을 인식하는 것 역시 중요하다. 우리가 지금까지 논의한 사상사가 앞으로도 큰 도움을 줄 것이다.

2. 발견의 시대

우리가 앞으로 살펴볼 것처럼 설계된 지구라는 사고는 르네상스 시대에는 상식이었다. 이 사상은 중세의 신학자들이 가졌던 개념과 마찬가지로 고전적 개념과 구약성서에서 추출된 개념 모두를 구현한다. 그렇다면 신대륙으로부터 나온 예상치 못했던 정보보다 더 확실하게 신의 지혜와 권능, 창조력을 증명할 수 있는 것이 또 있었을까? 풍부한 식생, 광대한 열대우림, 인간의 기원과 인간 및 가축의 이동에 대한 질문(사실 인간의 이동보다 가축의 이동이 훨씬 어려운 문제였다)에 대한 즉각적 해답을 요구하는 민족의 생활상에 대한 목격은 경이로움을 불러일으키는 관찰의 일부에 불과했다.

또한 이 시기 항해가의 이야기는 피조물에서 신의 존재에 대한 증거를 찾고자 했던 신학자나 철학자들의 어떤 현란한 기술보다도 뛰어났다. 세계가 커질수록 경이로움은 배가되었고 거주 가능한 땅 역시 생각했던 것보다 훨씬 넓었다. "주목할 만한 것을 일기에 썼다"는 베스푸치(Amerigo Vespucci)*는 "언젠가 시간이 허락된다면 나는 이 희귀하고 놀라운 것을 모아서 지리서나 세계지(cosmography)*를 쓸 것이다. 그 책을 통해 내 기억은 후대까지 살아남을 것이며, 고대인에게는 잘 알려지지 않았으나 우리에게는 알려진 전능하신 주의 엄청난 창조물을 이해할 수 있을 것이다"라고 말했다.[2]

대척점의 발견, 그리고 [이미 알려진] 사막이나 지중해, 북서 유럽과는 다른 기후와 환경의 발견은 신이 부여한 자연의 완전성, 풍요로움, 다양성에 대한 사고를 강화했다. 그리고 기후와 환경의 영향력에 대한 세속적 사고 역시 유용성을 가졌다. 17세기 후반~18세기 초에 이르러 사람들은 역사책이나 항해 또는 여행을 통한 기록물을 읽다가 종종 기후에 대한 설명이 의심스럽다는 것을 깨닫기 시작했다. 그럼에도 불구하고 그런 글들은 문화적 차이는 아니더라도 최소한 문화적 행위를 설명하는 문헌으로 가장 선호되었다.

열대의 질병이나 그 질병의 원인에 대해 전혀 모르는 데다 원시종족의 일상생활이나 육체적 활동에 대한 지식이 매우 피상적인 상황에서는 — 피상적일 수밖에 없는 이유는 원시종족의 신체적 특성에 대한 초보적 관찰과 민족성에 대한 주관적 평가에 그쳤기 때문이다 — 더운 기후에서 그늘에 누워 잠자는 원주민들의 모습을 기후에 의한 속박으로 해석하는 것이 가장 논리적 설명이 아니었겠는가? 환경의 영향력에 대한 이 아주 오래된 사고는 신뢰를 잃기는커녕 실제로 신대륙 항해뿐 아니라 유라시아와 페르시아, 중국에 대한 여행기나 보고서에서 더 많이 사용되었다.

인간을 환경의 개조자로 보는 사고조차 신대륙에서는 더 극적인 성격을 가졌다. 인간은 신이 세계를 창조한 이후로 한 번도 변화를 겪지 않았다고 생각된 수많은 전인미답의 땅에 불과 벌목을 통해 스스로가 만드는

---

2) Amerigo Vespucci, *Mundus Novus*, *Letter to Lorenzo Pietro di Medici*, trans. by George N. Northrup, p. 12.

변화—변화 중 일부는 사실 일시적인 것이긴 했지만—를 직접 확인할 수 있었다. 그들은 유럽 곳곳에서 출현했던 벌목과 배수의 효과에 관한 경험과 이론을 적용했다. 나중에, 특히 18세기에는 인간에 의한 신대륙의 환경 변화에 대한 문헌이 늘어나기 시작했고, 이로 인해 땅을 변화시키는 인간의 힘과 자연의 비밀을 풀기 위한 야외 실험실로서의 원시 경관의 가치를 깨달을 수 있었다. 치난틀라(Chinantla) 지역의 인디언에 대해 에스퀴벨(Diego de Esquivel)이 쓴 《관계》(Relación)에는 신대륙에서의 건강과 땅을 개간하고 건조시키는 것에 대한 놀라운 내용이 있다. 그는 인디언의 과거와 현재의 상황을 대비시키는데, 주요 주제로 인디언의 인구가 줄어들었을 뿐 아니라 그로 인해 습지와 정글, 숲의 성장을 통제할 능력 역시 퇴보했다는 것을 말한다.

> 인디언은 이전보다 오래 살지 못하며 병에 더 많이 걸렸다. 과거에는 땅을 경작하고 밀림을 제거했던 인디언의 인구밀도가 더 높았다. 현재는 모든 지역을 야생 상태에다가 늪 천지이고 건강에 해로운 환경으로 만드는 밀림과 숲의 규모가 더 커졌다. 현재 인디언의 수는 매우 적을 뿐 아니라 150평방마일 이상의 영역 안에 흩어져 산다. 그 지역은 매년 8달 정도 비가 오기 때문에 항상 습하다. 인디언은 옛날처럼 바람이 드나들면서 건조시킬 수 있도록 땅을 개간할 수 없다.[3]

세계의 민족들에 대한 새로운 질문이 생겨나면서 사람들은 인간적인 것과 신적인 것 둘 다에 적극적으로 관심을 가졌다. 인류라는 종의 역사

---

3) Diego de Esquivel, "Relación de Chinantla", in Francisco Del Paso y Troncoso, ed., *Papeles de Nueva España*, 2nd. Ser., Vol. 4(Madrid, 1905), pp. 58~68, 인용된 문단은 p. 63이다. the Instituto Panamericano de Geografía y Historia의 24권은 부록을 포함하여 영어로 다음과 같이 번역되었다(위에서 인용된 문단도 이 영어번역본이다). Bernard Bevan, *The Chinantec and Their Habitat*, Mexico, 1938, p. 139.

에 대한 수정된 해석이 요구된 것도 발견의 시대 직후였다. 노아와 그의 아들 시대 이후로 인류의 인구사(史)에 대한 새로운 장(章)이 쓰여야만 했다. 그 장은 신의 설계라는 보호막 안에서 새롭게 발견된 민족들의 관습과 특성, 다시 말해 (아마도 기후적 설명을 통해) 익숙한 유럽이나 서아시아, 북아프리카의 민족과는 다른 이 새로운 민족의 차이를 설명하고 환경의 개조를 통해 그 민족이 어떻게 살아왔으며 어떤 옷을 입게 되었는가를 설명하기 위한 것이다. 결국 그들의 타고난 창의력에 대한 탐구가 이루어져야만 했을 것이다. 인간이 어디에서나 독자적으로 자신의 필요에 맞게 자연을 이용할 수 있게 만든 것은 인간의 지능과 지역적 상황의 산물 — 나중에 인류의 심리적 동일성****으로 알려진 — 이었을까?

1537년 6월 4일 교황 바울 3세(Paul Ⅲ)*는 모든 기독교인(*universis Christi fidelibus*)을 대상으로 한 《지극히 높으신 하느님》(*Sublimis Deus*)이라는 교서를 발간했다. 그 교서는 인간을 사랑하는 신은 다른 피조물이 지닌 선을 인간이 지닐 수 있도록 창조했을 뿐만 아니라 더 나아가 인간에게 지상선(*supreme good*)을 구현하고 그것을 직접 바라볼 수 있는 능력을 부여했다고 했다. 인간은 예수 그리스도에 대한 믿음을 통해서만 영원한 생명과 행복을 누릴 수 있도록 창조되었기 때문에 그런 믿음을 가질 만한 본성과 능력을 지녀야 한다. "믿음을 원할 수 있을 만큼의 이해력을 갖지 못한 사람이 존재할 리 없다. 그러나 어떤 인간은 그런 믿음을 받아들이는 데 가장 필요한 능력이 아직 부족하다".

바울 3세는 "가서 모든 민족을 가르쳐라"라는 예수의 말씀을 인용했으며 더 나아가 "모두가 믿음의 교의를 받아들일 수 있다"라는 예수의 말씀엔 어떤 예외도 없다고 선언했다. 그는 '가서 사람들을 가르쳐라'(*euntes docete gentes*)라는 문구에 기초해 서부와 남부의 인디언 "그리고 우리가 최근에야 알게 된 민족"을 우리에게 봉사하기 위해 창조된 말 못하는 짐승으로 취급해서는 안 되며 개종이 불가능한 존재로 가정해서도 안 된다고 했다. 따라서 그들을 노예로 만드는 것 역시 정당화될 수 없다고 했다. 바울 3세는 계속해서, 인디언은 진짜 인간으로서 우리의 정보에 따르면 믿음을 이해할 수 있으며 그들은 그러한 믿음을 얻기를 바란다고 말했다. 인디언이든 나중에 기독교인들에게 발견된 다른 민족이든 간에 그들이 믿음을 갖지 못했다고 해서 자유와 재산을 박탈해서는 안 된다. 어떠한 노예화도 무효다.

1512년의 "부르고스령"(Laws of Burgos)****이 선포된 지 25년이 지나 라스 카사스(Bartolomé de las Casas), * 미나야(Bernadino de Minaya), 카르세(Julian Carcés) 등이 노예제를 계속해서 비난하며 인디언도 인간이라는 사실을 선언하고 나서야 교황 바울 3세의 《지극히 높으신 하느님》 교서가 지켜졌다. 하지만 이조차도 미천한 야만인인 인디언에게 기독교인 주인을 위해 봉사하는 것이 최고의 가치라는 생각을 근절하지 못했다. 4)

발견의 시대 직후 유럽의 발견자들이 원시민족에 대해 어떤 생각을 가졌는가를 일반화하기는 어렵다. 많은 사람들이 원시민족을 야생 상태에 벌거벗고 흉포한 야만족이나 식인종으로 간주했던 것은 사실이다. 5) 원시민족에 대한 생각은, 그들을 야만인(barbarians)****으로 간주하던 초기부터 그들을 원시인(primitives)으로 간주하고 연구하는 시기까지 진보

---

4) 《지극히 높으신 하느님》의 라틴 원문과 영어 번역본은 MacNutt, *Bartholomew de Las Casas*, pp. 427~431에 있다. 라스 카사스의 활동에 대해서는 pp. 182~199를 보라. 또한 Lewis Hanke, "Pope Paul Ⅲ and the American Indians", *Harvard Theolog. Rev.*, Vol. 30(1937), pp. 65~102를 보라. 특히 인디언에 대한 에스파냐인의 태도, 드 미나야와 카르세 주교에 대해선 pp. 67~74를 보라. 그리고 라스 카사스와 교서에 대해서는 pp. 94~95를 보라. 한케(Hanke)는 교황 바울 3세가 흔히 알려진 것처럼 인디언의 친구이자 보호자로 찬사를 받을 만한 인물은 아니라고 생각한다. 한케는 가톨릭의 믿음과 교회법의 관점에서 보면 어떤 교황도 이 교서의 내용을 거부할 수 없었을 것이라고 주장한다. Ludwig Freiherrn von Pastor, *Geschichte der Päpste seit dem Ausgang des Mittelalters*, Vol. 5, *Geschichte Papst Pauls Ⅲ*, 13th ed., pp. 719~721과 Kerr의 영어 번역본인 *History of the Popes*, Vol. 12, pp. 518~520도 참고하라.

5) Mühlmann, *Methodik der Völkerkunde*, pp. 18~19.

했다고 할 수 있다.[6] 16세기부터 19세기에 이르기까지 관찰이 점점 정교해진 건 확실하지만 아코스타(Joseph de Acosta)*의 글을 비롯한 많은 초기 저술의 저자들조차 본인이 야만인이나 식인종에 대해 쓴다고 믿었던 것 같지는 않다.

여기서 새로 발견된 땅의 민족과 그들에 대한 정복자들의 태도를 다룬 책들에 대해 설명하는 것은 불가능하지만 두 가지 공통점은 말할 수 있다. 하나는 원시민족이 나태와 악에 중독되었으나 이는 기독교의 수용이나 개종 그리고 에스파냐인 가까이에 살면서 에스파냐인의 관습을 배워 교정될 수 있다는 것이다. 또 하나는 그들이 신의 피조물이긴 하지만 악의 지배하에 살아 왔으며 이 역시 선교활동을 통해 이들을 기독교로 개종토록 하려는 신의 설계에 속한다는 것이다. "부르고스령"은 바로 이 점들을 상당히 잘 나타낸다. "부르고스령"은 나태에 대한 두려움, 이교도를 개종시키고자 하는 열망, 타고난 민족성으로서 인디언의 특성과 문화적 접촉 및 모방의 본질에 대한 인식, 심지어 인디언의 관습을 존중할 필요성에 대한 인식까지 보여준다.[7]

라피타우 신부는 북아메리카 인디언 이로쿼이족(Iroquois)****에게 선교하러 갔던 프랑스인 예수회 선교사로서 비교방법론을 이용해 인디언에 대한 최초의 광범위한 민족학적 연구를 수행한 인물이다. 그는 이전에 나온 선행 연구물에 대해 흥미로운 논평을 했는데, 그 과정에서 신대륙에 살던 민족에 대한 통상적 태도를 정리했다. 즉, 그는 인디언에게는 종교의식, 신이나 법, 정부에 대한 개념이 없다고 생각하는 사람들, 그리고 그들의 유일한 인간으로서의 특성은 외모뿐이라고 생각하는 사람들을 비판하면서 선교사나 선의를 가진 사람들조차 이처럼 부정확하고 잘못된 견해를 퍼뜨렸다고 말했다.

---

6) Plischke, Hans, *Von den Barbaren zu den Primitiven*, *Die Naturvölker durch die Jahrhunderte*.

7) Simpson, *The Laws of Burgos of 1512~1513*.

그가 《초기 시대의 관습과 아메리카 야만인들의 관습 비교》(*Moeurs des Sauvages Ameriquians, Comparées aux Moeurs des Premiers Temps*) 라는 책을 쓴 시기가 좀 늦긴 했지만(첫 권이 1724년에 나왔다) 그는 신대륙과 인디언에 대해 정통 가톨릭의 태도를 보여주었다. 그는 발견의 시대는 우연한 발견이었던 것처럼 보이지만 사실 그렇지 않다고 말한다. 정반대로 발견의 시대는 악마의 노예로 있던 사람들, 죄악의 어둠과 죽음의 그늘 속에 갇힌 사람들, 짐승 같은 잔인성을 낳는 공포와 우상숭배의 죄악에 빠진 사람들을 믿음의 빛으로 구원하기 위해 신이 예정한 섭리였다.

물론 인디언의 모습은 학식 있는 사람들도 감당하기 어려울 만큼 놀라운 모습이어서 라피타우 신부는 그들이 진정 아담의 자손인지, 그들이 아담의 자손이라면 — 물론 우리의 믿음은 이를 의심할 수 없다 — 언제, 어떻게, 어디로부터 나타났는지 물을 정도라고 말한다. 따라서 매우 일찍부터 전파나 이주, 이주 경로의 문제가 새로운 발견을 창조, 대홍수, 노아 자손들의 번성, 세계에 대한 신의 은총과 보살핌에 대한 성서적 설명과 합치시키는 데 중요해졌다. 왜 신대륙에서는 이토록 늦게까지 악마가 지배했는지를 설명할 수 없었지만 말이다.[8]

그 당시의 많은 사람들은 낡은 생각을 전복시키고 인간의 지평을 넓힌 발견의 시대가 가지는 의미를 잘 알고 있었다. 베스푸치가 말한 대로 그것이 신대륙인 이유는 고대인들이 그 존재를 몰랐기 때문이다. 적도 남쪽에는 육지가 없으며 설령 있다 하더라도 거주할 수 없는 땅이라는 낡은 사고는 거짓으로 입증되었다. 즉, "그 남쪽 땅에서 나는 유럽이나 아시아, 아프리카보다 더 많은 사람과 동물이 사는 대륙을 발견했다. 게다가 그 땅은 그동안 알려졌던 그 어떤 지역보다도 온화하고 쾌적한 기후의 땅이었다 …".[9]

---

8) *Moeurs des Sauvages Ameriquains*, Vol. I, pp. 27~29.
9) Amerigo Vespucci, *op. cit.*(각주 2를 참고하라), p. 1.

이와 유사한 표현이 베가(Lope de Vega)*가 17세기 초에 쓴 희곡인 《콜럼버스가 기술한 신대륙》(*El Nuevo Mundo Descubierto por Cristóbal Colón*)에도 나온다. 이 희곡에서 콜럼버스는 신대륙을 우연하게가 아니라 의도적으로 발견한 사람으로 나오는데, 그는 너무 뜨거워서 사람이 거주할 수 없는 지역이 존재한다는 고전적 사고를 논박한다. 그는 사람이 추운 스키타이 지방에서 살 수 있다면 뜨거운 기후에서도 살 수 있다고 생각했으며 또한 대척점에 사는 사람들을 찾으러 가려 한다. 지구 반대편, 우리와 정반대쪽에 왜 사람이 없겠는가? 일 년에 여섯 달이 밤인 곳에서 사는 사람들이 왜 없겠는가? 또 노르웨이만큼 추운 나라가 왜 없겠는가?10) 이런 사고들은 — 베가의 주장은 이런 사고의 한 가지 예일 뿐이다 — 전 지구적 환경의 분포, 특히 위도와 기후, 대척점에 대한 가정이 수정되어야 한다는 사람들의 인식을 보여준다.

고마라(Francisco Lopez de Gómara)* 역시 근대의 항해가라면 당연히 논박할 고대인들의 지리 이론에 반발했다. 그는 복수의 세계(*plurality of worlds*)에 대한 고대의 사고를 조사하면서 그것이 아무 근거 없는 것임을 알았다. 지구는 평평하지 않고 둥글다. 지구는 거주 가능할 뿐만 아니라, 실제로도 거주한다. 기후, 지역에 대한 그의 비판적·역사적인 논의를 보면 그가 고전적 사고에 대해 폭넓은 지식을 가졌음을 알 수 있다. 그는 인간이 극단적 기후에도 적응할 수 있다고 주장한다. 인간은 흙으로 만들어졌으며, '주'가 아담과 하와에게 자손을 퍼뜨려 지구를 지배하라고 명령했기 때문이다. 그는 성서 속에서 신대륙의 존재를 암시하는 증거를 찾았다. 인간의 광범위한 분포에 대한 새로운 발견과 관찰이 성서와 일치한다는 것은 새로운 사실 속에서 오래된 사고가 부활함을 보여주는 또 다른 사례이다. 열대에서의 거주 가능성과 대척점에 대한 사고의 역사를 짧게 정리한 그의 글 역시 주목할 만하며 그 위대한 저작 중에서도 도입

---

10) Act I, Scenes 1, 2, 7, 10. Act III, Scene 11.

부분은 특히 훌륭하다. 즉, 세계의 미(美)와 다양성은 지금 지식인들이 그 경이를 연구하고 이해할 수 있도록 열려 있다. "그것은 매우 위대하고 놀라운 세계이며, 엄청난 다양성을 지녀 경탄과 함께 숙고를 불러일으킨다. 사람들이 더 이상 둔한 동물처럼 살지 않는다면 가끔씩 이러한 경이를 심각하게 숙고하지 않을 수 없다. 자연적인 것이 알고자 하는 욕망을 불러일으키기 때문이다". 11)

3. 뮌스터

종종 우리는 당대에 지배적이었던 사고를 보여준다고 여겨지는 저작을 하나의 전체로 파악할 때, 그 사고들 자체 그리고 그 사고 간 상호 관계의 진실에 더 잘 접근할 수 있다. 특히 발견의 시대 같은 한 시대가 충분히 지난 후, 즉 이론과 관찰이 성숙해지고 그것이 다시 옛것과 융합될 만큼의 충분한 시간이 지난 후에 출판된 저작이라면 더욱 그러하다. 나는 이 경우에 해당하는 사람 셋을 선택했는데 뮌스터, 아코스타, 보테로이다. 그들 모두 새로운 발견의 결과로 나온 새로운 사고와 연관된다. 즉, 그들 모두 유럽인의 사고에 대해 잘 알았고 새로운 지식을 해석하는 데 이 기존의 사고가 얼마나 중요한지 그리고 이제는 이 사고가 교정되어야 한다는 것까지 잘 아는 상태에서 책을 썼다.

뮌스터는 마인츠(Mainz)와 빙엔(Bingen) 사이에 있는 니더-잉겔하임(Nieder-Ingelheim)에서 1489년에 태어났는데, 1505년 프란체스코 수사가 되었고, 1529년에는 스위스 개신교로 개종했다. 그는 히브리어 학자이자 지도학자이며 고전 작품(멜라와 솔리누스의 작품)의 편집자였다. 그

---

11) Francisco Lopez de Gómara, *Historia General de las Indias*, in *Biblioteca Autores Españoles*, Vol. 22(Vol. I of 2 vols. in *Historiados Primitivos de Indias*).

러나 그는 세계지 학자로 기억되며 그에게 명성을 준 작품은 《세계지》
(Cosmographey)로 대항해 시대 이후 출판된 초기의 지리학 개론서 중에
서도 가장 인상적인 책이다. 세계적으로 유명한 이 책은 1544년에 초판
이 출간되었는데 학자와 예술가, 고위층 등 120여 명의 도움을 받아 18년
동안의 작업이 축적된 결과다. 이 책은 아주 조금만 수정된 채 1545년,
1546년, 1548년 계속해 개정판이 나왔는데 1550년판에서는 많은 수정
및 보완이 있었으며 소읍과 도시, 지도를 그린 훌륭한 목판화가 많이 추
가되어 책의 명성을 더 높였다. 뮌스터가 1552년 바젤(Basel)*에서 역병
으로 죽은 이후 다시 보완해 출판된 이 책은 1세기 이상 독일뿐만 아니라
유럽의 많은 지역에서 매우 큰 영향력을 가졌다. [12]

  이 엄청나게 긴 책은 총 6권인데 각 권의 분량이나 질이 고르지 않다.
제 1권은 자연지리 및 수리지리를 개관하는데 성경에 기초해 대홍수 이후
인류의 확산을 설명하는 것으로 끝난다. 아마도 최고로 꼽히는 제 2권은
남·서부 유럽을 다루는데 한쮜(Hantzsch)가 말한 것처럼 토지 생산성,
토양 비옥도, 물질문화의 관찰과 함께 관습과 민속의 특성에 대한 날카
롭고 생생한 묘사 때문에 주목할 만하다. [13] 독일을 다룬 제 3권은 가장

---

12) Viktor Hantzsch, "Sebastian Münster. Leben, Werk, Wissenschaftliche
   Bedeutung", in *Abhandlungen der königl. Sächsischen Gesellschaft der
   Wissenschaften*(Philhist. Kl.), Vol. 18(1898), No. 3. 한쮜(Hantzsch)는
   발리스 지역에 대한 기술(記述)의 우수성과 신대륙 자료의 빈곤함에 대해 언급
   한다. Margaret Hodgen의 다음 두 글은 이 당시의 분위기를 잘 포착했다.
   "Sebastian Muenster(1489~1552) : A Sixteenth-Century Ethnographer",
   Osiris, Vol. 11(1954), pp. 504~529, 그리고 "Johann Boemus(*fl.* 1500) :
   An Early Anthropologist", *American Anthropologist*, Vol. 55(1953), pp.
   284~294. 또한 Miss Hodgen의 역작 *Early Anthropology in the Sixteenth
   and Seventeenth Centuries*에서 당시의 풍속들, 노아의 방주와 문화적 다양성 문
   제, 전파와 퇴보, 환경결정론을 다룬 5~7장 참고. 또한 Rowe의 *Ethnography
   and Ethnology in the Sixteenth Century*도 매우 흥미로운 책이다. 그 외에도
   Gallois의 *Les Géographes Allemands de la Renaissance*와 François de Dainville
   의 *La Géographie des Humanistes*, Paris, 1940, 특히 pp. 85~87 참고.

분량이 많다. 제 4권은 북유럽과 동유럽, 제 5권은 아시아와 새로운 섬들 (즉, 신대륙), 제 6권은 아프리카를 다뤘다.

콜럼버스의 첫 번째 항해 후 50년이 넘은 뒤 최초로 출판된 《세계지》에 대해 말할 수 있는 일반적 사실 중 의미심장한 것은 아시아와 신대륙을 다룬 제 5권이 부실하다는 점이다. 이 책에는 개의 머리를 가진 사람, 가슴에 얼굴이 달린 머리 없는 사람, 샴쌍둥이, 거대한 외발을 가진 사람 등의 그림이 나오는데 똑같은 장면이 제 6권 (아프리카)에서도 나온다. 뮌스터는 콜럼버스와 베스푸치의 항해를 다룬 문헌이 당시 독일에 있었음에도 불구하고 그들의 항해에 대해 짧게 언급하고 인디언의 신체조건과 생활양식에 대한 기술을 한두 번 추가했다.

뮌스터는 친구인 그리내우스(Grynaeus)*가 콜럼버스의 3년간의 첫 항해, 핀존(Pinzon)*의 항해, 베스푸치의 항해, 마르코 폴로와 그 계승자들의 여행에 대해 다룬 《새로운 세계》(Novus Orbis)를 출판하는 일을 돕기까지 했다. 14) 그는 당시 보편적 관심을 끌었던 멕시코와 페루의 정복, 벨저(Welser)*의 베네수엘라 식민화[카를 5세(Charles V)*는 1527년 베네수엘라의 산타 아나 드 코로(Santa Ana de Coro)를 부유한 아우구스부르크은행(은행 소유주는 독일인 벨저였다_옮긴이)에 넘겨주었다. 그리고 이 은행은 곧 오리노코(Orinoco) 강* 계곡에 식민지 개척자들을 보냈다], 신대륙에서 재산을 노리고서 결혼을 하는 독일인, 칠레와 남태평양에서의 푸거 가(Fugger)****의 식민지 경영, 브라질에 독일인 무역상들이 대거 정착하는 현상을 무시한다. 뮌스터 사후에 출판된 개정판에서도 아메리카 대륙에 관한 문헌과 프랑크푸르트의 구리 조판공인 드 브라이와 뉘른베르크

---

13) Hantzsch, *op. cit.*, p. 52.

14) 《새로운 세계》(*Novus orbis*)는 1532년 바젤과 파리에서 별책으로 발행되었다. 그리내우스가 서문, 편집은 John Huttich가 했고, 그리내우스가 수정했다. *Narrative and Critical History of America*, 1권에 저스틴 윈저(Justin Winsor)가 쓴 서문(xxiv~xxvii)을 참고하라. 그리내우스와 뮌스터의 초상화도 있다.

의 출판가인 홀시우스(Levinus Hulsius)*가 만든 항해기록 모음집, 즉
《동인도와 서인도에 관한 무한한 지식의 근원》은 편집자들의 주목을 전
혀 받지 못한 채 사라진 것 같다. 15)

뮌스터의 지리철학, 즉 지리의 의미와 중요성에 대한 그의 생각은 무
엇이었을까? 그에게 지리 지식은 현실적 사건과 종교 문제에 대한 심도
깊은 학습과 이해를 의미했다. 그는 지리가 역사가에게 중요하다고 생각
했으며 자신이 직접 사료를 일상적으로 사용해 이를 실천했다. 스트라본
은 그의 모델이었으며 친구들이 자신을 독일의 스트라본이라고 불러주면
우쭐해 했다. 16) 《세계지》는 세계와 그 안에 있는 모든 것에 대한 기술로
성서에 숨겨진 비밀을 열어주며 현명하고 사려 깊은 대자연의 힘을 드러
낸다. 사람들은 새로운 관습을 배우며, 탐험의 경로는 새로운 동물, 나
무, 식물에 대한 지식으로 인도한다.

뮌스터는 환경 변화를 문화사의 일부로 보는 놀라운 인식을 보여준다.
뮌스터와 같은 애국적인 독일인은 독일사에 해박했는데, 이들은 스트라
본과 프톨레마이오스가 기술한 시대의 독일과 자기 시대의 독일 간의 극
명한 차이에 매료되었다. 뮌스터는 자기 시대의 독일이 골족이나 이탈리
아 민족만큼 문명화되었다고 규정했다. 또한 그는 시간의 흐름에 따른
독일의 발전과 성지(聖地) 환경의 악화를 대비시켰으나 더 이상의 설명
은 하지 않았다. 뮌스터는 문화사를 개관하면서 문명이 발전하고 개간과
배수 활동이 진행됨에 따라 도시가 탄생하고 언덕 위에 성이 건설된다고
이야기한다. 토목공사와 댐은 물을 지배한다. 인간이 창조를 완성한다.
취락, 성(城), 마을, 경지, 초지, 포도밭 등이 포함된 경작 활동이 진전
됨에 따라 땅이 원래의 상태에서 너무나 크게 변화해 지금은 다른 땅이라
고 불릴 수 있을 정도가 되었다.

---

15) Hantzsch, *op. cit.*, pp. 56, 68.
16) *Ibid.*, p. 59.

뮌스터가 자신의 열렬한 독자들에게 신대륙으로의 항해와 여행을 통해 얻은 풍부함을 제공하는 데 처절하게 실패했다 할지라도 그 함의를 몰랐던 것은 아니다. 왜냐하면 그것 역시 설계의 일부이기 때문이다. 우리는 경이로운 눈으로 창조를 바라볼 수 있다. 왜냐하면 각 땅에는 다른 데서는 발견되지 않는 어떤 것이 주어졌기 때문이다. 신기하게도 창조주는 각 민족과 땅이 항상 서로를 필요로 한다는 것을 인간이 배울 수 있도록 선물을 부여했다.[17]

이와 같은 관습적 신학을 제외하면 뮌스터의 지리학은 이론적이라기보다는 기술적(記述的)이다. 그는 유럽의 입지적 이점에 매료되었다. 그는 구대륙이 돈 강, 지중해, 나일 강에 의해 세 지역으로 나뉜다는 고대의 사고에 따라 유럽이 가장 작지만 비옥하며 기후가 온화해 포도 등의 과일과 많은 종류의 나무가 자란다고 평했다. 유럽은 어느 지역에도 뒤지지 않으며 가히 최고라 할 수 있다고 보았다. 또한 매우 매력적인 도시, 성, 시장, 마을이 건설된 곳이며 유럽 민족의 힘은 아프리카나 아시아 민족보다 훨씬 우월하다고 했다.[18] 또한 그는 인간의 지리적 지평이 고대 이래로 서유럽의 식민화 그리고 현재는 새로운 발견 등을 통해 확대되었다고 말했다. 그러나 이 시각은 사물의 무상성(無常性)이란 우울한 정조로 가득 차 있는데, 새로움에 대한 솔로몬(Solomon)의 관찰이 근거로 제시된다.

뮌스터의 책에서 최고로 훌륭한 부분이 발리스(Wallis 또는 Valais)* 지역에 대한 기술이라는 데에 일반적으로 의견이 일치한다. 그 부분은 시옹의 하드리안(Hadrian of Sion) 주교의 지배하에 있던 지방관 칼버마터(Johannes Kalbermatter)의 저작을 토대로 한 것인데 현대의 기술에 필적할 만하다. 스위스의 이 유명한 주(州, *canton*)는 현재 주로 리조트와 스

---

17) 위의 문단은 *Cosmographey*, "Vorrede"에 토대한 것이다.
18) *Ibid*., Bk. I, chap. 16; Hantzsch, *op. cit*., p. 51.

키, 알프스의 관문, 마테호른(Matterhorn)**과 체르마트(Zermatt), 론 강변의 두 도시인 마티니[Martigny: 독일어로 마르티나흐(Martinach)]와 시옹[Sion: 독일어로 지텐(Sitten)]* 등으로 알려졌다. 계곡과 알프스(알프스의 초지), 곰과 멧돼지 등의 야생동물, 또한 소, 양, 염소의 여름 방목 등도 간단히 언급되었다. 사방이 에워싸인 이 땅에는 곡식, 과일, 고기, 생선, 포도 등 부족한 것이 없다.

또한 시옹과 시엘[Sierre: 독일어로 지더스(Siders)]*의 적포도주가 지닌 특별한 맛에 대한 친절한 글이 나오는데, 색이 매우 까매서 잉크로 쓸 수 있을 정도라는 이야기와 산지의 방목지, 이탈리아에 팔리는 염소젖으로 만든 치즈와 버터, 소, 강가의 물고기에 대한 기술도 많이 나온다. 갑상선종의 유행, 발병 원인과 관련된 약초와 뿌리, 테레빈유, 광석과 채굴, 온천 등의 현황이 통계치 없이 제시된 채 마무리된다. [19]

이 16세기의 기술 속에서 유럽에서 가장 아름답고 매력적인 경관 하나가 생명을 얻었다. 그것은 신대륙 전체에 대한 기술보다 더 길고 완벽하며 정확하다.

4. 아코스타

아코스타는 '우리가 성경을 통해 알듯이 모든 인간이 최초 인간의 자손이라면 아메리카의 인간들은 어떻게, 무슨 수단으로 그곳에 도달할 수 있었을까?'라는 질문을 던졌다. 아코스타는 즉시 두 번째 대홍수와 천사의 개입을 배제한다. 즉, 추론의 법칙에 따르면 신대륙에 사람이 거주한 것이 자연적 원인 때문이라고 볼 수 있다는 것이다. 그리고 나서 그는 바다를 통해 이주했을 가능성과 그 항해가 의도된 것이었는지, 아니면 우연이

---

19) Bk. Ⅲ, chap. 43, "Von Fruchtbarkeit des Lands Wallis".

었는지를 숙고했다.

아코스타가 말했듯이 당시의 항해술을 지금 우리 수준으로 한정해 생각해서는 안 된다. 옛날 사람들도 우리처럼 항해술과 항해사가 있었을 것이다. 솔로몬은 티레와 시돈에서 선장과 항해사를 데려왔다. 그러나 아코스타는 그런 항해가 목적의식적이었다고 생각하지는 않았다. 왜냐하면 옛날 사람들에겐 자석과 나침반이 없었으며 특히 나침반 없이 대서양을 횡단하는 것이 불가능할 것이기 때문이다. 그는 고대인들이 태양, 달, 별을 이용하거나 지형지물 및 육지 사이의 거리를 관찰해 항해했다고 말한다. 이런 이유로 그는 발견이 바다를 통해 이루어졌다면 그 발견은 우연에 의한 것(가장 높은 가능성은 풍랑에 휩쓸림)이라고 생각했다. 이런 우연한 발견은 우리 시대에도 발생하기 때문이다.

더 나아가 그는 많은 발명과 발견은 인간이 노력한 결과라기보다 우연적인 것이었다고 주장했다. 그러나 그런 발견이 인간에게만 우연적인 것일 뿐 사실은 창조주의 의지에 의해 이뤄지는 것이라고 덧붙였다. 그러나 곧 아코스타는 바다를 통한 우연한 발견 가능성을 기각한다. 동물, 특히 인간에게 유용하지 않은 여우, 호랑이, 사자 같은 육식동물이 어떻게 신대륙에 도달했는지 설명하기 어렵기 때문이다.

어쩌다 우연히 동물이 신대륙으로 옮겨갈 수 있다. 그러나 덩치가 큰 포식동물의 존재 때문에 아코스타는 인간과 맹수가 아메리카에 거주한 것이 육지를 통한 이동이라는 결론을 내렸다. 즉, 북쪽이든 남쪽이든 어딘가에 구대륙과 신대륙이 연결된 땅이 있거나 두 대륙 사이에 좁은 수로가 있을 것이라 했다. 헤엄쳐서는 도달할 수 없을 만큼 육지로부터 멀리 떨어진 섬에는 맹수가 없다는 점 때문에 그는 육로가 생명체의 대륙 간 이동을 설명하는 유일한 가능성이라고 확신했다. 육지에서 발견되는 호랑이, 곰, 멧돼지, 여우는 쿠바, 히스파니올라, 자메이카, 마가리타(Margarita),** 도미니카와 같은 섬에서는 발견되지 않는다. 이들 섬에서 발견되는 맹수는 에스파냐인이 가지고 온 종뿐이다.[20]

16세기부터 19세기 중반까지 많은 사람들은 아메리카 원주민들이 사라진 이스라엘 종족의 후손이라고 믿었다. 라스 카사스를 포함한 초기의 많은 성직자들은 이를 믿었으나 아코스타는 믿지 않았다.[21] 아코스타는 신대륙의 동물에 대한 의문이 자신을 오랫동안 괴롭혔다고 말한다. 인간은 오늘날과 마찬가지로 과거에도 암탉을 이리저리 옮길 수 있었을 것이다. 그러나 유럽에는 없는 인도 제도(오늘날 아메리카_옮긴이)의 맹수의 기원을 설명하기는 어렵다.

만약 이 맹수가 신대륙에서 창조되었다면 노아의 방주는 필요 없었다. 새나 짐승들이 신대륙에서 또다시 창조될 것이었다면 구태여 그들을 구할 필요가 없었던 것이다. 또한 이 두 번째 창조가 실제로 일어났다면 세계가 엿새 만에 만들어져 완성되었다는 말도 성립되지 않는다. 노아가 모든 짐승들을 구조했다면 현재 구대륙에서 발견되지 않는 짐승이라 할지라도 원래는 구대륙에서 이동한 짐승이어야 한다. 여행자나 이방인들이 신대륙에서 발견한 종이 왜 구대륙에는 하나도 남지 않은 것인가? 알파카, 과나코(안데스산맥의 야생 라마_옮긴이), 페루산 양 등이 세계의 다른 어느 곳에서 발견되지 않는다면 누가 이것들을 여기로 데려왔을까?

---

20) Acosta, *Historia de las Indias*, BK I, chap. 16, 19. 20.

21) *The Apocrypha*, trans. by Goodspeed, "The Second Book of Esdras", xiii, 39~47을 보라. 1650년 Thomas Thorowgood는 영어로 출판된 *Jews in America, or, Probabilities that the Americans are of that Race*에서 첫 논의를 시작했다. 17세기 뉴잉글랜드의 고위층 신학자들은 이 이론을 받아들였다. 1768년 Charles Beatty는 델라웨어족에게서 그 사라진 종족의 흔적을 찾아냈다. 그 인디언은 자기들이 오래전에 "선교를 목적으로 온 백인들에게 똑같은 신성한 책"을 팔았다는 이야기를 반복했다. 19세기 초 원주민들의 언어와 히브리어가 유사하다는 점, 그리고 인디언의 관습과 고대 히브리인의 관습이 유사하다는 점이 흥미를 끌었다. 여기서 나는 이 전파주의적 문헌에 주목하고자 한다. 이러한 생각은 Winsor, ed., *Narrative and Critical History of America*라는 책의 제1권 2장 Winsor, "Pre-Columbian Explorations", pp. 115~117에 토대한 것이다. 이 책은 참고문헌이 매우 광범위하다. Acosta, *op. cit.*, Bk. I, chap. 23도 참고하라.

이 짐승들의 흔적이 다른 어느 곳에도 없다면 이들은 왜 여기에 있는 것일까? 이들이 다른 곳에서 이동한 것이 아니라면 신대륙에서 창조된 것일까? 신이 새로 이 짐승들을 창조하신 걸까? 〔원문 그대로 옮기자면〕 "¿Por ventura hizo formaron Dios nueva formación de animales?"

알파카와 과나코에 적용되는 것은 우리나 고대 로마 혹은 그리스인에게도 알려지지 않았던 숲 속 수천 종의 새와 짐승들에도 적용된다. 마침내 아코스타는 모든 동물이 대홍수에서 살아남은 종들의 자손이며 적당한 환경을 찾아 흩어졌기에 다른 곳에서는 멸종한 종이 신대륙에서는 살아남기도 했다고 결론 내렸다. 이는 그리 드물지 않은 일로 아시아, 유럽, 아프리카의 많은 나라에서도 그 사례를 찾아볼 수 있다고 했다. 코끼리 역시 동인도에서만 발견되지만 알파카나 과나코처럼 대홍수에서 살아남은 종이라고 설명했다. [22]

인간과 짐승의 전파 문제는 아주 일찍부터 기독교신학과 긴밀히 연결되어 있었다. 인간의 확산은 그 관습의 전파를 의미했다. 아코스타의 관찰은 전파론과 독자발생론 그리고 신대륙 문명의 구대륙 기원론에 대한 19, 20세기의 논쟁이 어떻게 탄생했는지를 보여준다.

5. 보테로

보테로는 반종교개혁(16~17세기 가톨릭교회 내부의 자기개혁 운동_옮긴이) 시기 동안 예수회에서 훈련받은 학자로서 세 권의 주요 저서를 출판했는데, 바로 1588년 《위대한 도시》(Greatness of Cities), 1589년 《국가의 이성》(Reason of State), 《일반적 관계》(Relazioni Universali) (1부가 1591년에 출판)이다. 이 저서 중에서 가장 흥미롭고 매력적인 책은 《위대한 도시》로 가장 자극적인 사고를 담았다.

---

22) Acosta, Bk. IV, chap. 36.

보테로에 의하면 《국가의 이성》은 마키아벨리(Niccolò Machiavelli)*의 영향력을 상쇄하기 위해 썼다는데, 종종 지배자에게 건의되기도 했던 일종의 정치학 논문에 속한다. 이런 류의 정치학 문헌 중에서 플라톤의 《법률》, 아퀴나스의 《왕권에 대하여》, 단테(Alighier Dante)*의 《왕정에 대하여》(On Monarchy), 마키아벨리의 《군주론》(Prince)은 당시까지도 뛰어난 모범이었다. 《일반적 관계》는 이론적 관심은 훨씬 적지만 지리적 사실을 개략적으로 정리한 책이다.

보테로는 군주가 백성들을 잘 지배하려면 웅변을 잘 해야 하지만, 인간사(事)의 저변을 이루는 자연의 작동을 알지 못하면 웅변이 "정교하고 설득력 있고 인상적이기 어렵다"고 말한다.

> 그 어떤 것도 이보다 더 많은 지성을 눈뜨게 하지 못하고, 판단력을 비추지 못하며, 정신을 깨우지 못한다. 그것은 바로 세계의 배치, 자연의 질서, 천체의 운동, 단순하면서도 복잡한 신체의 특성, 물질의 생성과 부패, 영혼의 본질과 그 힘, 풀과 식물과 암석과 광물의 특성, 동물의 행동과 감각의 특성, 불완전하게 섞인 물질의 생산 — 비, 안개, 우박, 번개, 눈, 운석, 무지개, 샘과 강과 호수와 바람과 지진의 발원지, 밀물과 썰물 — 등에 관한 지식이다.[23]

군주에게 너무 많은 것을 기대하는 것처럼 보이지만, 보테로는 손쉽게 이용할 수 있는 아주 훌륭한 지름길을 제시했다. 다양한 학식을 가진 사람들을 곁에 두고 교화적인 대화를 통해 배우면 된다는 것이다. 군주가 잘 다스리기 위해서는 백성들을 이해해야만 한다. 인간의 본성, 특성, 기질은 지리적 입지, 나이, 재산, 교육 등에 의해 형성된다. 때문에 많은 사람들이 교육에 대해 저술했으며, 아리스토텔레스는 나이와 재산에 대해 썼다. 따라서 보테로의 경우 지리적 입지에만 매진하려고 했다.

---

23) *Reason of State*, Bk. II, chap. 2.

이에 따라 온대기후의 우수한 영향력에 대한 논거를 진술하는 것이 당연한 순서다. 온대기후가 우수한 이유는 보편적으로 모든 것에선 양 극단 사이에 이상적 상태가 자리하기 때문이다. 보테로는 고전 고대를 모방한 특징인 보편적이고 광범위한 일반화를 시도했다. 즉, 고전적 사고를 적용하되 적용된 지역을 바꾼 것이다. 예컨대 북쪽 끝에 사는 민족을 제외한 북쪽 민족은 대담하나 교활함이 부족하다. 즉, 육체적으로 강인하고 단순하며 솔직하지만 종종 바쿠스의 지배하에 있기도 하다. 북쪽 민족은 현재 트란실바니아(Transylvania: 루마니아 북서부 지역_옮긴이), 폴란드, 덴마크, 스웨덴에 산다. 남쪽 민족은 누구나 예상할 수 있듯이 정반대의 성격을 가진다. 즉, 교활하지만 대담함이 부족하고, 신체는 가늘고 건조하며 비너스의 지배하에 있다. 온대지역의 민족은 북쪽 민족과 남쪽 민족들이 가진 가장 좋은 특성만을 조합해 가진다.

보테로의 종교와 기후 분석은 더욱 흥미롭다. 반종교개혁 시기의 예수회 저술가로서 그는 당연히 비기독교적인 종교와 종교개혁에 의해 새로 생겨난 기독교 교회 내 새로운 분파에 대한 견해를 가졌다. 그의 모호한 언어 속에 표현된 대로 남쪽 사람들은 대개 비기독교 세계의 사람들인데, 거기에는 인도와 "사라센의 지배 지역"도 포함된다. "남쪽 사람들은 사색에 열중하며 종교와 미신의 영향을 많이 받는다. 즉, 점성술과 마술이 그들에게서 기원했으며 성직자, 신비주의적 수도자, 브라만, 현자들이 그들로부터 존경받았다".

또한 보테로는 《코란》에 대해 약간의 험담을 한 후 "하느님의 교회를 곤란하게 한 가장 정교하고 사변적인 이단의 기원이 된 곳이 남쪽이며, 더 조잡하고 물질적인 것은 북쪽에서 기원했다는 사실 역시 주목할 만하다"라고 덧붙였다. 보테로는 개별 사례를 통해 이 진술을 설명하며 실제로 종교개혁의 원인에 대해서도 환경적으로 설명했다.

북쪽 사람들은 그리스도의 대리자 권위를 부인한다. 이는 그들이 용기 넘치는 과도한 자유 애호가이기 때문이며 공화정이건 왕정이건 간에 그들의 현 지배 체제는 자신들의 의지와 선택에 의해 결정되기 때문이며, 이와 똑같은 방식으로 자신들의 영적 지배 형태를 선택하고 싶어 하기 때문이다. 북쪽 나라의 선장과 군인들은 전쟁에서 기술보다 힘에 의존하며 가톨릭과의 논쟁에서 그들의 대표자들은 논증보다는 거친 말에 의존한다.

보테로가 가진 다른 환경적 사고는 오랜 전통의 계승을 보여준다는 점에서만 흥미롭다. 그는 환경과의 상관관계가 북반구에 적용되지만 남반구에도 똑같이 적용될 수 있을 것이라고 했다. 우리는 고대 시기에 오직 위도만으로 사람 간 차이를 설명하는 것은 부적절하다는 깨달음이 있었음을 살폈다. 경도, 지형, 기상학적 차이도 존재했다.

보테로는 동쪽에 사는 사람들(게으르고 유순하다)과 서쪽에 사는 사람들(긍지가 높으며 말수가 적다), 바람맞이 지역에 사는 사람들(침착하지 못하며 격하다), 조용하고 평온한 지역에 사는 사람들(차분하고 온화하다), 산악 지역에 사는 사람들(사납고 긍지가 높다), 계곡에 사는 사람들(부드럽고 나약하다), 메마른 지역에 사는 사람들(성실하고 근면하다), 비옥한 땅에 사는 사람들(한가하고 세련됐다), 바닷가에 사는 사람들(기민하고 영리하며 장사에 능하다), 내륙 지역에 사는 사람들(신실하고 충성스러우며 쉽게 만족한다) 간의 차이를 비교해 이러한 전통을 계승했다. 24)

보테로가 환경적 사고를 이용한 것은 새로운 역사적 상황의 도래 앞에서 그것이 가진 생명력과 적응력을 보여준다. 그러나 그는 인간의 성취 가능성, 문화적 접촉, 인구 성장, 그리고 인구 성장과 도시, 질병, 자원과의 관계에도 관심을 가졌다. 19세기였다면 아마도 이러한 주제가 인간과 환경 간의 상호 영향력 같은 표제하에서 함께 논의되었을 것이다. 그

---

24) *Ibid.*, chap. 5.

러나 보테로의 저작에서는 이런 주제들이 분산되어 해설자가 그의 저작에 통일성과 일관성을 부여한다. 그렇지만 이 사상이 가지는 환경주의적 특성만을 강조하고 다른 측면, 어쩌면 더 강력할지도 모르는 개인적 관찰, 생각, 감정 등을 담은 사고를 논하지 않는 것은 잘못이다.

보테로는 아시아에서 그리스로 "부드러운 방식"으로 침입한 악마의 영향력과 이 영향력이 이후 로마에 미친 파멸적 결과에 대해 논했으며 "무어족에 의해서가 아니라 인도인의 부드러운 방식에 의해 무너진" 포르투갈 왕국의 운명에 대해서도 이야기했다. 이것들은 절제에 대한 설교 이상이었다. 즉, 이러한 설명은 한 민족이 다른 민족과 직접적 또는 간접적 접촉을 통해 영향을 받을 수 있으며, 따뜻한 지방 사람들은 교활하고 차가운 지방 사람들은 대담하다는 식의 단순한 기후학적 상관관계를 넘어 완전히 다른 인상을 줄 수도 있다는 점을 역설한다. 나중에 보테로는 한 민족의 원래 조건은 기후에 의한 것이지만 음악의 영향을 받아 변화하기도 한다는 폴리비오스의 사고(그를 직접 언급하지는 않는다)를 부정확하게 반복한다. [25]

또한 보테로는 인구와 환경에 대한 흥미로운 관찰을 했다. 그는 인구 규모는 커야 한다고 주장했으며 인구밀도가 높은 나라의 이로움을 강조했다. 이탈리아와 프랑스는 자체의 금광과 은광이 있기도 하지만 유럽의 다른 어떤 나라보다도 많은 금과 은을 소유했다. 이것은 이들 나라의 높은 인구밀도가 무역과 상업을 통해 지구상의 모든 곳에서 돈을 끌어오기 때문이다. "사람이 많은 곳에는 땅이 잘 경작되어야만 하며, 땅은 생명에 필수적인 식량과 산업에 필요한 원료를 제공한다". 에스파냐가 불모의 땅이라면 인구가 너무 희박해서 자연과 토질과 대기가 변화하지 못한 것이다. 인구 감소의 역사적 이유를 분석하면 주민 수의 감소와 토지 경작의 쇠퇴가 반드시 언급된다. [26] 보테로는 토양의 비옥도나 인간의 노동

---

25) *Ibid.*, chap. 17; Bk. V, chap. 4.

중 어떤 것이 더 국가를 강하게 하고 인구밀도를 높이는 데 중요한지를 자문하고 주저 없이 '인간의 노동'이라 답한다. "첫째로 인간 손재주의 산물은 자연의 산물보다 수량적으로 훨씬 많고 가치도 훨씬 높다. 자연이 재료와 물질을 제공하지만 형태의 무한한 변화는 인간의 정교함과 기술의 결과이기 때문이다". [27]

지구상에 드러난 신의 계획에 대한 보테로의 설명은 육지와 물을 대비시킨 전통적 설명을 재탕한 것이다. 신이 물을 창조한 이유는 물이 "자연의 완전성에 필수요소였기 때문만은 아니었다. 그보다는 물이 상품을 나라마다 전달하고 운반하기 위한 수단으로 기능하기 때문이다". 창조주는 자신의 지리적 계획에 따라 인간이 서로를 필요로 할 수 있도록, 그리고 "공동체가 성장하고, 공동체로부터 사랑이 성장하고, 사랑으로부터 우리들끼리의 화합이 성장할 수 있도록" 지구 곳곳에 '주'의 축복을 분배했다. [28]

군주는 나라의 물리적 특성을 변화시키는 데 주저해서는 안 된다. 따뜻하게 하고 물을 풍부하게 하는 것은 농업의 성공에 필수적이다. 따라서 "군주는 물과 호수가 자신의 나라를 통과하도록 자연을 개간하는 데 힘써야 한다". 군주는 티치노(Ticino) 강과 아다(Adda) 강의 물을 끌어와 운하를 만든 밀라노의 통치자들을 칭송한다. "나라를 비옥하고 생산적이게 만드는 데 기여하는 것이라면 무엇이든지 활기차고 번성하게 해야 한다". 또한 군주는 다른 나라로부터 씨앗이나 나무, 동물을 수입하는 데 주저해서는 안 된다.

영국에서처럼 땅을 공원으로 조성하기 위해 곡식의 손실을 감수해야 한다면 땅을 공원으로 전환해서는 안 된다. 그런데 이런 고귀한 공적 작업을 수행하기 위한 현실적 수단은 그리 매력적이지 않다. 왜냐하면 보

---

26) *Ibid.*, Bk. VII, chap. 12
27) *Ibid.*, Bk. VIII, chap. 3.
28) *Greatness of Cities*, Bk. I, chap. 10.

테로는 노예나 죄수, 범죄자, 거지, 부랑자, 유랑자들이 그 노동을 하면 된다고 생각했기 때문이다. 그러나 (스위스 같은 나라의 경우) 군인이나 보통 사람들도 이 일에 참여했다. 그는 폰티네 습지의 개간, 즉각적 이익보다 나라의 미래를 더 염려하는 지배자들에 의한 토지 개량에 대해 이야기했다. 보테로는 한 나라의 원료는 사용되기 위해 그곳에 존재하며 인간의 기술이 그 원료를 창조한다고 생각했다. "자연은 원료에 형태를 부여하며, 인간의 노동은 이 자연의 구성물에 인위적으로 다양한 형태를 부여한다. 따라서 자연과 장인의 관계는 원료와 자연적 작인(作人)의 관계와 같다".[29]

보테로는 인구 정책이 국가의 복지와 토지 개량, 일부일처제와 밀접한 관련이 있다고 보았다. 결혼이 인간의 번성을 보장하지는 않는다. 왜냐하면 태어난 아이를 길러야만 하기 때문이다. 그는 투르크족이나 무어족의 일부다처제를 공격하면서 기독교의 일부일처제를 옹호한다. 일부다처제에서는 아내가 시기와 질투로 인해 "서로의 임신을 방해하거나 이미 태어난 아이를 주술로 해치기" 때문이다. 여러 명의 아내에게서 자식들을 둔 아버지의 사랑은 약할 수밖에 없으며 자식을 교육시키는 데 관심이 부족하거나 자식을 기를 형편도 안 된다.

역병과 질병이 인구를 정체시키기도 한다.

카이로에서 7년마다 한 번씩 수천 명의 사람들이 역병으로 죽는다면 인구가 제아무리 많다 한들 카이로에 무슨 이득이 있겠는가? 콘스탄티노플에서 3년에 한 번씩 전염병으로 도시민들이 목숨을 잃는다면 콘스탄티노플의 인구가 아무리 조밀해도 어떤 이득이 있겠는가? 사실 역병과 질병은 다음과 같은 경우 발생한다. 주거지가 너무 조밀하거나 불편한 경우, 주거 환경이 더러운 경우, 도시와 대기의 청결 유지에 정부가 미흡하게 대처할 경우 등이다. 이 모든 조건은 아이를 기르기 어렵게 만들

---

29) *Reason of State*, Bk., VIII, chaps. 2 and 3.

며 아무리 많은 아이들이 태어난다 해도 살아남아서 성인 노릇을 할 아이는 극히 소수다. 30)

보테로가 탐닉했던 조잡한 전통적인 환경주의적 상관관계론과 대조적으로 도시 생활에 대한 논의는 한 민족의 생활과 특성이 그들의 사는 방식에 의해 형성될 수 있다고 믿었음을 보여준다. 테세우스(Theseus)****는 산재한 여러 마을에 사는 농촌 사람들을 손쉽게 설득해 아테네인들과 함께 살도록 했는데, 이는 그들에게 함께 사는 이로움을 보여줄 수 있었기 때문이었다. 다른 기독교 저술가들처럼 보테로는 신대륙에서의 신앙 전파에 관심이 있었다. 그래서 그는 원주민들의 정주 패턴, 원주민들이 보다 조밀한 정주지에 거주하거나 포르투갈 문화의 중심지 가까이로 옮겨올 가능성에 관심을 가졌다.

〔브라질의〕 민족들은 여기에 흩어져 거주하는데, 동굴 또는 나뭇가지나 종려나무 잎으로 만든 오두막(가옥이라고 부를 정도는 아니다)에 거주한다. 이렇게 흩어져 사는 생활방식 때문에 이 민족들의 정신은 야만 상태와 같고 예절이나 행위도 거칠다. 그래서 이들을 설교·개종·교육시키기가 어렵고 이들을 변화시켜 지식과 문명을 갖게 하는 것 역시 어렵다. 따라서 포르투갈인과 예수회 사람들은 이런 목적을 보다 쉽게 이루기 위해 원주민을 특정 장소에 모여 살게 하는 데 극도의 노력을 기울였다. 그들을 문명적 대화 속에서 살게 해 보다 쉽게 기독교 신앙의 가르침을 받아들이고 포르투갈 왕이 보낸 행정장관이나 성직자의 지배를 받게 하기 위함이었다. 31)

여기서의 주장은 문화 접촉에 의한 모방을 통해 개조가 가능하다는 것이다. 사람들이 도시에 사는 이유에 대한 보테로의 분석 역시 전통적인

---

30) *Ibid.*, chap. 4.
31) *Greatness of Cities*, Bk. I, chap. 2.

환경주의적 사고보다 더 정교하다. 그는 분명히 농촌 생활과 대비되는 도시의 외관과 장엄함을 숭배하는 자로서 안티옥(Antioch), 다마스쿠스(Damascus), 부르사(Brusa),** 코르도바(Cordova), 세비야(Seville) 같은 장소를 찬양했으며, 사람들이 거기서 살아야 할 현실적 이유를 다음과 같이 이야기했다. "사람들은 장소나 인간의 기여가 제공하는 기쁨과 즐거움을 통해 사회 속에서 함께 어울려 사는 것에 이끌린다. 장소는 상쾌한 공기로, 멋진 풍경의 계곡으로, 기분 좋게 그늘진 숲으로, 사냥거리로, 풍부한 좋은 물로 사람들을 끌어당긴다. 반면 똑바르고 멋진 도시의 가로, 장대하고 화려한 건물들, 극장, 경기장, 분수대, '존경과 경이의 눈으로 바라보게 되는 멋진 것들'은 인간의 기예에 속하는 것들이다".[32]

《위대한 도시》에서 보테로는 《국가의 이성》에서 언급했던 주제, 즉 "한때 위대한 모습으로 성장했던 도시도 이전과 같은 비례로 계속 성장하는 것은 아니라는" 주제로 되돌아온다. 보테로는 할리카르낫소스의 디오니시오스(Dionysius of Halicarnassus)*를 인용해, 로물루스가 로마를 세울 때 군대에 참여할 수 있었던 남성은 3천 3백 명이었다고 썼다. 그런데 로물루스의 37년간의 통치가 끝날 무렵 그 수가 4만 7천 명으로 증가했다. 약 150년이 흘러 툴리우스(Tullius)**** 왕 시대에는 8만 명이 되었다. 로마의 인구는 점차 증가하여 45만 명까지 성장했다. 그런데 보테로는 로마의 인구가 왜 증가를 멈추었는지, 밀라노와 베네치아의 인구가 왜 지난 4백 년 동안 거의 변함없이 정체되었는지 질문을 던졌다. 그는 역병, 전쟁, 기아가 그 원인이라는 설명을 기각했다. 왜냐하면 이것들은 현재보다 과거에 훨씬 심각했기 때문이다. "이제 전쟁은 벌판에서 성곽 안으로 들어갔으며 곡괭이와 삽이 칼보다 더 많이 사용된다".

그는 더 정교한 탐구 없이 이 모든 것을 단순히 신의 의지로 설명하는 것에 만족하지 않았다. 신은 그렇게 하실 수 있으나 자연을 지배할 때에

---

32) *Ibid.*, chap. 6.

는 2차적 원인을 통해 행하신다. "내가 궁금한 것은 영원한 섭리가 무엇을 수단으로 해서 수가 적은 것은 증식하게 하고 많은 것은 정체하거나 더 성장하지 못하도록 만드는가이다".

그 답은 한 도시 또는 지구 전체의 인구가 식량 공급이 허용하는 수치까지 성장하도록 되어 있다는 것이다. 도시의 성장은 일부는 "인간의 생식력"에 의해, 일부는 "도시의 부양력"에 의해 이루어진다. 인간의 생식력은 역사를 통틀어 일정하다. 즉, 방해하는 요소가 없다면 "인류의 번식은 끝없이 증가할 것이다. 그리고 도시의 확대도 기한 없이 계속될 것이다. 만약 도시가 무한히 성장하지 않는다면 그것은 도시가 성장하는 데 필요한 식량과 생계수단의 부족 때문이라고 말할 수밖에 없다". 33) 맬서스 이전의 인구론에서 오랫동안 중요하게 여겨진 이 유명한 구절은 열대·한대·온대지역 간의 차이에 주목하던 것과는 다른 종류의 환경론에 토대를 둔다. 즉, 이 이론은 환경 전체를 식량 생산의 잠재력이나 한 장소 또는 세계 전체의 인구를 직접적으로 통제하는 능력의 관점에서 바라본다. 주로 문화적 차이를 설명하는 데 이용되었던 구(舊) 환경론과는 대조적으로 지구를 제약 요인으로 본 이러한 환경론은 근대적 사고라고 판단된다.

중세 시대에도 이러한 기미가 있었던 것은 사실이며 고대에는 과잉 인구로 이주의 원인을 설명하는 것이 보통이었다. 보테로는 이 이론을 쉽게 종교적 틀 내에서 발전시킬 수 있었다. 세계 인구 규모와 그 인구가 이용할 수 있는 식량의 양은 창조주의 설계에 의해 결정된다. 그러나 우리는 규칙성과 2차적 원인을 관찰해 신의 설계를 발견할 수 있으며, 이를 통해 인구와 식량 공급 간의 균형이 신의 지혜를 증명한다는 단순한 답변에서 얻을 수 있는 것보다 훨씬 만족스러운 답변을 얻을 수 있다.

뮌스터, 아코스타, 보테로는 발견의 시대와 유럽의 생활 변화로 야기

---

33) *Ibid.*, Bk. III, chap. 2.

된 인간과 환경에 대한 질문을 매우 깊이 자각했다. 뮌스터는 여전히 경이로움에 빠져 있었지만 희미하게나마 새로운 환경 속에서 구(舊) 문화가 느끼는 흥분을 보았다. 아코스타는 창세기에서 인류의 확산을 관장하는 환경적 조건을 분명히 보았다. 보테로는 우리가 추적한 역사 속 사상을 모두 논했으며 구(舊) 환경론의 새로운 사용법도 발견했다. 신에 의해 계획된 지구가 더 새롭고 선명한 옷을 입고 나타났다. 신의 재봉사는 모두가 짐작하는 것보다 더 많은 옷감을 가졌던 것이다. 자연환경보다 민족에게 더 복잡한 영향을 미칠 수 있는 요인이 보이기 시작했다. 또한 보테로는 문명을 발전시키기 위해 지배자는 자연 질서를 변화시킬 필요가 있으며, 인구 성장에는 환경적 제한이 있다는 본질적으로 근대적인 사고를 역시 분명히 제시한다.

물리신학: 거주 가능한 행성으로서의 지구에 대한 심층적 이해

제8장

1. 서 론

목적인(目的因)**** 사고는 근대에도 결코 쇠퇴하지 않고 번성했다. 이 사고는 특히 그동안 탐험하지 못했던 지구상의 장소로부터 나온 새로운 증거, 천문학의 새로운 발견, 현미경을 통해 드러난 유기물·무기물 구조에 대한 통찰을 왕성하게 흡수했다. 프랜시스 베이컨(Francis Bacon)*의 《학문의 진보》(*The Advancement of Learning*), 칸트의 《목적론적 판단력 비판》(*Critique of the Teleological Judgement*), 괴테(Johann Wolfgang von Goethe)*의 목적론에 대한 견해가 목적론의 열기를 어느 정도 가라앉히긴 했지만, 식물, 곤충, 동물, 무기물의 세계 속에서 신의 설계를 드러내는 자연신학적 논문을 통해 "창조주의 발자취를 따라가는 것"은 결코 약화되지 않았으며, 특히 영국인 사이에서는 더욱 심해서 라이엘과 다윈의 시대까지도 이러한 분위기가 계속되었다. 나중에 나온 자연신학적 문헌 중에서 가장 유명한 것 중 하나가 페일리의 《자연신학》이다. 그러나 이 책은 레이와 더햄의 저작과 비교하면 유용론적 주장이 과도하며, 사고의 폭이나 직관 면에서 훨씬 떨어진다.

르네상스 시대의 사상가들에게 이런 주제에 중요한 영감을 준 것은 플라톤의 《티마이오스》와 키케로의 《신들의 본성에 관하여》이다. 페트라르카(Francesco Petrarca)*의 키케로에 대한 거의 종교적 수준의 긴 찬사 속에서, 심지어 그의 애정 어린 꾸짖음에서조차 키케로가 원숙하게 제시한 설계론에서 비롯된 고전적 논거가 그에게 얼마나 인상적이었는지를 알 수 있다. 1)

예수회 사람이건 아니건 많은 다양한 사람들이 "모든 곳에서 신을 찾을 수 있다"(*ut deum in ominbus quaerant*) 라는 예수회 텍스트의 보호 아래서 살아갔다. 1592년 코임브라(Coimbre)*에 있는 예수회 대학에서 발표된 4원소에 대한 논문에서 '지구가 창조될 때 산도 같이 창조되었는가, 아닌가'라는 질문이 제기되었다. 답은 '그 쓸모와 아름다움 때문에 산도 함께 창조되었다'는 것이었다. 사실 나중에 산은 인간의 거주지로 설계된 지구라는 목적론적 아치에 쐐기돌 역할을 하는 것으로 자리매김한다.

산은 비, 강, 충적토를 의미했다. 작은 개울에서부터 거대한 강에 이르기까지 지구의 모든 흐르는 물은 산의 존재를 전제한 것이었다. 그렇지 않다면 어떻게 이토록 광대한 양의 물이 흘러내려 가겠는가? 산은 바다로부터 공급된 수분을 머금은 공기가 상승하여 응결될 수 있도록 한다. 계곡의 비옥한 토양 입자들은 하천에 의해 산꼭대기에서 운반된 것인데 이 과정에서 산꼭대기는 점차 황폐해진다. 2)

---

1) Francesco Petrarca, "On His Own Ignorance", trans. Hans Nachod, in *The Renaissance Philosophy of Man*, ed., Cassirer, Kristeller, and Randall, pp. 80~89; 키케로의 저작과 성 바오로(St. Paul)의 저작을 비교하려면 p. 85를 보라.

2. 목적인과 그에 대한 비판

초기 근대 과학에서 위대한 업적을 이룬 대부분의 사람들은 자연의 설계론이나 목적인의 정당성을 부정하지 않았다. 그러나 이를 직접적인 문제에 적용하는 데 쓰는 열의는 제각각이었다. 코페르니쿠스의 이론은 창조론을 의심하지 않았다. 즉, 우주의 체계는 신의 설계와 질서의 산물이었다. [3] 갈릴레이는 코페르니쿠스의 천문학을 가르치지 못하게 하면 "전능한 신의 영광과 위대성은 창조된 모든 작품에 드러나며 천체라는 열린 책에서 신의 뜻을 읽을 수 있다고 우리에게 가르치는 성서의 수많은 구절들을 불신할 뿐이라고" 교묘하게 말했다. [4]

신성한 조화와 천체의 음악(천체가 움직일 때 생긴다고 상상한 음악_옮긴이)을 열렬히 믿었던 신비주의자 케플러(Kepler)*는 기울어진 지구 축에서도 신의 지혜를 볼 수 있다고 지적했다. 즉, 지구의 축이 기울어져 계절이 생기고 지구 환경의 적합성을 평가할 수 있다는 것이다. 매일매일 지구 자전에 의해 지구는 더욱 고르게 따뜻해졌고 목적인의 관점에서 보면 축이 기울어져 지구는 유기체의 삶에 적합한 거주지가 되었으며 계절의 변화에 의해 유기체가 지표면 위에 광범위하게 분포할 수 있었다. [5]

뉴턴은 강한 목적론적 믿음을 가졌으나 황도(黃道)에 대해서는 관심이 덜했다. 1692년 12월 10일 그가 벤틀리(Richard Bentley)*에게 보낸 편지에서는 " … 만약 자네가 기울어진 지구 축이 겨울과 여름을 생기게 하고,

---

2) Dainville, *op. cit.*, p. 91. 산에 대해서는 p. 28을 보라.

3) 예컨대 Bk. I of Copernicus' "De revolutionibus orbium caelestium libri sex", in *Nikolaus Kopernikus Gesamtausgabe*(Munich: Verlag R. Oldenburg, 1949), Vol. 2의 서문 참고.

4) "Letter to Madame Christina of Lorraine", in *Discoveries and Opinions of Galileo*, Trans. Stillman Drake(Anchor Books), p. 196.

5) Kepler, *Epitome astronomiae copernicanae*, Bk. III, Pl. 4 = Kepler's *Gesammelte Werke*, Vol. 7, p. 209.

극지방 가까이에서도 거주할 수 있도록 하기 위한 고도의 기획이라고 억지로 우기지만 않는다면 나는 신을 증명한다는 기울어진 지구 축에서 대단히 특별한 어떤 것도 찾아볼 수가 없다네 …". 뉴턴의 목적론적 믿음은 지구상의 자연 질서보다는 천체의 질서, 아름다움, 운동에 기반을 두었다. 6)

목적인에 관한 보일(Charles Boyle)*의 유명한 논문은 레이의 저작 이후에 출판되었는데, 전통적인 모든 저작을 다 동원한 것으로 전통적인 감탄을 표시하는 부분들이 사용된다. 즉, 창조 전체, 창조의 각 부분 그리고 동식물 부분에서 설계가 드러나며, 그러한 창조는 인간에게 봉사하기 위한 목적으로 이루어졌다는 것이다.

목적인을 열렬히 옹호했던 라이프니츠는 작용인보다 목적인이 신의 피조물이 가진 아름다움을 더 잘 인식하고 찬미할 수 있도록 한다고 썼다. 7) 그의 사상에 대해서는 12장에서 더 길게 다룰 예정이다. 그는 우주의 예정조화(豫定調和)*가 신의 존재를 생생히 입증하며, 이런 조화야말로 장인(匠人)의 유비보다 더 훌륭한 설명이라고 생각했다. 그는 자연 속 존재의 사슬이나 규모에 대해 웅변적으로 썼다. 즉, 인류의 진보는 예정조화의 일부로 지구의 변화와 함께 이루어진다. 시간이 경과하면서 인류는 지구를 더욱 많이 경작하고 정련시키고 돌보기 때문이다. 8)

과학과 철학 분야의 이 위인들은 목적론과 자연의 설계에 대한 비판에도 불구하고 이러한 사고를 존속시켰다. 지구에 적용된 설계라는 사고는 거대한 오케스트라를 구성하는 여러 바이올린 중 하나일 뿐이었다. 왜냐하면 목적론은 서구의 신학, 철학, 과학이 섭렵한 광범위한 부분 중 하나

---

6) Opera quae exstant omnia, Vol. 4, pp. 429~442에서 뉴턴이 벤틀리에게 보낸 네 통의 편지를 보라. 특히 위의 인용문은 p. 433에 있다. 뉴턴의 목적론에 대해서는 Burtt, *The Metaphysical Foundations of Modern Science*, rev. ed. (Anchor Books), pp. 288~290 참고.

7) Leibniz, *Selections*, ed., Wiener, pp. 132, 318.

8) *Ibid.*, pp. 192, 221, pp. 354~355.

에 지나지 않았기 때문이다. 프랜시스 베이컨, 스피노자(Baruch de Spinoza),* 데카르트, 뷔퐁, 라 메트리(La Mettrie),* 괴테, 칸트 같은 저명인들은 목적인 사고를 비판하긴 했지만 진화론 논쟁이나 라이엘이 다윈에게 보낸 편지를 읽은 사람들 중에서 대체 누가 거기서 목적인 사상에 대한 비판을 분명히 읽었다고 말할 수 있을까?

베이컨은 목적인 자체에 반대하지 않았다. 단지 목적인이 박물학 연구에 적합하지 않았을 뿐이다. 9) 데카르트 역시 탐구 도구로서의 목적인을 거부했고, 레이 같은 17세기의 많은 자연신학자들은 이 점에서 데카르트를 비판했다. 데카르트는 목적인을 찾으려 하거나 "신이 우리를 그의 비밀스런 목적으로 데려가실 것이다"라고 생각하는 것을 주제넘은 일이라고 보았다. 그래서 그는 신을 "모든 사물의 작용인"으로 생각하는 데 만족하기로 했다. 목적인을 다루는 것은 주제넘은 일일 뿐만 아니라 인간 중심적이다. 왜냐하면 과거와 현재의 많은 자연현상이 인간의 경험 및 실존과 무관하기 때문이다. 10) 스피노자 역시 눈은 보기 위해 고안되었다는 진부한 예시에 조소를 보내면서 목적인 탐구가 바보 같으며 주제 넘는 일인 것처럼 기술했다. "자연은 자신 앞에 어떤 목적도 두지 않는다. 모든 목적인은 단지 인간이 만든 허구일 뿐이다".

스피노자가 목적인에 반대하는 기본 토대는, 목적인이란 인간의 마음이 꾸민 것이며 인간 활동의 목적성에서 나온 유비에 근거한다는 점이다. 목적인은 악의 문제로 인해 불합리로 귀결될 수밖에 없다. 왜냐하면 엄청난 자연재해는 선인과 악인을 구분하지 않고 무차별적으로 죽이고 다치게 하지 않는가? 현명한 사람은 자연을 이해하려고 하지 바보처럼 입을 벌리고 멍하니 있으려 하지 않는다. 나중에 흄(David Hume)*과 칸트가 말한 것처럼 인간은 자연의 부분이 정말로 서로 연결되었는지 아닌지

---

9) *De Augmentis Scient.* Bk. 3, chap. 5, *Adv. of Learning*(Everyman ed.), pp. 96~97에서 베이컨은 플라톤, 아리스토텔레스, 갈레노스를 비판했다.

10) *Principles of Philosophy*, Pt. 1, Prin. 28; Pt. 3, Prin. 3.

도 알지 못한다. 현명한 인간이라면 자연에 아름다움이나 추함, 질서나 혼돈이 있다고 생각하지 않는다. 이런 것들은 상상력의 산물일 뿐이다. '자연이 공연히 하는 일은 없다'(nature does nothing in vain) 라는 유명한 격언은 순진한 인간중심주의에서 나온 이야기일 뿐이다. "자연이 공연히 하는 일은 없다(즉, 인간에게 득이 되지 않는 일은 없다) 는 점을 보여주려는 시도는 자연, 신, 인간이 똑같이 미쳤음을 보여주는 것으로 끝나는 것 같다". 11)

이 시기 저작물에서는 자연에 대한 두 가지 관점, 즉 기계적 관점과 유기체적 관점 간의 충돌이 나타난다. 기계적 관점에서는 전체를 구성하는 각 부분의 작동이 알려진 법칙에 의해 설명되는데, 전체는 부분의 합이자 부분 간 상호작용이다. 유기체적 관점에서는 아마도 장인의 마음속에 부분보다 먼저 전체가 존재한다. 즉, 전체의 설계가 부분의 작동과 반응을 설명한다. 12) 2차적 원인을 강조하는 기계적 관점은 목적인을 과학적 탐구의 영역에서 퇴출시켜 신학이나 개인적 신앙의 영역으로 넘겼다.

자연법칙, 물질, 운동에 대한 17세기의 저작에서는 데모크리토스, 에피쿠로스(Epicurus), * 루크레티우스에 대한 공격이 자주 발견된다. 공격하는 사람들은 목적인의 열렬한 지지자들로서 이들은 자연법칙 안에 구현된 새로운 지식을 자신들의 목적에 맞춰 이용하는 데 관심이 있었다. "기계적 사고"를 반박하는 권위자들로 종종 고전 시대의 저자들이 인용되었기 때문에 플라톤, 세네카, 키케로가 계속해서 증언을 했다. 자연은 법칙에 기반을 둔 하나의 체계인가? 아니면 신의 섭리에 의해 설계된 것인가? 아니면 어떤 목적을 위해 설계된 산물인가?13)

그러나 지구를 거주 가능한 행성으로 이해하고자 한다면 지구를 하나

---

11) Spinoza, *Ethica*, Pt. I, Appendix following Prop. 36; and *Correspondence of Spinoza*, trans. A. Wolf, Letter 32, to Henry Oldenburg.

12) Fulton, *Nature and God*, p. 134.

13) 이 점에 대해서는 Greene, *Death of Adam*, pp. 12~13을 보라.

의 전체로 이해해야만 한다. 근본적인 물리적 원인이 지구 축의 기울어짐, 바람으로 인한 파도와 해류, 땅의 기복을 지배한다. 더욱이 지구상의 많은 것은 살아 있다. 그래서 목적인의 교의가 항상 더 설득력을 가졌으며 생명과학 분야에서는 더 오래 지속되었다. 그 주된 이유는 생물의 세계에서 생명 주기 (life cycle) 가, 목적이 각 존재들의 수정·탄생·생애단계를 지배한다는 믿음에 확신을 주기 때문이다.

3. 자연의 악화와 노쇠

이 장의 주제는 박물학, 물리신학, 과학적 연구에 관심을 가진 저자군에 대한 것인데 이들 대부분은 17세기 사람들로서 그중 누구도 뉴턴, 데카르트, 갈릴레이만큼 뛰어나지는 않다. 이들은 자신들의 탐구를 '창조주에 의해 창조된 자연의 피조물과 창조주가 확립한 피조물 간의 상호 관계 속에서 창조주의 지혜를 추가로 발견하는 작업'으로 여겼다. 이런 연구와 살아 있는 자연을 하나의 전체로 해석하는 것은 18세기의 뷔퐁이나 19세기의 다윈 같은 사람들이 발전시킨 자연의 통일성이라는 근대적 사고의 토대가 되었다. 한편 다윈주의는 자연의 균형과 조화, 생명의 그물망 개념으로 이어졌고 다시 더 최근에는 생태계 개념까지 나타냈다.

지구의 자연 질서가 창조주의 은혜로운 설계의 결과라는 본질적으로 낙관주의적 사고방식을 제시하는 데 있어 두 가지 오래된 사고가 장애물이 되었다. 첫 번째 사고는 인간의 타락이 그에 상응하는 자연의 악화를 초래했다는 것이다. 이는 앞에서 보았듯이 중세 시대에는 보편적인 시각이었다. 이런 사고에 대한 관심이 17세기에 다시 부활했다. 갈릴레이, 케플러, 뉴턴의 발견은 지구의 기원과 지구의 역사에서 결정적이었던 시기에 지구의 물리적 형상이 어떠했는지를 이론화하고자 했던 사람들의 관심을 자극했다. 결정적이었던 시기란 천지창조 때, 아담과 하와가 에덴동산에 살 때, 아담과 하와가 원죄를 지었을 때, 노아의 대홍수 때, 물이 빠지고 난 뒤 지구가 재편될 때다. 창세기를 설명할 때 과거에는 지성이 아닌 막연한 신앙심에 의존했다면 중력, 혜성, 행성 궤도, 조류에 대한 새로운 지식을 얻은 인간은 이전보다 더 화려하고 극적으로 창세기를 설명할 수 있었다. 한편 이런 이론 중 어떤 이론은 지구 환경의 적합성을 부정하기도 했다. 그것은 무용지물인 산, 사막, 짠 바다로 인한 불모지의 존재나 또는 죄 많고 사악한 인간에게는 완전한 지구보다 불완전한 지구가 더 어울린다는 사고 때문이었다.

두 번째 사고는 루크레티우스의 교의에 영감을 받은 것으로 보이는데 자연의 노쇠라는 사고와 유기체적 유비를 지구 자체에 적용하는 것이다. 지혜로운 창조주가 아주 적합한 환경을 창조했다는 가정에 토대한 자연철학을 완성하기 위해서는 개별 생명체는 비록 언젠가는 죽어야 하는 존재이지만 전체로서의 자연에는 노쇠가 없었다는 점과 인간의 죄로 인해 자연의 악화가 발생하지는 않았다는 점을 먼저 보여주어야만 한다. 그러고 나서야 은혜로운 창조주는 자연의 항상성을 원했으며 자연의 질서는 인간의 죄가 아닌 신의 의지에 의존한다는 점, 그리고 신은 선하고 유용한 자연을 원했다는 점을 입증하는 말로 나아갈 수 있다.

지구에 대한 새로운 시각을 가장 잘 정립했던 사람은 레이였다. 그의 저작인 《피조물에 나타난 신의 지혜》는 지금껏 출판된 저작물중 최고의 자연신학일 것이다. 이 책의 시각은 진화론적이지 않다. 지구와 지구상의 모든 동식물종은 그 시초부터 현재의 모습 그대로 창조되었다. 레이는 이들 간 상호 관계의 중요성을 매우 중요하게 보았는데 자연력 때문에 또는 인구 증가로 인한 경작지의 지속적 증가 때문에 지구 전체의 외형적 특징이 변화할 수 있다고 보았다.

더 나아가 지구에 대한 이런 시각은 이들이 가진 희망적 관점과 결합되었다. 이들은 자신들의 반대자인 목적인 교의에 반대하는 사람들과 마찬가지로 과학과 기술이 사회의 개선에 기여할 수 있다는 점에 공감했다.

설계론의 열렬한 지지자들은 새로운 과학이, 인간이 신의 계획과 지침 아래서 거주지로서의 지구를 향상시켜야 하는 자신의 운명을 완수하도록 하는 수단임을 간파했다. 즉, 그들은 새로운 과학적 탐구 원리란 자연법칙에 대한 지식을 의미하며, 이 자연법칙을 앎으로써 자연을 최대한 통제할 수 있다고 보았다. 그러나 인간은 원죄가 있으며 사악하다는, 그리고 너무 자주 도덕적인 잘못을 저지름으로써 계속해 신의 인내심을 시험한다는 오랜 믿음이 여전히 강했다. 인간 사회의 발전 가능성을 믿는 사람들에게는 이런 식의 사고가 자주 경고의 역할을 했다. 그 경고란 인간의 강력한 정신력이 자연을 지배할 수 있는 더욱 강력한 수단을 발견했듯 인간이 스스로 내면의 악을 진압해야 한다는 것이다.

자연의 통일성과 항상성에 대한 사고가 그 당시 이용 가능했던 과학적 증거로 인해 어떻게 발전되었는지를 보려면 이 노쇠와 악화라는 문제를 더 깊이 들여다봐야 한다. 19세기와 20세기 들어 학자들은 한 시대와 그보다 앞선 시대를 비교하는 일이 얼마나 중요한지 알았다. 자의식과 교양이 있는 모든 시대에는 그에 합당한 어떤 사상 체계가 있기 때문이다. 예컨대 17세기에 고대인과 근대인 논쟁에서 사용된 가장 놀라운 수사적 표현 중 하나는 '근대인이 혹여 난쟁이일지라도 거인의 어깨 위에 서 있기 때문에 근대인이 고대인보다 더 많이 안다'는 것이었다. 그러나 이 수사적 표현은 솔즈베리의 존(John of Salisbury)*에 의해 12세기의 샤르트르의 베르나르(Bernard de Chartres)*의 표현으로 밝혀졌는데 어쩌면 더 앞선 표현일지도 모른다. [14]

17세기에는 이런 식의 비교가 많이 이루어졌다. 그것은 고대인과 근대인 중 누가 더 교양 있고 예술적이며, 기술적(技術的) 우수성을 갖추었는가에 대한 질문일 뿐만 아니라 과학적 방법의 타당성, 자연에 대한 태도,

---

14) John of Salisbury, *The Metalogicon*, trans. McGarry, Bk. III, chap. 4, p. 167; Jones, *Ancients and Moderns*, p. 293, note 12에서 재인용; C. S. Baldwin, *Medieval Rhetoric and Poetic*, pp. 167~168.

자연종교****와 계시종교****에 대한 태도, 인간사 변화의 본질에 대한 질문이기도 했다.[15]

우리가 직접적으로 관심을 가지는 것은 그동안 많이 연구된 진보 개념에 대한 논쟁사가 아니라 그 논쟁에서 자신의 주장을 펴기 위해 사용된 여러 사고다. 이는 자연에 대한 두 가지 개념 간의 논쟁과 관련이 있었다. 즉, 자연이 항상적으로 작동한다고 보는 관점과 자연이 살아 있는 유기체처럼 시간의 흐름에 따라 쇠락한다고 보는 두 가지 대립적 관점이 있었다. 헤이크월이 보여준 바와 같이 후자의 관점은 자연의 악화를 보여주는 잡다한 증거의 수집을 통해 지지되었다. 고대인의 우월성을 지지하는 사람들은 흔히 자연이 노쇠하기 때문에 근대의 자연보다 과거의 자연이 더 우월하다고 믿었다.

반면 근대인의 우월성을 지지하는 사람들은 자연법칙의 불변적 규칙성, 예컨대 자연이 닳거나 타락하거나 악화되는 것을 관찰할 수 없다는 점을 근거로 자연의 항상성을 주장했다. 물론 자연법칙의 항상성은 데카르트의 위대한 가르침 중 하나였다. 그는 신의 개입으로부터 독립적인, 그리고 신의 개입을 요구하지도 않는 자연적 과정의 질서 정연함을 가정했다. 신이 세계를 창조할 때 처음에는 혼돈을 창조했을지도 모른다. 그

---

15) 이런 논쟁에 대해서는 다음의 문헌을 참고하라. Rigault, *Hist. de la Querelle des Anciens et des Modernes*; Gillot, *La Querelle des Anciens et des Modernes en France*; Jones, *Ancients and Moderns*; Burlingame, *The Battle of the Books in its Historical Setting*. 이 논쟁[논쟁의 일부는 조나단 스위프트(Jonathan Swift)의 《책들의 전쟁》(*The Battle of the Books*)에서 풍자되기도 했다]의 성격에 대한 짧고도 시사적인 설명은 George Hildebrand, *The Idea of Progress: an Historical Analysis*를 새로 편집하여 출판한 Frederick J. Teggart's collection of readings, *The Idea of Progress*, p. 12의 서문; Bury, *The Idea of Progress*, chap. 4; Teggart, *Theory of History*, chap. 8; Wodbridge, *Sir William Temple*, pp. 303~319를 참고하라. 이 논쟁이 벌어졌던 당대인이 정리한 문헌으로는 William Wotton, *Reflections upon Ancient and Modern Learning*(1694), pp. 1~10가 있다.

러나 "신이 자연법칙을 세우고 규칙에 따라 자연이 스스로 작동할 수 있도록 했다면 시간의 흐름 속에서도 모든 물질의 형태는 원래부터 지금 우리가 보는 모습 그대로였을 것이다. 또한 이런 믿음이 창조의 기적을 가볍게 하지도 않는다". 16)

자연의 노쇠에 대한 믿음을 근대 시대에 부활시킨 것은 오래된 몇 가지 생각일 것이다. 인간의 타락이 자연에도 영향을 끼쳤을 것이라는 중세의 사고가 이에 대한 관심을 자극하고, 〔경외 성서인〕 에스드라(Esdras)*** 와 시편에서 자주 인용되는 문장이 이를 좀더 부추겼을 것이다. 루크레티우스와 콜루멜라의 연구가 부활한 것이 계기였을지도 모른다. 존스(Jones)에 따르면 영국에서 이 이론에 관한 최초의 언급은 1580년에 출판된 쉐이클톤(Francis Shakelton)의 《빛나는 별》(A blazyng Starre)에서 나타났다. 17) 쉐이클톤은 지구가 홍수, 불, 태양열 때문에 변화하고 더럽혀졌다고 믿었다. 그는 지진이나 바닷물의 범람 같은 대재앙이 다가올 종말의 증거이며, 천구의 변화를 지적했던 프톨레마이오스 시대 이래로 태양으로부터 지구까지의 거리가 점점 짧아지는 것도 종말의 징조라고 생각했다. "이전의 어느 때보다 더 식물과 약초의 우수성이 떨어졌다. 또한 모든 살아 있는 피조물의 힘이 이전의 어느 때보다 약해졌다. 그러므로 결국은 조만간 반드시 세상의 종말이 올 것이다. (과거에도 그랬지만) 세상은 늙을 수밖에 없으며, 따라서 세상의 모든 부분이 허약해진다". 18)

발견의 시대에 넓고 깊어진 지식과 이해조차 퍼처스(Samuel Purchas)*

---

16) *Discourse on Method*(1637), 5, trans. by Wollaston, Penguin Classics ed., p. 71.

17) 나는 쉐이클톤과 굿먼(Goodman)의 저작을 직접 참조할 수 없었다. 그래서 이 논의는 Jones, *Ancients and Moderns*, pp. 24~30〔여기서 존스는 부르노(Bruno) 역시 이 사고를 가졌다고 했다〕와, Harris, *All Coherence Gone*, pp. 8~46에 근거한 것이다.

18) Jones, *op. cit.*, p. 25에서 재인용

에게서 다음과 같은 대중적이고 음울한 사고를 몰아내기엔 충분치 않았다. 즉, "신의 위업 없이는 존재가 불가능할 정도로 세상이 오래되고 노쇠해졌으므로 세상이 스스로 더 완벽한 지식을 가지도록 허용된 것"이라고 생각했다. 여기에다가 존스는 "이 모든 것이 셰익스피어(William Shakespeare)*와 스펜서(Herbert Spenser), * 베이컨을 낳은 시대에 일어난 일"이라는 말을 덧붙였다. 19)

그러나 이런 종류의 저작 중에서 가장 유명한 건 굿먼(Godfrey Goodman)*의 1616년 작 《인간의 타락》(*The Fall of Man*)인데 고전 시대 저자들로부터 배운 유기체적 유비보다는 성서의 영향을 더 많이 받은 것으로 보인다.

> 그(굿먼)가 발견한 타락의 증거는 그 시대의 악에도 있고, 인간이 겪는 질병, 고통, 악습, 열정, 불행에도 있고, 대폭풍우에도 있고, 파리, 벌레, 괴물에도 있고, 아름다움이 쇠하고 과일이 시들어가는 모습에도 있다. 자연은 무한한 보물을 가지는 것처럼 보임으로써 인간에게 무한한 욕망을 불러일으키지만 사실 자연은 빈약하고 불완전하다 … 인간이 자신의 타락으로 인해 죽음에 이르게 되듯이 모든 자연에 대해서도 인간은 죽음을 부과했다. 일반적으로 굿먼은 인간과 자연 모두 완벽한 상태에서 소멸에 이르는 연속적인 쇠락 과정을 겪게 된다고 생각했다.

고대에는 자연이 매우 풍요로웠기에 실험이 불필요했지만 현재는 인간의 발명을 통해 욕망을 만족시켜야 한다. "기예는 구두 수선공이나 땜장이 같은 역할을 하며 성곽 보수, 훼손된 자연을 치유하기도 한다". 20) 쇠락은 어디에나 있다. 바다에서는 물고기가 점점 줄어들고 땅은 점점 비옥함을 잃는다. 그리고 하늘은 쇠락과 죽음을 안다(시편 102장 26절에서 인용).

---

19) *Purchas his Pilgrimage* (1613), p. 43; Jones, *op. cit.*, p. 26에서 재인용.
20) Jones, *op. cit.*, pp. 27, 28에서 재인용.

4. 헤이크윌의
《변명, 세계를 경영하는 신의 권능과 섭리의 증언》

창조주의 은혜와 지혜를 믿는 종교적 인간은 거의 정반대의 주장을 펼칠 수 있다. '왜 그토록 현명하고 은혜로운 창조주가 매번 각 세대의 인류에게 인간의 타락과 자연의 생산력의 쇠락을 직면하도록 자연을 계획해야 하는가?' 이것이 대략 헤이크윌이 몰두했던 문제였다.

헤이크윌의 《변명, 세계를 경영하는 신의 권능과 섭리의 증언》(*An Apologie, or Declaration of the Power and Providence of God in the Government of the World*, 1627년 초판; 1630년 2판; 1635년 3판) 은 동시대의 식자층에게 쉽사리 친숙해질 수 있는 방식으로 자연의 악화라는 가정이 지질학적 현상, 경관의 외형, 종교에 가지는 의미를 분명하게 보여준다. 그것은 자연, 과학, 문명에 대해 진취적 태도를 갖기 위해 자연의 항상성과 자연법칙의 규칙적인 작동에 대한 확신을 가지는 것이 얼마나 절실히 필요했는지를 보여준다. 인간과 인간이 창조한 문명을 지탱하는 자연이 하루하루 쇠락한다면 어떻게 인간과 인간 문명이 점진적으로 발전하리라 기대할 수 있겠는가? 헤이크윌은 이 모든 질문들을 다뤘으며 대부분의 논의는 명쾌하다. 그래서 그의 책은 위대하다.

내 생각으로는 근대 과학이 형성되던 이 시기에 그 어떤 책도 이 책만큼 지리학, 지질학, 지구의 역사와 박물학에서의 증거를 활용해 지구의 본질을 이해하려는 진지한 모색을 하지 못했다. 이 책은 독창적인 연구라기보다는 해석과 종합의 성격을 가진 책이기 때문이다. 그러나 불행히도 이 책은 세계적인 명성을 얻지 못했으며 일반적 사상사에서는 거의 언급도 되지 않는다.

이 책은 고전들과 뒤 바르타스(Du Bartas)* 같은 대륙 출신의 저술가들을 이용해 가치 있는 르네상스 시대의 사상을 풍부한 상상력으로 종합했는데, 사실 불멸의 고전들은 아주 적은 수만이 인용되었다. 아마 헤이크월은 새롭게 제시할 것이 별로 없었거나, 존스의 말대로 베이컨처럼 자신의 논점을 입증하겠다는 생각이 없었거나, 아니면 그의 뻔뻔한 모방자인 존스톤(Johnston)만큼도 일반적인 근대의 발견, 발명, 과학의 감동을 인정하지 않았기 때문에 이런 취급을 받았을 것이다. 그러나 그가 잘라낸 덤불이 얼마나 많았던가? 또한 그가 배수시킨 습지와 늪은 얼마나 많았던가? 햇빛이 땅에 닿을 수 있도록 그가 개간한 땅은 또 얼마나 많았던가?[21] 헤이크월은 하늘의 별들이나 지구, 인간이 역사적으로 성취한 것의 본질을 설명하는 데 유기체적 유비보다 더 좋은 설명 수단이 있다고 생각했다. 쇠락은 시간의 질서가 아니다. 인간은 많은 것을 성취했으며, 인간 자신의 발전과 지구의 발전에 적극적인 역할을 한다. 인간이 노력하는 한 자연은 쇠락하지 않는다.

　헤이크월이 결국 자신의 책에서 나중에 길게 인용한 콜루멜라(1권 264쪽부터 참고)처럼, 자연의 쇠락, 사물에 내재된 쇠락, 그리고 인간이 그

---

21) 헤이크월에 대한 찬사 그리고 그의 영향과 결점을 논의하기 위해서는 Jones, *op. cit.*, pp. 36~38을 보라. 헤이크월의 사상은 존스톤에 의해(관대하게 표현하자면) 요약되어 있는데, 이 책은 헤이크월에게 빚진 사실을 턱없이 부족하게 인정한다. 그의 책 《자연의 항상성 역사》(*An History of the Constancy of Nature*)는 사실 헤이크월의 책을 180페이지 분량으로 요약한 것이다. 1635년 판 《변명》에서 헤이크월은 존스톤의 표절에 대해 경멸적 불만을 표했다. 존스톤의 저작은 원래 1632년 암스테르담에서 라틴어로 출판되었다. 나는 여기서 인용된 Rowland의 번역본밖에 보지 못했다. Jones, p. 295의 각주 21번을 보면 존스톤이 헤이크월의 생각뿐 아니라 인용문까지 의존했음을 의심할 바 없지만 그가 헤이크월보다 "일반적인 근대의 발견, 발명, 과학"을 훨씬 더 강조했다는 존스 주장의 근거가 있다(pp. 38~39, p. 295, note 21). 근대의 발명에 대한 존스톤의 논의를 보려면 *An History of the Constancy of Nature*(1657), pp. 105~115와 해리스(Harris)의 *All Coherence Gone*을 보라. 해리스의 책은 자연(과 역사적 조상)의 쇠락에 대한 논쟁을 다루는데 특히 자연의 쇠락론의 주요 옹호자인 굿먼과 그 교의에 대한 설득력 있는 반대인 헤이크월을 강조한다. 책 제목은 존 던(John Donne)의 《세계의 해부》(*An Anatomie of the World*)에서 나온 것이다. 굿먼의 《인간의 타락》(*The Fall of Man*, 1616)은 구하기 매우 어려운 책이라서 아직 직접 읽어보진 못했다.

것을 막기 위해 할 수 있는 것이 아무것도 없다는 지배적 견해를 반박하는 것으로 연구를 시작한 것은 우연일까?[22] "세계의 쇠락이라는 견해는 서민들뿐만 아니라 지식인들과 성직자들 사이에서도 널리 받아들여졌는데, 바로 이런 대중성 때문에 이 견해가 심화된 검증 없이 많은 이들 사이에 통용되었다". 헤이크윌은 이런 견해에 대한 반박을 거의 4백여 쪽에 걸쳐 빽빽하게 썼는데 이를 위해 동원한 학습의 깊이와 역사적 범위, 추론의 힘, 그 의견의 명쾌한 상식성 등이 뛰어나다.

헤이크윌은 자신의 책을 몇 개의 논문으로 나누었는데 그가 논박하고자 하는 쇠락론적 사고가 얼마나 널리 유포되었는지, 그리고 그 사고가 천체의 쇠락에서부터 풍속과 관습의 쇠락에 이르는 다양한 학문 분야에서 어떠한 모습으로 나타나는지를 철저히 검토했다. 이 책의 통일된 주제는 자연 속에 내재된 보편적 쇠락이라는 가정을 반박하는 것이다. 1635년 개정판에서 헤이크윌은 여섯 편의 논문을 썼는데, 각 주제는 일반적인 쇠락, 하늘의 쇠락, 4원소의 쇠락, 인류(즉, 인간의 수명, 힘, 키, 예술적 재능, 지능)의 쇠락, 풍속의 쇠락, 마지막으로 미래에 발생할 지구의 파괴에 대한 것이었다. 이 중 다섯 번째와 여섯 번째 논문은 이 책의 2쇄부터 제기되었던 반박에 대한 답변이다.

각각의 주제들은 완벽한 참고자료(appratus criticus)를 갖추었는데 이것들은 모두 쇠락론에 대한 반론이 고대인과 근대인의 상대적 우월성 문제를 푸는 데 얼마나 결정적이며, 그리고 그 결과가 진보 사상의 출현에 얼마나 결정적 역할을 했는가를 보여준다. 그러나 더 나쁜 상태로의 변화를 가정하는 경향이 헤이크윌의 견해에 반대하는 사람들에 의해 널리 확산되었다. 즉, 이들은 나쁜 상태로의 변화가 물질과 유기체의 본질적 특성이며 인간사(事)에서도 나쁜 상태로의 변화가 제도와 도덕의 본질적 특성이라고 생각했다.

---

22) *Apologie*, p. 1.

더욱 흥미로운 것은 이런 기념비적인 임무를 수행하려는 헤이크윌의 동기이다. 이 동기는 헤이크윌 그리고 그와 같은 생각을 한 사람들의 철학적·도덕적·종교적 입장을 보여준다. 일반인들과 학자들 사이에서의 쇠락론에 대한 높은 인기 속에서 그는 이 쇠락론이 논박될 만한 일인지 자문했다. 그리고 그는 그럴 만한 가치가 있다고 생각하면서 다음과 같이 그 근거를 들었다.

①"사로잡힌 진실의 회복". 즉, 쇠락론이 거짓이라는 진실이 반드시 밝혀져야만 한다. 쇠락론을 옹호하는 자가 너무도 많으므로 반드시 도전하여 철회시켜야 한다. [23]

②"창조주의 영광 회복". 즉, 지구가 궁극적으로는 불로 소멸될 것이긴 하지만 세계를 창조한 후 " … 자연의 모든 부분에서 매일매일 보편적으로 그리고 회복 불가능한 소멸이 일어나도록 허용하는 것이" 신의 영광, 지혜, 권능, 정의와 모순이 된다고 생각한다. [24] "이것이야말로 은근히 신의 권능을 비난하고 책망하는 것 외에 무엇이란 말인가?" 그는 도대체 누가 이 쇠락을 한탄하느냐 묻고 나서 학술적 언어로 답한다. 신의 권능은 "사실 (스콜라철학적 문구로 쓰자면) 능산적 자연(能産的 自然, *natura naturans*), **** 즉 활동적 자연(*active nature*) 외에 아무것도 아니다. 능산적 자연의 작품인 피조물은 소산적 자연(所産的 自然, *natura naturata*), * 즉 수동적 자연(*nature passive*)이다 … ". 그는 스칼리제르(Joseph Justus Scaliger)*가 카르다누스(Hieroymus Cardanus)*를 비판한 일에 찬성하며 이를 인용한다. 인용에 의하면 세계의 소멸은 마치 방앗간의 나귀처럼 피로의 누적 때문에 발생하는 것이 아니다. 신은 지금도 세계를 창조했

---

23) *Ibid.*, pp. 16~18.
24) *Ibid.*, pp. 18~19.

을 때와 똑같은 무한한 힘으로 세계를 지배한다. 25)

③ "내가 반박하고자 하는 이 견해〔쇠락론〕는 희망을 움츠리게 하고 고 결한 노력의 날을 무디게 한다". 26) 이는 루크레티우스가 이미 지적했던 점이다. 즉, 농부는 부실한 작물 수확을 불평할 수 없게 된다. 보편적 현상인 어머니 대지의 노쇠에 대해 어쩔 수가 없기 때문이다.

④ 헤이크윌은 그런 믿음이 가져올 도덕적 타락의 위험도 보았다. "이런 믿음 때문에 인간들은 회개의 문제나 현재의 부에 대해 그리고 자손을 얻으려는 데 더욱 무관심해진다". 27) 인간은 책임이 면제되며 그의 악덕은 언젠가는 소멸되는 질병인 셈이기 때문이다.

⑤ 마지막은 "쇠락론이 빈약한 근거 위에 성립되었다는 점이다". 28)

여기서 우리는 헤이크윌의 반박 중 몇 가지, 즉 지구와 살아 있는 자연에 대한 개념 그리고 설계론이라는 사고에만 논점을 맞춘다. 하지만 헤이크윌이 꼽은 '일반적 쇠락'이라는 사고가 널리 받아들여진 이유를 언급하고 지나가는 것도 괜찮을 것 같다. 그는 반대자들이 내세운 증거들을 추론으로부터의 증거, 인간의 권위로부터의 증거, 성서로부터의 증거 이렇게 세 가지 범주로 나누었다. 그리고 각각을 면밀히 검토하고 비판하고 기각했다.

그에 따르면 반대자들의 핵심적 주장 — 다른 나머지 주장도 모두 이 주장에 기댄다 — 은 "피조물은 최초의 주형 (鑄型) 에 가까울수록 더 완벽하다. 따라서 최초의 주형으로부터 멀어지고 모습을 잃을수록 불완전해지고 취약해진다. 샘의 흐름처럼, 물줄기가 깨끗하지 못한 길로 흐르면 갈수록 물이 더 오염되는 것과 마찬가지"라는 것이다. 29)

---

25) *Ibid.*, p. 19.
26) *Ibid.*, p. 21.
27) *Ibid.*, pp. 23~25.
28) *Ibid.*, p. 25.

본질적으로 헤이크윌의 대답은 쇠락론자들이 주장하는 기예, 자연, 은총의 산물이 이 일반화의 허구성을 보여준다는 것이다. 즉, "이 산물들은 모두 불완전하고 세련되지 못한 상태에서 일정한 단계를 거쳐 더 절대적이고 완벽한 상태가 된다"는 것이다. 우리는 신의 은총 덕분에 기독교 신앙의 실천 속에서 지식, 미덕, 계몽, 신성화를 발전시킨다. 또한 우리는 미덕에 미덕을 더함으로써 또한 하나하나의 미덕이 커짐으로써 미덕의 성장을 경험한다. 직조공이 작업을 시작할 때처럼 인공물도 처음에는 작게 시작해서 점점 커진다. 실제로 건축가는 자신의 계획에 따라 보잘것없는 것에서 시작해 가구와 장식을 갖춘 완벽한 건축물을 완성한다. 자연 역시 똑같다.

세계는 혼돈으로부터 나왔고, 거대한 나무는 작은 씨앗에서 시작되었다. 헤이크윌은 경험과 시간이 누적되어 오류가 조금씩 줄어들면서 예상되는 발전을 염두에 둔 것 같다. 즉, 인간이든 자연이든 또는 신성한 것이든 피조물은 완벽한 상태에서 시작하는 것이 아니라 맨 마지막에 완벽해지는 것이라고 생각했다.[30] 각 부분이 모두 쇠락하기 때문에 전체가 쇠락한다는 추론에 근거한 두 번째 주장 역시 헤이크윌은 간략하게 기각한다. 그는 현재 살아 있는 자연, 즉 지구를 구성하는 각각의 동식물, 인간이 언젠가는 죽어야만 하는 존재이기 때문에 전체로서의 지구 역시 쇠락한다는 주장을 부인한다. 이러한 쇠락론을 옹호하는 권위자들 중에서 헤이크윌이 인용하는 이는 오리게네스, 성 암브로시우스, 그레고리오 1세(Gregory the Great), * 키프리안(Cyprian)*인데, 특히 키프리안을 장황하게 인용했다.

헤이크윌은 3세기에 순교한 성인인 키프리안을 존경하지만, 지구와 자신을 둘러싼 모든 것이 쇠락하고 죽어 간다고 믿은 그가 철학자나 "분

---

29) *Ibid.*, p. 57.
30) *Ibid.*, pp. 57~58.

별 있는 신학자"로서 자질이 있는가에 대해서는 진지하게 문제를 제기했다. 헤이크월은 키프리안이 살았던 시대의 관점에서 그의 사상을 살폈다. 그 당시의 삶은 끔찍했고 처절했다. 기아와 전쟁, 죽음의 시대였다. 콘스탄티누스 대제의 개종은 이 끔찍한 시대 이후였다. 만약 그가 콘스탄티누스 대제의 치세에 살았다면 자기 시대의 고난과 비극에 대해 썼던 비통함만큼이나 의기양양한 낙관적인 글을 썼을지도 모른다. 예수의 재림이 임박했다는 열렬한 믿음을 이끈 기독교도와 성경에 대한 박해 때문에 그들은 더욱 "지속적 쇠락과 심판의 날과 세상의 종말을 기대했다. 따라서 그들의 생각 역시 거기에 맞춰졌으며 모든 것이 종말에 이르도록 맞춰진 것으로 보였다". [31]

헤이크월은 쇠락론에 대한 루크레티우스의 언급을 인용하고 그를 키프리안과 비교했다. 헤이크월이 주목한 것은 루크레티우스 이후 1천 6백 년, 그리고 키프리안 이후 1천 4백 년 동안 이들의 생각이 옳았다고 입증할 만큼의 쇠락이 발생하지 않았다는 점이다. [32] 그가 능숙하게 인용한 아르노비우스의 《이교도를 논박함》(5장 1절을 보라)은 기독교도들이 세상의 수많은 재앙에 책임을 져야 한다는 고발로부터 기독교도들을 옹호했다. 성 아우구스티누스도 총 22권의 《신국론》 중 앞의 10권에서 아르노비우스처럼 열렬히 기독교도들을 옹호했다. 전쟁과 정복은 기독교 이전부터 존재했다. 전쟁과 정복이라는 단어의 존재가 이를 입증한다.

헤이크월은 키프리안과 루크레티우스를 논박하기 위해 아르노비우스의 기독교 옹호를 이용하면서 대규모 자연 재앙, 도덕적 위기, 모든 사물의 흥망성쇠는 쇠락에 대한 어떤 증거도 되지 못하며, 이것들은 역사의 어느 시기에나 존재했다고 말한다. [33] 세 번째 주장인 인간의 권위는 키프리안이 직접 인용한 에스드라 2서 5장 51절에서 55절에 나온다. [34]

---

31) *Ibid.*, p. 62.
32) *Ibid.*, p. 64.
33) *Ibid.*, pp. 65~70. 이 중 거의 다섯 페이지는 아르노비우스를 인용한다.

그러나 그가 말하듯이 에스드라는 외경이기 때문에 성서로서의 권위가 부족하며 쇠락론을 옹호하는 목적으로 흔히 인용되는 신성한 문구도 별로 나와 있지 않다. 또한 헤이크윌은 이사야서 24장 2절, 로마인에게 보내는 편지 8장 20절에서 22절, 그리고 잘못 이해되었지만 "거의 모든 것의 근거가 된" 베드로의 둘째 편지 3장 4절은 "설명력과 적용력"이 부족하다고 보았다. 인용된 문장은 부정확한 번역이나 성경 해석상의 오류, 전체적 맥락에서 그 사상을 이해하는 데 실패했다는 점에서 본연의 의미와 다르다는 것이다. 35)

헤이크윌은 우리 주제에 더 직접적으로 영향을 준 사상을 논하기 위해 재빠르게 '인간의 타락이 자연의 악화를 초래한다'는 주장을 도마 위에 올렸다. 쇠락의 씨앗은 인간의 타락 이전이나 이후에도 세상에 존재했다. 자연의 쇠락이 진실로 인간의 죄와 그에 대한 처벌 때문이라 하더라도 세상이 쇠락할 운명으로 창조되었을 리는 없다. "만약 그렇지 않다면, 원인에 앞서 결과가, 죄에 앞서 처벌이 있어야 한다. 이는 인간이 창조되기 전, 그리고 결과적으로 인간이 원죄를 짓기 이전에 세상이 만들어지고 갖추어졌다는 말이 된다 …". 36) 게다가 하느님이 천지창조를 끝냈을 때 보기에 좋았다고 말씀하지 않았던가.

인간의 타락에 따른 자연의 쇠락이라는 주장에 대한 헤이크윌의 반박은 설득력이 있다. 인간의 원죄는 자연 쇠락의 원인이 될 수 없다. 자연의 원리는 창조주가 정한 것이다. 인간과 천사는 자신이나 다른 피조물을 타락시킬 수 있으나 인간도 천사도 "자신들과, 그보다 더 적기는 하지만 다른 피조물에 내재된 자연의 근본 법칙을 바꿀 수 없다. 따라서 다음

---

34) *Ibid.*, pp. 70~73. 경외 성서에 나오는 구절은 고대 이래로 쇠락이 계속되었으며, 이 쇠락은 살아 있는 유기체의 생명 주기와 같다고 주장하는데, 이런 주장은 설득력이 없고 이치에 맞지 않다.

35) *Ibid.*, pp. 73~74.

36) *Ibid.*, p. 55.

과 같은 불가피한 결론에 이른다. 인간의 타락으로 인해 자연의 원리가 더럽혀진다면 그것은 틀림없이 창조주에 의해 더럽혀진 것이다. 그런 결과를 가져올 능력을 가진 사람은 창조주 외에 아무도 없다".[37]

헤이크월은 다음과 같이 말한다. 태양을 포함한 천체의 쇠락은 결코 한 번도 없었다.[38] 현재 열대 지대에 인간이 거주할 수 있는 것이 천체가 노쇠했기 때문이라면 추운 지대에는 인간의 거주가 더 힘들어졌어야 했다.[39] 원소의 쇠락 역시 한 번도 없었다. 4원소는 건재하며 똑같은 비율과 특성을 유지한다. 그는 "5월의 시골 처녀들"처럼 서로 팔짱을 낀 것 같은 공기, 불, 물의 견고한 결합에 대해 설명한 뒤 바르타스의 문구를 영어로 번역해서 인용했다.[40] 그 원소는 "모두 신성한 사슬로 연결되어 묶여 있다. 세계를 구성하는 많은 성원은 서로 결합되어 있다 …".[41] 이는 《장미 이야기》에서 말하는 대자연의 모습을 연상시킨다.

> 신은 나의 뜰 안에서 이토록 나를 영광스럽게 하신다네.
> 신은 원소들을 묶어 주는 사랑스러운 금사슬을 남기셨다네.
> 그것들이 내 얼굴 앞에서 인사를 한다네.[42]

지리학적·기상학적 현상을 토대로 한 헤이크월의 쇠락론 반박은 훌륭하다. 그의 반박은 쇠락의 증거로 진지하게 간주되던 것들이 놀랍게도 사건의 잡다한 열거에 지나지 않는다는 것을 보여주기 때문이다. 대기 오염, 폭풍우, 날씨의 변화, 지진, 화산 등 거의 모든 자연현상이 쇠락의 증거에 해당된다. 이런 자연 재난이 현대에 오면서 더 자주, 더 심하게

---

37) *Ibid.*, p. 56.
38) *Ibid.*, pp. 75~103.
39) *Ibid.*, p. 105.
40) *Ibid.*, p. 118.
41) *Ibid.*, p. 119에서 뒤 바르타스를 재인용.
42) chap. 81, 64~61. (이 책 2권 132쪽을 보라)

발생한다는 것이 지배적 생각이다. 그러나 헤이크월은 이런 자연 재난은 세계 역사의 모든 시기에 걸쳐 항상 있었던 일이며 질병의 발병과 지진이나 화산 폭발이 고대 시대에 더 심각했을지도 모른다고 답한다.[43] 땅이 점점 바다에 잠기는 것이 쇠락의 또 다른 지표라는 주장에 대해서도 그는 바다, 강, 호수 등에 잠긴 지역의 면적은 과거와 거의 유사하다고 말한다. 즉, 한 장소가 잠기면 다른 장소가 솟아난다는 것이다.[44]

그는 잔키우스(Jerome Zanchius)*의 《피조물에 대하여》(De Operibus Creationis) 제4권 제3테제를 인용해 바닷물의 증발로 시작해 강이 바다로 흘러드는 것으로 끝나는 물의 순환을 사례로 장기간의 균형을 설명한다. 잔키우스에 따르면 신은 동물과 인간이 살아갈 수 있도록 지구를 보전하기 위해 한 원소에서 다른 원소로의 변화를 설정했다(예: 물에서 공기나 수증기로의 변화). 잔키우스는 증발이 궁극적으로 바다를 말릴 것이라는 데모크리토스의 주장이 어리석다고 했다. 그러나 데모크리토스의 관찰을 지중해 지역에 한정한다면 그의 빈약한 주장에 공감할 수 있다. 지중해에서는 강에서 유입되는 물이 아주 적은 반면 증발은 대규모로 이루어져 전체적으로 물의 손실이 크기 때문이다.

헤이크월의 논의는 당시에 통용되던 지질학적 이론, 즉 대양의 물이 비밀 통로를 통해 육지로 되돌아와 샘과 강을 형성한다는 고대에서 유래한 이론에 토대한 것이다.[45] 육지에서 바다로의 손실이나 그 반대의 흐름도 서로 상쇄된다. 작은 시내나 샘에는 변화가 잦을 수 있다. 그러나 인더스 강이나 갠지스 강, 다뉴브 강, 나일 강 같은 큰 강의 흐름은 역사적으로 거의 변화가 없었다. 샘이나 온천의 약효적 가치도 변하지 않는다. 물고기의 공급이 줄어들 수는 있다. 그러나 헤이크월은 자신이 아는

---

43) *Apologie*, pp. 124~137.

44) *Ibid.*, p. 139.

45) *The Birth and Development of the Geological Sciences*, pp. 432~445에서 샘과 강의 기원에 대한 아담스의 설명을 보라.

범위 내에서 물고기가 줄어든다는 이 진술을 찬성할 수도 부정할 수도 없다고 말한다. 헤이크윌은 만약 세계의 쇠락으로 인해 물고기 수가 줄어드는 것이라면 지구상의 동식물, 새들의 수 역시 똑같은 이유로 줄어들 것이라는 말로 이 주장의 어리석음을 보여준다. 46)

앞서 헤이크윌은 동식물 왕국의 쇠락이 사실이 아닌 가정된 것이라고 보았듯이 전체로서의 "지구의 쇠락 역시 단정된" 것이라고 생각했다. 이런 반박의 토대는 상식과 자연법칙, 관찰이다. 신은 모든 곳이 다 풍요롭거나 다 메마르도록 정하지 않았으며, 또 이 풍요로움이나 메마름이 영원히 지속되도록 정하지도 않았다. 현재의 불모지와 소금기 있는 사막도 이전 시대에는 비옥한 땅이었다. 다시 말해 상황은 역전될 수 있다. 또 땅은 "농경술에 의해 훼손"될 수 있으며, 회복되려면 시간과 휴식이 필요하다.

여기서 또 헤이크윌은 콜루멜라와의 유사성을 보여준다. 47) 침식의 순환에서는 아무것도 손실되지 않으나, 산을 침식시키고 퇴적 평원을 만드는 과정에서 토양의 거대한 운반 작용을 볼 수 있다. 그는 빗물과 강의 흐름, 그에 따른 흙의 제거로 인한 산의 침식 작용, 산의 침식으로 계곡이 만들어지는 현상을 설명하기 위해 블란카누스(Josephus Blancanus)*의 《피조물의 세계에 대하여》(De Mundi Fabrica)를 인용한다. "… 지구 전체적으로 손실되는 것은 아무것도 없다. 한 장소에서 다른 장소로 이동될 뿐이다. 따라서 시간이 흐르면 가장 높은 산이 낮은 계곡이 되고, 다시 가장 낮은 계곡이 높은 산이 될 수 있다". 48) 블란카누스는 다음과 같이 예언했다. 세계가 아주 오래 지속된다면 땅의 침식으로 야기된 끝없

---

46) *Apologie*, pp. 140~144.

47) *Ibid.*, p. 37.

48) *Ibid.*, p. 147. 블란카누스는 이탈리아어 이름이 Giuseppe Biancani, 라틴어 이름은 Josepheus Blancanus이며, 파르마(Parma)의 수학 교수이다. 1566~1624. NA.

는 평탄화 과정을 통해 육지는 다시 처음 상태처럼 바다에 잠길 것이다. 헤이크윌이 보기에 이는 과도한 견해이다. 그는 블란카누스가 창세기 9장 11절, 욥기 38장 8절, 시편 104장 9절에 나오는 신의 약속을 잊었다고 지적한다. 49) 땅은 적어도 노아의 대홍수 이래로 똑같은데 면적이 똑같고 비옥도가 똑같다. 해수면 높이는 육지의 강에 의해, 그리고 땅의 비옥도 역시 양분을 공급한 유기물질의 부식에 의해 항상 균형을 유지했다. 50)

5. 고대인과 근대인 논쟁, 그리고 자연에 대한 기계론적 관점

　이 같은 논쟁은 17세기에 들어서도 프랑스의 페로(Charles Perrault)*와 퐁트넬(Bernard Le Bovier de Fontenelle),* 영국의 템플 경(Sir William Temple),* 워튼(William Wotton)*의 저작물에서 계속되었는데 각자의 입장을 지지하기 위해 설계론이나 환경적 영향력에 대한 사고를 결합시키려는 기미가 나타났다. 퐁트넬은 능란하게 환경적 사고를 식물에 적용했으나 인류에 대해서는 유보적 태도를 보였다. 또 템플 경은 "동방 지역"의 독창적이고 창조적인 활동에 대한 강력한 환경적 이유를 제시하였다. 워튼은 이 논쟁이 기독교도들에게 새로운 영감을 제공한다고 보았다.

　페로는 1687년 그의 시 《루이 14세의 세기》(Le Siècle de Louis le Grand)에서 자연의 쇠락이라는 사고가 가진 가치에 대해 숙고했다. 이 시는 프랑스에서의 고대인과 근대인 비교 논쟁을 촉발했으며, 이로 인해 페로는 다시 1688~1696년 동안 《고대인과 근대인의 비교》(Parallèle des Anciens et des Modernes)라는 여러 권으로 된 책을 출간했다. 그는 자신의 시에서

---

49) Ibid., pp. 147~148.
50) Ibid., pp. 148~149.

단호하게 자연은 절대 약화되지 않는다고 진술했다. 즉, 우리는 별이나 꽃, 위인들의 작품을 바라볼 때 그 힘의 항상성 그리고 그 힘의 작용의 항상성을 기대할 수 있다는 것이다.

> 육신을 만드는 것처럼 영혼을 만들기 위해
> 자연은 언제나 무한한 노력을 기울인다.
> 그 존재는 변함없고 그 힘은 풍족하다.
> 그 힘으로부터 자연은 모든 것을 만들고 조금도 메마르지 않는다. 51)

자연에 대한 이와 유사한 사고는 《고대인과 근대인의 비교》에도 나타난다. "오늘날 아프리카의 사막을 배회하는 사자와 호랑이는 알렉산드로스나 아우구스투스 시대의 사자나 호랑이만큼 거만하고 잔인하다. 우리 시대의 장미도 황금시대의 장미만큼 진한 붉은빛이다. 〔《루이 14세의 세기》에서 이미 표현되었던 사고를 반복하면서〕 그런데 왜 인간은 이 보편적 규칙에서 제외되어야 하는가?52)

이미 오래전 헤이크윌이 쇠락론을 비판한 바가 있지만 퐁트넬은 영리하게도 — 그리고 거의 학습된 무관심으로 — 자연의 쇠락이라는 가정과 고대인과 근대인의 상대적 우월성 사이의 관계를 다루었다. 어제의 나무가 오늘의 나무보다 더 컸는지를 안다면 이 문제는 풀린다. 고대인들이 지적으로 더 우수했다면 그들의 뇌가 더 훌륭했어야 한다. 나무와 뇌 모두 자연이 관할한다. 따라서 고대 시대가 더 원기 왕성했다면 나무가 더 크고 아름다웠을 것이며 인간 역시 더 총명했을 것이라는 점은 명약관화하다.

---

51) *Le Siècle de Louis le Grand* 라는 시. 또한 페로의 *Parallèle des Anciens et des Modernes*의 1권 끝에 별도로 매겨진 페이지 중 p. 21.

52) Perrault, *Parallèle des Anciens et des Modernes*, Vol. I, p. 89. 페로의 글을 발췌해서 번역한 파세트(Leona M. Fassett)의 글은 Teggart & Hildebrand, *The Idea of Progress*, pp. 191~192에 나온다.

퐁트넬은 자연이 고대를 창조하는 과정에서 힘을 다 썼을 것이라는 생각을 기각했다. "자연은 항상 똑같은 상태의 풀반죽 같은 것을 가진다. 그래서 자연은 쉼 없이 다양한 방식으로 빚고 개조한다. 이런 식으로 자연은 사람과 동식물을 만든다". 퐁트넬은 또한 자연의 항상성이라는 사고가 어떻게 자연 속에서 관찰되는 차이와 양립할 수 있는지 보여준다. 나무는 어느 시대에도 똑같이 거대할 수 있다. 그러나 모든 나라의 나무가 다 그런 것은 아니다. 이런 진실은 인간의 정신에도 적용된다. 따라서 우리는 자연적·문화적 원인에 의한 차이를 설명할 수 있어야 한다. 53) 그러나 워튼의 1694년 작인 《고대 학문과 근대 학문에 대한 성찰》 (Reflections upon Ancient and Modern Learning) 은 이런 저작물 중에서 가장 놀랍다. 비록 그가 근대인에게 동정적이긴 했지만 편파적이지 않은 사례를 통해 자신의 주장을 논증해 상당한 정당성을 인정받았으며, 이 논쟁을 인간 존재라는 보다 광범위한 문제로 연계시켰기 때문이다.

고대인과 근대인의 상대적 우월성 문제를 연구하는 것은 종교에도 도움을 주는데 기독교 신앙에 매우 위험할 수 있는 믿음, 즉 세계의 영원성이라는 그럴듯한 가설을 해명하기 때문이다. 워튼은 아주 먼 과거로까지 소급되는 이집트인이나 칼데아인 (바빌로니아 남부 지역 사람들_옮긴이), 중국인의 역사가 세계의 영원성이라는 믿음에 신빙성을 부여한다는 점을 인정한다. 그러나 그는 이런 사상을 주장하는 사람들이 홍수나 야만적 침략 때문에 인류의 과거 기록이 말살되었다고 설명하려는 안이함을 비판했다.

이들의 말이 맞다면 지구상의 인류는 젊지 않고 매우 늙었다. 그러나 워튼은 세계가 계속해서 향상되었으며 아주 먼 과거에 알려진 것보다도 현재 알려진 것이 훨씬 많다고 주장한다. 즉, 인간의 재능이 고대에 더욱

---

53) "Digression sur les Anciens et les Modernes", *Oeuvres* (nouv. ed. ; A la Haye, 1728), Vol. 2, p. 125, 페로의 글을 발췌해서 번역한 파세트(Leona M. Fassett) 의 글은 Teggart & Hildebrand, *The Idea of Progress*, p. 176 참고.

위대했으며 그 당시의 지구가 더 활기찼다는 믿음을 증명할 증거는 전혀 없다는 것이다. 초기 인류의 기록을 소멸시켰을 것이라고 추측되는 홍수의 증거는 없다. 모세 시대 이전의 정복에 대해서는 알려진 것이 아무것도 없지만 정복이 모든 문명의 기록을 없애지는 못했을 것이다. 워튼이 주장하는 것의 토대는 역사 시대 동안의 침입의 결과이다. 이러한 침입은 문명을 파괴하지 않았다. 야만의 침입자들은 자기들이 정복한 문명의 상당 부분을 결국 받아들였다.

요약하자면, 문명은 근본적으로 중요한 것을 결코 잃은 적이 없으며 시간이 흐르면서 문명은 더욱 발전했다고 워튼은 믿었다. 그 증거로 그는 문명이 출현한 지 얼마 안 되었다는 점, 즉 젊은 문명을 든다. 이는 또한 세계가 만들어진 지 얼마 안 되었음을 보여주며 이는 성경에 나오는 진실이고 기독교의 창조주를 필요로 하지 않는, 세계의 영원성을 주장한 아리스토텔레스 사고가 오류임을 보여준다.

워튼은 이 연구가 유용하면서도 흥미로운 다른 연구로 이어진다고 말했다. "최근에서야 세상에 부활한 기계론 철학에서 발견이 매우 많이 언급되기 때문이다. 교수들은 대자연에 대한 모든 지식을 기계론 철학에 끌어들였다 …". 워튼은 로마인에게 보내는 편지 1장 20절의 내용을 살짝 바꿔 "최소한 지금까지는 무척이나 중요한 것처럼 여겨졌던 자연종교를 많은 사람들이 부정하고 더 많은 사람들이 계시종교를 부정하여 우리 눈에 보이지 않는 신의 작업이 세상에서 눈에 보이는 사물의 형태로 명확하게 증명되어야 할 그런 시대"에 자연에 대한 이 같은 지식이 존재했다고 말한다.

또한 그는 이제 고대에 알려졌던 것과 새로운 것을 발견할 수 있으며, 그 과정에서 "내 마음속으로부터 우주 전체와 우주를 구성하는 모든 부분들이 살아가고 움직이고 존재할 수 있게 하는 전능하고 은혜로운 영적 존재의 무한한 지혜와 박애를 찬양할 새로운 기회를 가진다"고 말한다.[54] 역사적 지식과 자연에 대한 지식은 지구의 본질, 역사, 창조에 대한 기독교적 개념의 진실을 증거를 통해 보여준다.

17세기 말 무렵 자연에 대한 영향력 있는 개념 중에서 하나는 기계론적 관점이었다. 워튼은 이 관점을 마음에 들어 하지 않았지만 과학사에서 강조된 관점이기도 하다. 기계론적 관점이 이 시기에 널리 수용된 것은 수학의 권위와 갈릴레이, 데카르트, 뉴턴 등의 과학적·철학적 업적 때문이다. 이 관점은 지구가 그 일부를 구성하는 우주는 거대한 기계와 같으며 기하학적 관점에서 이해될 수 있다는 사고다. 자연의 조화는 그 배후에 있는 가장 근원적인 기계적 질서에 의한 것이며 이 기계적 질서야 말로 연구할 만한 최대의 가치와 필요성을 지니는데, 이는 자연의 외현적 특성인 밝고 화려한 아름다움을 완전히 제거한 상태에서 드러나는 질서다.

화이트헤드(Alfred North Whitehead)*는 이런 사고가 17세기 사상의 특징이라고 생각했다. 그러나 화이트헤드의 이러한 규정은 전체 17세기 사상 중 한 분야에만 적용된다. 왜냐하면 그는 생명과학 분야의 사람들을 무시하기 때문이다. 생명과학 분야의 사람들은 기계론적 관점이 갖는 함의를 받아들이지 않았을 뿐만 아니라 지구가 신에 의해 설계된 환경이며 무한히 다양한 존재의 공생에 적합하다는 점을 강조했다. 이들의 생각은 아마도 서구 문명의 역사만큼이나 오래된 명성과 감화력을 가진다. 55)

따라서 중요하지 않은 것으로 치부된 형태, 미(美), 2차적 특성이 박물학의 구체적 실재를 연구하는 데에는 매우 중요한 것이 되었다. 인간중심주의와 목적론의 강조 —후에 과학은 이것이 얼마나 불쾌한 일인지 알게 된다 — 가 (추상적 기계론적 관점은 하지 못했던) 자연의 아름다움을 감상하게 하고, 그 안에 존재하는 상호 관계와 박물학에서 매우 중요한 2차적 특성들까지 연구하도록 자극했다는 사실에 눈감아서는 안 된다. 이렇게

---

54) *Reflections*의 서문, 페이지는 매겨지지 않음.

55) *Science and the Modern World*, *Lowell Lectures*, 1925(Pelican Mentor Books), pp. 55~56.

자연의 아름다움을 감상하고 자연의 상호 관계를 연구해 사람들은 자연에 대해 더 많이 알았을 뿐 아니라 이러한 발견 속에서 신의 지혜를 증명하는 보다 심화된 증거를 찾았다고 주장한다.

오늘날은 자연환경의 모든 단계에 문명이 영향을 미쳐서 아마도 우리는 자연의 2차적 특성, 외형 연구, 자연미의 과학적 특성, 근본적인 것에 더 친근감이 들 것이다. 반면 2차적인 것, 즉 이것들의 상호 관계의 중요성에 대해서는 친근감이 덜할 것이다. 이런 상호 관계는 과거엔 박물학의 연구 대상이었고, 현재 일부는 생태학에서, 일부는 미학적 기술(記述)에서 다루어진다.

6. 케임브리지 플라톤주의자들

근대의 물리신학과 중세 및 고대의 물리신학의 중요한 차이는 근본적 사상이나 가정에 있지 않고 — 이는 거의 동일하다 — 예증 사례의 증가에 있다. 예증 사례의 증가는 근대에 과학적 엄밀성이 증진된 덕분에 더욱 설득력을 가졌다. 크세노폰은 단 몇 줄로, 스토아학파들은 몇몇 문단에, 성 바실리우스는 몇 개의 설교문에 자신의 생각을 표현했다. 그러나 근대의 저자들은 몇 권을 요했다. 이러한 신학은 다양한 출처에서 증거를 수집했다. 교구 목사가 산책을 하다가 관찰하기도 하고, 아마추어 과학자가 자신의 정원이나 실험실에서, 또는 망원경으로 발견하기도 했으며 과학 학술지에 실린 실험 보고서일 수도 있었다.

물리신학은 계시신학과는 차이가 있었는데 물리신학은 신의 존재에 대한 물리신학적 증거를 논리적으로 확장한 것이었다. 또한 물리신학은 우주의 조화에 관심을 가지는 천문신학과도 달랐다. 일반적으로 말해 근대에는 물리신학이 가장 좋아하는 주제가 인간의 신체 그리고 인간 신체가 환경에 적응하는 모습, 이와 유사한 동물과 새, 곤충의 환경에의 적응,

하나의 전체로서의 육지와 바다 두 영역에서 관찰 가능한 조화였다. 더
햄은 18세기 초 가장 유명하고 가장 영향력 있는 물리신학 저자 중 한 명
으로 레이의 《피조물에 나타난 신의 지혜》를 더 확장하고 보완한 책을
썼으며, 천문신학에 대한 책도 썼다.

　그러나 당시 물리신학자들은 최고 수준의 학자들조차 짜증스러워할 정
도로 똑같은 예증과 주장을 반복적으로 사용하는 경향이 있었는데 이로
인해 종종 표절로 고발당하기도 했다. 이 중 가장 유명한 사례가 시계였
다. 그 내용은 누군가가 사람이 살지 않는 곳에서 괘종시계나 손목시계
를 발견했다면 시계는 설계나 계획의 산물이라고 결론을 내려야만 한다
는 것이었다. 그 다음은 이 유비를 분명히 드러나는 하늘과 땅의 계획에
적용하는 것이다. 이 예는 니오벤티트(Nieuwentijdt)의 《자연신학》(the
Theologia Naturalis)에 처음 나오는데, 어쩌면 이보다 더 오래되었을 수도
있다. 더 독창성 있는 글을 쓰기 위해 다른 물리신학자들이 쓴 책들을 의
도적으로 읽지 않았다는 더햄의 신랄한 고백처럼 많은 사고와 예증이 매
우 진부했다. 사실 더햄이 느낀 것보다 더 심하게 진부했다.

　많은 물리신학 저자들은 지구상의 유기적 상호 관계의 중요성을 강조
했는데 이런 관점은 자연의 균형과 질서에 관한 근대의 사고와 크게 다르
지 않다. 그러나 두 가지 중요한 차이가 있다. 첫째는 자연의 균형과 조
화에 대한 인간 문화의 파괴적 간섭이 물리신학자들의 저작에는 있지 않
다는 점이고, 둘째는 물리신학은 유기체와 환경의 조화, 그리고 유기체
가 환경에 적응하거나 유기체 간에 적응하는 것도 신의 천지창조 결과라
고 본다는 점이다. 따라서 근대의 진화론처럼 성장이나 발달을 강조하기
보다는 형태, 적응, 배열 등을 강조했다.

　레이와 더햄은 지구상의 자연적 과정을 다루는 데 가장 훌륭한 물리신
학자들이었는데 케임브리지 플라톤주의자들과 공감대를 이었다. 특히
케임브리지 플라톤주의자들 중에서도 이 그룹의 수장격인 커드워스
(Ralph Cudworth)*에게 공감했다. 커드워스는 《우주의 진지적(眞知的)

체계》(*The True Intellectual System of the Universe*)에서 조형적 자연(*plastic nature*)*이라는 사고를 발전시켰다. 이는 "신의 섭리에 따른 작업을 진행하는 천사들처럼 신의 법칙을 집행하는 신의 부속기구"를 의미한다. 그의 사고는 나중에 생명력(*élan vital*) 개념과 비교되었다. 56) 커드워스가 이 조형적 자연 개념을 믿은 이유를 보면 그가 왜 과학 연구에서 "기계론적 철학"에 몰두했던 사람들에게 동의하지 않았는지 알 수 있다.

그에 따르면 자연은 우연한 창조물이 아니며 의도하지 않은 메커니즘에 의해 만들어진 것도 아니다. 다른 한편 신은 모든 것을 즉시에 또는 기적적으로 만들지 않았다. "조형적 자연"은 신과 창조 사이에서 "신에 종속된 하위의 도구로서 신의 섭리의 일부를 직접 수행하는데, 규칙적이고 질서 정연한 물질 운동으로 구성된다". 조형적 자연은 자기 마음대로 진로를 선택할 수 없고 마음대로 행동할 수도 없다. 즉, 상위에 있는 신의 섭리가 어떤 결함도 발생하지 않도록 개입하여 시정한다. 조형적 자연과 "기계론적 유신론자들"(커드워스는 데카르트도 여기에 속한다고 보았다)의 철학의 차이는 후자가 신을 "최초로 물질에 일정한 양의 운동을 부여하고, 이 운동이 어떤 보편적 법칙에 따라 지속될 수 있도록 보전시키는" 존재로만 본다는 것이다. 57)

조형적 자연은 그 자체의 목적이 아니라 무언가를 위해(ἕνεκά του) 작동한다. 조형적 자연은 전체론적인 것으로서 자연을 구성하는 하위 부분의 형태와 기능을 결정한다. 다시 말해 "생명의 혼합 혹은 조형적 자연이란 것이 있는데, 이것이 메커니즘과 더불어 물질적인 우주 전체를 통해 작동한다". 커드워스는 결국 세계영혼(*anima mundi*: 우주를 지배하는 통일 원리_옮긴이) 사상과 자기 사상의 유사성, 그리고 플라톤 같은 초기 사상가들에게 받은 영향에 대해서도 논한다. 따라서 조형적 자연설은 신을

---

56) Hunter, "The Seventeenth Century Doctrine of Plastic Nature", *Harvard Theological Review*, Vol. 43(1950), pp. 197~213.

57) *True Intellectual System*, Vol. 1, pp. 223~224.

매일 자신의 일을 직접 수행해야 하는 존재로 규정하지 않고도 신의 목적과 설계를 전제한다. 만약 신이 모든 일을 직접 해야 한다면 그는 "근면하고, 열심이고, 산만한" 존재일 것이다.

커드워스는 자신의 요점을 납득시키기 위해 유치하게도 가짜 아리스토텔레스(pseudo-Aristole)*가 쓴 《세계에 대하여》(De Mundo)에 나오는 다음과 같은 유비를 끌어댔다. 크세르크세스 1세(Xerxes)*는 위대한 지배자다. 사소한 일은 직접 하지 않고 휘하의 관료나 부서에 맡긴다. 크세르크세스 1세도 이처럼 사소한 일을 직접 할 필요가 없는데 하물며 신이 직접 사소한 일을 수행해야 한다면 얼마나 민망한 일이겠는가?58)

모든 일을 다 맡은 신은 오히려 믿음을 훼손시키고 무신론자가 되는 것을 부추긴다. 이런 신의 개념에 대해 커드워스는 계속해서 엄청난 비판을 퍼붓는다. 레이도 신이 부속기구를 이용하지 않고 세세한 창조물 모두를 직접 돌볼 것이라는 생각은 틀린 것일지 모른다고 덧붙였다. 전능한 행위자에게 "느리고 점진적인 만물 생성의 프로세스는 쓸데없는 허식으로 보일지도 모른다". 다시 말해 즉시 수행할 수 있는 일을 (유기체의 성장에서와 같이) 느리게 수행하는 것은 신의 애정일 것이다. 조형적 자연은 웃음거리나 기괴한 일들을 설명한다. 즉, 자연에는 인간의 기예와 마찬가지로 오류가 있으며 "때때로 물질의 부적합에 의해 훼손되거나 어그러질 수 있다"는 사실을 보여준다.

만약 한 치의 오류도 없고 전능하며 완벽한 창조주가 직접 창조했다면 자연의 기괴함이나 불규칙성은 절대 나타나지 않을 것이다. 레이는 창조주와 피조물 간의 매개체를 용인해 양극단적인 믿음을 피했다. 양극단적인 믿음이란 신은 일단 사물이 작동하도록 한 다음에는 감독만 할 뿐이라는 것과 아무리 사소한 일이라도 모든 창조적 행위에 신의 직접 개입이 요구된다는 믿음이다. 59) "케임브리지 플라톤주의자들은 자연을 기계적

---

58) *Ibid.*, pp. 221, 223.

으로 보기보다 조형적으로 보고 싶어 한다. 복잡한 반응을 단순한 원소로 분해하기보다는 전체에서 부분으로 진행해서 자연을 지배하는 하나의 기원적(original) 생명력이 어떻게 무한히 구체적 현상으로 실현되는지, 이 실현의 과정에서 소멸하지 않는지를 보여주고자 했다".[60] 이런 학설은 분명히 자연주의자 레이처럼, 살아 있는 자연에 대한 지식이 많고 관심도 강한 종교인들에게 매력적이다. 레이는 모든 발견이 신의 지혜를 입증하는 신선하고 빛나는 증거라고 믿었다. 과학의 진보 역시 설계의 복잡함을 이해하는 지식의 진보를 의미한다.

플라톤, 플로티노스, 피치노(Marsilio Ficino)* 같은 르네상스 사상가들에게 지적 영향을 받은 커드워스 같은 철학자들의 논의를 바탕으로 레이는 자연에 대한 오래되고 전통적인 해석을 받아들였고, 목적인이 과학에서 차지할 자리는 없다고 주장하는 베이컨의 학설과 분명한 거리를 두었다. 내 생각에 이는 생명의 고유한 특성을 강조하는 것이고, 생명 과정이 기계와 같다는 사고를 기각하는 것이며, 동물이 기계와 다를 것 없다는 데카르트의 동물생리학적 사고의 조악함을 용인하지 않는 것이다.

1652년 작인 《무신론 대책》(An Antidote Against Atheism)에서 모어(Henry More)*는 생물학과 박물학에 대한 레이와 더햄의 깊이 있는 지식에 힘입어 더욱 큰 영향력으로 퍼지던 케임브리지 플라톤주의자들의 물리신학적 주장을 정리했다. 모어는 세계가 인간을 위해 만들어진 것이 아니며 신은 다른 생물이 즐겁게 살아가기를 의도했다는 주장을 인정했지만, 지구의 유용성에 대한 모어의 상세한 설명은 기본적으로 유용론적이고 인간중심주의적이다. "부주의하게 넘어지지" 않도록 붙잡아 주는 지구 축의 존재는 항해와 나침반 맞추기에 유리한데 천연 자석과 북극성

---

59) Ray, *Wisdom of God.*, p. 51.
60) Cassirer, *The Platonic Rennaissance in England*, trans. Pettegrove, p. 51. 카시러(Cassirer)는 케임브리지 플라톤주의자들이 르네상스 시대의 사상가들에게 많은 영향을 받았음을 강조한다.

은 이 축에 의존한다. 61) 모어는 황도면과의 관계에서 가능한 지구의 위치 — 예컨대 황도면과 수직을 이루는 위치, 황도면과 일치하는 위치 — 는 결국 최상의 상태가 실제로 존재한다는 사실을 보여주며(모어의 책 주석에는 황도면과 일치하는 축의 효과를 보여주는 그림이 등장한다), 62) 현재의 섭리하에서 더 많은 땅들이 거주 가능해졌으며, 계절적 변화도 더 많아졌고 "사물의 질서 있는 變化가 우리를 더욱 기쁘게 하며 인간의 사색적 특성이 더 많은 기쁨을 준다"고 결론지었다. 이처럼 모어의 책에는 레이의 생각이 감사의 글도 없이 거의 요약에 가깝게 반복된다.

모어는 증류기 이론(alembic theory)에 따라 산을 자연의 증류기로, 인간을 지구의 피조물 중 최고의 정수이자 우두머리로 보았는데, 따라서 인간은 자신의 재능을 실현시키기 위해 다른 피조물을 이용할 수 있는 존재이다. 63) (진창의 진흙과 물 대신에) 육지와 바다의 분명한 차이 그리고 생명의 물리적·정신적 특성에 중요한 영향을 미치는 항해는 땅의 기복이 얼마나 유용한지를 보여주는 또 다른 증거다. 모어는 식물의 형태와 미(美)에 대해서도 언급한다. 식물을 바라보면 인간은 자신의 본성처럼 숨겨진 원인을 인정할 수밖에 없다. 즉, 식물 형태와 그 형태의 토대가 되는 지적인 원리를 보면 "세상에 이 놀라운 장관을 보라. 얼마나 지적이며, 얼마나 치밀한 고안자이며, 얼마나 완벽한 완성자인가"라고 외칠 수밖에 없는 것이다. 64)

자연의 유용성과 아름다움은 인간이 이를 이해하고, 배우고, 심지어 인간의 이익을 위해 마땅히 지배해야 함을 의미한다. " … 인간은 나머지 피조물이 최상의 유용성과 이점을 가지도록 향상시키는 역할을 하기 위해 세계에 불려 나온 것 같다". 65) 지구와 지구의 현재 모습은 인간과 인

---

61) *An Appendix to the Foregoing Antidote against Atheism. Antidote*, p. 41.
62) *Scholia on the Antidote Against Atheism*, p. 154.
63) *Antidote*, pp. 41, 48~49.
64) *Ibid.*, pp. 52~54. p. 53에서 인용.

간 주변의 가축 없이는 생각할 수 없다. 야생의 흉포한 동물이 은신처로 쫓기는 것은 인간의 존재와 힘을 보여준다. 심지어 자연적인 것(야생의 것)조차 박물학의 흥미로운 주제로서 인간의 지혜와 용맹을 보여준다. 인간을 지구의 개선자로 보는 모어의 생각은 인간을 지구를 치장하거나 창조를 완성하는 존재로 보는 전통적 생각보다 진일보한 것이다. 즉, 인간은 예컨대 동식물의 선별을 통해 생명의 실질적 개선에 참여한다.

설계론에 대해 뉴턴과 서신 왕래를 했던 영국의 유명한 고전학자인 벤틀리는 1692년 보일이 개설한 강좌에서 《무신론 비판》(A Confutation of Atheism)이라는 여덟 편의 글을 발표했다. 벤틀리는 고대인과 근대인 논쟁에도 열심이었는데, 템플 경의 빈약한 주장들을 완패시켰고 이로 인해 스위프트의 격노를 불러 《책들의 전쟁》(The Battle of the Books)***에서 무자비한 인물로 그려졌다. 이 설교문은 뉴턴에 공감하면서 뉴턴주의 과학을 대중화하고 이를 설계론을 주장하는 친숙한 신앙심과 결합시키고자 했던 17세기 영국 신학자들이 이룬 최고의 업적 중 하나다.

벤틀리는 뉴턴의 발견들을 잘 알았으며 과학적이고 종교적인 문제에 대해 뉴턴과 서신 왕래를 했다.[66) 예상되는 바와 같이 벤틀리의 설교문 (Ⅵ, Ⅶ, Ⅷ) 세 편은 "세계의 기원과 틀을 가지고" 무신론 비판에 주력하는데 주로 중력, 지구와 태양의 관계, 지구의 기울어진 자전축, 지구의 자전과 공전 등에 대한 논의로 구성된다. 그런데 사실 뉴턴은 벤틀리에게 보내는 편지에서 자신은 목적인의 논거로서 지구의 기울어진 자전축에 많은 무게를 두고 싶지 않다고 분명히 밝혔다. 그럼에도 불구하고 벤틀리는 자기 식대로 뉴턴의 이론을 이용했다.[67)

---

65) *Ibid.*, p. 63.
66) Newton, *Opera omnia*, Vol. 4, pp. 429~442와 Bentley's *Works*, ed., Dyce, Vol. 3, pp. 203~215를 보라.
67) 앞의 45~46쪽을 보라. Letter of Dec. 10, 1692; Bentley's *Works*, ed., Dyce, Vol. 3, p. 207.

벤틀리의 논의를 풍부하게 만든 것은 바로 고전의 탐독이었다. 그에 따르면 세계의 체계적 부분들의 질서와 미, 그리고 그것들이 가지는 인식 가능한 목적과 목적인, "τὸ βέλτιον"(to beltion) 즉, "존재에 꼭 필요한 최선의 상태"는 지적이면서 은혜로운 행위자를 보여준다.[68] 신앙심이 깊은 많은 동시대인처럼 그는 고전적 원자론의 부활이 세계의 영원성을 주장한 아리스토텔레스의 학설에 새로운 생명을 불어넣을까 봐 두려워했다.

인류라는 종도 세계도 영원하지 않다. 인간에게는 시작이 있었으며 현재의 지구 형태와 세계의 시스템도 시작이 있었다.[69] 신이 세상의 모든 것을 창조한 목적이 "단지 인간의 목적과 이용을 위한 것만이라고 한정 짓거나 결정할 필요도 없으며 또 그렇게 하지도 않음에도 불구하고" 지구와 같은 모든 것은 야수 같은 창조물의 즐거움을 위해서가 아니라 지적(知的)인 정신을 위하여 만들어진다. 따라서 지구는 "주로 인간의 존재, 봉사, 계획을 위하여 설계되었다". 이런 원리에 따르면 다른 행성에도 인간이 거주할 수 있을 것이다.[70]

벤틀리는 현재의 지구 형태와 구조가 생명에 가장 적합하게 만들어졌다는 생각에 동의한다. 분명히 그는 버넷(Thomas Burnet)*의 이론(96쪽부터 참고) 같은 것을 참지 못한다. 지구에서 태양까지의 거리나 지구의 자전과 공전 주기는 모두 생명이 살아갈 수 있도록, 작물이 질서 있게 자라도록, 삶의 단계가 구분될 수 있도록 치밀하게 잘 고안된 것이다.[71] 그러나 버넷의 생각에 의하면(96쪽부터 참고) 한결같고 고요하며 평온한 기후가 반드시 건강과 장수에 도움이 되는 것은 아니며, 어쩌면 변화와 다양성이 건강과 장수에 더 좋을 수 있다.[72]

---

68) *Confutation of Atheism*, pp. 132, 172.

69) *Ibid.*, pp. 135~136.

70) *Ibid.*, pp. 174~175.

71) *Ibid.*, pp. 181~185.

벤틀리는 육지에서 바다로, 다시 바다에서 육지로 이어지는 물의 순환 그리고 바다의 면적은 그곳으로 흘러들어가는 큰 강의 크기에 비례한다는 통상적 증거를 따라가며 지구상의 물리적 혼돈 문제를 단도직입적으로 다룬다. 즉, 목적인 사상을 생물학이 아닌 지표면의 기복, 뾰족한 산들, 암석이 쌓인 계곡, 불규칙적이고 불균형적인 해안에 적용할 때 큰 어려움이 있다는 문제를 다룬 것이다(버넷은 지구가 조화로운 거주지가 아니라 난파선이며 폐허라고 주장했다).

벤틀리는 조그만 하천, 후미, 만, 항구에서 우연과 혼란만을 보려는 사람들을 비웃으면서 이런 것들이 인간에게 어떤 유용성이 있는가에 토대를 두고 평가해야 한다고 주장했다. 즉, 해안선은 불규칙적이고 균일하지 않은 것이 훨씬 낫다. 왜냐하면 항구를 만들기에는 훨씬 좋기 때문이다. 지구의 자연지리에 실재하는 혼돈에 대해 벤틀리는 두 가지 강력한 답변을 했다. 하나는 신학적이고 다른 하나는 자연법칙적인데 서로 독립적이다. 지구의 혼란에 대한 신학적 정당화는 지구가 천국이 아니라는 것이 너무나 분명하다는 것으로, 이는 인간이 자신의 죄 많은 본성에 걸맞은 것보다 더 좋은 거주지를 기대해서는 안 된다는 사고의 변용이다. "… 우리는 지구를 거쳐 가는 여행의 땅으로만 생각하며, 이후에 올 더 나은 천상의 나라를 열망한다". 자연법칙에 의한 정당화는 외형적으로 혼란스러운 지표면의 기복이 바다의 폭풍우와 파도의 침식, 산꼭대기부터 물질을 쓸어내리는 강수, 지진과 화산으로 인한 대규모 지각 변동 때문이라는 것이다. 그 증거는 땅 위에서의 물의 침식, 파도의 침식, 삼각주 형성, 물의 순환, 지진과 화산 활동 등에 기반을 둔다. 만약 당시 목적인으로 설명하기가 어려운 빙퇴석(*moraines*),**** 권곡(*cirques*),**** 찰흔(*striations*),**** 마테호른 등의 빙하작용을 알았더라면 지구 경관의 역사를 충분히 만족스럽게 설명할 수도 있었을 것이다.[73]

---

72) *Ibid.*, p. 189.

벤틀리는 유용성에 대한 주장을 굳건히 하면서도 자연의 아름다움과 자연의 불균형을 최대한 강조했다. 예컨대 어떤 지형이 불규칙적이라고 해서 반드시 규칙적인 지형보다 아름답지 않은 것은 아니다. 벤틀리는 신이 기하학적으로 행동하는 수학자라는 생각에 반대하면서 다음과 같이 말한다.

> 모든 육체미는 상대적이다. 따라서 모든 육체는 모든 가능한 형태와 비율 아래서 진실로 그리고 물리적으로 아름답다. 즉, 모든 육체는 나름대로 괜찮으며 각자 적절한 쓸모와 본성의 목적에 알맞다. 때문에 우리는 바다의 둑이 규칙적인 방파제의 형태를 갖지 않았다 해서 볼품없다고 믿어서는 안 된다. 또한 산이 정확한 피라미드 형태나 원추형이 아니라고 해서 원래의 모양을 잃었다고 믿어서도 안 된다. 또한 별들이 모두 일정한 거리에 위치하지 않았다고 해서 볼품없이 배치되었다 믿어서도 안 된다. 이것들은 자연의 불규칙성이 아니라 우리의 이미지상으로만 불규칙해 보일 뿐이다. 이것들은 인간 생활에 불편을 주지 않으며 인간이 지구상에서 살아갈 수 있도록 설계된 것이다. [74]

이들은 지구가 신에 의해 설계된 행성이라는 것을 의심하지 않았다. 하지만 이들은 자연의 노쇠를 믿지 않았으며, 홍수가 지구를 인간 생활에 적합하지 않은 비참하고 흉한 상태로 만들었다 믿지도 않았다.

7. 설계론과 인류의 번성 및 확산

그랜트(John Graunt)*는 통계학적 지식의 발전에서 네 가지 기여를 했다는 평가를 받는다. 앞의 두 가지는 이전에는 잘 인정받지 못했는데 첫

---

73) *Ibid.*, p. 195.
74) *Ibid.*, pp. 196~197.

번째는 그동안 우연한 것으로 생각된 어떤 사회적 현상의 규칙성 — 예컨대 질병의 발생, 두 번째는 여아 출생률보다 높은 남아 출생률, 세 번째는 유아기의 높은 사망률, 네 번째는 농촌 인구의 사망률보다 높은 도시 인구 사망률을 발견한 점이다. 75) 1662년 초판이 나온 《사망표에 관한 자연적·정치적 제 관찰》(*Natural and Political Observations Made upon the Bills of Mortality*)은 저자의 분명하고도 의식적인 노력이 전혀 보이지 않음에도 불구하고 물리신학에 엄청나게 기여했다. 이 책은 인구통계학적 지원을 통해 이전의 어떤 저작보다 더 효과적으로 자연신학의 영역 안에 인구이론을 가져다 놓았기 때문이다. 그의 영향력은 더햄과 쥐스밀히(Johann Peter Süssmilch)*를 포함하여 아주 널리 미쳤다. 아마 맬서스까지도 포함될 수 있을 것이다. 76)

그랜트는 대도시인 런던과 농촌인 햄프셔의 사망표를 비교했다. 그에 따르면 당시 햄프셔는 주민들이 장수하거나 건강하다고 널리 알려진 곳이 아니었다(현대의 통계학자라면 그랜트가 햄프셔 같은 작은 표본집단으로부터 농촌 인구에 대한 일반화를 끌어낸 일에 난색을 표할 것이다). 그랜트에 따르면 1592년에 처음 작성된 사망표는 큰 역병이 지나간 후 1603년에 다시 작성되기 시작했다. 그는 "이 둥지의 꽃으로부터 진짜 과실"을 원했다. 다시 말해 그는 이 통계자료를 그동안 사용하던 범위를 넘어, 호기심을 위하여, 그리고 부자들에게 질병 현황을 경고하기 위하여, 또 상인들이 원할 만한 정보를 제공하기 위하여 발전시키고자 했다. 77)

그는 남아와 여아 출생률에 대한 발견은 기독교가 이슬람교보다 자연법칙(즉, 신의 법칙)에 더 부합한다는 점을 보여준다고 했다. 즉, 자연에

---

75) Hull, *The Economic Writings of Sir William Petty*, Vol. 1, pp. lxxv~lxxvi 서문에 나온다.

76) Hull, *op. cit.*, p. lxxix.

77) *Observations*, 5th enlarged ed., 1676, preface, pp. 2, 16; 햄프셔에 대해서는 p. 86.

서 같은 비율이 존재하지 않는데도 이슬람 율법이 일부다처제를 승인한 다면 그 의미가 완전히 사라지는 것이다. 그랜트는 여아 대비 남아의 출생률이 런던에서는 14:13, 햄프셔에서는 16:15라고 계산했다.[78] 그는 역병에도 불구하고 인구가 성장함을 보여주었다. 그의 계산에 따르면 인구는 64년마다 두 배로 증가할 수 있다. 따라서 "일반적인 생식률에 따르면" 아담과 하와는 5,610년 동안 현재 지구상에 실제 사는 사람의 숫자보다 더 많은 사람을 만들었다.[79]

그랜트의 저작은 주제에 대한 철학적 설명이 거의 없이 사무적으로 쓴 논문이다. 그럼에도 불구하고 설계 개념에 적용할 만한 높은 수준의 일반화 요소가 있다. 즉, 남아와 여아 출생률의 규칙성은 쉽게 변하지 않는다. 일부일처제의 도덕적 가치와 정당성은 이와 같은 자연법칙과 기독교의 일치를 보여줌으로써 증명된다. 남아와 여아 출생률이 규칙적이라면 노아의 홍수 이후부터 지금까지 인류 종의 증식을 정확히 이해하는 것이 가능하다. 18세기의 쥐스밀히와 함께 헤일 경(Sir Matthew Hale)*은 이러한 사고를 활용했는데, 그는 (맬서스를 제외한다면) 설계론 내에서 인구 이론에 대한 가장 뛰어난 기여자이다.

---

78) *Ibid.*, p. 86. 《사망표에 관한 자연적·정치적 제 관찰》의 첫판을 재출간하면서 서문을 쓴 윌콕스(Willcox)는 남아의 출생률이 여아의 출생률보다 1/13 정도 초과한다는 그랜트의 진술이 출생이나 사망의 수치와 일치하지 않는다고 썼다. 또한 윌콕스는 그랜트의 수치는 성비가 출생률보다는 사망률에서 차이가 난다는 점을 보여준다고 썼다. 1899년까지 논쟁이 되었던 소책자의 원작자(그랜트의 것인지, 페티 경(Sir William Petty)의 것인지)에 대해서는 헐(Hull)의 앞의 책, pp. li~liii를 보라. 페티 경의 경우에는 그중에서도 특히 the Marquis of Lansdowne, ed., *Petty-Southwell Correspondence 1676~1687*, pp. xxiii~xxxii를 보라. 1939년까지의 상황에 대해서는 Willcox, *op. cit.*, pp. iii~xiii를 보라. 헐은 둘이 공동연구를 한 것인데 "본질적이고 가치 있는 부분"은 그랜트의 것이라고 결론지었다. 윌콕스는 둘의 공동 생산물이긴 하지만 "어쩌다 화음이 맞기도 하는 장난감 악기를 가지고 노는 아이 같은" 페티 경보다 "통계학적 음악"을 작곡한 그랜트에게 더 많은 찬사를 보냈다(Willcox, *op. cit.*, p. x).

79) *Observations*, p. 86.

인구, 지구의 수용력과 지구상의 인간 거주 장려 등에 대한 페티 경(Sir William Petty)*의 일반적 견해는 매우 흥미롭다. 페티 경의 논의는 인구 성장과 분포의 문제가 얼마나 쉽게 그리고 얼마나 흥미롭게 더 광범위한 물리신학적 함의와 관련될 수 있는지를 보여준다. 페티 경은 지구에 이렇게 빨리 많은 인간이 거주할 수 있게 된 것은 신의 은총과 인간의 이익 때문이라고 말한다. 천 년 동안, 다시 말해 3에이커당 한 명 이상이 거주할 때까지는 인구 문제를 걱정할 필요가 전혀 없다. 인간이 많으면 많을수록 각 개인에게 돌아가는 가치는 더 커진다. 신을 찬미하는 것은 신의 힘과 지혜를 인정하는 것이다.

흔히 이야기하듯이 지구와 붙박이별(항성)이 인간의 이용을 위하여 만들어진 것이 사실이라면 지구의 3/4에 해당되는 면적에 인간이 살지 않는다는 것은 무신론자에게만 위안이 된다. 지구에 거주하는 인구가 그 정도로 적다면 지구를 창조한 진짜 목적에 대해 불확실성과 혼란이 생긴다. 어떤 사람들은 지구가 신의 설계가 아닌 우연한 창조라고 믿을지도 모른다. 지구에 거주하는 사람이 최대한으로 많아진다면 창조의 목적에 대한 모든 의심이 사라질지도 모른다.

예술과 과학은 사막에서보다 도시에서 더 잘 꽃핀다. "지구가 감당할 수 있는 한에서 최대한 많은 인간들이 거주한다면 곧 신의 지혜로 창조된 작품과 그것들의 경이로움을 발견할 것이며 조만간 신은 진정으로 그리고 진심으로 찬미될 것이다 … 인간과 짐승에게 신이 내린 최초이자 최대의 명령은 자손을 낳아 지구를 채우는 것이다. 그렇다면 이 임무가 왜 유보되어야 한단 말인가?"[80] 인구가 늘어난다면 철학자도 늘 것이고, 잉글랜드 왕국도 그리고 페티 경과 사우스웰(Robert Southewell)이 보유한 아일랜드의 땅도 늘 것이 아닌가!

지구에 3에이커당 한 명이 거주할 때까지 "이 설계를 방해할 어떠한 이

---

80) *Petty-Southwell Correspondence*, p. 154.

유도 없다"는, 거의 1세기 후의 콩도르세(Marquis de Condorcet)*의 발언과 유사한 이 흥미로운 사고는 맬서스를 자극했다. 그래서 맬서스는 언젠가 세계의 인구 성장을 통제해야 할 때가 오면 인류는 그렇게 해야 할 것이라고 주장한다.[81] 페티 경과 많은 사상가들은 경제적·정치적 근거에서 인구 증가 정책을 옹호했다. 하지만 인구 증가 정책에 종교적 근거를 추가한다는 것은 그 중요성을 확대시키는 것이다. 왜냐하면 이는 세계 인구의 성장과 분포를 설계론의 틀 내에 위치지음으로써 인류의 규모와 지구의 자원이 항상 조화와 균형을 이룰 것이라는 함의를 부여하기 때문이다.

헤일 경의 1677년 작 《인류의 시원적 기원》(The Primitive Origination of Mankind)은 17세기 말에 가능했던 종합의 사례로서 인류의 규모와 확산, 인간과 자연의 다른 측면과의 관계에 대한 당시의 사고와 지식을 동원하며, 성서가 인간에게 명한 대로 자연에 대한 인간 지배력의 성장이 갖는 함의를 다룬다. 그는 자신의 책 서두에서 책의 논조를 정하고 지적 틀을 밝힌다. "모든 자연물이 자신의 편의와 요구 그리고 서로의 편의, 이용, 요구 모두에 적절히 동화하고 적응하는 것은 경탄할 만한 신의 지혜와 섭리의 증거가 된다 …".

신과 인간 사이 사슬의 중간에 많은 존재들이 위치한다. 원죄와 불완전성에도 불구하고 인간은 우리에게 알려진 어떤 가시적 피조물보다도 훨씬 더 많은 신의 이미지를 가진다.[82] 광물에서부터 동식물, 인간(불완전하긴 하지만 천사의 본성을 가진 참여자)에 이르기까지 "아주 훌륭한 단계적 변화"가 나타나는데, 하위의 것은 "상위의 것이 가진 완벽함이 조악해

---

81) 윌리엄 펜(William Penn) 역시 분명히 세계의 빠른 인구 성장에 대한 열정을 공유한다. (당시 영국의 식민지이자 Penn이 거주했던_옮긴이) 펜실베이니아 지역 역시 이런 생각에 동참하려 했기 때문이다. The Petty-Southwell Correspondence 1676~1687, ed., the Marquis of Lansdowne, pp. 143, 148, 153~155, 165.

82) Prim. Orig. of Man., pp. 1, 15~16; 다른 논의는 pp. 310, 349, 371 참고.

지고 손상되고 그림자 같은 특성을 가진다". 또한 이 순위 간에도 섞임이 나타나는데, 즉 최하위의 존재는 그보다 한 단계 높은 존재의 특성을 상당수 가졌다. 따라서 낮은 순위의 광물들은 "성장이나 증가, 특정한 외형면에서 식물과 약간은 비슷한 특성을 가진 것처럼 보인다".

또한 식물 중에서도 가장 발전된 형태를 가진 식물은 "감각을 가진 존재 (동물_옮긴이) 의 경계지점까지 도달한 듯 보인다". 말이나 코끼리 같은 높은 수준의 육상동물은 "노력과 훈련에 의해 대단히 완벽한 수준까지 향상될 수 있으며 인간의 동물적 본성 바로 아래 순위에 위치할 것"이다. 인간은 가시적 동물 중에서 가장 높은 순위를 차지한다. 그러나 "인간의 지적 특성으로 볼 때 천사의 특성도 어느 정도 가진 것으로 보인다"(시편 8장 5절에서 인용).

인간은 "가장 높은 수준의 동물적 특성을 띠는 동시에〔예컨대 천사의〕가장 낮은 수준의 지성을 가진다. 인간은 두 가지 본성을 다 가져 천상세계와 지상세계의 연속성을 유지하며, 이 두 세계와 교감하여 이 연결을 유지시킨다". 이는 인간과 나머지 피조물 간의 관계를 해석하는 데 핵심적인 사고이다. [83] 그러나 헤일 경은 인류를 다른 방식으로도 보았다. 인류를 하나의 기원에서 출발해 그 수를 늘려 세계 곳곳에 확산되었고, 그 과정에서 민족 간의 차이를 발달시킨 종으로 본 것이다. 헤일 경은 이 민족 간 차이가 환경에서 기인한다고 생각했다. 민족의 피부색, 외모, 신장, 기질, 성향 등은 기후 때문이다. 예컨대 그는 "검은 피부, 납작한 코, 곱슬머리"의 에티오피아인, "황갈색"의 무어인, "가무잡잡하고, 작고, 오만하고, 신중한" 에스파냐인, "요정 같고, 성급한" 프랑스인, "몸집이 크고, 얼굴이 희고, 튼튼하고, 건강하고, 용기 있는" 북부인들이라고 목록화했다. 이는 모두 매우 전통적 묘사일 뿐 ─ 체액설을 사용한 데 따른 함의를 제외하면 ─ 기후가 어떻게 이런 차이를 만들었는지 설명하려는

---

83) *Ibid.*, pp. 310~311.

시도는 없다. 동일한 유형의 기후하에서도("인접한 기후하에서는 더욱") 민족의 다양성이 매우 큰데 이러한 차이는 환경적 원인이 다르기 때문이다. 영국의 고지대 사람들은 "튼튼하고, 건장하며, 대담한데", 습지대 특히 서머셋(Somersetshire : 잉글랜드 남서부 지방_옮긴이) 사람들은 몸집이 크고 키가 크며, 산악 지대에 사는 웨일즈(Wales) 사람들은 "보통 날카로운 얼굴형"이다.[84]

아코스타가 그랬듯이 창세기의 설명에 따른다면 신대륙의 원주민 인구와 자생식물 및 동물의 존재는 인간의 기원뿐 아니라 작물화와 가축화, 기예와 과학의 전파, 혹은 독자적 발생 등에 대한 의문을 불러일으킨다. 알파카, 과나코, "페루의 인디언 양"에 관한 아코스타의 설명을 읽은 헤일 경은 신대륙에만 서식하는 동물의 존재가 인간의 존재보다 더욱 어려운 문제라고 생각했다. 아코스타가 말한 대로 "이것은 확실히 오랫동안 나를 괴롭힌 문제다".[85]

헤일 경은 아메리카에 오래전부터 인간이 거주했다는, 즉 '신대륙의 인간은 구대륙과는 독자적 기원을 가진다는 주장'에 대해 논했는데, 콜럼버스 이전 시대에 구대륙에서 신대륙 아메리카로 이주했다는 증거가 부족하다고 보았다. 그 이전 시대의 항해술로는 아메리카 원주민 규모만큼의 대규모 이주가 불가능하기 때문이다. 따라서 아메리카인은 아담의 자손도 노아의 자손도 아니며 "영원한 계승"(eternal succession)으로 생겨났거나 "모세의 역사와 관련 없는 다른 공통의 뿌리"에서 번성했다고 보아야 한다. 반면 헤일 경은 아메리카 민족의 전통이 이 결론을 뒷받침할 수 있다는 점을 인정하면서도, 인간의 경우는 대양을 횡단하는 항해가 가능할 수 있다고 생각했다. 그러나 동물의 경우에는 매우 어려울 것으로 보았다.[86] 특히 맹수를 바다 건너 이동시키는 일은 쉽지 않을 뿐만 아니라,

---

84) Ibid., pp. 200~201.
85) Ibid., pp. 182~183; Acosta, Historia Natural y Moral de las Indias (1590), Bk. IV, chap. 36.

현재 신대륙에만 있는 동물이 어떻게 바다를 건너와 노아의 방주에 실렸는지, 그리고 그 동물이 대홍수에서 살아남은 뒤 어떻게 다시 신대륙으로 돌아갈 수 있었는지를 밝히기 어려웠다. [87] 어떤 사람들은 대홍수가 전 지구적으로 발생하지는 않았다거나, 현재 아메리카에만 있는 동물은 대홍수 이후에 창조되었다고 답하기도 했다. [88]

혜일 경은 모든 주장을 심사숙고했다. 대홍수 이전의 지구가 평평한 판형이었을 가능성, 대홍수가 지구의 일부만을 덮었을 가능성, 죄악·사람·짐승으로 가득 채워지던 대홍수 이전의 지구가 미래의 주민을 위한 공간을 확보하기 위해 대홍수를 필요로 했을 가능성, 콜럼버스 이전에 이미 영국·노르웨이·타타르·스키타이·페니키아·카르타고·중국인이 신대륙을 접했을 가능성 등등. [89] 그는 신대륙에 사는 사람들은 연속적 이주의 흐름 속에서 구대륙으로부터 왔으며 이 모두는 대홍수 이후에 발생한 것이지만 그 이주의 시기를 추정할 수 없을 만큼 상당히 오래되었다고 결론을 내렸다. 이주가 2천 년 전에 발생했다면 대륙을 가득 채울 정도로 인구가 늘었을 것이며, 시간의 경과 속에서 망각과 쇠락 그리고 새로운 이민세대로의 교체로 인해 과거의 기억이 사라졌을 것이라고도 말했다.

또한 그는 증거들을 면밀히 검토한 후 아메리카의 동물과 새 역시 이주의 결과라고 덧붙였다. 그리고 에스파냐인 정착지로부터 멀리 떨어진 쿠바, 자메이카, 마가리타, 히스파니올라에 사자나 호랑이, 곰이 없는 것은 이들 동물의 원산지가 신대륙이 아님을 보여준다고 했다. 사람 사이만큼이나 동물 사이의 차이는 종의 혼합, 기후와 토양의 차이 때문일 수 있다. 신대륙의 생명의 다양성이 공통기원설을 부정할 근거가 되지는 못

---

86) *Ibid.*, p. 89.
87) *Ibid.*, p. 184.
88) 본격적인 논의를 위해서는, *ibid.*, pp. 197~203 참고.
89) *Ibid.*, pp. 195~196.

한다.

처음에는 신대륙의 생명도 구대륙과 똑같은 모습이었을 것이다. 그러나 시간이 흐르면서 우연적 변화가 발생하고 그것이 "구대륙의 생명체들로 하여금 신대륙 또는 신대륙 일부에 적응하도록"[90] 했다. 새들은 신대륙으로 날아왔을 것이다. 그러나 이 위업은 아틀란티스(Atlantis)****의 존재를 가정하는 것일 수 있다. 가축은 교역을 통해 신대륙으로 왔을 것이다. 헤일 경은 고대의 공작과 원숭이 교역을 지적하면서 역대기 하 9장 21절을 인용했다. 신대륙의 가축은 인간에 의한 이주건 스스로에 의한 이주건 간에 이주로 설명할 수 있지만 가축이 아닌 맹수나 야생동물을 인간이 직접 신대륙으로 이주시켰을 가능성은 낮다. 헤일 경은 이 문제를 인정하면서 고대에는 존재했으나 그 이후에 물이나 지진으로 파괴된 육교를 가정했다. 이를 뒷받침하기 위하여 그는 중국에서 필리핀 그리고 테라 오스트랄리스(Terra Australis)** 그리고 다시 티에라 델 푸에고 (Tierra del Fuego)**로 가는 경로의 가능성, 뉴기니와 신대륙 사이의 섬과 중국이 한때는 하나의 땅덩어리였을 가능성, 북아시아와 유럽, 아메리카가 한때 연결되었을 가능성에 주목했다.[91]

이 문제에 대한 지적이고 풍부한 헤일 경의 주해는 아코스타가 그랬듯이(헤일 경은 분명히 자기 사고의 상당 부분을 아코스타로부터 가져왔다), 전파에 관한 유대-기독교신학 및 사고와 독자발생론 간의 관계를 보여준다. 설계론은 많은 면에서 전파론적 사고에 호의적이지 않다. 설계론은 식물이 기후에, 동물이 식물에 적응하는 현상, 인간이 이 모두에 의존하는 현상, 그리고 환경 조건의 차이에 따른 장소마다의 동식물, 인간의 차이를 설명하는 데 주효하다. 자연은 목적적이며 결코 공연히 하는 일이 없으며 각 지역 인간 역시 자신의 필요에 따라 물건을 발명한다. 다른 한

90) *Ibid.*, p. 199, Acosta, *op. cit.*, Bk. Ⅰ, chap. 21을 재인용. *Prim. Orig. of Man.*, p. 201.
91) *Ibid.*, pp. 202~203.

편 창세기에 나오는 대홍수, 방주, 대홍수 이후 인간이 다시 땅에 정착하는 과정에 대한 설명은 필연적으로 인간의 역사에서 이주와 전파의 영향력이 크다는 점을 시사한다.

초기의 전파론은 신대륙에 이스라엘 민족의 후손이 산다는 등의 과도한 내용으로 반발을 사기도 했다. 그 때문에 특히 18~19세기에는 인류의 심리적 동일성이 작용하여 독자적 발생이 이루어졌을 것이라는 사고 쪽으로 기울어졌다. 헤일 경이 논한 많은 문제는 오늘날 여전히 다른 형태로 여기에 존재한다. 즉, 높은 수준의 신대륙 문명은 자생적인가(환경적 원인, 필요는 발명의 어머니, 심리적 동일성에 대한 반응), 또는 콜럼버스 이전에 구대륙으로부터 받은 영향의 결과인가라는 문제 등이다.

인간이 어떻게 대홍수에서 살아남은 여덟 사람(노아, 노아의 아내, 노아의 아들 셈, 야벳, 햄과 그 아내들)으로부터 전 세계를 다 채울 정도의 점진적 증가를 이루었는가라는 문제는 인류의 기원 및 전파와 밀접히 관련된다. 헤일 경의 말대로 인류는 자연적으로 증가하는 경향이 있다. 아버지가 27세에 첫 아이를 갖고 30세에 둘째를 가진다면, 아버지가 남성의 평균 수명이었던 60세가 되었을 때 8인 가족(자신, 아내, 두 명의 아이, 4명의 손자)이 될 것이다. 첫 아들이 태어나서 그 아버지가 죽을 때까지의 기간인 약 34년이 지나면 가족이 4배로 증가하는 것이다. 고대 시대에는 조건이 훨씬 양호했는데 홍수 이후에 늘어난 수명과 성적 능력의 장기간 지속으로 대규모 출산이 가능해졌기 때문이다. [92]

헤일 경 자신도 인정하듯이 그의 계산은 그랜트의 작업에 상당히 빚을 졌으며 그랜트의 글을 요약해서 싣기도 했다. 그랜트의 저작은 "인류의 점진적 증가에 대해 백여 개의 추상적인 주장이 밝히거나 논박하는 것보다 훨씬 훌륭한 설명을 제시한다". [93] 성경, 그랜트의 연구, 고대와 현대

---

92) *Ibid.*, p. 205.

93) *Ibid.*, p. 206.

의 수명에 대한 증거를 고려해 세계의 인구사를 재구성하려는 헤일 경의 시도는 이후 더햄이 취한 입장과 아주 유사한 입장을 가졌다. 그 입장이란 인류의 성장과 현재의 인구 규모는 오로지 설계로만 설명 가능한 질서와 규칙성의 증거라는 것이다. 어떤 생명체도 지구에 부담을 줄 정도로 초과 및 과소 출산을 하지도 않으며 다양한 종에게 '종지부'를 찍어 자연의 완전 멸종을 초래할 정도로 사망률이 높지도 않다는 것이다.

후에 더햄이 그랬듯 헤일 경은 아주 다양한 생명체에서 자신의 주장을 입증할 사례를 끌어왔다. 그는 인간이 아닌 종도 증가하는 경향이 있다는 점에 주목했다. 그러나 이런 종은 어떤 조절책에 의해 한계 규모가 유지된다. 예컨대 동물, 새, 물고기, 곤충의 증가를 저지하는 방법들을 보자. 이 방법은 다윈의 이론을 떠올리게 한다.

> 인간보다 훨씬 큰 규모로 자연 증가하는 동물은 식량으로 이용된다. 고양이나 개 같은 가축은 식량으로 이용되지 않지만 새끼를 죽이거나 익사시킴으로써 한계 규모를 유지한다. 해로운 야생동물은 인간에 의해 멸종된다.

> 동물이나 인간보다 확실히 큰 규모로 자연 증가하는 새는 인간의 식량으로 이용된다. 해로운 새는 없애고, 새끼를 많이 치는 종류의 새는 자연수명을 짧게 하고, 약한 새들은 맹금류의 먹이가 되고, 추위와 기아로 죽어서 한계 규모를 유지한다. 동물, 인간, 새보다 무한히 큰 규모로 자연 증가하며 번식이 조절되지 않으면 바다에 과잉될 수 있는 물고기는 아리스토텔레스의 《동물지》(*Hist. Animalium*), Bk. VI, 13, 567b에 따르면 "수정되지 못한" 알로 조절된다. 알이 수컷이나 다른 물고기에 먹히거나 부패하기도 한다. 또한 물고기의 알은 인간의 식량이 되거나 다른 물고기의 먹이가 되기도 한다. 또는 바다나 강, 연못, 호수의 물고기는 새에 먹히거나 얼거나 말라 죽기도 한다. 민물고기는 호수나 연못, 강이 말라붙어 죽기도 하고, "지나친 열기로 물이 오염되어" 죽기도 한다. [94]

엄청난 번식력과 짧은 수명이 특징인 곤충은, 재생산 능력을 저지할 방법이 부족할 경우에는 "하늘, 땅, 물속 전체가 수많은 곤충들로 가득해질 것이다". 그러나 실제로 관찰하면 조절책이 존재하기 때문에 이 정도의 증가는 확인되지 않는다. 즉, 곤충은 인간에 의해, 혹은 먹이로 이용하지 않더라도 곤충에 반감을 가진 동물에 의해 조절된다. 또 동물의 먹이로도 조절되며, 부패에 도움이 되지 않는 공기는 "곤충 알의 번식력"을 감소시키며, 비, 소나기, 홍수, 추위, 결빙, 눈, 익사 등도 곤충의 증가를 막는다. 신의 계획에 따라 "이토록 작고 하잘것없는 대자연의 종들"의 번식이 조절됨으로써 이 종은 멸종하지 않고 존속하며 "하위 생물의 세계가 결핍되거나 과잉되지" 않는다. 95) 헤일 경은 동물, 새, 물고기, 곤충들 중에서 "강하고 활동적이며 생기 있는 종이 약하고, 무감각하고, 비활동적인 종을 지속적으로 공격하고 지배하는 현상"이 있다고 보았다. 96)

헤일 경은 이와 유사한 조절책이 인류의 출산과 성장을 조절한다고 말한다. 즉, 지구의 과잉 상태를 방지하는 "가지치기"가 있다. 국지적이든 보편적이든 간에 역병과 전염병은 모든 역사 시대에 존재했다. 기근은 근대에 이르러 산업화로 인해 — 사실 근대에 이르러 기근이 완화된 것은 "부분적으로는 바다를 통해 식량이 부족한 나라로 식량이 공급되었기 때문이기도 하지만 주로 신의 선함 때문이다" — 아주 심각하진 않지만 이전 시대에는 매우 심각했으며 특히 기근과 역병이 동시에 발생하거나 역병 뒤에 기근이 오면 문제가 더욱 컸다. 전쟁은 모든 역사 시기 동안에 자주 발생했을 뿐만 아니라 오래 지속되었기 때문에 강력한 인구 통제 수단이었다. 97)

---

94) *Ibid.*, pp. 207~208.
95) *Ibid.*, p. 210.
96) *Ibid.*, p. 211.
97) *Ibid.*, p. 213.

헤일 경이 보기에 명백한 이유건 표면적인 이유건 간에 전쟁은 "어떤 의미로는 지구상에 거주하는 인구의 과잉에 대한 자연적 결과였다".[98] 국지적이든 보편적이든 간에 하천 범람과 대화재 역시 인구 조절에 기여했다. 인구 조절은 신의 섭리에 따라 이루어졌다. 즉, 이 인구 조절책은 인간의 죄를 벌하고 지구의 사정과 능력에 맞게 인구의 규모를 유지했다. 인류는 이 조절책에 의해, 혹은 이 조절책에도 불구하고 그 수가 증가했다. 이 조절책은 사람들의 균형을 유지했기 때문에 비극적인 과잉 인구를 막았으나 인류를 멸망시킬 만큼 심각하지는 않았다.[99]

헤일 경은 신이 인간을 맨 마지막에 창조한 이유를 지구에 대한 인간의 '청지기 소명' 개념(211쪽부터 참고), 인류의 단일기원확산설, 대홍수 이후의 인구 성장에 대한 자신의 설명과 연결시켰다. 창조는 덜 완벽한 상태에서 더 완벽해지는 상태로의 진행이다. 따라서 창조는 인간에게 이용 가능한 편의를 제공한다. 즉, 풀은 짐승보다 먼저 창조되었고 과일과 식량은 인간보다 앞서 창조되었다. 창조주는 인간에게 풍요로운 재산을 주려고 했다. 그런데 신에게 복종하는 지구상의 지배자에게는 먼저 세간이 필요했다. 이 청지기 소명이 함축하는 바에 따르면 창조는 단순히 인간을 위한 것이 아니었다. 하급의 세계는 주로 인간을 위해 설계된 것이나 인간의 배타적 사용을 위한 것이라는 결론은 어리석다. "전능한 신은 영예롭고 위대하다. 또한 신이 창조한 모든 것의 위대한 목적은 신의 선함을 드러내는 것이다". 결과적으로 화해와 조화는 신의 청지기이자 임차인으로서의 인간에게 어울린다.[100]

헤일 경은 판사로 기억된다. 그는 왕좌 재판소(King's Bench)의 재판장이었으며 그의 이름은 초창기 인류학보다는 영국 관습법의 역사와 더 밀접한 관련이 있다. 더구나 그는 글을 법률가처럼 썼다. 그의 사상 중에

98) *Ibid.*, p. 215.
99) *Ibid.*, p. 226.
100) *Ibid.*, p. 328.

서 중요한 것은 한 존재가 다른 존재에, 그리고 "전능한 신의 청지기이자 임차인"인 인간에 적용하는 것이다. 이 적응은 전체의 조화를 위한 것이지 인간에게 유용한가 하는 차원의 것이 아니다. 그것은 신의 지혜를 반영하는데 신은 인류에 대한 처분권(*jus disponendi*)을 가진 위대한 지배자이며 인간의 법적 권리는 영국법의 최선의 전통에 따라 부여된다![101]

8. 공상, 우주론, 지질학 그리고 그 귀결점

자연의 항상성을 강력히 주장하는 케임브리지 플라톤주의의 부활은 어디서나 자연의 죽음과 쇠락의 증거를 보는 사람들, 즉 인간의 타락으로 인한 대홍수 이후 세계의 절망적인 물리적 혼란의 증거를 어디서나 볼 수 있다는 사람들의 신빙성을 떨어뜨림으로써 새로운 종합의 가능성을 만들었다.

이 종합에 의하면 지구는 목적인을 고려하지 않고 이해할 수 있는 기계적 창조물이 아니다. 즉, 사물의 중요성을 이해하기 위해서는 창조주가 어떤 목적으로 그것을 창조했는지 알아야만 한다. 지구는 데카르트의 주장처럼 추상적 전제로부터 일련의 연역적 과정을 통해 이해될 수 있는 것이 아니다. 왜냐하면 자연신학은 원래 전반적으로 우호적이긴 하지만 특히 가시적인 것, 세부적인 것, 2차적 특성, 그리고 동식물, 곤충, 신체 부분들, 강, 구름, 눈송이의 형성 등에 대한 무작위적이고 우연한 관찰에 너무 우호적이기 때문이다. 모든 자연현상이 설계의 산물이라는 최초의 가정을 받아들이기만 하면 관찰하고 수집한 각각이 설계론을 증명하는 부가적 증거가 되었다. 또한 이런 연구는 그동안 잘 알려지지 않은 영역에서 세부적인 것을 발견해 믿어 의심치 않는 증거로 제공했다.

---

101) 예컨대 *ibid.*, pp. 354~355.

물리신학은 비록 과학사가 사이에서는 매우 불쾌한 일이겠지만 항상 생명과학 분야에서 훨씬 더 성공적이었으며 오랫동안 영향력을 유지했다. 그 이유는 생명과학 분야에서는 유기체의 성장 그리고 동식물의 생명 현상과 동식물 간의 관계 그리고 서식지와의 관계, 동식물의 군집, 지구에서의 유기체 분포 패턴 등에서 그럴듯한 목적인의 증거를 발견할 수 있었기 때문이다.

자연신학의 신봉자들은 지구, 동식물, 인간 — 심지어 비유기체적 물질 — 에 대한 숙고를 통해 자신들이 추구하는 지식에 대한 호기심, 열정, 집중력이 신의 존재와 전능함의 증거를 새롭게 드러내고 신의 영광을 높이는 데 기여한다고 확신했다. 자연의 악화를 부정하는 것 역시 이 믿음을 긍정하는 것이었으며, 자연 그 자체에 적용된 생물학적 유비를 기각하는 것 역시 그러했다. 따라서 지구가 언젠가는 다른 어느 때보다 더 메마르고 황폐해질지 모른다고 두려워할 필요가 없다. 이 반박들로 인해 당대의 과학과 신학 둘 다에서 진보적 학자들이 (사실 많은 시대에서 과학자와 신학자는 동일한 사람이었을 것이다) 있는 그대로의 물리적 지구를 옹호했다. 이것은 헤르더가 17세기 학자들과 똑같은 방식으로 현재의 지구의 아름다움과 이점을 독자들에게 재설파했던 18세기까지도 결코 잊히지 않았던 관점이기도 하다.

17세기의 마지막 20년 동안에 네 편의 역작이 영국에서 출판되었는데 모두 지구의 기원에 관심을 갖고 갈릴레이, 케플러, 뉴턴 등의 발견을 최대한 활용해 창세기와 조화시키려 시도하였다. 버넷의 《지구에 관한 신성한 이론》(Telluris Theoria Sacra)***은 1681년에 초판이 발간되었는데, 뒤이어 1684년과 1689년 사이에 Sacred Theory of the Earth라는 제목의 영문 번역서로 2절판 크기의 큰 책으로 다시 간행되었다. 우드워드(John Woodward)*의 《지구, 지구의 구성 요소, 특히 광물에 대한 박물학 에세이》(An Essay Towards a Natural History of the Earth, and Terrestrial Bodies, especially Minerals)는 1695년에 초판이 발간되어, 1702년에 재판, 1723

년에 3판이 출판되었다. 휘스턴(William Whiston)*의 《신지구론》(*New Theory of the Earth*)도 1696년 출간되었으며, 1698년에는 케일(John Keil)의 《버넷 박사 이론의 검토》(*Examination of Dr. Burnet's Theory*)가 나왔다. 천문학자이자 수학자이면서 뉴턴의 친구였던 케일은, 누가 먼저 미적분법을 발견했는가를 두고 뉴턴과 라이프니츠 간에 발생한 논쟁에서 라이프니츠에 반대하는 입장을 택했다.

이런 저작은 보통 지질학사나 우주론사에서 언급되곤 하는데 특히 지구의 나이를 다룬 연구사에서 지구의 나이가 얼마 안 된다는 사고가 보편적이었던 아주 공상적 시기의 일례로 언급된다. 어셔 대주교(Archbishop Ussher)*는 지구의 창조 년도를 서기전 4004년으로 잡았으며 다른 이들도 이와 비슷하게 연대 측정을 했는데 이 지구 나이가 널리 받아들여졌다.[102] 이 저자들이나 이들과 비슷한 부류의 사람들에게도 창조, 원죄, 대홍수, 홍수가 물러간 뒤 새롭게 구성된 지구는 지구가 겪었던 물리적 변화의 역사에서 중요한 사건이었다. 이 저작들은 신앙심과 창의성의 사적(私的) 결합 이상이었다. 사람들은 이 저작들을 널리 읽고 논평하였으며 버넷이나 우드워드처럼 몇몇 저자의 저작들은 외국어로 번역되었다. 이 저작들은 뷔퐁이 자신의 책 《박물지》(*Histoire Naturelle*)에서 버넷, 휘스턴, 우드워드의 체계를 분석할 정도로 상당히 의미가 있었다.[103]

여기서 나는 이 책들이 쓰인 주 목적에는 별 관심이 없다. 더 관심이 가는 것은 이 저자들이 논하는 2차적 문제로 지구의 거주 가능성이나 지표면, 특히 육지와 바다의 관계, 산, 강, 계곡의 특성에 적용된 목적인 사고, 대홍수 이전의 세계와 이후의 세계 비교 등이다. 그 이유는 이것들이 인간 원죄의 본질이 가진 의미 문제뿐 아니라 지구의 특성과 인간의 도덕

---

[102] Raven, *Ray*, p. 421, note 8.

[103] *Preuves de la Théorie de la Terre*에서 휘스턴에 대해서는 art. 2를, 버넷에 대해서는 art. 3, 우드워드에 대해서는 art. 4를, 다른 이론가들에 대해서는 art. 5를 보라.

수준 간의 상응성이라는 보다 광범위한 문제에 실마리를 제공하기 때문이다.

성직자였던 버넷을 사례로 이 이야기를 시작해 보자. 버넷의 역작인 《지구에 관한 신성한 이론》은 축복받은 행성인 지구의 역사를 세 시기로, 즉 대홍수 이전, 대홍수 이후, 그리고 물리적으로 최초의 상태로 돌아갈 미래로 나누었다. 버넷의 저작이 중요한 이유는 이 책이 환기시킨 반증이 창조가 지닌 본질적 선함, 지구 환경의 적합성, 자연현상에 존재하는 생물학적·물리적 상호 관계의 합리성을 강조했기 때문이다.

버넷의 주장 중 유명한 것은 대홍수 이전 세계의 표면은 평탄하고 규칙적이며 균질적이었다는 것이다. 산이나 바다가 없었음에도 불구하고 지구는 거주 가능했다. 산이 없이 강이 있을 수 없다는 비판에 대해 버넷은 지구가 타원형이기 때문에 강이 흐를 수 있다고 답변했다. 그러나 그와 동시대인들뿐 아니라 현대의 비판자들도 지구가 타원형이라 해서 어떻게 물이 아래로 흐를 수 있는지는 알 수 없었다. 버넷은 대홍수를 그 단어가 갖는 의미의 범위 안에서 생각하지도 않았다. 즉, 물은 지표면 아래 있으며 평평한 땅이 물의 심연 속으로 떨어진다고 생각했다. 그는 창세기 8장에 나오는 증거와 현재의 지표면 형상의 관찰을 통해 얻은 근거에 만족했다. 지구의 불완전성 — 그는 땅의 기복을 이 의미로 사용했다 — 은 육지가 물의 심연 속으로 떨어진 결과였다. 지진은 지구 내부가 비었다는 증거이며 바다 속 지하 통로 역시 지구 내부가 비었다는 증거였다.

버넷이 생각한 대홍수 이전의 세계는 고대인들의 황금기 그리고 영원한 봄과 같은 천국이었다. 그 당시 지구는 축이 기울어지지 않았다.[104] 인색한 신은 대홍수 이전 세계에 무지개조차 주지 않았다(성서상으로 무지개는 대홍수 이후 신의 약속의 증표로 생겨난 것임_옮긴이). 이른바 대홍수 기간에 지구는 크게 파괴되었다. 지각 변동이 일어나 균형을 잃었으며

---

104) *Sacred Theory*, p. 188.

중력의 중심이 변했고, 한쪽 극이 태양 쪽으로 기울어져 지구의 축이 기울어졌다. 결과적으로 대홍수 이후의 세계는 대홍수 이전 세계만큼 즐거운 곳도, 풍요로운 곳도, 살기에 편한 곳도 아니었다. 너무 많이 망가진 지구는 더 이상 천국이 아니었고 땅은 단층운동으로 갈라지거나 불모지가 되어 거칠고 황폐해졌다.

대홍수 이후 세계의 토양에는 황금시대의 자연스러운 비옥함이 전혀 남아 있지 않았다. 따라서 토양이 쇠락하고 계절이 다양해진 새 땅에서 경작을 하려면 인간의 기예가 필요했다. 계절의 변화로 인해 영원한 봄의 이점이 사라졌다. 대홍수 이후 세계의 사람들은 단명했는데, 계절의 변화가 생기고 과거의 평탄한 땅 같은 안정된 생활 터전이 없어졌기 때문이다. 열대지방은 대홍수 이전 시대에도 거주가 불가능했지만 바다가 없었기 때문에 다른 지대에는 거주할 공간이 많았다. 그러나 대홍수 이후 열악해진 지구에서 인간이 거주할 수 있으려면 변화가 필요했다.

버넷은 자신의 추론을 [대홍수 이후 세계의] 무자비한 종말에 이르기까지 연장해 현재의 지구가 불로 파괴된 후에 다시 최초의 지구처럼 평평하고 균일한 천국이 될 것(화재가 모든 것을 녹일 것이기 때문에)이라고 생각했다. 따라서 버넷의 생각에 동의하지 않는 사람들은 현 상태의 지구가 인류나 다른 생명체에게 이롭다는 점을 강조하고, 지구가 황도면에서 수직으로 올라온 선에서 23.5도 기울어진 것도 창조주 설계의 일부라고 정당화해야 했다. 버넷은 인간이 원죄 때문에 물리적으로 폐허가 된 불모지에서 사는 것이라고 생각했다. 그리고 산맥, 바다, 사막은 쓸모도 없고 아름답지도 않으며 인류가 그보다 나은 것을 받을 자격이 없다는 점을 슬프게 상기시켰다. [105]

우드워드는 버넷과 완전히 생각이 달랐다. 우드워드의 관점은 인류에게도 지구에게도 호의적이지 않았다. 그는 대홍수 이전의 지구가 현재의

---

105) 버넷과 산에 관한 논의를 위해서는, Nicolson, *Mountain Gloom and Mountain Glory*, pp. 207~224를 보라.

지구와 물리적으로 별로 다르지 않으며 육지와 바다의 비율 역시 거의 동일하다고 생각했다. 그가 내세운 증거는 화석이었다. 바닷고기의 껍질, 이빨, 뼈는 대홍수 이전 시기의 바다의 영역적 범위를 보여주며, 민물고기의 껍질은 강의 범위를 나타낸다. 강은 계곡을 낀 산의 존재를 증명하는데 이는 대홍수 이전 세계 땅의 기복이 현재의 지구와 비슷하다는 증거로, 버넷의 주장을 반박할 수 있다.

화석들은 어떻게 대홍수 속에서 살아남았을까? 우드워드는 대홍수가 돌과 광물 덩어리를 없앴지만 껍질, 이빨, 뼈, 나무줄기와 뿌리, 동식물의 조각을 없애지는 못했다는 궁색한 답변을 했다. 어떻게 어떤 것은 살아남고 어떤 것은 없어질 수 있는가에 대한 비판에 대해 그는 화석의 광범위한 분포 때문에 그런 일이 발생했을 것이라고 답변했다. 따라서 화석 기록은 대홍수 이전의 지구에도 바다와 강(그리고 산)이 존재했으며, 대홍수 전후의 지구가 기본적으로 물리적 유사성을 가진다는 증거로 사용되었다. 106)

우드워드는 대홍수가 인간에게 벌을 주고 지구를 변화시키기 위함이라는 두 가지 목적 때문에 발생했다고 말했다. 지구를 변화시키는 것이 더 중요한 목적이었는데, 이는 나약한 인간에게 적합하도록 지구를 구성하기 위한 것이다. 즉, 이전 상태의 지구는 원죄가 없던 상태의 인간에게 적합했던 것이다. 107)

대홍수 이전 세계가 현재와 매우 유사했다면, 그 둘의 차이는 무엇인가? 이에 대한 대답은 우드워드의 답변 중 가장 흥미로운 것으로 로버트 월리스와 맬서스의 사고를 연상시킨다. 대홍수 이전의 세계는 훨씬 비옥했으며 생산력이 풍부해서 경작을 위해 신경 쓸 일이 별로 없었다. 쟁기는 대홍수 이후의 발명품이다. 108) 원죄가 없는 인간은 대홍수 이전의 지

---

106) *An Essay Towards a Natural History of the Earth*, pp. 107, 244, 251, 254
~255.

107) *Ibid.*, p. 83; pp. 90, 92도 보라.

구를 최대한 이롭게 이용할 수 있었다.

그러나 인간의 타락 이후 비옥한 지구는 "인간에게 지속적인 유혹과 덫"
이 되었다. 비옥한 지구는 인간에게 여가를 제공하여 사악함과 난잡함에
빠질 기회를 누적적으로 제공할 뿐이었다. 대홍수가 인간을 벌했으나 "이
비참하고 절망적인 상태로부터 세계를 개선시키고 부활시킬" 필요가 없었다면 인
간을 처벌하기 위해 꼭 대홍수가 필요하지는 않았다. 109) 인간의 타락 이
후 식물의 성장과 동물의 번식은 지구에 부담을 주어 홍수에 의해서만 진
정될 수 있었다. 우드워드가 또 제시한 근거는 화석이었다.

> 나는 지구의 잔존물 (화석_옮긴이) 에 호소한다. 지구가 생산한 동식물은 여전
> 히 보전되어 있으며 믿을 수 없을 정도로 엄청난 그 숫자는 지구의 극도
> 의 다산성과 생식력을 입증한다. 따라서 대홍수가 발생했던 당시 지구가 초
> 지로 가득 차고 동물떼로 뒤덮여 지구의 짐을 덜고 지구의 생산물이 계승될 여
> 지를 만들기 위해서는 대홍수라는 수단이 필요했음을 보여주는 증거로 이
> 것들을 제시할 수밖에 없다. 110)

대홍수 기간 동안에 홍수 이전 시기의 비옥도에 기여했던 지표면 위의
유기물이 (우드워드는 여기서 토양 구성에서의 부식토 이론을 일찍부터 받아
들인 것으로 보인다) 온갖 종류의 식물과 광물질과 뒤섞인 채 홍수물 아래
로 가라앉아 기반암 위에 침전되었다. 이 때문에 "지표면 가까이에만 인간
의 필요를 만족시킬 만큼의 부식토가 남았을 뿐 나머지 지역에는 부식토가
거의 없어졌다. 게다가 그것마저 순수한 부식토가 아니라 척박하기만 한
광물질과 뒤섞여 식물의 생장에 결코 적합하지 않다 …". 111) 그러므로 대홍
수 이후의 지구는 경작과 거름주기 같은 인간의 근면과 돌봄을 요했다.

---

108) *Ibid.*, p. 83, 84.
109) *Ibid.*, p. 85, 87.
110) *Ibid.*, p. 101.
111) *Ibid.*, p. 89.

지구는 거친 세상이 되었고 자연은 빈약해진 것이다.

우드워드는 대홍수와 부식토의 축적, 토양 침식, 인구 성장, 목적인 간의 관계를 설명하는 주목할 만한 구절에서 이것들이 "지구의 넘치도록 풍부한 생산을 줄이거나 약화시켜 토양의 생산성을 줄인다는 점보다는 설계의 관점에서 보아야 한다고 주장했다.[112] 대홍수기에 바다 밑에 침전된 부식토는 암석과 다른 광물질로 구성된 낮은 층 위에 축적되었으며, 결국 물이 사라지면서 후손을 위한 비옥한 토양의 저장고가 되었다. 부식토(우드워드는 이를 '식생물질'라고 불렀다), 부패한 껍질, 이빨, 뼈, 죽은 동식물의 몸체 등은 "지구에 적합한 자연 비료"다. 대홍수 이전의 부식토 전부가 지표면 위에 남아 있더라면, 점차 언덕 아래로 쓸려 내려갔을 것이다. 암석, 산, 높은 곳, "특히 표면이 해마다 파헤쳐지거나 쟁기질 등으로 교란되는 땅들"은 지표면의 토양이 유수에 씻겨 내려가 평지나 계곡 아래로 운반되면서 점차 낮아진다. 토양층이 덮여 있거나 덮여 있지 않은 암석도 침식을 피해갈 수 없다. 암석 역시 "흙처럼 점차 분해되어 아래로 씻겨 내려간다".[113]

이 부식토가 대홍수기에 침전되지 않고 대홍수 이후 지구의 표토로 남았더라면, 침식작용 — 우드워드는 이를 '토양 삭탈'(deterration)이라고 불렀다 — 이 높은 곳에서 낮은 곳으로 토양 운반을 일으켰을 것인데, 이 과정에서 부식토의 '손실'이 일어나 비옥하지 않고 불모지 상태의 토양층만이 남았을 것이다. 그러나 이조차도 끝이 아니다. 높은 고도의 메마른 토양층은 점차 침식되어 "언덕 기슭과 바닥까지 깎여 나가 계곡과 평지 부근에 쌓일 것이다. 즉, 토양이 계곡과 평지까지 확장된 높은 부분의 식물층을 덮어서 그렇게 덮인 부분의 상당 부분을 메마르고 생산력이 없게 만들었을 것이다".[114] 한편 지구가 사람들로 가득 찰 때까지 인구 성장이 이루어졌다

---

112) *Ibid.*, p. 238.
113) *Ibid.*, p. 230.
114) *Ibid.*, pp. 239~240.

면, "식량을 위해 비옥한 토양을 필요로 하는 거주민들로 지구 구석구석이 채워졌다면" 서서히 침식이 진행되어 땅이 척박해졌을 것이므로 지금쯤 토양이 별로 남아 있지 않았을 것이다. "이런 신의 섭리에 의한 제한이 없었더라면 많은 이들이 굶어죽었을 것이다. 말하자면 바로 아래 지층에 보관된 이 덮개(Hoord)가 지금 시기적절하게 노출되어 드러난 것이다". 115)

우드워드의 설명은 식물에 양분을 제공하는 것은 부패한 유기물질뿐이라는 토양의 부식토 이론에 의존하지만 이 설명에 나오는 지구가 점진적으로 평탄화된다는 개념, 다시 말해 높은 곳에서 진행되는 삭박(削剝: 풍화나 침식작용으로 지표가 깎여 낮아짐_옮긴이) 작용이 계곡과 평원에 귀중한 부식토를 공급하며 인구 증가로 비옥한 토양에 대한 수요가 늘어나는 만큼 점진적으로 평탄화가 진행된다는 개념이 놀랍다. 이런 공상적 이론 속에서조차 일상생활의 현실이 발견된다. 우드워드는 경작, 거름, 토양의 비옥도, 토양 침식이 서로 밀접히 관련되어 있으며 지구와 인간의 관계 역시 매우 밀접하다고 생각했음이 분명하다.

우드워드는 미학적인 면에서 버넷과 논쟁하기도 했다. 버넷은 지구가 "폐허와 쓰레기" 더미이고 지구의 산은 "기예나 신의 비밀스런 의도의 흔적"을 조금도 가지지 않다고 생각했다. 지구가 "조잡한 덩어리"이자 "작고 더러운 행성"이라는 생각에 너무도 사로잡힌 나머지 그는 지구에서 어떤 질서나 미도 인정하지 않았다. 116) 반면 우드워드는 바다와 육지, 그리고 언덕과 골짜기의 대비 속에서 "극도로 매력적이고 보기 좋은" 무언가를 보았다. 그는 이것이 자신만의 의견이 아니라 고대인, 근대인, 이교도 모두가 동의한 인류 공통의 의견이라고 주장한다. 우드워드는 자연의 아름다움이 주는 미학적 즐거움은 신의 지혜를 보여주는 또 다른 증거라 여겼고 레이도 나중에는 이에 동의했다.

---

115) *Ibid.*, p. 240.
116) 버넷의 산에 관한 이와 같은 정반대의 태도에 대해서는 Nicolson, *op. cit.*, pp. 207~216을 보라.

우리는 오래된 돌이 무언가에 의해 점점 움직이는 것을 볼 수 있다. 자연의 과정에 항상성이 있다면, 대홍수 이후 세계에 합리적인 질서와 미가 존재한다면, 인간과 자연의 새로운 관계가 가능할 것이다. 이론과학에서의 발견과 기술(技術)은 일부나마 자연의 황폐함을 완화시킬 수 있다. 인간은 전혀 비옥하지 않은 토양에서도 생산할 수 있는 근면한 존재가 되었으며, 그 과정에서 자신과 지구를 향상시키고 미래의 인구 증가에 대비한다.

《브리태니커 백과사전》(*Encyclopaedia Britannica*) 11판은 휘스턴을 "광기에 가까울 정도로 기이할 뿐만 아니라 똥고집에 가까울 정도로 편협한" 사람으로 묘사하지만, 다음에 서술할 독창적 사고를 남긴 그를 어떻게 존경하지 않을 수 있겠는가? 그는 태고의 혼돈이 혜성의 대기로 구성되었으며 지구의 공전이 창조와 함께 시작되었고, 축을 중심으로 한 지구의 자전과 이 기울어진 자전축이 인간의 타락 이후 지구를 강타한 혜성 때문이며, 그 혜성은 현재는 초라한 피조물에 지나지 않는 지구를 다시 원상태로 되돌릴 수 있는 기계적 수단이라는 이론을 펼쳤다.

휘스턴은 완벽한 지구가 불완전한 인간의 집으로는 알맞지 않다고 생각했다. 즉, 지구의 물리적 특성은 인류의 도덕적 상태에 맞게 조정되어야만 한다. 지구의 거주자들이 현재 소유한 지구보다 더 나은 상태의 거주지를 기대하기는 힘들다는 것이다. "이 지구의 주 용도는 원죄로 타락했고 현재의 능력도 미약하며 엄청난 악과 부정을 가진 피조물을 거주시키는 것이다 …". 117) 그는 종종 우주가 인간을 위해 고안되었다는 사고를 유려한 언어로 비웃었다. 즉, 창세기에 기술된 창조는 시험적인 장소로서의 지구에만 적용되는데, 사실 지구는 가장 고귀한 구체 중 하나가 아니라 머지않아 만들어질 인간에게 적합한 구체일 뿐이다. 118)

---

117) *Of the Mosaick History of the Creation*, p. 57.
118) *Ibid.*, pp. 60~61, 70~77, 88, 90~94.

휘스턴은 대홍수 이전 지구의 물리적 외형에 대한 우드워드의 관점에 대해 세부적인 면에서는 비판적이었지만 전체적으로는 대부분을 수용했다. 그러나 휘스턴이 우드워드와 확실히 달랐던 점은 대홍수 이전의 지구에 물의 양이 더 적었고 대양은 없었다고 생각한 점이다. [119] 또한 휘스턴은 지구는 더 비옥하고 육지가 많았기 때문에 인구가 훨씬 더 조밀했다고 생각했다. 그는 인구가 두 배로 증가하는 데 필요한 시간에 관한 페티경과 핼리의 계산법을 이용했다. [120]

대홍수 이후의 세계는 태양으로부터 받는 열이 적어져 땅의 비옥도가 떨어졌기 때문에 대홍수 이전의 세계에 비해 열악했다. 대홍수 이후 지구의 궤도는 원 대신에 타원이 되었으며 현재의 태양열은 대홍수 이전 시기 태양열의 96%에 지나지 않는다. 또한 지구는 물이 많아져 더 습윤해졌는데, 이 물은 대홍수 시기의 물 — 지구에서 기원한 물이 아니다 — 과 지표면 및 지표 부근의 물이 합쳐진 것이다. 휘스턴은 이 습윤함이 비옥도를 낮춘다고 생각했다. 그러므로 대홍수 이후의 토양은 양과 질 모든 면에서 이전보다 덜 비옥하다. 휘스턴의 지구 비옥도 평가는 우드워드와 약간 비슷한데 두 사람 모두 투쟁과 고난받는 지구를 묘사했기 때문이다. 그러나 지구 생산성의 열악함은 인간의 도덕성과 일치한다. [121]

한편 케일은 더 신선하고 신중하지만 야심은 덜한 평가를 보여주었다. 그는 근대의 우주기원론자들이 "고대인들만큼이나 야만적이고 터무니없고 뻔뻔스럽다"고 신랄하게 비판했다. [122] 이 점에서 그는 데카르트를 비난했는데, 그 근거는 "데카르트가 철학자들에게 이런 뻔뻔스러운 자부심을 부추겨 자신들이 대자연의 모든 작업을 이해했으며 자연현상을 잘 설명할 수 있다고 생각하게 만들었지만, 사실 데카르트도 그의 추종자들도

---

119) *New Theory of the Earth*, pp. 233~237, 256, 264~265, 359~361.
120) *Ibid.*, pp. 247, 254~255.
121) *Ibid.*, pp. 358~360, 363~365.
122) *An Examination of Dr. Burnet's Theory of the Earth*, p. 9.

무엇 하나에 대해서 올바른 설명을 하지 못했다"[123]는 점이었다. 케일은 목적인을 신봉했다. 그도 레이처럼 자연에서의 인간의 위치에 대해 낙관적 전망을 남겼는데, 이는 현명한 창조주가 쓰레기 더미에서와 같은 무질서를 지구에 부여할 리 없다고 믿었기 때문이다.

케일은 초기 상태의 혼돈에서부터 현재 상태까지의 '지구 조직'을 우리가 아는 기계적 원리나 자연적 원인을 통해 연역해 낼 수 있다는 어리석은 믿음을 공격한다. 대홍수 이전 지구의 평평함, 규칙성, 균일성을 주장한 버넷에 대해 케일은 목적인의 언어로 산이 왜 대홍수 이전 세계에도 존재했어야만 했는지를 설명했다. 산은 지금 세계에 필요한 것만큼이나 대홍수 이전 세계에도 필요했다. 케일은 목적인의 관점에서 보일과 레이의 주장을 인용하면서 산 없이는 지구에서 살 수도 없고 지구를 존속시킬 수도 없다고 말했다.[124]

2차적 용도(식물의 생존, 광물의 생산, 동물의 피난처, 바람 방향과 날씨의 결정인자, 국가 간의 경계선 역할) 외에 산이 존재해야 할 가장 큰 이유는 강과 담수의 흐름이다. 케일은 땅의 기복이 강과 생활에 미치는 중요성에 대한 핼리의 말을 인용한다.[125] 핼리에 따르면 "바다 전체적으로 유입과 유출의 균형"이 존재해서 바다는 결코 말라 없어지지 않으며 육지 역시 물에 잠기지 않는다. 이는 물이 바다로부터 증발되고 나서 저지대를 지나 산으로 올라가면서 비와 샘물을 생산하고, 다시 이 물이 샘에서 개울이나 시내가 되고, 라인 강, 론 강, 다뉴브 강 같은 큰 강을 이룬 뒤 바다로 돌아가는 완벽한 순환 때문이다. 이처럼 하천을 통해 바다로 가는 물 외에도 많은 물이 지표면 위의 이슬과 비의 형태로 바다에 간다. 이

---

123) *Ibid.*, p. 10.

124) *Ibid.*, pp. 37, 46.

125) "An Account of the Circulation of the Watry Vapours of the Sea, and of the Cause of Springs", *Royal Society of London Philosophical Transactions*, No. 192, Vol. 17(1694), pp. 468~473을 보라.

물은 육지의 식물로부터 나온 것이거나 바다로 되돌아갈 잉여 빗물이다. 유기체의 성장처럼 이런 종류의 순환은 소우주와 대우주 개념 그리고 설계론에 무척 잘 들어맞는다(전도서 1장 7절 참고).

핼리는 목적인을 언덕에 적용하여 "산줄기가 대륙의 가운데를 관통해 위치하게 되어 마치 증류기처럼 인간과 동물이 이용할 수 있는 신선한 물을 증류하는 기능을 한다. 산의 높이는 하천이 부드럽게 아래로 흐를 수 있도록 하는데 마치 대우주의 수많은 정맥이 창조에 기여하는 것과 같다"고 설명한다.[126] 다른 문단에서 핼리는 증류기에 대해 더 심도 깊게 언급한다. 수증기의 일부는 언덕의 땅굴 속으로 들어가고, 물은 "증류기 안에서처럼" 암석 분지 안에 "모인다". 나머지 물은 샘으로 흘러들어간 다음 개울과 시내를 이루고 마침내 강으로 흘러간다. 핼리가 언급한 증류기는 아주 오랜 역사를 가진 내부 증류기 이론을 상기시킨다. 〔내부 증류기 이론에 따르면〕땅보다 아래에 있는 바닷물은 증류된 다음 산의 고지대에 위치한 차가운 동굴과 땅굴 속에서 응결되어 다시 나타난다.[127]

케일이 받아들인 핼리의 체계 속에서는 바닷물의 증발, 바람에 의한 증기의 운반, 산악에서의 강우의 생성, 지표면의 불균등한 기복으로 인한 하천 체제 등이 목적인을 통해 가장 잘 설명된다. 케일은 또한 지구 자전축이 기울어진 것은 '창조주 은혜의 증표'라는 케플러의 주장에 동의했다.[128] 지구 자전축이 기울어져 계절의 변화라는 이로운 결과를 초래했다는 케일의 주장 역시 전통적이다. 즉, 태양이 적도에 항상 직선으로 비춘다고 가정했을 때보다 지금처럼 지구 축이 기울어졌을 때 북위 45도에 사는 사람들이 받는 연간 태양열이 더 많다는 것이다.[129]

---

126) *Ibid.*, p. 473.

127) Adams, *The Birth and Development of the Geological Sciences*, pp. 434~441 과 Kircher의 *Mundus Subterraneus*에 나오는 삽화를 보라. 핼리의 대우주에 대한 설명은 Kircher의 저작을 상기시킨다. Adams, pp. 435~436 참고.

128) Keill, *op. cit.*(각주 122를 참고하라), pp. 53~55

"나는 이론가 중 한 명, 이를테면 [버넷]이 말하는 것처럼 현재의 기울어진 상태를 기꺼이 수직으로 바꿀 정도로 변화를 좋아하는 사람은 거의 없다고 믿는다. 지구의 축을 수직으로 바꾸면 지구 전체가 황무지나 다름없이 되거나 넓은 지역이 거주 불가능해진다".[130] 기울어진 지구 축이 거주 가능한 지역을 더 넓혔으며 확장할 기회가 더 많아졌고, 인구가 성장함에 따라 지표면의 인구밀도가 더 높아졌으며, 뉴턴의 항변에도 불구하고 원죄와 타락에 기반을 둔 버넷의 우울한 견해에 비해 신의 설계와 존재에 대한 증거 역시 더욱 확실해졌다.

케일은 지구가 왜 거주 가능한지를 설명할 때는 다른 사람에 비해 아주 상식적이었다. 케일이 보기에 바다가 지구의 너무 많은 부분을 차지한다는 버넷의 믿음은 자연철학에 대한 무지를 보여주는 것이었다. 바다의 면적이 반으로 줄어든다면 수증기의 양도 그만큼 줄어들 것이다. 산은 대홍수 이전의 지구에도 틀림없이 존재했다. 대홍수 이후의 지구처럼 강과 담수가 필요했을 것이기 때문이다.[131]

현대적 관점에서 이런 저작은 논할 가치도 없어 보일 것이다. 그러나 내가 해석하기에 여기에는 어떤 인식의 성장이 있다. 그리고 레이와 더햄의 저작에서는 이 인식의 성장이 더 분명히 보일 것이다. 그것은 자연의 과정과 인류의 과거, 현재, 미래를 이해하기 위해서는 지구상의 관계를 계속 넓히며 사고해야 한다는 인식이고, 목적인에 의지하는 순진함에도 불구하고 누군가는 (기울어진 자전축 이론으로 설명되는) 계절의 진행, (바닷물의 증발, 대기의 순환, 해풍, 산악의 강우 등으로 설명된) 대기 순환, (담수의 운반자이자 침식의 작인으로서의) 하천 체계가 지구상 모든 생명체에 갖는 중요성 등을 하나의 일관된 관점에서 바라보아야 한다는 인식이다.

위와 같은 버넷, 우드워드, 휘스턴, 핼리, 케일의 논의 덕분에 우리는

129) *Ibid.*, p. 58.
130) *Ibid.*, p. 5.
131) *Ibid.*, p. 77. 요약과 결론은 pp. 134~139 참고.

레이와 더햄의 저작으로 들어갈 수 있었다. 이 둘은 주로 다른 사람들의 사고와 발견을 종합해 물리적·생물학적 원리들에 토대하고 설계론의 지원을 받은, 자연의 통일성에 대한 종교적·철학적 관점을 창조했다. 현대적 기준으로 볼 때 이 생태학적 원리는 조잡하지만 이 원리들은 나중에 다윈이 '생명의 그물망'이라고 부른 것을 이해하려는 시도라는 측면에서, 고전 시대의 유용론적 단순성 그리고 중세 시대의 많은 관습적 신앙심보다 진보한 것이었다.

9. 신의 지혜에 대한 레이와 더햄의 견해

레이의 《피조물에 나타난 신의 지혜》는 지구의 본질과 지구상에서 관찰 가능한 자연의 조화를 탐구함과 동시에 인간과 인간의 작품, 즉 발명, 기술, 자연환경에 가해진 변화의 자리를 찾으려는 물리신학의 훌륭한 예이다. 레이는 동식물의 분류에 관한 기술적(技術的) 저작뿐 아니라 로우랜즈(Lowlands: 스코틀랜드 저지대_옮긴이)로의 여행 경험에 대해 썼고, 《세계의 소멸》(The Dissolution of the World)에서는 자연의 힘이 쇠락한다고 믿는 사람들에게 헤이크윌의 방식으로 답변했다.

레이는 세계의 고갈과 소멸에 대한 믿음을 철학적·종교적·과학적 근거를 들어 거부했다. 그가 지구의 쇠락론을 반대한 이유 역시 자연의 현상태에 대한 관찰 때문인데 이는 19세기 지질학의 균일설과 유사하다. 그는 실제로 일어날 것 같지는 않지만 혹시라도 어떤 사건들(예컨대 홍수, 태양의 소멸, 땅속 중심에 있는 불의 폭발, 몇몇 화산에 의해 점화된 열대지역의 건조와 연소, 모든 화산들의 동시 폭발 같은)이 발생해 지구를 위협할지라도 미래의 소멸을 주장하거나 추론할 근거가 자연 속에는 없다고 말했다.[132]

레이는 흐르는 물에 의한 침식 때문에 궁극적으로 지구가 파괴될 가능성을 논할 때, 19세기에 지질학의 균일설을 지지하는 사람이나 데이비스의 제자들에게는 낯설지 않은 설명을 사용했다. 즉, 땅 위로 흐르는 물의 궁극적 효과는 산을 닳게 하고 포 강, 아디제(Athesis, Adige) 강,* 나일 강, 브렌타(Brenta) 강*처럼 삼각주를 형성하면서 땅을 평평하게 하는 것이다. 시간이 흐르면 점차 삼각주 면적이 증가하고 그 위로 강수가 모이며, 결국 지하로 흐르는 강으로 인해 바다가 땅 전체를 덮을 때까지 평평한 땅이 내륙에 확장될 것이다. 133) 그리고 현재는 소멸의 징후가 없기 때문에 세계의 종말 — 또한 레이는 분명히 성서의 예언을 가능한 먼 미래로 연기시키려 했다— 은 갑작스러워야 한다. 레이는 미래에 땅이 소멸되는 것이 아니라 오히려 다시 정제되고 정화될 것이라고 믿었다. 인류가 최후의 대화재로 멸망한다면 땅의 존재 이유를 찾을 수 없기 때문이다. 134)

레이에게 땅의 비옥도나 다산성의 지속 같은 자연의 항상성에 대한 믿음은 신의 계획으로부터 논리적으로 추론된 것일 뿐만 아니라 당대의 관찰을 통해 보증된 것이다. 즉, 인간이 자연의 산물을 이용하는 모습을 보면 증거는 확실하다. 그는 기술 그리고 기예와 과학의 진보에 매우 공감했다. 즉, 그는 인간의 사악함에 대해서는 유보한 채 문명의 미래와 그 미래를 낳을 기술적 진보에 낙관적이었다. 자명하게도 이 낙관론은 고대인들과 또 그들에게 공감하는 근대인들이 어떻게 생각하든지 간에 자연의 쇠락과 소멸이라는 우울한 교의에 의존하지 않는다.

레이의 저작이 우리 주제에 대해 가지는 의미는 (그 자신의 기여를 포함해서) 자연의 통일성과 이로부터 유추되는 창조주의 지혜를 보여주는 기존의 박물학적 지식들을 인상적으로 정리했다는 점이다. 레이 스스로도

---

132) Ray, *Dissolution*, pp. 39, 44, 148~149.
133) *Ibid.*, pp. 44, 44~52, Varenius and Kircher에서 재인용. 해안선에 대한 파도의 작용에 대해서는 p. 49를 보라.
134) *Ibid.*, pp. 190, 198~199.

자신의 책을 종합적인 작품이라고 생각했다. 즉, "이 책에 담긴 모든 항목을 기존의 한 저작 안에서는 발견할 수는 없다. 많은 저작에 흩어져 있거나 분산된 것들이다". 135)

피조물은 신에 의해 창조된 것이다. 즉, 그것은 처음부터 변함없이 지속된 창조물이다. 그는 중세 시대의 지속적인 창조(creatio continua)를 시사하는 문단에서 " … 처음 창조된 주의 피조물은 주에 의해 처음 만들어진 상태 그대로 오늘날까지 보전된다. (철학자와 신 모두의 판단에 따르면) 보전은 지속적인 창조이기 때문"136)이라고 언급한다.

레이의 책은 시편 104장 24번째 시를 인용하는 것으로 시작한다. 이 책의 모든 주제는 궁극적으로 이 엄청나게 영향력이 큰 시에 나타난 통일적인 종교적 사고에 있다. 시편의 사상을 자연스럽게 따르다 보면 피조물 연구에서 목적인적 설명의 정당성을 대담히 주장하게 된다. 레이는 키케로의 《선악의 경계에 대하여》(De Finibus Bonorum et Malorum)와 《신들의 본성에 관하여》가 가진 권위에 기뻐하며, 세계의 영원성에 대한 아리스토텔레스의 사상과 에피쿠로스학파의 원자론을 반박한다. 137)

레이는 '무신론적인' 원자론 대신 커드워스의 조형적 자연 사상을 받아들였는데 이는 신이 세상을 다스리기 위해 관리자를 이용한다는 것이다. 커드워스는 '조형적 자연'을 생명 원리(vital principle)라고 생각했다. '기계적'(mechanical)이라는 단어의 반의어로 사용되는 '생명의'(vital)란 단어는 스토아학파의 진리의 씨앗(logos spermatikos) 사상을 암시한다. 138) 모어와 커드워스처럼 레이는 '기계론적 유신론자'(그는 데카르트를 바로 기계론적 유신론자라고 생각했다)들의 사상에 반대했다. 다시 말해 그는 동물도 고통을 느낀다는 일반적 관찰과는 반대로 동물을 기계(automata)로

---

135) *Wisdom of God*, Pref.

136) *Ibid.*, Pref. *ad fin.*

137) *Ibid.*, pp. 30~34.

138) Pohlenz, *Die Stoa*, Vol. I, p. 353을 보라.

보고 잔인하게 대하는 행위에 면죄부를 주는 데카르트적 사고에 반대했다. 139)

레이는 원자론적 유신론자들이 "사물의 인위적 틀이 드러난 현상(*phae-nomenon of the artificial frame of things*)으로부터 취한 신에 대한 대논증"을 "철저히 소거한다"고 주장했다. 140) 인간의 기예에서 자연의 속성을 유추한 설명에서, 레이는 인간의 기예가 그 사고 이면에 이성을 가진다면 기예보다 훨씬 우월한 자연은 그 이면에 얼마나 많은 이성을 가졌을 것인가라고 덧붙였다. 141) 그는 현미경 관찰을 통해 기예에 대한 자연의 우월성을 증명하는 확실한 증거를 발견한 체스터의 주교(Bishop of Chester) 윌킨스(John Wilkins)*를 인용했다. 그 내용은 동식물을 현미경으로 보면 아주 작은 부분에서도 질서와 균형이 내재된 자연의 완벽성을 볼 수 있는 반면 똑같은 현미경을 이용해 인공물을 적나라하게 확대했을 때는 무디고 볼품없는 모습이 나타난다는 것이다. 142)

이때 4원소론은 신학이나 과학과 아무런 충돌을 일으키지 않았다. 그러나 레이가 이에 대해 언급한 사실은 아무리 그가 과학적 위업을 이룬 인물이었다 할지라도 당시 물리신학에서 유용론적 편향의 유산이 얼마나 강했는지를 보여준다. 레이가 논한 불의 유용성과 용도의 나열은 그 당시 기술 수준에 대한 자랑스러운 요약판이다. 143) 또한 공기에 대해서는 태아를 포함한 생명 유지 및 비행 매체로서의 역할 등을 더욱 사실 나열적으로 논하고, 세탁 같은 평범한 용도 외에도 물의 다른 극적인 역할을 열정적으로 목록화했다. 대양의 크기와 위치, 샘이나 강과 같은 지표면

---

139) *Wisdom of God*, pp. 38, 41, 43, 46, 54~55.

140) *Ibid.*, p. 42.

141) *Ibid.*, pp. 35~37.

142) Wilkins, *Of the Principles and Duties of Natural Religion*, Bk Ⅰ, chap. 6 = pp. 70~71; Ray, *Wisdom of God*, p. 58에서 부분적으로 인용.

143) *Wisdom of God*, p. 71.

위의 물의 분포는 가장 위대한 지혜의 증거다.

레이는 버넷에 대한 케일의 비판에 기대어 "바다의 절반 이상을 따로 떼어 인간의 유흥과 생존을 위해 육지로 편입시키지 않기를. 왜냐하면 인간은 자신의 영역을 확장하기 위해 끊임없이 노력하고 분투하며 서로 의 영역을 침범해 공간 부족을 해소하는 것 같기 때문"이라고 했다. 144) 레이는 바다의 희생을 통해 육지를 얻으면 더 많은 면적의 땅을 갖겠지만 땅이 더 건조해지고 생산성이 떨어질 것이라면서 이런 식의 주장을 반박 했다. 즉, 그에 따르면 세계의 인구 잠재력은 육지와 바다의 면적과 밀접 한 관련이 있다. 145)

레이는 땅에 물이 너무 많으면 종종 재해 수준의 물난리를 초래하고 만 다는 반대 의견에 대해 땅에 물이 너무 많아지면 홍수가 다시 물을 바다 로 되돌려 보낸다고 답했다. 146) 현대적 용어를 사용해 말하자면 비, 하 천, 홍수는 지질학적 침식, 물의 순환, 삼각주의 형성, 충적토의 형성과 밀접히 연결된다. 나일 강과 갠지스 강의 사례가 특히 인상적이다. 이와 같은 홍수에 대한 무분별한 정당화는 "모든 것이 좋다"(tout est bien) 철학을 떠오르게 한다. 이 철학은 낙관적이고 인간 중심적인 물리신학 중에서도 종종 불편하게 느껴지는 자기만족적 특성을 띤다. 홍수의 광포함을 경험 한 사람들에게는 그것이 별로 축복이 아닌 것이다. "모든 것이 좋다" 철학에 대한 풍자인 볼테르의 《캉디드》(Candide)***는 여기서 레이에게 적용될 수 있다.

레이는 우드워드처럼 토양에 대한 생기론적 관점을 받아들여 토양을 지구의 맨틀을 덮는 얇은 덮개이자 식량의 근원으로 보았는데, 특히 식 물이 부패해서 생긴 부식토를 중요시했다. 147) 더 나아가 레이의 저작에

---

144) *Ibid.,* pp. 79~80.

145) *Ibid.,* pp. 88~91.

146) *Ibid.,* pp. 82~83.

147) *Ibid.,* p. 83; Woodward, *Essay Towards a Natural History of the Earth,* p.

는 자연에 대한 어느 정도의 미학적 인식이 보인다. "지표면은 어찌나 다양한지 언덕, 계곡, 평원, 높은 산지가 멋진 전망을 제공하지 않는가? 또 고마운 푸른 풀과 장엄한 나무로 기이하게 덮여 꾸며지기도 하고, 이것들이 따로따로 떨어져 있는가 하면 함께 모여 덤불이나 숲을 이루기도 하지 않는가? 그리고 이 모든 것이 우아한 꽃과 열매로 치장한 모습을 드러내지 않는가?"[148] 이것은 이상적인 풍경에 대한 관습적이고 감상적인 묘사 이상이다. 즉, 지구가 추한 모습이라고 한 버넷의 주장에 대한 적극적인 반대 표현이라고 생각된다. 이것은 감각에 대한 호소이며 레이의 저작이 가진 강한 유용론적 편향성과 어느 정도 균형을 이룬다.

〔지질〕 구조와 광물 분포를 창조주의 설계와 조화시키려 한 19세기의 지질학자들보다 앞선, 저품위 금속에 대한 레이의 논의는 신의 지혜에 대한 찬사 — 아그리콜라를 떠올리게 하는 — 가 되었다. 즉, 신은 인간에게 야만으로부터 벗어날 수단(금속과 광물_옮긴이)을 제공했으며, 그것이 없었다면 우리는 "결코 문화나 문명을 갖지 못했을" 것이다. 금속과 광물은 경작하고, 수확하고, 낫질하고, 쟁기질하고, 파고, 가지를 치고, 접목하는 데 필요하다. 그것이 없었다면 기계적 기예나 거래도 없었을 것이며 가정용 용기나 도구도 없었을 것이며, 거주할 곳도 배나 항해도 없었을 것이다. 레이는 "우리의 삶은 분명 미개하고 지저분했을 것이다"라고 말했다. 이 말은 사회의 기원에 대한 가설을 재구성할 때 당대의 민족학을 적용하는 방법을 설명하는 문단에 나오는데, 그는 "아메리카 북부 지역의 인디언이 명백한 증거"라고 말했다.[149] 그러나 레이는 영국인에게 이토록 후하게 내려진 신의 지혜를 이교도나 야만인들은 왜 받지 못했는지 설명하지 않았다. 4원소, 그리고 이 4원소로부터 창조된 자연자원의 유용성, 그리고 산이나 평원 같은 자연의 특정한 배치로 인한 이

227을 보라.
148) *Wisdom of God*, pp. 87~88.
149) *Ibid.*, p. 96

점은 문화적·기술적 수준에서 17세기 후반 영국과 같은 수준에 도달한 민족에게만 이점으로 보였다.

자연주의자로서 레이는 발견의 시대 이후에 더욱 놀랍고 예상치 못하게 드러난 식물 생명체의 풍요로움과 다양성에 크게 감명을 받았다. "광대한 아메리카 대륙에는 우리 대륙만큼이나 엄청나게 다양한 종이 있다". 레이는 영국에서의 직접 관찰과 유럽 학자들의 저작 그리고 전 세계 여행가들의 기록에 토대한 박물학 연구를 개괄하면서 이와 같은 다양성을 창조하는 데에는 현명하고 강력한 제작자가 필요하다고 결론지었다. 레이는 이를 "충만의 원리"라고 표현하면서 바로 이 자연의 풍요와 무성함이 지혜와 힘의 증표라고 했다. 즉, "전능자 신은 도저히 흠잡을 수 없는 경탄할 만한 솜씨로 엄청나게 다양한 종류의 피조물을 창조하면서 자신의 지혜를 드러낸다. 만약 신이 한정된 종류의 피조물만을 창조했더라면 이토록 엄청난 지혜를 전부 보여주지는 못했을 것이다. 이처럼 다양성은 신의 위대성과 무한한 이해 능력을 보여준다". 150)

신은 또한 풍요로운 신이다. 가시적 자연의 산물은 신의 존재를 증명한다. 여기서 레이는 신의 존재를 증명하는 물리신학적 증거의 힘을 믿는 자연주의자로서 서술한다. 초자연적 증명, 정신의 내적 각성, 예언의 영(靈), 기적은 "무신론자들로부터 트집을 잡히거나 이의 제기"를 당하기 쉬운 증거이지 "모든 인간이 직접 볼 수 있는 효과와 작용에서 취한" 증거가 아니다. 151) 여기서 레이는 시비우드의 언어로 말한다. 즉, 신에 대한 믿음을 굳게 하는 방법은 자연을 연구하고 땅 위의 — 그리고 하늘의 — 모든 다양성과 풍요를 목격하고 살아 있는 생물들이 자기 환경에 무한히 적응하는 모습에 주목하는 것이다.

만약 어떤 사람이 이와 같은 단순하고 전통적인 보편적 사고에서 이 사

---

150) *Ibid.*, p. 25.
151) *Ibid.*, Pref.

고를 입증하기 위해 레이가 증거로 사용한 구체적 물증으로 관심을 돌린다면, 그는 분명히 동식물뿐만 아니라 그 서식지, 인간과 땅의 관계 등에 주목할 것이다. 또한 자신의 재능과 용기에 대해서도 숙고할 것이다. 즉, 자신의 마음과 그 마음이 내린 의사결정을 충실하게 집행하는 눈과 손 그리고 도구의 이용과 인간의 힘을 대신하는 생명체인 가축에 대해 생각한다. 그를 흥미롭게 하는 것은 사물들의 유기적 전체성이다. 즉, 레이는 초지나 농가의 마당, 숲에 구체적 흥미를 느끼는데 이를 살아 있는 개별 현현으로 치부하지 않고 추상적인 보편법칙으로 포괄하려 한다. 자연 속에는 균형과 질서가 있지만 그것이 수학적 질서일 필요는 없다.

《물리신학 관찰》(*Physico-Theological Observations*)에 나오는 중요한 문구에서 그는 산이 본질적으로 혼돈의 상태라는 버넷의 믿음을 비판했다. 인간의 능력과 갈수록 성장하는 기술력에서 인간에 대한 희망을 보았다는 사람들처럼 레이는 질서를 가진 자연환경에서만 이 희망이 실현될 수 있을 것이라 생각했다. 따라서 산맥에서도 그러한 질서를 관찰할 수 있으며 이는 생명체들에게 무척이나 필수 불가결한 것이다. 그러나 이 질서는 창조주가 항상 기하학적으로 행동한다는 언명과는 양립하지 않는 질서다. 그것은 기하학적인 질서가 아니라 기계론과 기하학의 범위를 넘어선 살아 있는 질서다.

당연하게도 레이는 자신이 전문적으로 관심을 가진 문제에 대해 가장 잘 논했다. 자연은 식물의 번식과 성장에 주목했는데 이는 식물이 동물의 먹이로 설계되었기 때문이다. 따라서 식물들이 번식하는 다양한 방식들, 씨앗의 생명력, 생존을 위한 장치에 관심을 가졌다. 식물의 분포는 지역에 따른 기후 및 인간의 수요와 상관관계가 있다. 레이의 말대로 "신의 섭리에 따른 현명한 배치 덕분에 각 나라에서 생산되는 식물 종이 거기에서 자손을 낳아 대대로 살아가는 인간이나 동물에게 가장 알맞고 손쉬운 식량과 약이 되는"[152] 것은 어느 정도 사실이다. 생명체와 환경 간의 긴밀한 관계를 보여주는 많은 흥미로운 사례에 따르면 결국 모든 것이 설계의 증거가 될 수 있다.

새들은 알을 낳지 새끼를 낳지 않는다는 사실은 신의 지혜를 보여준다. 왜냐하면 이것이 "뱀이나 사냥꾼에게 희생되어 번식에 곤란을 겪지 않도록"[153] 보호하는 방식이기 때문이다. 동물들도 의식하지는 못하나 본능적 행동을 통해 본래의 목적에 도달할 수 있도록 현명한 감독관의 안내를 받는다.[154] 흔한 사례인 새와 물고기의 이동은 새들이 자기 둥지가 더럽혀지는 것을 어떻게 막는지를 보여준다. 또한 약한 동물이 가진 교묘한 속임수, 코로 파헤쳐 먹을 것을 찾는 돼지의 적응, 동물들이 내는 다양한 소음 등은 환경에 내재한 형태와 기능의 조화를 보여주는 사례이다.[155]

레이는 야생동물과 가축에 관한 논의에서 동물의 환경 적응, 개체 수의 증가, 번식성, 성비, 출생과 사망 비율 등에 관심을 보였다. 그는 성비의 유지가 단순한 기계적 결과라고 믿기는 어렵다고 생각했다. 즉, 이는 모든 것을 감독하는 신의 섭리를 추론하게 한다는 것이다. 그러나 어떤 동물과 인간의 긴밀한 관계는 도리어 그 동물의 약점이 되기도 했다. 예컨대 현재의 양은 생존을 위해 "인간의 돌봄과 감독"이 필요하다. 설계론의 또 다른 익숙한 사례인 돼지는 코로 파헤쳐 먹이를 찾는 데 적응하다 보니 매우 긴 코를 가졌다. 그래서 꾀 많은 이탈리아인은 돼지를 이용해 버섯을 찾는데, 뒷다리에 끈을 묶어서 찾아낸 버섯을 돼지가 먹지 못하도록 한다.[156]

자연과 인간은 어떤 관계인가? 본질적으로 그것은 조화로운 관계인데, 이는 설계론과 자부심의 표출 이상의 것을 담은 경우가 많은 레이의 낙관론에 기초한 판단이다. 레이는 인간이 많은 자연현상을 이용하는 것에

---

152) *Ibid.*, p. 114.
153) *Ibid.*, p. 116.
154) *Ibid.*, p. 125.
155) *Ibid.*, p. 159.
156) *Ibid.*, pp. 137, 139.

대해 다음과 같이 말했다. "이러한 이용이 사물이 처음 만들어질 때부터 자연에 의해 미리 설계된 것이 아니라 인간의 지혜를 통해 사물이 그 용도에 맞게 적응된 것이라는 주장은 반대에 부딪힐 수 있다".157)

그러나 레이는 사실 이러한 반대를 트집 잡기에 불과한 것으로 본 것 같다. 그는 모어의 《무신론 대책》에서 실마리를 끌어와 돌이나 나무, 금속 같은 물질은 "지적이고 활동적인 존재가 지혜와 근면을 발휘할 수 있도록" 지구 곳곳에 흩어져 있다고 답했다. 즉, 신은 인간을 지혜와 근면을 이용해 자신보다 열등한 피조물을 지배할 수 있는 존재로 창조했다. 창조주는 인간이 다른 피조물에 가할 모든 이용법을 알며 "신의 존재를 인정하는 다른 피조물의 이용법도 안다. 이는 다른 피조물이 의도적으로 창조되었음을 보여주는 증거다. 그렇다고 다른 피조물이 이런 목적만으로 창조되었다고 말하는 것은 아니다".158) 레이는 창조주가 인간을 위해 모든 자연을 설계했다는 사고를 거부했지만 인간의 물질 이용에 대한 그의 열정적인 주장을 보면 종종 그런 거부가 무색해 보인다(자연의 개조자로서의 인간에 대한 레이의 사고를 보려면 215쪽부터 참고).

만약 레이의 《피조물에 나타난 신의 지혜》가 신학, 과학, 문명에 대한 당시 널리 수용된 낙관적 태도를 대표한다고 가정할 수 있다면— 가능한 가정이라 생각한다 — 그 사상의 변용은 놀라울 정도다. 레이는 계속해서 헤이크윌을 적극적으로 옹호했지만 그리 날카롭거나 인상적이지는 못했다. 이전에는 지구가 신에 의해 설계되었으나 인간의 죄로 인해 더럽혀지고 취약해졌다고 했는데 이번에는 지구가 미와 유용성의 장소가 되었다. 이 지구는 시간이 흘러도 쇠락하지 않으며 지구가 품는 동식물 역시 시간이 흘러도 퇴보하지 않고, 땅의 높고 낮음이나 기후 변화 또한 신에게 복종하지 않는 피조물의 땅이라는 파멸과 폐허의 증거가 아니라 미와

---

157) *Ibid.*, p. 160.
158) *Ibid.*, p. 161.

질서의 증거다.

물론 인간이 죄를 지었다는 것은 여전히 사실이다. 그러나 인간의 사회적 본성과 신에 대한 헌신으로 가진 능력 덕분에 지금은 지구를 이용하고 개발할 수 있는 기회가 부여되었으며, 지구를 새롭게 이용할 새 지식을 얻었다. 더 나아가 지구를 하나의 단일체로 생각한 레이는 신의 지혜와 권능에 대한 확실한 증거로 지구가 둥글다는 것과 지구의 공전과 자전, 지구 자전축의 평행성과 기울어짐이라는 익숙한 사례를 들었다. 기울어진 자전축으로 유발된 계절의 변화는 지성의 세계에 영향을 주었다. 왜냐하면 "… 사물의 질서 있는 변화는 인간의 사고력을 자극하여 더 발달시키기"159) 때문이다.

인간을 지구와의 관계 속에서 보는 이런 관점은 공손하고 아름답기까지 하다. 인간에게 우호적인 거처(지구_옮긴이)는 레이의 은혜로운 창조주에 의해 창조되었는데 이곳에는 그 이용법에 대한 (종종 무보수의) 힌트와 암시로 가득 차 있다. 그리고 이성과 창조성이라는 은혜를 부여받은 인간은 아름다운 지구를 이용하며 그 과정에서 지구를 변화시킨다. 지구가 특별히 인간을 위해 설계되지 않았다 할지라도 말이다.

레이의 친구인 더햄의 물리신학은 레이의 저작을 보완하며 그 자체로도 영향력을 가진다. 어떤 점에서 1713년 더햄의 책은 더욱 철저하고 풍요로운 저술이다. 19세기 브리지워터 논집의 저자들처럼 더햄도 피조물 속에 내재한 신의 지혜를 드러내려는 목적으로 일련의 강의를 진행했다. 이 강의는 이교도와 무신론자들의 공격으로부터 기독교를 방어하려는 보일의 의지로 이루어졌다. 더햄의 영향력 있는 저작은 여러 언어로 번역되었다. 우리는 인구에 관해 쓴 쥐스밀히의 유명한 독일 저작인 《신의 질서》(*Die Göttliche Ordnung*)에서 그 영향을 확실하게 볼 수 있는데, 이 경우 제목이 이미 그 기저에 깔린 철학을 보여준다. 또한 칸트의 《순수

---

159) *Ibid.*, p. 198.

이성 비판》(*Critique of Pure Reason*)에서 신 존재에 대한 물리신학적 증거를 논할 때에도 역시 더햄의 영향력을 찾아볼 수 있다.

레이의 저작처럼 더햄의 《물리신학》도 유용성을 강조하며 또한 지구의 아름다움을 어느 정도 강조한다. 여기서 이러한 사고를 반복할 필요는 없겠으나 다만 더햄은 먹이사슬이나 모든 형태의 유기체의 상호 의존이라는 개념, 지형 분포, 하천이나 바람 같은 물리적 작인의 작용, 신의 섭리에 따른 지구 축의 위치 같은 것을 더 심도 깊게 논의했다.

더햄이 레이의 논의를 뚜렷하게 진전시킨 부분은 ─ 그리고 설계론을 인구론에 적용한 점은 쥐스밀히로부터 높이 평가받았다 ─ 인구 성장을 지구 전체와의 관계라는 측면에서 고려했다는 점이다. 더햄은 지구가 부양할 수 있는 인구수에 한계가 있음이 자명하다고 보았다. 동물의 증식을 통제하지 않는다면 기아 상태에 이르거나 서로를 잡아먹을 것이다. 그러나 신의 섭리가 수명의 통제와 상이한 종 사이에 상이한 증가율을 통해 개체수의 균형(이 중요한 용어의 시조가 바로 더햄이다)을 유지했기 때문에 이와 같은 무절제한 증식은 발생하지 않았다. 즉, 수명이 긴 동물들은 천천히, 수명이 짧은 동물들은 빠르게 증식한다. 더햄은 유용한 피조물이 유용성이 적은 피조물에 비해 많이 태어난다고 생각했다(Pliny, *NH*, Bk. Ⅷ, chap. 55에서 인용).

이런 식으로 신의 섭리는 전 시대를 통해 인간을 포함한 개체 수의 균형을 맞추었다. 인간의 경우 창조 이후와 대홍수 이후에는 특별히 긴 수명이 필요했다. 그러나 인구가 지구상에 적당히 늘어난 즈음에는 수명이 120세까지 줄었다(창세기 6장 3절에서 인용). 모세의 시대부터 더햄의 시대까지는 지구가 사람들로 점점 가득 찬 시기였고, 수명도 다시 약 70~80세까지 줄어들었다. 그러나 더햄은 출생률이 사망률을 초과하는 규칙성 속에서 인구와 그 인구를 부양하는 지구의 잠재력 사이의 안정성을 보장하기 위한 설계의 증거를 보았다. 나중에(1798년) 맬서스가 인구 원리의 유익한 특성에 대해 쓴 것과 똑같은 방식으로 더햄은 이 놀라운 대비

책(사망률보다 높은 출생률로 인한 인구 증가) 덕분에 "사망률이 출생률보다 높아" 건강에 해로운 장소에 거주해야 하는 위기 상황을 감당할 수 있으며 전쟁, 질병, 역병으로 인한 인구 손실을 상쇄할 수 있으며, 인간이 거주하지 않던 땅을 개척할 수 있다고 말했다. [160)]

설계론을 인구론에 진지하게 적용시킨 것은 17세기와 18세기 초에 이루어진 주목할 만한 발전 중 하나다. 이처럼 설계론에 토대한 인구론이 널리 수용되자 19세기에 설계론이 진화론의 장애물이 되었듯 이러한 인구론 역시 맬서스주의적 인구론에 심각한 장애가 되었다. 레이처럼 더햄도 지구가 질서 있고 잘 계획된 장소로서 "부족함 없고, 남아도는 것도 하찮은 것도 없으며, 보기 흉하거나 잘못 만들어진 것도 없다"고 생각했다. [161)] 창조는 지칠 줄 모르며 창조주의 아낌없는 베풂은 너무도 위대하다. 창조물의 유용성에 대한 창조주의 태도 역시 끝없이 관대하며, 자원의 변화하는 가치에 대한 이해력 역시 폭넓다. "어떤 시대에는 무용해 보였던 것이 다른 시대에는 유용해진다. 의학에서의 모든 새로운 발견과 식생활에서의 모든 변화는 바로 이를 충분히 목격할 수 있게 한다". [162)] 카사바 같은 식물이나 광물, 곤충은 어떤 형태일 때는 유용하나 다른 형태로 변하면 독이 된다. 인간에게 무용한 많은 생명체도 자연의 경제에 없어서는 안 된다. 예컨대 하늘이나 물에 사는 곤충은 새, 물고기, 파충류, 다른 곤충의 먹이다. 더햄이 보기에 자연은 매우 풍요로워 인간은 자신에게 무용해 보이는 것을 무시할 수 있지만 또 인간에 대한 유용성 이상의 다른 기준으로 자연을 판단할 수도 있다. [163)]

인간에게 맞춰진 초점을 거두면 강조점이 더 이상 유용성이 아니라 모

---

160) Derham, *Physico-Theology*, Vol. I, pp. 257~261, 267; 동물의 균형에 대해서는 pp. 257~270을 참고하라.

161) *Ibid.*, p. 51.

162) *Ibid.*, pp. 84, 90.

163) *Ibid.*, pp. 91~94.

든 자연의 광범위한 상호작용적 특성으로 옮겨간다. 이러한 상호작용적 관계가 인간에게는 알려지지 않을 수 있다. 여기에는 초보적인 먹이사슬 개념이 도입된다. 설계가 자연의 가장 광범위한 상호작용에 영향을 주며 인간도 알지 못하는 이러한 관계가 존재한다는 생각은 레이, 더햄과 동시대인인 울러스턴(William Wollaston)*도 했었다.

> '많은 것들이 무용해 보인다'거나 '많은 탄생이 괴기스럽다' 같은 주장에 반대하려면 다음과 같은 답변을 할 수 있을 것이다. 어떤 사물의 유용성은 어떤 사람들에게는 알려져 있지만 다른 사람들에게는 그렇지 못하다. 현재 알려진 어떤 것의 유용성이 이전에는 전혀 알려지지 않았을 수도 있다. 많은 유용성이 앞으로 더 발견될 것이다. 그리고 어떤 것들의 유용성은 영원히 모든 사람에게 알려지지 않은 채 자연 상태로 있을 수도 있다. 유용성이 발견된 것들의 대부분은 발견되기 이전부터 존재했으며, 그 유용성을 모르는 사람들에게는 여전히 발견되지 않은 상태로 있다. 164)

이런 사고가 언제 맨 처음 나타났는지를 자신 있게 말하는 것은 위험하다. 분명히 자연의 통일성이라는 사고는 매우 오래된 것이다. 그러나 레이와 더햄의 사고 일부는 근대 생태학, 특히 개체생태학과 관련이 있다. 나는 자연 그리고 인간의 자연 간섭에 대한 우리의 태도에 매우 중요한 영향을 끼친 근대 생태학의 이론이 그 기원을 설계론에 빚을 졌다고 확신한다. 창조주의 지혜는 자명하며, 창조된 모든 것은 서로 관련되어 있으며, 어떤 생명체도 무용하지 않고 모든 것이 서로 관계됨을 주장하는 설계론 말이다. 165)

---

164) Wollaston, *Religion of Nature*, sec. 5, par. 14, p. 84, Derham, Physico-Theology, p. 89n.

165) 더햄의 《물리신학》 1798년 판의 편집자는 다음과 같은 Mr. Sturm의 말을 인용했다. 아메리카 식민지인은 곡물밭에 해를 끼치는 갈까마귀를 멸종시키려고 했다. 그러나 갈까마귀가 줄어들수록, 곤충과 쐐기벌레, 애벌레 등이 증가했다. 그리고 갈까마귀와의 전쟁을 멈추자 해충으로 인한 전염병에서 벗어날 수

레이와 더햄이 그토록 의기양양하고 경건하게 기술한 자연의 위대한 설계에서는 신, 살아 있는 자연, 지구, 인간의 지식이 분리 불가능하게 확고히 연결된다. 창조주는 자신의 피조물을 만드는 데 최고의 기술을 보여주었으나, 부주의하거나 무관심한 부류에게는 이 위대한 배치가 보이지 않는다. 다시 말해서 이는 자연의 합리적 부분인 인간만이 찬미할 수 있다. 더햄은 뉴턴의 기적과 같은 발견처럼 지식의 힘에 대한 희망을 공유하는 자기 자신 그리고 레이와 다른 많은 사람을 대표하여 다음과 같이 썼다. "나의 글은 위대한 신의 작품을 기리기 위한 것일 뿐만 아니라 그 위대함을 **발견하고 탐색하려는** 호기심 많고 영리한 탐구자들의 공헌을 기리기 위한 것이다".166)

17세기와 18세기 초의 물리신학은 갈릴레이, 데카르트, 뉴턴이 주조한 새로운 과학적 방법론과 음울하게 비교된다. 17, 18세기 초의 물리신학은 다음과 같은 점에서 과거의 물리신학과는 다르다. 이 시기 물리신학은 낡은 다수 사례를 날카롭게 정돈하고 새로운 사례를 첨가하고 새로운 지식과 영감을 이용했으며, 아마도 레이의 생물학적 관심 덕분에 지구의 현상에 내재한 상관관계를 보다 구체적으로 지각했다. 이런 식의 관점 중 다수가 목적인적 사고의 미몽에서 상당히 많이 깨어난 18, 19세기까지 계속되었다.

설계론의 관점에서 거주 가능한 지구의 본질을 설명하려는 시도는 상당히 명료히 실현되었다. 예컨대 지구의 형태, 태양과의 관계, 계절 변화, 기울어진 자전축, 육지와 바다가 만날 때 거대한 규모로 표출되는 지구상의 프로세스, 침식, 물의 순환 등. 또한 지표면(그리고 얇은 표토층)에는 땅 위의 모든 생물이 의존한다고 생각되는 식물토(*vegetable mold*), 즉 부식토가 있다. 부식토가 중요하게 다뤄지는 이유는 생기론(*vitalism*)

있었다. Derham, *op. cit.*, Vol. I, p. 94n.

166) *Ibid.*, Vol. II, p. 394.

때문이기도 하고 부식토가 토양 비옥도의 진짜 원인이라는 믿음 때문이기도 하다. 우드워드는 이러한 사고를 다음과 같이 잘 표현했다.

> 땅의 상층부 또는 맨 꼭대기의 지층, 즉 인간과 다른 동물이 밟고 다니며 식물이 자라는 지층은 영구적 유동 상태, 변화의 상태이다. 이것은 지표면 위의 생명체 형성에 필요한 물질을 공급하고 보내는 공동기금이자 창고다. 세계의 창조 이래로 계속 존재했던 모든 식물뿐만 아니라 모든 동물, 특히 인간은 바로 이 기금으로부터 내내 자신의 신체를 구성하는 물질 모두를 얻었다. 167)

고대와 중세의 것까지 포함한 이러한 저작들에서 주목할 것은 살아 있는 자연의 유용성을 매우 강조한다는 점이다. 그러나 이러한 강조가 흔들림 없이 유지되는 것은 아니다. 때때로 이러한 관점은 인간이 속한 전체를 봐야 한다는 상당히 넓은 관점을 포괄하기도 한다. 더욱 일반적인 것은 자연이 인간만을 위해 존재하지는 않는다는 것을 준엄하게 상기시키면서 인간에게 유용한 자연의 용도를 즐겁게 열거하는 것이다. 이러한 태도는 헨리 모어, 레이, 더햄, 18세기의 린네(Carl Von Linne)*, 19세기 초 페일리의 특징이다.

이러한 유용론의 피상성에 질린다 할지라도 유용론적 편향에 대해서는 관대해져야 한다. 나는 이러한 유용론적 관점이 신학과 경제학 사이에 중요한 관계가 있음을 보여준다고 생각한다. 특히 동식물에의 의존이 지금보다 더 직접적·집약적·국지적이었던 전(前)산업 시대에는 이들 간의 관계가 더욱 중요했다. 이 덕분에 살아 있는 자연을 경건하게 바라볼 수 있으며 신이 가진 지혜의 증거로 고양될 수 있다. 또한 세속적이고 계산적이며 실용적인 눈으로 자연의 이용법을 볼 수 있다.

자연이 인간만을 위해 존재한다고 보지 않고 인간을 최상의 자연으로

---

167) *An Essay Towards a Natural History of the Earth*, p. 227.

보는 설계론의 특징 덕분에 자연의 아름다움, 자연의 악, 자연 속에 존재하기 위한 투쟁을 볼 수 있었는데, 이것들은 인간의 관심, 요구, 이해를 초월하는 설계의 일부이다. 인간이 자연 속에 존재하기 위한 투쟁은 종종 매우 만족스럽게 묘사되었다. 그러나 이런 식의 묘사는 생태학적 관점의 전조이기도 하다. 이러한 상호 관계의 개념이 점차 발전하면 설계론의 토대가 흔들릴 수 있다. 사실 설계론은 뷔퐁, 훔볼트, 라마르크 (Chevalier de Lamarck Jean-Baptiste-Pierre Antoine de Monet), * 다윈에 의해 거의 제거되었다.

또한 물리신학은 인간의 자연 지배에 관심을 가졌다. 기독교 사상가들이 인간의 사악함과 죄지음에 대해 떠들지 않은 적이 없었음에도 불구하고, 헤이크월, 레이, 더햄 같은 17세기의 저자들은 인간의 업적에서 아름다움과 목적성을 보았다. 죄의 결과보다도 인간의 업적이 더 많았던 것이다(10장 참고). 그들은 전체로서의 인류 역할을 자연의 감독관이나 조정자로 보았으나, 여전히 설계론의 관점에 따라 문화적 차이를 기후에 기반을 두거나 혹은 환경적 요인의 결합으로 설명하는 방식을 받아들일 수 있었다. 그들은 기독교신학을 통해 자연스럽게 문화 전파에 관심을 가졌다. 예컨대 에스드라 2서에서 자극을 받아 아메리카 원주민이 사라진 이스라엘 종족의 후예일 것이라 생각했다.

이러한 기독교 사상가들은 신의 말씀과 자연 세계 모두를 통해 드러난 진리를 받아들였다. 그들은 스스로 만든 지식을 획득하는 데 열성적이었는데, 이렇게 창조에 관한 지식을 무한히 증대시켜 인간이 신의 경이로운 작품을 더욱 찬미할 수 있게 하기 위해 창조가 존재했다고 말했다. 따라서 자연스럽게 그들은 아코스타를 괴롭혔던 매우 중요한 문제인, 즉 인간, 인간의 문화적 특성, 가축과 맹수의 세계적 전파 문제에 관심을 가졌다. 만약 성경의 가르침대로 인간의 단일성과 인간이 한 장소에서 기원했다는 주장을 받아들인다면 신대륙의 민족, 동식물 연구는 불가피하게 문화 전파의 문제를 유발한다. 인구 성장의 문제 역시 불가피하다. 기독교신학을 수용할 경우 대홍수 이후부터 현재까지 지구의 인구 성장 문제를 설명해야 하기 때문이다.

인구는 전쟁과 역병에도 불구하고 일정 규모로 유지되었다. 식물이 빠르게 증식되는 만큼 동물과 인간도 식물을 소비했다. "가지치기"가 개체수의 과도한 증식을 막았다〔인간과 동물의 개체 수 비교는 아리스토텔레스의 《동물의 역사》(Historia Animalium) 와 창세기 1장 22절과 1장 28절에서 어느 정도 영감을 얻었다〕. 따라서 성경의 주해는 수명, 인구가 두 배로 증가하는 데 걸리는 시간, 인구 증가 메커니즘, 지나친 증가를 막는 조절 장치 등에 관한 질문을 제기했다.

이때 출현한 가장 중요한 일반화는 전쟁, 역병 같은 조절 장치에도 불구하고 인구가 서서히 증가한다는 것이다. 이런 일반화가 나올 수밖에 없는 이유 중 하나는 세계 인구가 노아와 노아의 아내, 그의 세 아들과 아내 이렇게 8명에서 시작했다는 기존의 지식 때문이었다. 여기에는 노아가 A. M. **** 1657년에 가족과 함께 방주를 탔으며, 그리스도는 A. M. 3999년에 탄생했고 이로부터 4년 6일 후에 기독교가 널리 받아들여져 A. M. 4004년에 기독교 시대가 시작되었다는 전제가 깔려 있다.

도시와 농촌 간에 약간의 차이가 있긴 하지만 여성에 비해 남성이 더 많이 태어난다는 출생률의 규칙성을 발견한 그랜트는 과거에는 없었던 수학적 질서, 균형, 규칙성 개념을 인구이론에 도입했다. 이러한 통계적 규칙성은 훌륭한 물리신학자 모두의 눈에 빛을 던져 주었다.

그랜트가 발견한 이 자연의 규칙성보다 더 확실하게 신의 지혜를 확신시킬 증거가 있을까? 여자아이보다 남자아이가 더 많다. 그러나 남자는 전쟁에서 전사하거나 바다에서 익사하지 않는가? 남성의 삶이 여성의 삶보다 더 위험한 것이다. 그랜트의 말대로 이 발견이야말로 일부일처제의 논거이지 않은가? 이것이야말로 이슬람교에 대한 기독교의 우월성을 보여준다! 이것이야말로 모든 인구 조절 장치에도 불구하고 성경의 명령대로 전 세계적으로 인구를 증가 및 확산시킬 수 있는 인간의 능력을 보여준다! 이것이야말로 지구가 인구를 늘리라는 명령을 받은 착한 영혼들을 충분히 부양할 수 있다는 사실을 창조주가 인식한다는 증거이다! 윌리엄 더햄 목사는 그랜트의 글에서 물리신학적 함의를 열성적으로 찾았으며 쥐스밀히도 더햄의 글을 읽으면서 일반적인 인구이론에 적합한 주장을 찾았다.

10. 결론

목적인을 믿은 많은 이들은 창조주의 발자취를 따르거나, 브라운 경 (Sir Thomas Browne)*의 말대로 "대자연의 꽃들로부터 신성을 흡수하려는"[168] 데 경도되어 자연 연구에 몰두했다. 그들은 작용인이나 2차적 원인을 강조하는 기계론 철학에는 물론이고 데카르트에게도 공감하지 않았다. 데카르트의 신앙심이나 유신론에는 의심의 여지가 없었지만 그 역시 목적인의 도움 없이 자연을 탐구할 것을 제안했기 때문이다. 그러나 "기계론 철학자"와 물리신학자 모두, 데카르트의 1637년 작 《방법서설》 (Discourse of Method)에서 인류를 위해 설정한 유명한 문구인 자연에 대한 인간 지배력의 획득이라는 목적에는 일치했다(이는 자연의 기력 상실에 대한 어리석은 생각이 사라진 이후다).

정교하면서도 갈망하는 손길로 과학적 방법론을 주조했던 주류 학파와 구식이 된 박물관 진열장처럼 설계론의 증거들을 끈덕지게 수집했던 비주류 학파 모두 지식의 용도를 목격했으며 그것으로 스콜라 식의 추측을 대체할 필요성을 느꼈다. 장인들만큼이나 깊고 전문적인 지식으로 자연을 지배하도록 이끈 과학에 대한 이와 같은 경배 속에서 데카르트는 — 30년 후 왕립학회 (Royal Society)*의 역사가였던 스프랫 (Sprat)*이 한 것처

---

168) *Religio Medici*, sec. 16.

럼 — 항해나 배수(그는 네덜란드에 살았는데 이 때문에 경관을 변화시키는 인간과 도구의 힘을 인식할 수밖에 없었을 것이다), 농업 생활에서 이룬 실질적 업적을 찬미했다(205쪽 참고).

그러나 이후 이들의 길은 각기 상이한 방향으로 뻗어 나갔다. 데카르트가 환희에 넘쳐 묘사한 길은[169] 응용과학을 통해 목적의식적으로 자연을 지배하려는 이상으로 나아갔는데, 이런 종류의 지배는 이미 우리 시대에 대규모로 그리고 성공적으로 성취되었다. 물리신학자들의 길은 좀 더 구불구불했고 막다른 골목도 있었다. 이 길은 영구적인 아마추어리즘으로 이어지기도 했고, 신과 짐승 사이에서의 인간의 역할 그리고 인간과 지구가 인간을 통해 보다 완벽해질 수 있도록 창조를 완성하는 방법에 대한 심화된 철학적 사유로 이어지기도 했다.

따라서 훨씬 나중에 아마도 자연에 대한 인간의 청지기 소명이 더 이상 인간의 역할에 대한 올바른 파악이 아니라는 사실이 분명해진 19세기 중반 즈음에는 환상이 깨졌다. 또한 이 때문에 인간이 그럴 수 있으리라고 의심조차 하지 않았던 방식으로 끊임없이 자연을 파괴할 수 있다는 사실에 대한 깨달음과 인간들의 많은 노력이 신의 가르침에 의한 것도, 목적의식적인 지배의 결과도 아니었으며, 그저 우연이나 저속한 일에 지나지 않았다는 사실에 대한 깨달음이 생겨났다.

따라서 인간의 노력을 창조주의 목적과 동일시함으로써 숭고하게 만들 수도 없었다. 물리신학의 진정한 기여는 — 이 책 뒤에서 물리신학을 다시 만날 것이다 — 자연의 생생한 상호 의존적 관계를 구체적으로 볼 수 있었다는 것이다. 물리신학은 자연의 상호 의존적 관계에 대한 증거 자료를 모아 자세히 기록했다. 물리신학은 이미 다윈의 "생명의 그물망" 개념이 나오기 이전에 인간에게 생태학 연구를 준비시켰던 것이다.

이 시기는 수 세기 동안 쌓인 낟알을 체로 치고 키질하는 시기였다. 따

---

169) *Discourse on Method*, trans. Wollaston (Penguin Classics), chap. 6, p. 84.

라서 체질과 키질이 끝난 후에도 여전히 남은 과거의 사고는 승인할 수밖에 없다. 새로운 호기심과 지식이 이 사고에 신선한 광택을 입혔고, 이 과정에서 자연의 쇠락이라는 낡은 생각을 털어 냈다. 현재의 지구와 대홍수 이전의 지구에 대한 공상적인 비교로부터 결국 이전보다 더 대담한 확신이 나왔다. 즉, 인간의 원죄에도 불구하고 현재 알려진 바대로의 지구는 많은 종류의 생명체가 공존하기에 적합하며, 살아 있는 자연 속에 존재하는 상호 의존에도 적응되었다는 믿음이다.

이러한 생각은 인간이 지구에 머무는 짧은 기간 동안 행하는 활동을 숭고하게 격상시키는 기독교적 해석으로 발전했다. 즉, 인간이 지구에 가한 변화를 정당화하고 동식물에 대한 감독권을 취하는 행위의 타당성을 강조했다. 지구는 인간의 것으로 인간은 지구를 변화시키고, 'perficio'(완성시키다라는 뜻의 라틴어_옮긴이)의 뜻 그대로 완벽하게 만들어 완성에 이르게 할 수 있다. 지각을 가진 존재가 시간이 흐를수록 점점 더 많은 것을 알지 못한다면 창조의 목적은 없는 것이나 마찬가지기 때문이다.

17세기의 위대한 인물들이 화이트헤드가 기술한 자연 개념을 창조했다는 사실에는 의심의 여지가 없다. 그러나 당시의 별 볼 일 없는 많은 인물들은 그 개념을 거부했다. 그들이 던진 질문에 대한 답변은 2차적 특성과 상호 의존성에 대한 구체적 연구 그리고 생명체와 그 서식지에 대한 연구를 통해서만 나올 수 있었다. 신은 매우 오랫동안 기하학자였다. 하지만 이제는 정원사, 농부, 동식물의 사육자, 심지어 산, 황야, 계곡 위와 강둑을 따라 거니는 사람, 양과 염소, 잡초, 숲 속의 나무를 지켜보는 사람이 되었다.

근대 초기의 환경론

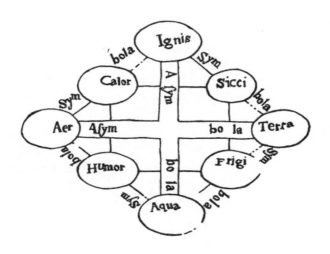

제9장

1. 서론

근대 초기, 특히 발견의 시대 이후에는 환경의 영향력을 고전 시대나 중세 시대 때보다 훨씬 중요하게 생각했다. 환경의 영향력에 대한 사고의 양도 18~19세기를 거쳐 그 어느 때보다 대폭 증대했으며 어떠한 비판도 이러한 사고의 증가를 막을 수는 없었다. 16~17세기에는 수백 종의 인용 가능한 문헌이 있는데 그중 이론적으로 흥미로운 문헌은 얼마 안 되었다. 다른 문헌은 이 흥미로운 문헌에 나온 사고가 모든 분야에 얼마나 널리, 또 깊이 침투했는가를 보여줄 뿐이었다. 이 흥미로운 문헌은 마키아벨리, 보댕, 보테로 같은 정치 이론가나 샤롱(Pierre Charron)* 같은 철학자, 뒤 바르타스와 밀턴 같은 시인, 그리고 수많은 여행가들의 저작이었다.

2. 알베르티에 대하여

고전 시대의 환경 개념이 르네상스 시대의 사상가들에게 미친 영향을 가장 잘 보여주는 책은 1485년 라틴어 초판으로 나온 알베르티의 《건축 십서》이다. 나중에 이 고전 시대의 환경 개념은 보댕, 보테로, 뒤 바르타스, 버턴 및 기타 덜 알려진 많은 저자들에게 기여했다. 보댕이 가장 중요한 독자적인 사상 전파자가 된 것은 사실이나 많은 사람들은 히포크라테스나 비트루비우스의 사상을 직접 가져오거나 그들에게 고무된 당시 저작의 영향을 받았다.

비트루비우스의 저작을 철저히 그리고 비판적으로 읽은 알베르티 역시 비트루비우스처럼 환경에 대한 이해가 건축 행위의 근본이 된다고 생각했다. 하지만 이 말을 좁은 의미로 받아들여서는 안 된다. 알베르티도 입지, 적당한 땅, 지역 전체, 정원, 도시 계획에 관심이 많았기 때문이다. 공적 책임감, 전체적 효과에 대한 추구, 인간의 창조물과 자연환경 간의 조화가 그의 장인정신 철학에 침투한다. 그는 조망과 전망, 그리고 길을 돌면서 접하는 예상치 못한 것을 중요히 여겼다. 이 건축가는 자연환경, 건강에 좋은 생활환경, 그런 생활환경을 만드는 데 필요한 환경 변화 등 광범위한 범주에 걸쳐 작업했다. 그리고 이 범주 간의 상호 관계는 이후의 세기에서 계속 중요하게 다뤄질 것이다. 만약 어떤 환경 조건이 어떤 종류의 질병을 유발한다면 인간은 그 환경을 바꿔야만 한다. 사회와 건축물 그리고 그것을 창조한 창의력 모두가 그러한 자연환경과 관련된다. 비트루비우스는 최초로 인간들이 모인 것은 물이나 불의 필요 때문이 아니라 지붕과 벽의 필요 때문이었다고 믿기 때문이다. 1)

알베르티는 고전 시대의 작가들에 대한 지식이 깊었다. 고전 시대에 대한 그의 익숙함은 버턴과 비슷하다. 그는 살아남은 고대의 기념물을

---

1) *Ten Books on Arch.*, preface.

가치 있게 여겼는데 이 기념물은 자연미와 조화를 이루는 장소에 있다(과거에 대한 기억은 시간의 경과, 그리고 인간과 사물의 운명을 생각하도록 강제하며, 이로 인해 우리의 마음은 경이와 찬미로 가득 찬다). 그는 건강 조건에 대해서도 언급했는데 이탈리아나 다른 나라에 있는 불구나 기형아도 환경 때문일 가능성이 있다고 했다. [2]

그에 따르면 고대인들은 해로운 지역을 피하기 위해 극도로 조심했다. 특히 건강에 좋은 공기의 필요성에 특히 민감했다. 그들은 건강에 해로운 조건을 개선할 능력이 제한되어 있었다. 그들은 토양이나 물속에 있는 해로운 것을 기술이나 노력을 통해 개선시킬 수는 있지만, 인간의 지력이나 손만으로는 나쁜 공기를 만족스러울 정도로 극복할 수 없다고 믿었다. 알베르티는 고대인들이 순수한 공기에 얼마나 집착했는지 상세히 서술했다. 이는 아마도 비트루비우스에 나오는 내용을 반복한 것으로 보이는데 건조한 지역에 사는 아테네인은 공기가 습윤하고 풍부한 지역의 테베인보다 명석한 두뇌를 지녔다고 말했다. 그는 또한 모든 사람들이 세대, 생산, 사물의 유지에서 기후의 영향력이 얼마나 큰지 안다고 덧붙였다.

이탈리아와 세계 다른 지역에 있는 건강 상태가 나쁘고 질병으로 고통받는 도시들은 더운 기후에서 찬 기후로, 찬 기후에서 더운 기후로의 갑작스러운 변화를 경험한다. 그러나 그는 공기의 이동이 가지는 이점도 인식했다. 알베르티는 강한 바람보다 미풍을 선호했다. 그러나 강한 바람은 고요하고 움직임이 없으며 무거운 공기보다는 낫다. 바람은 "언덕이나 숲의 저항으로 흩어지거나 긴 여행으로 소모되기"[3] 때문이다.

알베르티는 좋은 자리를 선택하는 데 관심을 가졌던 고전 시대의 저자를 따랐다. 좋은 자리란 자연적 이점뿐만 아니라 이웃과의 평화가 보장되어야 한다. 거대한 건축물은 멀리 떨어진 곳에 건설되어서는 안 된다.

---

2) *Ibid.*, Bk. Ⅵ, chap. 4; Ⅰ chap. 3.
3) *Ibid.*, Bk. Ⅰ chap. 3.

그는 중용이라는 고전적 개념을 무척 좋아했다. 가장 좋은 지역은 너무 덥지도 습하지도 않아야 한다. 그런 곳에서 기개 있고 날씬하고 잘생긴 사람들이 난다. 쓸모 있고 건강에 좋으며 편리한 것이 건물이나 도시 내에 충분하지 않으므로 사람은 반드시 미와 미학을 알아야만 한다. 또한 그는 양 언덕 사이에 있는 계곡에는 어떠한 건물도 자리 잡아서는 안 된다고 말했다. 자명한 반대 이유 말고도 "그런 곳에 자리 잡은 거대 건축물은 언덕으로 가려져 위엄을 유지할 할 수 없으며 전망 또한 방해를 받아 즐겁지도 아름답지도 않기"[4] 때문이다.

그의 사고는 관찰에 의해 강화되었다. 그가 이름을 밝히지는 않았지만 어떤 이탈리아의 도시에는 인간의 어머니이면서 동시에 괴물(기형— 옮긴이)의 어머니가 아닌 여자가 없다. 곱사등이, 사팔눈, 앉은뱅이, 절름발이 등이 수없이 많아서 "식구 중에 육체적·정신적 장애를 가진 사람이 없는 가족은 매우 드물다". 우리는 동식물, 무생물 자연에서 좋거나 해로운 기후의 표식을 찾아야 한다. 그는 역병, 천둥과 번개의 효과에 대한 고대인들의 생각을 인용했으며, 지역은 영(靈)의 영향력 아래 있으며, 어떤 곳에서는 사람이 미쳐버리는 경향이 있다는 플라톤의 주장을 상기시켰다. 접촉에 의한 전염도 있을 수 있다. 즉, 좋은 조건에 위치한 건강한 곳도 외국인들에 의해 역병이 전염될 수 있다.[5]

알베르티는 도시 입지에 대한 고전적 사고[카이사르, 리비우스(Livy),* 스트라본, 바로, 헤로도토스의 저작 등]를 상세히 검토한 뒤, 외국인들과의 문화적 접촉이 가져오는 악영향 때문에 바닷가 근처에 자리 잡는 것을 선호하지 않은 고대인들의 생각에 공감했다.[6] 알베르티는 도시 계획에 대한 논의에서 도시가 그 자체로 하나의 환경으로 간주되도록 도시 계획의 개념을 넓혔다. 고귀한 도시는 평범한 도시와는 다른 도시 계획을 가져

---

4) *Ibid.*, chap. 4 ; Bk. IV, chap. 2도 참고하라.

5) *Ibid.*, Bk. I chap. 5.

6) *Ibid.*, Bk. IV, chap. 2 ; VII, chap. I.

야 하며 전쟁에 대한 요구도 고려되어야 한다. 건강, 유용성, 위엄, 조망과 전망 이 모든 것이 인간이 창조한 도시라는 환경을 구성한다. [7]

3. 기후와 문화에 관한 일반적 질문

우리가 여기서 관심을 가지는 것은 기후와 문화에 관한 보다 일반적 논의에 한정된다. 그러나 기후의 영향력에 관한 이론은 넓은 규모의 지역과 대비되는 고장이나 나라의 특수성 또는 기후가 거주에 미치는 영향 같은 보다 특수한 많은 문제에 적용되었다. 군사 모집에 대한 베게티우스의 글을 인용하면서 전쟁과 기후의 관계에 대한 관심이 부활했다. 또한 이전에 이미 논의되었던 집사 바울이 말한 유명한 문구가 기후와 인구 성장, 기후와 이주에 대한 관심, 민족의 발상지(*officina gentium*)로서의 북부 지역에 대한 관심을 부활시켰다. 이 이론들은 북부 지역 민족, 특히 고트족이 자유를 사랑한다는 생각과도 관련된다. [8]

이와 같은 근대 초기의 많은 저작은 플라톤의 《법률》과 아리스토텔레스의 《정치학》에 의해 정해진 관례를 따랐다. 이처럼 고대 세계와 연속성이 있었음에도 불구하고 근대의 저작들이 고전 시대의 사고를 재진술

---

7) *Ibid.*, Bk. IV, chap. 2.
8) Taylor, *Late Tudor and Early Stuart Geography 1583~1650*을 보라. 특히 지역지리, 경제지리, 인문지리를 다룬 여러 장과 도시 여행가들에 관해 해설한 장을 보라. 테일러(Miss Taylor)는 당시 영국 지리학자들은 보댕이나 보테로가 지녔던 지리 철학이 부족했다 보았다(pp. 133~134). 캄든(Camden)은 자신의 《브리타니카》(*Britannica*)에서 영국 민족에 대한 환경의 영향력을 설명하는데 히포크라테스의 논리를 일반적으로 따랐다(p. 9). 《잉글랜드의 고트족》(*The Goths in England*)(p. 9)에서 기후와 자유에 관해 논한 클리거(Kliger)의 글도 보라. 독일의 예를 보려면 모이텐(Meuten)의 *Theorie von der Beeinflussung des politischen Lebens der Staaten durch ihre geographische Lage*, pp. 26~28을 보라.

하는 데에만 그치지는 않았다. 신대륙의 발견과 고대 세계에 대한 보다 깊어진 지식, 당시 유럽의 민족과 땅에 대한 지식의 증가로 너무도 많은 질문이 제기되었기 때문이다. 더 나아가 르네상스 시대의 환경론적 사고가 부활하면서 결국 18세기에 이르러 환경의 영향력에 관한 매우 흥미롭고 중요한 논쟁을 낳았다. 이 논쟁은 몽테스키외, 흄, 볼테르, 헤르더, 퍼거슨(Adam Ferguson),* 로버트슨(William Robertson)* 등과 같은 많은 뛰어난 정치 및 사회 이론가들의 주목을 끌었다.

왜 환경의 영향력에 대한 이론들이 근대에 이르러 급격히 증가했을까? 먼저 이 이론들을 적용할 기회가 훨씬 많아졌기 때문이다. 이전보다 더 많은 종류의 환경이 알려진 것이다. 적도 지역에 대한, 그리고 비슷한 위도대에 존재하는 문화적 차이에 대한 새로운 지식이 축적되면서 근대인들은 고대인들이 환경을 지나치게 단순화했음을 깨달았다. 또한 풍습(moeurs)에 대한 관심이 늘면서 풍습의 차이가 나타나는 원인을 연구하고자 했다. 마지막으로 기후 및 지리적 위치와 법률과의 관계가 이 시기에는 중요해졌는데 이 시기는 교회와 군주의 관계가 엄밀히 검토되던 때이고, 종교개혁 이후 생겨난 종교적 분열이 정치 및 사회 이론가들에게 어려운 문제를 안겨 주었기 때문이다.

그렇다면 기후는 법률과 관습에 결정적 영향을 끼치는가? 역사서에 나오는 잔학성, 무분별함과 지속적 변화, 전쟁, 음모, 혼란과 같은 역사적 사건의 의미를 해석하는 데 토대가 될 만한 것이 있는가? 이는 본질적으로 보댕이 《방법》(Methodus)에서 제기한 문제다. 보다 안정적인 자연환경에 기반을 두고 연구하는 것이 더 합리적인가? 그렇다면 역사는 지리에 매일 수밖에 없는 것인가? 이러한 질문은 더 어려운 질문을 낳았다. 즉, 인간은 다른 유기체보다 겨우 조금 더 나은 우월성을 가질 뿐인가? 동식물의 분포가 기후의 지배를 받는다면 인간 역시 기후의 지배를 받으며, 인간의 우월성이란 고작 이 결정론적 관계를 좀더 민감하게 깨닫는다는 것인가? 이와 같은 질문은 다른 질문을 유발했다. 즉, 인간이 이 결정론적 영향력에 저항할 수 있는가? 내 생각에는 마지막 질문이 모든 문제의 핵심이며 보댕과 몽테스키외, 헤르더가 질문한 것이기도 하다. 폴리비오스는 이미 고대 시대에 이러한 질문을 함축적으로 제기한 바 있으며 이에 대한 긍정적인 답을 내렸다.

이런 면에서 환경의 영향력이 역사의 해석에 행사한 역할은 결정적인 것일 수 있다. 환경의 영향력이 그토록 강력한 결정인자라면 환경이 인간 사이의 차이를 강화하고 인간 사이의 경쟁과 적대 관계를 영속적인 것으로 만들었는가? 기후론은 인류를 여러 부류로 나누어 19세기 후반의 인종적 우월성에 대한 이론처럼 이용되었는가? 고전 시대부터 내려온 이론도 지나치게 편한 환경(너무 관대한 어머니 대자연처럼 행동해 그 관대함 때문에 인간이 허약해지고 결국 나태와 사치에 빠지는 환경)과 거친 환경(인색한 어머니 대자연처럼 행동하여 인간이 필요 때문에 창조성과 근면성을 발휘하게 하는 환경)을 대비시키는 데 다시 활용되었다.

마키아벨리의 《티투스 리비우스의 첫 10권에 대한 담론》(*Discourses on the First Ten Books of Titus Livius*)은 이 고전적 사고가 준 영감을 명료하게 보여준다. 그는 두 고전적 주제를 논하는데, 비록 고전적 주제이긴 하나 근대의 배경에서 근대적 적용을 시도했다. 두 주제는 '토양과 문명' 그리고 '정치 체제와 환경'이었다. 그의 견해는 플라톤이 《법률》에서 취하는 것과 유사한데 법률을 제정하고 집행할 때 민족마다 다양한 특성을 고려해야 한다는 것이다.

도시가 힘과 크기를 키우려면 옥토가 필요하다. 그런데 토양이 비옥해 게으름을 조장한다면 — 전통적으로 그러했듯이 — 척박한 토양이 제공하는 것과 동일한 유인을 제공하도록 법을 제정해야 한다. 마키아벨리는 고대 이집트의 창건자, 근대의 군사령관, 맘루크(Mameluke) 왕조****의 민병대 등 인간을 나약하게 만드는 기후의 영향력을 상쇄시키는 법률을 제정한 자들을 찬미했다. 지배자는 인간이 자연의 힘에 저항할 수 있도록 하는 힘을 가진다. 따라서 지배자는 비옥한 곳을 선택한다. 법률을 통

해 환경이 유발하는 모든 나쁜 영향을 극복할 수 있기 때문이다. 9)

또한 마키아벨리는 《피렌체의 역사》(*Florentine History*)에서 기후가
북부 지역의 생산력과 관련 있다는 집사 바울의 사고를 부활시켰다. 그
러면서도 다른 한편으로는 베네치아와 피사를 사례로 들어 인간은 자연
으로부터 어느 정도 독립적이어서 거주할 수 없거나 건강에 좋지 않아 보
이는 지역도 거주 가능하도록 자연을 개조할 수 있다는 점을 인식했다.
나아가 그는 온대기후 지역의 거주자들이 정신과 신체의 안정적 조화를
이루며 용감하기 때문에 이 온대기후에서 군인을 모집해야 한다는 베게
티우스(4세기)의 제안을 기각한다. 대신 그는 당사국의 젊은이들 중에서
군인을 모집해야 한다고 주장했다. 이들은 자기 나라를 사랑하며 조국을
위해 기꺼이 싸울 것이기 때문이다. 10)

4. 보댕에 대한 개관

보댕은 역사, 현재의 삶, 지리적 환경의 관계에 대한 일반적 주제를
논한 르네상스 시대의 가장 중요한 사상가이다. 그는 근대 유럽의 역사
가 가장 요동치던 시대(종교전쟁 시대)에 살았다. 사회를 통합시켜야 하
는 문제, 군주제가 사회 통합을 가능하게 할 수 있는가의 문제, 국가의
주권 문제, 보편적이면서도 지역적 차이를 충분히 고려한 법률을 만드는
문제들은 보댕이라는 사상가와 그의 조국의 문제를 훨씬 넘어서는 것들
이었다.

마키아벨리나 보테로, 르 로이, 샤롱 같은 이 시대의 어떤 다른 사상가
도 보댕의 체계적 사고의 폭을 따라가지는 못했다〔그의 상관관계적 사고는

---

9) *Discourses*, Bk. I, chap. 1, Modern Library ed., pp. 108~109.
10) *Florentine Hist.*, I, 1; *Dell'arte della guerra*, Lib. 1, (*Opere*, ed., Panella,
    Vol. 2, p. 492).

기계적인 것이 아니었다. 즉, 그의 사고는 고대와 중세의 생리학, 육체-정신의 관계, 물리학과 우주론, 점성학, 수점(數占) 등에 깊은 뿌리를 둔다]. 또한 그는 수 세기 동안 여기저기 흩어진 사상과 관찰 기록을 성실하고 철저히 수집하여 — 비록 근대적 관점에서는 썩 만족스러울 만큼의 통일성이 갖춰지지 않았다 하더라도 — 적어도 내적인 일관성을 갖추었는데, 이는 중세의 코스모스(cosmos) 개념에 기초한 덕분이다.

사실 우리가 환경론의 역사를 쓸 때, 보댕이 종합한 지난 2천 년 동안의 사고의 결과를 요약하면서 히포크라테스나 아리스토텔레스, 플라톤, 프톨레마이오스, 성 알베르투스, 아퀴나스의 이름들을 쓴다면 크게 실수하지는 않을 것이다. 우리는 보댕으로부터 몽테스키외로 가는 길을 쉽게 찾을 수 있다. 왜냐하면 두 사람의 문체 — 무겁고 현학적인 보댕과 명랑하고 신선한 경구적 문체로 독창성 부족을 잘 감춘 몽테스키외 — 를 빼고 본다면 둘 모두 똑같은 유형의 문제에 관심이 있음을 확인할 수 있기 때문이다(물론 두 사람의 답에는 큰 차이가 있었다).

이 문제의 보편적 본질은 다음과 같은 질문에 함축되어 있다. 즉, 관습이나 전통, 법, 피부색, 체격, 정신적 견해 등이 분명히 다른, 소규모 지역에 모여 살거나 전 세계에 퍼진 민족을 어떻게 지배할 수 있는가? 이 문제는 보댕의 《공화국》(Republic)을 1606년에 영문으로 번역한 놀즈(Knolles)*의 책에 아름답고 정확하게 표현되었다. "민족별 기질의 다양성을 통해 생겨난 〔공화국(Commonweales)〕마다의 특징을 찾아보자. 그 특징은 공공복리를 그 장소의 특성에 맞추려는 목적에 의한 것이다".[11] 이는 《공화국》에 나오는 말이다. 보다 초기의 저작인 《방법》에서는 자연환경의 중요성에 대한 더 광범위한 철학적·역사적 사고를 볼 수 있다.

《공화국》은 1576년, 《방법》은 1566년에 출판되었다. 놀랍게도 두 저작 모두 고전 시대와 중세 시대의 사고, 당시 유럽인의 유럽 대륙 내에서

---

11) *Rep.*, Bk. V, chap. 1.

의 여행과 여론, 신대륙의 민족지에 대한 얄팍한 사고에 의존한 것이다. 보댕이 고전을 깊이 학습했다는 증거는 환경에 대한 논의가 나오는 페이지마다 분명히 나온다(히포크라테스의 《공기, 물, 장소》, 플라톤의 《법률》, 아리스토텔레스의 《정치학》, 비트루비우스의 《건축십서》, 프톨레마이오스의 《테트라비블로스》). 스트라본도 종종 인용되는데 환경에 대한 이론적 논의에는 나오지 않는다.

또한 보댕은 자신이 만나고 읽은 유럽 내 여행가들로부터 많은 당대의 증거들을 얻었다. 특히 알바레즈*〔Francisco Alvarez, 《1520~1527년 동안 아비시니아(Abyssinia)**에 주재한 포르투갈 대사관의 이야기》(Narrative of the Portuguese Embassy to Abyssinia During the Years 1520~1527)〕와 레오 더 아프리칸*〔Leo the African, 《아프리카의 역사와 모습》(The History and Description of Africa)〕에 많은 관심을 가졌는데, 이들의 책이 남부 지역에 대한 지식을 제공했기 때문이다.

그러나 신대륙에 대한 참고자료는 거의 없거나 엉뚱하다. 라스 카사스에서 인용한 크고 단순한 파타고니아인에 대한 이야기나 남부 아메리카인의 잔인성에 대한 이야기가 그러한 예다. 12) 아메리카 발견 후 75년 뒤에 글을 쓴 중요 사상가인 보댕이 여전히 고전 시대와 당대의 유럽에서 발견한 증거를 토대로 자신의 논리를 펼친 것이다. 관련 서적들이 극소수에 불과하다는 점과 그 보급에 어려움이 있었다는 점이 이런 상황을 일부 설명한다. 17~18세기 전까지는 몇몇 특수한 개인을 제외하고는 발견 시대의 풍성한 결실 — 인간성 및 인류의 문화에 대한 보다 새로워진 사고, 새로운 환경의 발견 — 이 제대로 수확되지 못했다는 사실을 준엄하게 상기시키는 것이다.

보댕은 민족의 특성에 관심을 가졌다. 예컨대 (평화 시와 전시 동안) 사람들이 보이는 불성실, 의심, 배반의 특성이나 변화 정도, 민족이나 개

---

12) *Methodus*, trans. Reynolds, p. 102; Marian J. Tooley, "Bodin and the Mediaeval Theory of Climate", *Speculum* 28(1953), p. 75.

인의 비정한 잔인성, 술주정과 정신이상 그리고 그런 비정상적인 행위가 지리적으로 특정한 분포를 보이는지, 즉 어디서나 발견되는 현상인지 아니면 특정 지역에서 주로 나타나는지 등에 관심을 가졌다.

아리스토텔레스의 《정치학》에 나오는 짧은 언급은 특정 자연환경이 수준 높은 문명의 형성에 유리하다는 사고를 계속 상기시켰다. 아리스토텔레스는 문명에 유리하려면 본질적으로 온화한 지역이어야 하며, 그리스가 그 예라고 했다. 이런 일반화 — 일반화야말로 이런 논의의 백미다 — 는 온화한 지점을 새로 선택할 기회를 제공했다. 따라서 아리스토텔레스 시대에 그리스가 문명 발달에 유리한 나라였다면 16세기에는 북서 유럽이나 프랑스가 문명 발달에 유리한 지점이 왜 될 수 없겠는가? 시대에 따라 문명 발달에 유리한 온화한 지역이 어떻게 달라졌는지에 대한 글을 쓸 수도 있을 것이다.

보댕의 이론은 히포크라테스적 전통과 점성학적 전통 모두의 산물이다. 성 알베르투스 같은 중세 후기의 뛰어난 사상가들이 이 두 전통을 결합시켰듯이 보댕 역시 그랬다. 그러나 그는 프톨레마이오스의 이론을 기각하면서 더 단순하면서도 대중성은 떨어지는 점성학 이론에 호의적인 입장을 보였다.[13] 보댕이 쓴 기후의 영향력에 대한 글의 출처를 연구한 최근 결과는 이미 중세 시대부터 발달한 개념이 보댕에 의해 계승된 것임을 보여준다. 툴리(Tooley)는 기후영향론의 일반적 원리에 대해서는 "너무 익숙해서 설명할 필요조차 없다"[14]고 주장했는데 아주 정확하게 본 것이라고 생각된다[기질에 대한 고전 이론이 활기를 띠던 상황이 아니었더라면(특히 갈레노스에 의한 세련화 과정이 없었더라면), 이 일반 원리들은 거의

---

13) Brown, *The Methodus ad Facilem Historiarum Cognitionem of Jean Bodin. A Critical Study*, p. 14를 보면, 브라운 경은 보댕이 카트린느 드 메디치(Catherine of Medici) 왕비의 수석 주치의이며, "철학자이자 카르단(Cardan)의 문하생이며, 보댕의 친구이자 적"이었던 점성학자인 Augier Ferrier로부터 이러한 전통을 받아들였을 것이라고 본다.

14) Tooley, *op. cit.*, pp. 64~83, 인용문은 p. 65.

존재할 수 없었을 것이다. 기질이 환경과 건강, 신체적·정신적 특성들 간의 상관관계의 실질적 토대였던 것은 당연하다]. 4원소론, 백과사전과 함께 중세의 우주론 역시 환경과 인간의 상관관계 및 기질에 대해 논했으며, 16세기 내내 인기를 누렸다.

5. 보댕의 지구 구분법

더 나아가 보댕은 코페르니쿠스적 우주관을 거부하고 프톨레마이오스에 기초한 중세의 해석을 받아들였다. 프톨레마이오스는 일곱 개의 구 (달, 수성, 금성, 태양, 화성, 목성, 토성)와 항성으로 이루어진 여덟 번째 구가 고정된 지구 주위를 돈다고 보았다. 질료는 외부의 작용인에 의해서만 형상을 가진다는 아리스토텔레스의 관점과 '자연이 공연히 하는 일은 없다'는 금언을 받아들인다면, 여덟 개의 구에도 목적이 있어야만 한다는 결론을 따를 수밖에 없다. "중세의 선배들처럼 보댕도 이 결론을 피할 수 없었다. 즉, 질료의 변화를 지배하는 것은 궤도 위의 별이어야만 했다. 더구나 보댕은 형상이 질료 안에 잠재하며 별은 이 형상을 도출할 뿐이라는 교의를 기각했기 때문에 형상의 다양성을 실질적으로 직접 이끄는 근원은 별이어야만 했다". [15]

구체적 세부사항은 생략하더라도 천체로부터의 빛의 양과 강도가 장소마다 다르다는 점은 분명하다. 그리고 이러한 장소마다의 상이한 조건 때문에 시간의 흐름에 따른 연속적 변화와 지구상에 다양한 생명체가 동시에 공존하는 현상을 설명할 수 있었다. [16] 따라서 전문가라면 이런 설명을 아주 용이하게 할 수 있으며, 이는 프톨레마이오스의 《테트라비블로스》 2권 3장에 잘 나와 있다. 점성학의 원리도 우주의 작동을 이와 유

---

15) *Ibid.*, pp. 66~67, 인용문은 p. 66.
16) *Ibid.*, p. 67.

사하게 설명했다.

프톨레마이오스의 체계는 국지적 영역에 적용하기에는 복잡하지만 그 기본 원리는 단순하다(이 책 2장 10절 참고). 일부만 옮기면 다음과 같다. 인간의 거주 세계는 크게 네 부분으로 나뉜다. 이수스(Issus)** 만에서 지브롤터를 대략 연결한 동서 방향의 선에 의해 북부와 남부로 나뉘고, 폰투스와 아라비아 만을 이은 남북 방향의 선에 의해 동부와 서부로 나뉜다. 이 두 개의 선은 세계를 4등분하는데, 각 지역은 3궁(三宮)****의 지배를 받는다. 북서 지역은 백양자리, 사자자리, 궁수자리의 3궁, 북풍의 영향으로 목성, 남풍의 영향으로 연합한 화성의 지배를 받는다. 남서 지역은 게자리, 전갈자리, 물고기자리의 3궁, 서양적 특성을 가진 화성과 금성의 지배를 받는다. 북동 지역은 쌍둥이자리, 천칭자리, 물병자리의 3궁, 동양적 특성을 가진 토성과 목성의 지배를 받는다. 그리고 남동 지역은 황소자리, 처녀자리, 염소자리의 3궁과 동양적 특성을 가진 금성과 토성의 지배를 받는다.

그리고 나서 프톨레마이오스는 네 지역 전체에 대해 문화적 상호 연관성을 일반화했다. 예컨대 북서 지역 사람들은 독립적이며 자유를 사랑하고 무기를 좋아하며, 부지런하고 호전적이며 통솔력이 있고 청결하며, 도량이 크지만 여성에 대한 열정이 없고 남자를 더 좋아한다. 프톨레마이오스는 두 가지를 덧붙여 이 일반적 도식을 정교화했다. 즉, 각 민족의 보다 특별한 특성은 별과의 상대적 위치에 따라 나타나며, 이들 네 지역의 각 중심부에 사는 민족에 특히 주목해야 한다. 네 지역의 각 중심부는 인간이 거주하는 세계의 중심부를 이루는데 다양성이 약하다. 그 이유는 북서 지역 내의 남동쪽에 사는 민족과 남동 지역 내의 북서쪽에 사는 민족은 서로 많은 영향을 주고받으며, 마찬가지로 북동 지역 내의 남서쪽에 사는 민족과 남서 지역 내의 북동쪽에 사는 민족 역시 서로 많은 영향을 주고받기 때문이다.

그러나 보댕은 선택적으로만 점성학적 민족지를 이용했다. 특히 프톨레마이오스의 개념을 기각했다. 보다 단순화된 보댕의 점성학적 도식은 문화적 차이를 설명하기 하기 위하여 북부, 남부, 중간 지역의 차이에 대한 환경론적 설명과 결합되었다. 보댕이 주로 관심을 가졌던 북반구는 적도에서 극점까지 30도 단위로 세 개의 위도대로 나뉘는데, 위도 45도가 북쪽과 남쪽의 경계다. 보댕의 도식에서 경도에 따른 구분은 별로 중요하지 않은데, 이 구분은 서쪽에 위치한 전통적인 본초자오선인 카나리아 제도〔헤스페리데스(Hesperides)〕를 지나는 자오선과 동쪽의 몰루카 제도를 지나는 또 다른 자오선에 의해 결정된다. 보댕은 동쪽과 서쪽은 상대적 위치이며 지구가 둥글기 때문에 양쪽이 만날 수는 없다는 것을 알았음에도 불구하고 실상은 아메리카 대륙 어딘가에서 양쪽이 만나게 했다. 위도 30도 단위로 나눈 세 지역(열대·온대·냉대)은 각각 다시 15도 단위로 나뉘어 두 개의 하위 지역이 된다. 보댕은 지구상에서 가장 더운 곳은 양 열대지방이며, 가장 추운 곳은 양 극지방이라고 믿었다. 그리고 북반구에서 극서(極暑) 지역은 북회귀선이고, 극한(極寒) 지역은 북극점이다. 이 믿음의 근거 자체가 지구 환경의 범위와 다양성에 대한 새로운 지식을 대하는 무척 의미 있는 태도를 보여준다.

보댕의 사고가 당시의 경향을 대표한다면 — 사람들은 그렇다고 믿고 싶어 한다 — 16세기 사람들은 신대륙의 발견보다 적도 지역에 사람이 거주할 수 있다는 발견에 더 깊은 감명을 받았다. 보댕은 인간이 열대와 극지방 사이에서만 살 수 있다고 믿었던 고대인들(포시도니오스와 아비센나는 예외)의 오류를 뿌리째 뽑아야만 한다고 말한다. 적도 지역은 건강에 좋은 곳이다. 그곳에는 풍부한 강우량, 높은 산, 숲이 있다(이는 "빈번한 탐험"과 알바레즈의 논문을 통해 증명되었다). 사실 적도 지역보다 두 열대 지역이 오히려 더 덥다. 보댕이 어떻게 구대륙을 이렇게 일반화했는지는 쉽게 알 수 있다. 즉, 적도나 적도 부근에는 열대우림기후형의 무성한 식생이 분포한다. 반면 북회귀선이 지나는 곳에는 타는 듯한 열기의 중심이, 그리고 거의 비가 오지 않는 북아프리카의 사막이 있다. [17]

보댕은 적도 지역보다 북회귀선 지역이 더 덥기 때문에 열대와 극지방 사이에 위치한 온대지역을 더 북쪽으로 옮겼다. 이러한 추론에 따라 그는 지구상에서 가장 온화한 지역이 위도 40도에서 50도 사이라고 생각했다. 또한 그는 세 지역(열대·온대·냉대_옮긴이) 모두 동쪽이 서쪽보다 더 온화하다고 생각했다. 온대지역은 거친 고지대, 습지, 건조하고 메마른 땅이 있는 부분을 제외하면 가장 살기 좋다. 보댕은 주로 북위 30도와 60도 사이에 사는 민족에 대해 논하고자 했다. 그 이유는 다른 민족에 비해 알려진 것이 더 많으며 "이러한 실제 사례를 통해 전체에 대해 무엇을 믿어야 하는지 알게 될 것이기"[18] 때문이라고 했다. 물론 이는 근대적 사고의 관점에서는 가장 옹호하기 어려운 주장이다.

보댕은 적도에서 위도 45도 사이에 사는 민족들의 체열(體熱)과 위도 45도에서 75도 사이에 사는 민족들(이 위도대 북쪽 끝에는 실제로 사람이 살지 않는다)의 체열을 비교했다. 북부 지역 사람들은 태양으로부터 받는 열이 적기 때문에 자신의 신체에서 이를 보완할 열을 발생시켜야 한다. 이 이론에 따라 보댕은 북부 지역 가축의 우수성(이곳의 동물이 더 활동적이며 튼튼하다)을 설명했다. 이는 인간에게도 똑같이 적용된다. 따라서 가장 강대한 제국은 북쪽에서 남쪽으로 퍼진다(보댕에게 이러한 방향적 관점은 전적으로 상대적인데 다음의 예에서 명백히 드러난다. 즉, 아시리아인이 칼데아인을 정복했고, 메디아인이 아시리아인을, 그리스인이 페르시아인을, 파르티아인이 그리스인을, 로마인이 카르타고인을 정복했다는 등등의 사례를 댔다). [19]

---

17) *Methodus*, p. 87; Dainville, *La Géographie des Humanistes*, pp. 25~27도 보라.

18) *Methodus*, chap. V, p. 97.

19) *Ibid.*, pp. 92~93.

6. 보댕이 사용한 기질론

고전적 기질론은 기질에 의해 형성된 육체적 상태에서 마음의 습관을 추론할 수 있으며, 개인에게서 흔히 발견되는 육체와 정신의 상관관계를 민족에 적용할 수 있다고 가정했다. 그러나 육체와 정신이 반대 방향으로 빗나갈 수 있다(이는 아리스토텔레스의 《난제들》에서 자주 언급되는 주제다). 즉, 강한 지성이 약한 육체와 짝을 이룬다. 이 일반화를 민족에 적용하면 예컨대 남쪽 민족은 지성을 가졌지만 활력이 부족한 반면에 북쪽 민족은 그 반대인 이유가 설명된다. 이를 지구상의 민족에게 적용하면 지적 특성과 육체적 특성이 대략적으로 균형을 이룸이 분명하다. 따라서 한 가지 특성이 우수한 민족은 다른 특성이 부족하기 때문에 서로 상쇄된다. 기독교적 배경 속에서 이런 배치가 신의 지혜 일부가 아닌가라는 보댕의 질문은 아주 자연스럽다. [20]

보댕이 쓴 다음의 대담한 문단은 바로 이러한 사고의 귀결점이라고 볼 수 있다.

> 남쪽 민족들의 — 이때 남쪽 민족이란 분명히 카르타고인과 이집트인일 것이다. 보댕이 이들에 대해 논의하기 때문이다 — 야만성은 부분적으로는 훈련과 무절제한 식욕으로 이뤄진 타락한 체제가 창조한 전제정치 때문인데, 사실 그보다 기질의 불균형적인 혼합이 더 큰 이유다. 또한 이는 외적인 힘에 불균등하게 영향을 받은 원소 때문이다. 즉, 이 원소는 천체의 힘에 교란되었다. 인간의 육체는 원소로 둘러싸여 있는데, 즉 육체 속의 피, 피 속의 원기, 원기 속의 영혼, 영혼 속의 정신으로 둘러싸여 있다. 마지막 원소인 정신에는 물질성이 하나도 없음에도 불구하고, 원소끼리 서로 가깝게 결합되면 많은 영향을 받는다. 따라서 가장 먼 지역에 위치한 민족이 악덕에 더 많이 빠진다. [21]

---

20) *Ibid.*, pp. 98~100.
21) *Ibid.*, p. 102.

이는 환경론의 역사에서 가장 중요한 문단 중 하나다. 이 문단 안에는 서툰 형태로나마 확실히 근대에 환경론이 왜 그토록 중요했는가에 대한 이유가 있기 때문이다. 위 인용문의 첫 부분이 가장 결정적인데 즉, 민족은 환경의 지배 앞에서 무력하거나 어느 정도 무력할 수 있다는 것이다. 이러한 인과론은 기독교적 가르침과 충돌할 수 있다. 사실 기질의 분포 및 조합이 기후의 영향을 받는다는 것은 신의 설계의 일부라고 해석되었다. 그러나 어떤 민족의 잔인성과 야만성의 가장 큰 원인을 민족의 통제를 벗어난 환경 때문이라고 설명하는 것은 약간 다른 문제다.

나는 역사적으로 서구 사상사에서 우리 시대까지 강력한 영향력을 발휘한 환경론의 핵심은 환경의 지배라는 기반 위에 놓인 도덕, 종교, 풍습의 상대성 문제라고 생각한다. 이 중대한 사고는 불가피하게 문화적 관성과 기후의 지배를 동일시한다. 볼테르가 몽테스키외를 비판한 핵심도 바로 이것이었다. 민족이 불변적인 환경 조건에 의해 부여된 특성을 가져야 할 운명이라면 제도적인 개혁을 시도해 봤자 무슨 소용이 있겠는가? 보댕이 《방법》과 《공화국》의 다른 부분에 이 숙명론으로부터 도망갈 길을 남겨 놓은 것은 사실이다. 그러나 그의 책을 세심히 읽으면, 민족이 환경의 기본적 통제를 극복하려면 엄청난 노력이 필요하며, 환경을 극복하기 위해 만든 제도에 조금이라도 틈이 생기면 원래의 통제 상태로 돌아갈 것이라고 보댕이 생각했음을 알 수 있다.

보댕은 상이한 환경이 기질의 상이한 조합을 창조하고 이에 따라 상이한 육체적·정신적 특성을 낳는다는 이론을 사용했는데 당시 유럽에 흔했던 광기, 문둥병 같은 질병의 발생, 민족들마다 상이한 생식력, 성적(性的) 결합의 항상성 등을 설명하기 위한 것이었다. 남자들의 성적 능력은 겨울에 더 강한데 정욕은 여름에 더 강해진다. 성적으로 능력이 있는 사람들은 갈망할 필요가 없기 때문이다. 따라서 정욕은 성적 능력의 부족을 가리킨다. 여자들은 계절적으로 정반대의 행태를 보인다. 이에 대한 증거는 하나도 없지만 어떤 계절이든 정반대 상태의 조화로운 결합은 신이 가진 지혜의 증거가 되며 인류의 지속적 재생산을 보장한다.

그러나 이 모든 것을 개인이나 민족에 하나하나 적용해 분석하는 것은 불가능하다. 단지 다음과 같은 하나의 일반적 관찰만이 가능할 뿐이다. 잘못된 이론을 일련의 사실에 적용할 때 생기는 뒤틀림과 왜곡 때문에 기질론의 적용은 그다지 흥미롭지 않다. 그보다는 무력한 기질론이 답변해야만 했던 다양한 질문이 훨씬 더 흥미롭다. 즉, 민족의 생식력, 한 지리적 영역 내의 종교의 발생, 그리고 광기와 문둥병, 전쟁 때 잔인성의 분포 같은 문제다.

주된 사고(우리는 조금 후 점성학적 특성을 볼 것이다)는 열대 · 냉대 · 온대지역으로의 구분에 기초한 것이다. 가장 흥미롭고 눈에 띄는 예증은 민족들의 일반적인 정신적 · 육체적 특성을 논할 때 나온다. 남쪽 민족은 사색적 유형으로 비전(秘傳) 과학에 정통하며, 흑담즙, 즉 우울함이 지배적이어서 장기간의 명상에 잠긴다. 가장 유능한 철학자, 수학자, 예언가는 이들 민족 가운데서 나온다. "이들 민족으로부터 글자, 유용한 기예, 미덕, 훈련, 철학, 종교, 마지막으로 인문정신(humanitas)이 마치 샘에서 솟듯이 흘러나와 퍼져 나갔다".[22]

나중에 샤롱에 의해 발달한 종교에 대한 기후의 영향론은 인간사에 신이 직접 개입한다는 믿음과 계시종교의 진실성에 대한 의혹을 불러일으키기 때문에 다루기 어려운 주제다(종교적 사고와 환경과의 관계는 그 자체로 흥미로운 주제인데, 20세기에도 일신교의 발생은 뜨거운 사막의 단조로운 동일성과 단일성 때문으로 설명되었다). 북쪽의 민족은 감각에 의존하는 활동에 숙련되었다. 그들은 수공예품과 기예에 대한 지식을 갖췄으며 잘 연마된 기술을 지녔다. 보댕은 이 북쪽 민족의 뛰어난 기술에 관한 사례로 1546년 바젤에서 《신구광산론》(De Veteribus & Novis Metallis lib. ii)을 출판한 아그리콜라(독일어로는 게오르크 바우어(George Bauer))의 작업

---

22) *Ibid.*, p. 110.

을 제시했다. 이미 광산의 역사를 공부한 바 있으며 숙련된 광산업 종사
자들을 잘 알았던 아그리콜라는 이 책에서 광산과 제련소를 방문했던 일
에 대해 썼는데 이 주제는 나중에 《금속론》(De re Metallica) 에서 유명한
사례들과 함께 탐구된다. 23)

보댕은 인간 생애의 세 단계인 유년기, 중년기, (다 죽어가는 상태가 아
닌) 노년기는 각각 북부 지역, 중간 지역, 남부 지역에 비유할 수 있다는
히포크라테스의 사상을 부활시켰다(히포크라테스의 사상은 다시 몽테스키
외에 의해 부활된다).

> 좀더 면밀히 살펴보면 남쪽 사람들, 중간 지대 사람들, 스키타이인들은
> 각각 어느 정도 노년기인, 중년기인, 유년기인의 관습과 기질을 가진
> 다. 이는 고대의 글에 노인의 기도, 청년의 행동, 성인의 계획이라고
> 깔끔하게 정리되어 있다. 나는 아직 노쇠하지 않은 사람을 노인이라고
> 부른다. 물론 스키타이인은 젊은이들처럼 열정적이고 감상적이다. 남
> 쪽 사람들은 노인들처럼 신중하고 무뚝뚝하다. 중년기 사람들은 이 두
> 가지가 적당히 혼합되어 있다. 24)

점성학적으로 북쪽에 있는 화성은 전쟁을 상징하는데, 사냥을 상징하
는 달의 조력을 받는다. 남쪽의 토성은 묵상, 금성은 사랑을 상징한다.
중간에 있는 목성은 지배자, 수성은 웅변가를 상징한다.

7. 다른 문제들

행성의 영향력에 관한 보댕의 이론은 대체로 습도와 기온 분포(이 둘은
태양열에 의해 통제된다)의 산물인 지구의 환경적 차이를 설명하기 위해

---

23) *Ibid.*, p. 112.
24) *Ibid.*, p. 125.

덧붙여진 것이다. 보댕은 프톨레마이오스의 점성학적 민족지를 아주 길게 논박한 후 기각했는데, 비판 내용은 3궁론이 "분명히 이전의 진술과 일치하지 않을 뿐만 아니라, 자연 그 자체 및 역사와도 일치하지 않는다"는 것이다. 그가 추적한 오류의 시작은 장소와 지리에 대한 무지였다.[25]

태양은 모든 지역에 공통적으로 작용한다. 보댕은 "토성의 힘이 지성을 지배하고, 목성의 힘이 행동을 이끌며, 화성의 힘이 생산의 방향을 결정한다"는 칼데아인의 믿음을 인용했다. 또한 토성은 춥고 화성은 더우며 목성은 그 중간이다. 추운 토성과 금성은 남쪽을 지배한다. 토성은 지성을 지배하며 (우울함에 적합하듯이) 정신, 지식, 명상을 관장한다. 즉, 남부 지역은 비전(秘傳) 과학의 영역이다. 따뜻한 화성과 달은 북쪽을 할당받았다. 화성은 기술, 힘, 창의력에 의존하는 기예와 수공예를 관장한다. 따라서 북부 지역은 수공예의 지역이다. 화성이나 토성보다 온화한 목성은 수성과 함께 중간 지역의 행동을 이끈다. 즉, 지혜는 모든 덕과 이성을 포괄하면서 행동으로 구체화된다. 목성과 수성의 지배하에 있는 민족은 관리직에 적합하다. 예컨대 그들은 입법자이며 관습의 창시자이고 통치자이며 상인들이다.[26]

환경론적 사고와 점성학적 사고 둘 다 실제로는 아리스토텔레스가 《정치학》에서 한 것과 똑같은 지역 구분에 기반을 둔다. 앞서 본 바와 같이 《테트라비블로스》에서 프톨레마이오스는 환경론적 민족지와 점성학적 민족지를 사고한 바 있다. 그러나 이 두 가지를 하나의 이론으로 융합시키지는 않았다. 보댕은 점성학적 영향으로 구분되는 지역이 태양 광선으로 구분한 전통적 지역과 일치했기 때문에 이 둘을 융합시켰다.

보댕의 체계는 야심찼다. 그의 체계는 성 알베르투스의 《장소의 본질에 대하여》 이래 이 주제를 다룬 어떤 다른 작업보다도 탐구적이며 철저

---

25) *Ibid.*, pp. 146~152, 인용문은 p. 147.
26) *Ibid.*, p. 112.

하고 일관성이 있다. 그러나 세부적인 사항은 무시할 수 있다 하더라도 그 노력에 내재된 몇몇 큰 문제를 논의하는 것은 중요하다. 보댕은 위도 와 점성학적 영향력에 토대한 문화적 차이 외에도 기존의 전통을 받아들여 경도나 강, 늪, 산, 계곡 등의 위치에 따라 발생할 수 있는 환경적 영향에 주목했다. 이러한 국지적 영향은 위도나 점성학에 따라 구분된 지역과 충돌할 수 있었다.

서로 다른 경도에서 사는 민족 간의 문화적 차이를 기후로 설명하려는 시도는 항상 어려움을 겪었다. 일반적으로 이루어지는 비교는 동쪽 민족들의 부드러움, 고상함, 화려함 및 예술적 장식에 대한 사랑과, 북서 유럽 민족의 단순 소박함과 교활함의 부족을 대비시키는 것이었다. 보댕은 구릉성 지대에서 동쪽 민족과 서쪽 민족의 특성 간의 보다 미세한 차이를 발견할 수 있다고 보았다. "떠오르는 빛은 적당한 열로 유해하고 짙은 공기의 무거움을 정화시키기 때문에 지역이 더욱 온화해진다. 게다가 태양이 오후가 되어 가장 높은 온도로 불타오르면 동부 지역은 일몰이 되고 서부 지역은 일출이 된다".

그런데 평평한 지역에서 보댕은 도무지 극복하기 어려운 문제에 직면한다. 아침에 태양이 떠오르는 것과 저녁에 해가 지는 것을 느낄 수 있는 땅이 없으니 일몰도 일출도 없기 때문이다. 그럼에도 불구하고 보댕은 성서와 고전의 권위를 증거로 삼아 동부 지역이 더 온화하며 서쪽보다 낫다고 믿었다. 27) 보댕은 경도에 따른 환경 영향력의 신비에 너무도 깊이 사로잡혔기 때문에 그러한 차이가 환경적 요인에 의한 것이 아닐 수 있다는 생각을 하지 못했다(다른 주제에 대해서는 환경적 요인이 아닐 수 있다고 생각했다).

산지에 거주하는 민족은 그 자체로 하나의 범주가 된다. 즉, 그 위치와는 상관없이 산지 거주자 간의 유사점은 상당해서 같은 지구대에 사는 다

---

27) *Ibid.*, p. 130.

른 민족과의 유사점보다 더 클 정도다. "산악 지대 사람들은 거칠고 투박하며 호전적이고 거친 일에 익숙하며 전혀 교활하지 않다". 홀란트나 프리지아(Frisia)** 같은 습지 지역에는 키가 큰 사람들이 많다. 그러나 보댕은 더운 지역의 습지에 대한 전통적인 두려움을 보여준다. 비옥한 계곡에 사는 민족은 메마른 평원에 사는 민족과는 대조적으로 사치를 좋아한다. 이런 모든 사고는 풍부한 사례를 통해 예증되는데, 주로 고전이나 당대의 저서에서 인용된다. 그러나 이런 사례를 다루는 방식은 전통적인데 그 주된 이유는 기후 유형의 실제 분포에 대한 무지 때문이다. [28]

보댕은 《공화국》에서 자신의 이론을 실질적인 통치 문제에 적용했다. 이론적 토대는 동일하다. 민족들마다 기질이 다양하므로 제도 역시 다양화될 수밖에 없다. 지배자는 법과 관습을 바꾸기 전에 기질을 알아야만 한다. 지배자의 임무는 지역에서 구할 수 있는 자재로 건물을 짓는 건축가의 임무에 비유된다. 나아가 통치 이론은 보다 폭넓은 철학, 종교, 기술의 문제와 관련되는데 그 지구대별 분포는 신의 계획에 속한다. 보댕은 보테로나 르 로이가 그랬듯이 환경론과 설계론을 쉽게 조화시켰다. 신에 의해 운명 지어진 상호 관계로 인해 온대지역의 신중한 민족은 상업에 능할 뿐 아니라 국가를 세우고 타민족에 대한 법을 만드는 데 능하다. 즉, 이들은 판단하고 설득하고 명령하는 데 유능하다. 남쪽 민족은 진리의 추구에 열성적이어서 다른 민족들에게 난해하고 비밀스러운 과학을 가르친다. 북쪽 민족들은 손재주가 비상해서 수공예 분야에서 세계적인 수준의 기술을 가르쳤다.

실제로 보댕은 지난 2천여 년 동안 인간에게 미친 환경의 영향력을 연구한 성과를 훌륭히 정리했다. 그의 작업은 종교전쟁이라는 결정적인 시기에 분명하고도 광범위한 문제를 제기했다. 이 시기는 많은 사람들이 고전 시대의 유산, 항해와 여행의 결과, 종교개혁에 의한 종교적 분파가

---

28) *Ibid.*, pp. 139~140, 인용문은 p. 139.

가진 함의를 알던 시대였다. 이 문제들 중 가장 중요한 것은 인간에 대한 환경의 지배가 어느 정도인가이다.

보댕은 기후가 유일한 영향력이라고 믿지 않고 "민족끼리 섞이면서 인간의 관습과 본성이 상당히 변화한다"고 보았다. 민족 간 융합은 온대지역에서는 흔한 일이다. 이는 냉대 및 열대지역 민족이 "가장 고른 기후를 가진 듯 보이는" 온대 쪽으로 이동하기 때문이다. 여기서 보댕은 민족의 생활과 관습을 바꾸는 데 전쟁, 이주, 문화적 접촉이 어떤 역할을 한다고 생각했음을 알 수 있다. 그러나 그는 이런 사고를 확장하여 이주의 역사와 육체적·정신적 특성의 전파가 인간의 역사를 이해하는 데 기후보다 더 근본적인 설명력을 가질 수 있다는 점을 보이려 하지는 않았다.[29]

더욱이 보댕은 신이나 인간에 의한 교육이 인간의 본성에 영향을 미칠 수 있다고 말했다. "히포크라테스가 진실로 모든 종류의 식물이 인간에 의해 길들여질 수 있다고 생각했다면 이것이야말로 인류에게도 적용될 수 있는 확실한 진실 아니겠는가? 훌륭한 지도자를 만났는데도 너무 거대하고 야만적이어서 문명화의 길로 가지 못한 인종이 있었는가? 가장 정교한 기예 교육을 받았으나, 교화를 멈추었을 때 이후 다시 야만이나 미개 상태로 떨어지지 않은 인종이 있었는가?"[30]

보댕은 이 질문에 대답하면서 인간의 육체적·정신적 특성에 영향을 주는 기예와 관습을 사례로 들었다.[31] 그는 가장 확실한 증거로 타키투스부터 자신의 시대까지의 게르만 역사를 든다(또한 《공화국》에서 이 주장을 반복한다). 이런 주장은 뮌스터의 설명과 닮았다(26쪽 참고). 그들의 고백에 따르면 게르만족은 한때 짐승보다 나을 게 없었다. 그들은 교육을 받지 못한 채 짐승처럼 숲과 습지를 떠돌았다. "그럼에도 불구하고 그들은 현재 매우 발전해서 문화적 면에서는 아시아인보다 우월해 보인다.

---

29) *Ibid.*, p. 143.
30) *Ibid.*, p. 145.
31) *Ibid.*, pp. 145~146.

군사적인 면에서는 로마인보다 우월하며, 종교에서는 헤브라이인보다, 철학에서는 그리스인보다, 기하학에서는 이집트인보다 우월하며, 수학에서는 페니키아인보다, 점성학에서는 칼데아인보다 우월하다. 그리고 다양한 공예품에서는 다른 모든 민족보다 우월해 보인다". 이 구절의 교훈은 환경론이 과거 고대를 설명하는 데 매우 적절해 보이지만 현대 문명의 복잡성과 관련될 때는 무력하리라는 것이다. 보댕이 앞서 했던 이론적 작업은 16세기 후반의 게르만 문화를, 위에서처럼 칭찬 일색으로 묘사할 준비를 하나도 하지 못했다. 그럼에도 불구하고 그는 게르만의 사료 편찬, 지리학, 기술의 경향에 대해서 뿐만 아니라 종교 개혁의 함의에 대해서까지 잘 알았다. 32)

보댕은 《공화국》에서 민족과 그들의 기질을 변화시키는 데 통치의 역할을 강조했다. 그는 "나라와 장소의 본질이 필연적으로 인간의 관습을 지배한다는 폴리비오스나 갈레노스의 주장"을 기각하려 할 것이다. 그러나 보댕은 폴리비오스가 다음과 같은 점에서 자신과 비슷한 생각을 했다는 사실은 인식하지 못했다. 폴리비오스는 아르카디아인이 아르카디아의 거친 환경에 의해 만들어진 그들의 민족성을 제도화된 음악을 통해 변화시켰다고 보았다. 33) 또한 그는 천재나 재능 있는 사람이 무리지어 나타나는 경향을 종종 감질나게 언급하기도 했다. 예를 들면 ① 플라톤, 아리스토텔레스, 크세노크라테스(Xenocrates),* 티마이오스(Timaeus),* 아르키타스(Archytas),* 이소크라테스, 그리고 많은 무명의 연설가와 시인들, ② 크리시포스, 카르네아데스(Carneades),* 바빌론의 디오게네스,

---

32) *Ibid.*, pp. 145~146, 인용문은 p. 145.

33) *Rep.*, Bk. V, chap. 1. 툴루즈의 코스모폴리탄적 분위기 속에서, 보댕은 다양한 국적의 학생들을 만나 사귀었으며, 국제적인 시각을 발전시켰다. 이는 《방법》과 《세계 국가》(*Respublica mundana*) 에서 펼친 그의 웅변적인 표현 속에서 찾아볼 수 있다. (《방법》 제 5장에 나오는) 민족별 특성에 대한 그의 서술과 정확한 관찰은 상당 부분 그가 사귄 친구들 덕분이다(Brown, *op. cit.*, p. 16; pp. 53~54도 보라).

아르케실라오스, ③ 바로, 키케로, 리비우스, 솔루스트(Sallust),* ④ 베르길리우스, 호라티우스, 오비디우스, 비트루비우스, ⑤ "그리 멀지 않은 과거에는 발라(Valla),* 트라페준티우스(Trapezuntius),* 피치노, 가자 (Gaza),* 베사리온(Bessarion),* 미란돌라(Mirandola)*가 당대를 풍요롭게 했다". 34)

이런 사고의 역사는 그 자체로 흥미로운 연구 주제가 될 것이다. 크뢰버(Alfred Louis Kroeber)*는《문화 성장의 유형》(*Configurations of Culture Growth*)에서 이 현상을 다뤘다. 또한 테가트는 천재들이 무리지어 나타나는 역사적 상황을 연구함으로써 주목을 끌었다. 19세기에는 드 퀸시(Thomas De Quincey)*가 이에 대해 길게 논했다. 고대 시대에는 타키투스가 연설가들이 왜 무리지어 나타나는지 궁금해 했고, 파테르쿨루스(Velleius Paterculus)*도 이런 현상을 제대로 인식했다. 곧 보겠지만, 뒤보(abbé du Bos)*도 이 문제에 무척 큰 관심을 가졌다. "기억할 만한 사건의 기록을 수집한 사람이 그 사건과 이 위대한 출현(*trajections*) 간의 관계를 비교하고 그에 영향을 받은 지역이나 변화를 겪은 나라를 확인한다면 민족의 관습과 본성에 대한 보다 완벽한 지식을 얻을 것이다. 그렇다면 그는 모든 종류의 역사에 대해 보다 효과적이고 믿을 만한 판단을 내릴 수도 있을 것이다". 35)

보댕 역시 천재나 재능 있는 사람들이 시기적으로 무리지어 나타나는 현상에 대해 역사적 설명이 필요하다고 생각했다. 만약 이런 맥락의 연구가 계속되었다면 문화적 성취의 절정기나 쇠퇴기마다 기후가 적절히

---

34) *Methodus*, p. 152.

35) *Ibid.*, p. 152. 천재들이 무리지어 출현하는 문제에 대해서는 Kroeber, *Configurations of Culture Growth*와 Teggart, *Rome and China*, pp. 11~12와 거기서 인용된 문헌들, De Quincey, "Style", in *The Collected Writings of Thomas De Quincey*, ed. , Masson, Vol. 10, pp. 194~231, 그리고 Tacitus, *Dialogue on Oratory*, 그리고 Velleius Paterculus, *The Roman History*, Bk. I, 16~18 참고.

변화하지 않는 한 환경적 설명의 적절성에 의문이 제기되었을 것이다.

환경 이론은 종종 다음과 같은 질문을 제기했다. 사람들 혹은 민족은 자신의 선함과 악함에 대해 어느 정도 책임이 있는가? 지금 보댕이 말하는 것은 역사적으로 친숙한 주제로서 관습을 고수하는 것, 고문에도 불구하고 자기 종교를 버리지 않는 것, 민족마다의 널리 알려진 결점 등에 대한 것이다. 극단적 입장은 보댕의 구미에 맞지 않는다.

> 이러한 악덕은 각 민족에게 내재된 것이므로 비판적 평가를 하기에 앞서 민족의 관습과 본성에 따라 역사를 평가해야 한다. 남쪽 사람들의 중용은 칭송할 일이 아니며, 너무나 많은 비판을 받는 스키타이인의 술주정도 경멸할 일이 아니다. 남쪽 사람들은 내적 열정이 부족하기 때문에 음식과 술로 채워져야 하기 때문이다. 반면 스키타이인은 스스로 원한다 할지라도 쉽게 자신들을 억제할 수 없다. 왜냐하면 그들은 내부의 열정에 충동질당하며 재능이 부족하기 때문이다. 36)

끊임없이 변화하는 인간사와 역사의 불확실한 부침 속에서 지구 환경의 안정성을 가정할 경우에 역사의 환경적 기반에 대한 근거로 무엇이 있을까? 이에 대한 보댕의 대답은 시기적으로 19세기의 많은 지리학자들, 특히 환경결정론적 입장을 다졌던 라첼(Friedrich Ratzel)*의 대답보다 앞선 것이었다. 보댕은 역사가들에 의지할 수는 없다고 했다. 역사가들은 바로 이런 문제에 대해 쓰지 않으며 인간사에는 변화 가능하고 변덕스러운 것이 많기 때문이다.

> 사정이 이러하므로 인간의 제도가 아니라 자연에서 유래한 특성을 찾아보자. 자연에서 유래한 특성은 안정적이어서 거대한 힘이나 오랜 교정이 가해지지 않는 한 거의 변하지 않는다. 설사 변했다 하더라도 결국은

---

36) *Methodus*, p. 128. 중세에 있었던 이와 비슷한 논의에 대해서는 Tooley, *op. cit.*, (앞에 나온 각주 12번 참고) p. 79 참고.

원래의 특성으로 되돌아온다. 고대인들은 이런 류의 지식에 대해 아무 것도 쓸 수 없었다. 그들은 얼마 전에야 우리 앞에 드러난 지역과 장소들에 대해 몰랐기 때문이다. 대신 인간 개개인은 확률적 추론을 통해 도달할 수 있는 범위까지 발전했다.[37]

민족들이 지닌 고유한 기후의 낙인은 노력으로만 바꿀 수 있다. 이런 식으로 보댕은 기후의 거칠고 냉혹한 지배를 인정하면서도 의식적인 노력 — 비록 승리할 확률은 희박하고 항상 경계를 늦추면 안 되지만 — 을 통해 기후의 직접적인 영향으로부터 벗어날 수 있는 민족의 능력을 인정했다. 아마도 이것이 발견, 변화, 폭력이 당대의 질서였던 시대에 고전에 대한 지식이 풍부하고 법의 이론적 · 실천적 특성을 섭렵했던 민감한 사람이 할 수 있었던 최선의 진술이었을 것이다. "보댕은 유럽이 빠르게 변화한다는 사실을 파악했던 아마 유일한 16세기의 저자였을 것이다. 그는 아무리 안정적인 군주제라 할지라도 영원히 지속될 수 없다고 보았지만 당시 프랑스에서는 강력한 군주제에 대한 인정이 정치적 혼란을 피할 수 있는 유일한 희망임을 깨달았다".[38] 보댕의 환경론은 일정 부분 당시 정치적 조건의 결과다. 교회우월론과 왕권신수설에 대한 그의 비판적 태도는 주권, 군주, 군주와 민족 연합과의 관계, 군주와 개인과의 관계 문제를 논하기 위한 준비였다.

그는 근대 유럽사에서 가장 파란만장한 시대에 속하는 한 시대 동안 저술 활동을 했다. 루터(Martin Luther)*는 1517년에 95개 조의 반박문을 썼다. 트리엔트 종교회의****는 8년 동안 비정기적으로 회의를 한 후 1563년 폐회했다. 그리고 프랑스 내전이 1562년부터 1598년까지 지속됐다. 프랑스는 1548~1610년 동안 일곱 명의 군주가 왕위에 올랐다. 그리고 "이 군주들이 외국과의 전쟁이나 내란에 휩쓸리지 않았던 해는 한 해

---

37) *Methodus*, p. 85.
38) *EB*, art., "Bodin", 14th ed., Vol. 3, p. 771.

도 없었다"(Bruun). 보댕은 종교 분열의 시대에 신앙의 상대성과 일치하는 정치철학을 고안하고자 했다. 따라서 그는 인간사에서 환경은 지역마다 관습이 다양하다는 사실을 중앙집권 군주에게 인식시킴으로써 군주제에서 관용과 통일성이 필요함을 보여주는 역할을 한다고 보았다.

이런 말을 할 때조차도 넓게 보면 여전히 보댕은 전통주의자다. 그러나 환경의 영향력에 관한 이론을 현재부터 19, 18, 17세기 그리고 보댕의 시대로까지 추적하면 그는 혁신적 사상가로 보인다. 즉, 그는 이 문제에 대해 상당히 근대적 배경 — 발견의 시대, 고전 고대 시대의 많은 저작물의 재발견, 종교 개혁 이후 — 에서 깊이 사고한 사람이었다. 그러나 히포크라테스, 아리스토텔레스, 프톨레마이오스부터 성 알베르투스, 아퀴나스에 이르기까지 과거의 길을 따라 접근하면 보댕의 저작물이 가진 전통적 — 그리고 종종 고통스러울 정도로 왜곡된 — 특성은 너무나도 명백하다.

보댕의 제자가 된 근대 학자들은 그를 칭송했으며 그의 저서가 가진 점성학적이고 수점(數占)적인, 나는 지적한 적도 없는 특성은 당시의 어쩔 수 없는 한계였다고 변명했다. 즉, 그가 몽테스키외 저작의 선구자였으며 그의 이론은 다른 영향력의 여지를 남기기 때문에 숙명론적이지 않으며 나중에 과학으로 발전할 선구자적 가능성을 내포한다는 것이다(이런 주장을 한 사람들은 대개 과학적 지리학을 환경의 영향력에 대한 연구로 간주한 사람들이었다). 환경에 대한 보댕의 사고는 결코 과학으로 발전할 수 없었다.

오늘날 보댕의 사고에 대한 주된 관심은 — 그 역사적 의미는 별도로 하고 — 그것이 그의 눈에 비친 역사적 문제와 당대 문제의 복잡성을 보여줄 뿐 아니라 2천 년 동안 축적된 지식이 정작 과학적 설명에는 실질적인 도움이 되지 못한다는 사실을 보여준다. 물론 보댕의 사고에도 이점이 있긴 있다. 즉, 그의 이론들이 차이와 유사성에 집중하면서 새로운 지역 지리의 발전을 불러일으켰을 수도 있고, 문화를 관찰하는 시각을 예리하게 만들었을 수도 있다. 그러나 이 이론들이 과녁을 턱없이 벗어난 전제에 의존한다면 과연 어떤 도움이 될까?

보댕의 사고에 대한 이러한 긴 분석은 연구자들의 일을 줄여 준다. 왜냐하면 보테로, 샤롱, 그리고 아마도 뒤 바르타스가 그랬듯 많은 저자의 저서들이 보댕의 저서로부터 빌려 왔거나 또는 보댕이 그랬듯이 보댕이 훌륭히 정리한 바 있는 널리 유포된 공통의 믿음을 차용해서 쓰였기 때문이다.

8. 환경론의 심층적 적용

앞서 보았듯이 역사적으로 환경적 인과론을 설계론과 조화시키는 것은 어려운 일이 아니었다. 그러나 환경적 인과론을 윤리학이나 종교로까지 확대하면 윤리학이나 종교의 토대가 흔들릴 수 있다. 왜냐하면 대부분의 윤리학 체계나 계시종교가 기꺼이 인정하려는 범위를 넘어 그들의 교의가 더욱 국지적 상황의 결과라는 점을 보여주기 때문이다. 환경과 종교 및 종교 분파의 관계에 대해서는 종교개혁 이후와 18세기 내내 자주 논의되었다. 보테로나 보댕의 저작에서도 이런 논의를 찾을 수 있으며 몽테스키외와 볼테르의 저작에서도 마찬가지다.

르 로이는 1579년 작 《사물의 변화》(De la Vicissitude des Choses)에서 장소와 기후의 차이에 따른 사물의 다양성에 대해 썼다. 즉, 모든 나라는 세계에 보편적 선을 창조하려는 신의 섭리에 의해 신중하게 분배된 고유한 재능과 특성을 가진다는 것이다. 신의 섭리는 이러한 다양성 없이는 그 완전함을 유지할 수 없다. "결국 한 나라는 다른 나라가 필요로 하는 것을 가지며, 이로 인해서 나라들은 서로 소통하고 원조하게 된다". 39)

---

39) Louis Le Roy, *Of the Interchangeable Course, or Variety of Things*, trans. Robert Ashley(London, 1594), 10r~11v. Pt. III, Intro. 이 에세이에 나오

그러나 이러한 관계가 그 자체로 법칙은 아니다. 즉, 이러한 관계에 대한 책임은 자연환경도 별도 아닌 기독교의 신에게 있다.

르 로이는 기후의 영향력이 어떻게 설계론의 일부일 수 있는지 보여준다. 그러나 샤롱은 기후의 영향력이 어떻게 보다 독립적이고 도전적인 특성을 가질 수 있는지를 보여준다. 그렇다고 해서 샤롱의 기후론이 이제까지 없던 새로운 내용을 담은 것은 아니고 대부분 보댕이 제기했던 문제들을 논한 것이다. 그러나 샤롱은 환경의 영향력이 도덕성이나 종교에 미치는 영향력을 보댕보다 더 깊이 있게 탐구했다. 이 때문에 그는 무신론자로 비난받았는데, 특히 예수회 신부였던 가라스(François Garasse)*로부터 공격받았다(샤롱의 초기 작품은 더 정통적이었다).

샤롱은 한 민족의 풍습이나 관습을 악덕이나 미덕으로 규정할 수 없다고 말한다. 즉, 풍습이나 관습은 자연의 산물이므로 변화시키거나 폐기시키기 매우 어렵다는 것이다. 다만 미덕은 중용을 선호하기 때문에 극단을 완화시키고 조절하여 줄일 수 있다. 40) 그의 언급 중 더욱 신랄한 것은 끔찍할 정도로 엄청나게 다양한 종교적 믿음을 목격한다는 언급이다. 하지만 그는 이 믿음들 간에 교의적으로 일치점이 존재하는 경우도 많다고 이야기한다. 동일한 기후에서 다양한 교의가 나올 수 있다. 더 나아가 하나의 종교가 종종 다른 종교의 토대가 되며 신흥 종교가 오래된 종교에서 [교의를] 빌려오는 경우도 많다. 사람은 자신이 태어난 환경으로부터 그리고 그곳에 사는 민족으로부터 종교를 습득하는 것이다. 41)

또 다른 프랑스인이자 가스코뉴(Gascogne)** 사람이며, 시인이자 개신교도이고 보댕과 동시대인이었던 뒤 바르타스는 환경론이 얼마나 쉽게

는 뮌스터에 대한 논의를 참고하라. 르 로이는 자신의 점성학적 민족지에서 프톨레마이오스를 따르며(*ibid.*, 13v~13r), 익숙한 북부, 남부, 중간 지역 간의 상관관계를 수용하며(14v), 베르길리우스의 《아이네이스》(*Aeneid*)에 대한 평에서(약 400년경) 세르비우스가 표현한 사상을 언급한다.

40) *De la Sagesse*, Bk. I, chap. 38과 p. 219에 있는 표.

41) *De la Sagesse*, Bk. II, chap. 5, pp. 257, 351~352.

우주론 그리고 신성한 역사와 연결될 수 있는지를 보여준다. 그의 주요 작품인 《첫 번째 주》(La Premiére Sepmaine)와 《두 번째 주》(La Seconde Sepmaine)는 창조문헌에 속한다. 그러나 사실 그의 작품들은 그 이상의 의미를 가진 것으로, 4원소론, 체액론, 환경의 영향력, 점성학, 전통적인 성경의 해석 등에 대한 오랜 사상을 인상적으로 모은 것이다.

1584년 초판이 나온 《식민지》(Les Colonies)라는 시에서[42] 뒤 바르타스는 노아 시대 이후의 인류의 확산과 현재 민족 사이에서 관찰 가능한 차이에 대해 설명한다. 그는 자연의 경이로운 생산력과 사람들 사이의 엄청난 신체적·정신적·문화적 다양성을 이야기한다. 북부, 남부, 중간 지역에 거주하는 민족들 간의 뚜렷한 차이는 보댕이 《방법》에서 한 설명을 연상시킨다.

보댕과 뒤 바르타스의 관점에는 유사성이 많다. 남쪽 민족은 총명하고 명상적이며, 북쪽 민족은 손기술을 가지며, 그 사이에 위치한 신중한 민족은 통치와 행정에 능하다.[43] "간단히 말해서 공부하기를 좋아하는 민족은 과학을 숭상하고/다른 민족은 손재주를 가졌고/또 다른 민족은 신중함을 가졌다"(Et bref, l'un studieux admire la science/L'autre a les arts en main, et l'autre la prudence).[44] 보댕처럼 뒤 바르타스도 남쪽 사람들과의 비교를 통해 북쪽 민족의 기술적 숙련〔"누가 쇠와 나무를 요하는 이 모든 것을 만들까?"(Qui fait tout ce qu'il veut de metal et du bois)〕, 군인다운 힘, 생산력을 강조한다.[45]

지구상에 인류가 확산되는 것은 신의 의지 — 신은 인간의 후손들이 원죄가 발생했던 인간의 탄생지로부터 멀리 떨어져 살기를 원하신다 — 와

---

42) Holmes, "Guillaume De Salluste Sieur Du Bartas. A Biographical and Critical Study", in Works, ed., Holmes, Lyons, Linker, Vol. I, p. 18.
43) Les Colonies, lines 541~584.
44) Ibid., lines 585~586.
45) Ibid., lines 530~540, 566, 580.

일치한다. 이는 신의 헌신적 하인들이 신의 이름을 스키타이로부터 잔지바르까지 떨치도록 하기 위해서이며, 낯선 땅이 인간에게 쓸모 있게 되도록 하기 위해서이다["낯선 땅에서 생산된 보물이 이용자의 잘못 때문에 헛되이 되지 않도록 하기 위해서이다"(*Que les tresors produits par les champs estrangers/Ne fussent comme vains par faute d'usagers*)]. 46)

뒤 바르타스는 무역, 직업, 상업, 지적인 생활로 채워진 대도시의 위대함을 생생히 그린다. 그는 무역을 통한 국가 간 의존에 대해서도 아는데 그 예로 카나리아 제도의 설탕, 인도의 백상아, 독일의 말을 들었다. "한마디로 모든 땅은 서로 다른 고유한 산물을 낸다. 이는 거대한 우주의 보물단지다"(*Bref, chaque terre apporte un tribut tout divers/Es coffres du tresor de ce grand univers*). 47)

《식민지》는 지구를 인간을 위한 환경으로, 바다를 인간을 위한 생명과 영양분의 거대한 저장고로, 프랑스를 유럽의 진주이자 지상의 천국으로 열렬히 찬미하면서 끝난다. 그것은 훌륭한 시로 상이한 기후에서 비롯된 각 민족의 풍습과 민족적 특성을 대비시킴과 동시에 이 대비가 신의 명령에 따라 자신에게 알맞은 곳에 거주하려는 사람들의 이동성과 적응 때문임을 인식한다.

영국 문학사가, 특히 밀턴의 연구자들은 뒤 바르타스에게 상당한 관심을 보였는데, 실베스터(Joshua Sylvester)*가 그의 작품을 영어로 번역했다. 그 번역서는 약간의 생략을 제외한 《바르타스, 그의 신성한 몇 주와 작품들》(*Bartas His Devine Weekes & Workes*)이라는 제목의 완역본으로 1608년 출판되었다. 48) 특히 1934년에 테일러(George C. Taylor)의 《뒤 바르타스를 이용한 밀턴》(*Milton's Use of Du Bartas*)이 출판된 이래로 이

---

46) *Ibid.*, lines 623~624.
47) *Ibid.*, lines 647~648.
48) 실베스터의 번역본이 출판되기까지의 복잡한 역사에 대해서는 *Works*, Vol. III, pp. 538~539 참고.

프랑스 시인이 기후의 영향력에 밀턴이 관심을 갖도록 영감을 주었다고들 생각했다. 밀턴의 작품 중에서 가장 놀라운 문구 — 그 요지는 궁극적으로 집사 바울에서 유래한다 — 는 《실낙원》(*Paradise Lost*)에 있다. 밀턴은 "저기 보이는 나쁜 천사들/지옥의 문 아래에서 날갯짓하며 맴도네"라고 말한다.

> 이러한 대군(大群)이 인구 많은 북방의
> 그 언 허리춤에서도 쏟아져 나온 일은 없다.
> 그 야만스런 아들들이 레네와 도나우 강을 건너
> 홍수처럼 남방으로 와 지브롤터 아래
> 리비아의 사막까지 미쳐올 때. 49)

영국에서 기후론에 대한 관심이 생겨난 한 가지 이유는 '북쪽 사람들은 지력과 능력이 부족하다'는 전통적 경멸이 기후론에서 근거했기 때문이다. 가엾은 영국인은 불행히도 중간 지역보다는 북부 지역으로 간주되는 경우가 많았다. 모든 종류의 악담이 가능했다. 밀턴이 자신의 능력에 의구심을 가질 수도 있었고, 북쪽의 모든 민족이 뛰어난 지적 능력을 부여받지 못한 것으로 취급될 수도 있었다. 북쪽 민족을 추켜세우는 한 가지 측면은 북쪽 민족의 하나인 고트족이 건실한 자유 애호가들인데 이것이 기후 때문이라는 것이었다. 50)

---

49) *Paradise Lost*, Bk. I, vss. 351~355. (이창배 역, 1996, 《실낙원》, 범우사. p. 29_옮긴이)

50) 밀턴과 그의 시대를 기후와 관련지은 문헌으로는, Z. S. Fink, "Milton and the theory of Climatic Influence", *Modern Language Quarterly*, Vol. 2(1941), pp. 67~80이 있다. 이 논문은 동시대의 저자들을 인용하며, 특히 밀턴의 작품에 나오는 기후론의 특성을 심도 있게 연구한다. 또한 기후론이 밀턴이라는 개인에게 미친 영향과 영국 사회에 미친 영향으로 끝맺는다. 또한 "The Reputation of Du Bartas in England and America", in *Works of ⋯ Du Bartas*, Vol. 3, pp. 537~543; George Coffin Taylor, *Milton's Use of Du Bartas*, pp. 55~

기후론, 그중에서도 주로 보댕이 논한 기후 유형별 변이에 대한 이론
이 16~17세기에 널리 유행했다. 기후론의 인기는 그것이 개별 국가나
주제에 자주 적용되는 것에서도 쉽게 확인할 수 있다. 예컨대 몽테뉴
(Michel Eyquem de Montaigne)*와 프랜시스 베이컨의 사상도 이 범주에
속한다. 몽테뉴는 베게티우스, 플라톤, 키케로, 헤로도토스를 인용했
다. 거기에 그는 인간은 식물처럼 장소에 영향을 받을 뿐만 아니라 이주
를 통해 새로운 특성을 가질 수 있다고 덧붙였다. 51)

식인 관습에 대한 에세이에서 나타나는 문화상대주의를 보면 몽테뉴에
게 전통적 색채가 약했던 것은 사실이지만 여기서 그의 관심사는 환경 문
제가 아니었다. 프랜시스 베이컨은 전쟁이 북쪽의 호전적인 지역에서 시
작된다는 그의 이론에 대해 세 가지 근거를 댔다. 하나는 별 때문이고,
다른 하나는 상대적으로 큰 규모의 대륙이 있는 북반구 때문이며, 가장
큰 이유는 "북부 지역의 추위는 훈련이 없이도 신체를 단단하게 만들고
뜨거운 용기를 갖게 만들기 때문"이다. 52) 그러나 프랜시스 베이컨은 다
른 주제에서는 훨씬 더 통찰력 있고 덜 전통적인 관점을 보인다. "유럽의
가장 세련된 나라에서 사는 사람들과 아메리카같이 야만적이고 미개한
지역에서 사는 사람들 사이의 엄청난 차이"를 고려한다면 "상호 부조나
구제를 통해서 뿐만 아니라 상대적으로 나은 지위 — 이는 토양이나 기후
가 아닌 기예의 결과다 — 를 통해 인간이 인간에게 신이 될 수 있다고 생
각한다". 53)

그러나 더 신선한 미풍이 바다를 건너왔다. 이는 예수회 신부인 아코

57; Samuel Kliger, *The Goths in England*, pp. 241~252; and Elbert N. S.
Thompson, "Milton's Knowledge of Geography", *Studies in Philology*, Vol.
16(1919), pp. 148~171 참고.

51) "An Apologie of Raymond Sebond", *Essays*, Bk. 2, chap. 12.
52) *Of the Vicissitude of Things*, 1625.
53) *Novum Organum*, Bk. I, Aph. 129.

스타의 직접 관찰로부터 불어온 새로운 바람이었다. 근대적인 위도 구분인 뜨거운 땅(*tierra caliente*), 중간 지대의 땅(*tierra templada*), 추운 땅(*tierra fria*)처럼 아코스타는 아메리카를 저지대, 고지대, 그 사이에 있는 중간 지대로 나누었다. 매우 뜨겁고 습하며 건강에도 안 좋은 해안 저지대의 경우에는 인간이 거주하지 않는 곳이 많다. 위험한 모래 때문이거나 바다로의 출구를 찾지 못한 강이 습지를 만들었기 때문이다. 인구의 29/30 정도가 사라져 거의 절멸 상태인데, 이는 정복자들이 아메리카 원주민에게 견딜 수 없을 정도의 노동을 강요했기 때문이다. 또한 원주민은 에스파냐와의 접촉 때문에 자신들의 관습을 바꾸었으며 지나친 음주와 다른 나쁜 습관을 가지게 되었다. 도시도 있는데 에스파냐와의 무역을 위한 관문이다.

춥고 건조한 불모지이고, 평화스럽지는 않더라도 건강에는 좋은 고지대에는 인구가 많다. 이 지역의 땅은 대부분 가축을 기르기 위한 초지인데, 경작지에서 소출한 작물이 부족한 이곳 사람들은 물물교환이나 교역을 통해 식량을 얻는다. 또한 고지대의 금광도 인구밀도의 증가에 일조를 한다. 중간 지대에서는 밀, 보리, 옥수수가 자라는데 여기에도 많은 초지와 가축, 작은 숲이 있다. 건강과 만족도 면에서는 제일 좋은 지역이다.[54]

9. 민족별 특성에 대하여

문화적 차이에 대한 인식이 어느 시대에나 없지 않았음은 분명하지만 17세기 영국은 이 주제에 특히 눈에 띌 만한 관심을 가졌다. 이러한 관심은 점성학적 민족지의 두터운 장막 주위를 배회하던 보댕의 환경론적 저

---

54) P. José de Acosta, *Historia Natural y Moral de las Indias*, Madrid, 1894(1590), Vol. 1, Bk. III, chap. 19, pp. 249~254.

술과는 확실히 달랐다. 그러나 이 관심 역시 이론적인 것과는 거리가 멀었다. 이것은 민족별 특성에 대한 관심으로서 유럽인이 다른 유럽인이나 페르시아, 인도, 중국처럼 멀리 떨어진 민족을 관찰한 결과를 토대로 한 것이다. 종종 이러한 특성은 인과적 설명 없이 기술되었으나, 이를 기후의 산물로 보는 점은 공통적이었다. 55)

민족별 특성에 대한 이와 같은 저술은 매력적인 면과 부정적인 면을 동시에 지녔다. 이 저술은 호기심 많고 적극적이며 편견 없는 지성들의 활동 무대를 제공했다. 즉, 날카로운 관찰을 통해 일상 세계, 음식, 지역적 차이에 대한 가치 있는 기술이 이루어진 경우가 많았다. 이러한 저술의 최대 약점은 편향적이거나, 거슬릴 정도로 독선적이며 종종 편협해지기 쉬웠다는 점이다. 이러한 미숙함은 국가나 민족을 신속히 그리고 확실하게 구별하는 것이 가능하다는 가정에서 비롯한다. 그래서 용감하게도 각 민족의 특성을 종합해 하나의 꼬리표를 붙였던 것이다.

민족별 특성에 대한 초기의 저술은 비슷한 단점을 가졌고 양차 대전뿐 아니라 많은 소규모 전쟁을 겪은 우리 시대에도 이러한 저술이 증식했다. 홀(Joseph Hall)* 주교는 1605년 작 《다르면서 같은 우주》(Mundus Alter et Idem)에서 이러한 과도한 단순화를 다음과 같이 혹평했다.

> 프랑스인은 보통 경솔하다고들 한다. 에스파냐인은 자긍심이 높으며, 네덜란드인은 술주정뱅이고, 영국인은 사업에 집착하고, 이탈리아인은 나약하며, 스웨덴인은 소심하고, 보헤미아인은 무자비하며, 아일랜드인은 야만적이고 미신적이다. 그러나 프랑스에는 침착한 사람이 한 명도 없고, 에스파냐에는 나약한 사람이 한 명도 없으며, 게르만족 중에는 술에 취하지 않은 사람이 한 명도 없다고 생각하는 바보가 있겠는가? 사람들의 태도를 그토록 확고하게 별에 얽어매 개인의 힘, 부모의

---

55) *Late Tudor and Early Stuart Geography*에서 Miss Taylor가 쓴 "The Urbane Traveller"라는 장을 보라.

양육과 교육을 통한 변화의 여지를 남기지 않는 사람들은 바보다. 56)

여기서 세 가지 사례를 보자. 오버베리 경(Sir Thomas Overbury), * 바클레이(John Barclay), * 템플 경 모두 영국인이고 17세기 초 사람들이다. 오버베리 경의 1623년 작인 《1609년 17개 지방의 현황에 대한 관찰》 (*Observations in His Travailes Upon the State of the XVII. Provinces as They Stood Anno Dom. 1609*)은 직설적 묘사를 보여주는 사례이다. 그는 사람들 사이의 민족별 특성을 인식했으며, 한 민족 내에서도 집단 간 차이가 존재함을 인식했다.

그 사례로 최근에 독립했고 자연적·인문적으로 독특한 지리적 특성을 가진 네덜란드가 자연스럽게 선택되었다. 템플 경처럼 오버베리 경도 라인 강과 마스(Maas) 강, 쉘트(Scheldt) 강 삼각주에 형성된 나라라는 지리적 이점을 부각시켰다. 네덜란드인은 베네치아인을 대신하여 인도 상품을 영국을 제외한 나머지 기독교 국가로 운송하는 역할을 맡았다. 네덜란드인은 유럽의 남북 무역과 독일, 러시아, 폴란드 등과의 동부 무역에서 유리한 위치를 차지했다. 그들의 천성적인 느림은 프랑스인이나 피렌체인의 경솔함, 변덕스러움과 대조적이다. 또한 그들은 "민주주의에 적합한 평등의 정신을 가졌다"는 점에서 스위스인과 유사하다. 그러나 오버베리 경은 민주주의를 그다지 숭배하는 것 같지는 않다. 57)

그는 프랑스의 민족적 힘, 형태, 지역적 다양성에 대해 논했다. 프랑스인은 "인접한 작은 민족, 예컨대 브르타뉴인(Bretons), 가스코뉴인(Gascoignes), 프로방스인(Provincalls) 등 프랑스인이 아닌 민족을 해체시키지 않고, 또는 그들이 지닌 이질성의 표식을 그대로 남겨둔 채 프랑스

---

56) Joseph Hall, *The Discovery of a New World*(Mundus alter et idem), trans. from the Latin by John Healey, pp. 10~11; Taylor, *op. cit.*, p. 150.

57) "Observations", *The Miscellaneous Works in Prose and Verse of Sir Thomas Overbury*, pp. 228, 230.

로 포섭했다. 프랑스인이 지닌 연합에의 지향성과 이방인을 편안하게 품는 본성은 당시 어떠한 법적 효력보다도 더 강했으며 장기적이었다". 나중에 그는 프랑스가 서로 상이하지만 관계가 있는 민족들을 합치면서 일종의 세계시민주의(Cosmopolitanism)를 구축한 과정을 기술한다. 그는 "피카르디(Picardie), 노르망디(Normandie), 브르타뉴(Bretaigne)는 잉글랜드(England)를 닮았으며, 랑그도크(Languedoc), 스페인(Spaine), 프로방스(Province), 이탈리(Italie) 그리고 나머지가 프랑스(France)를 닮았다"[58]고 말한다. 중부 프랑스의 핵심지를 둘러싼 오래된 지방들(pays) 간의 문화적 유사성은 인접성과 문화적 접촉의 결과로 보인다.

민족별 특성에 대한 이 시기 가장 인상적인 저작은 1614년에 초판이 발간된 바클레이의 《영혼의 거울》(Icon Animorum)인데, 라틴어로 쓰인 원전을 메이(Thomas May)*가 1631년 영어로 번역해 출판했다. [59] 바클레이는 거의 모든 시대마다 다른 시대와는 다른 어떤 특별한 혼(genius)이 있다고 말한다. 마찬가지로 "각 지역에는 그 지역에 딱 맞는 혼(spirit)이 있는데, 이 혼이 어떤 의미에서는 주민들에 대한 연구와 주민들의 풍습을 틀 짓는다". [60] 그는 그리니치 언덕에서 템스 강을 따라 펼쳐지는 풍경을 바라보며 자신이 보는 자연미와 인공미에 감명을 받았다. 영국, 어쩌면 유럽 전체를 통틀어 가장 아름다운 전경의 매력이 "부지불식간에" 그의 영혼을 "강탈해 갔다". 그것은 "(말하자면) 대자연의 다양성과 공들임을 드러냄으로써 그 풍성함을 전시하고" 있었다. 자연의 아름다움조차도 단조로움을 견디지 못한다. 어떠한 아름다움도 "상반된 특성이나, 특성의 변화가 없다면" 보는 사람을 "싫증나고 질리게" 할 수 있다. 따라서 "기

---

58) *Ibid.*, pp. 236~237.

59) 이에 대한 다소 덜 열정적인 평가를 보려면 Taylor, *op. cit.*, pp. 134~136을 보라. 이 저작에 대한 철저한 연구를 보려면, Collignon, "Le Portrait des Esprits (*Icon animorum*) de Jean Barclay", *Mémoires de l'Académie de Stanislas, 1905~1906* Ser. 6, Vol. 3(1906), pp. 67~140을 참고.

60) *Mirrour of Mindes*, p. 36.

대하지 못했던 새로움으로 질린 사람들을 계속 충전시켜야 한다". 61)

자연은 자연환경의 다양성을 창조했다. 어떤 나라는 산꼭대기에, 어떤 나라는 계곡에 자리 잡으며, 또 어떤 나라는 엄청난 더위를, 어떤 나라는 엄청난 추위를 겪기도 하며 "나머지 나라는 (비록 똑같지는 않지만) 온대기후이다". 나라들의 비옥도도 시간이 지나면서 달라진다. 별의 영향력이 똑같지 않기 때문이다(바클레이의 책에는 이처럼 점성학도 나온다). 그러므로 "이미 지나간 해나 다가올 해와 똑같은 해는 없다". 62)

이와 같은 시공간상의 다양성은 인간에게도 전형적으로 나타난다. 인간은 신의 형상을 닮아 창조되었으며 "특히 인간을 위하여 세계의 다른 모든 장식이 짜여졌다". 따라서 인간은 이러한 다양성의 미를 가장 훌륭하게 보여주는 사례이다. 다양성이야말로 자유롭게 태어난 인간이 그 어떤 것보다 헌신해야 할 가치다. "인간 자신의 기질, 시대적 운명, 사는 곳이 인간에게 특정 감정과 삶의 규칙을 갖게 한다". 세계에는 어떤 시대에든 특별한 혼이 있었는데 "이 혼이 인간의 마음을 지배하며 인간들이 똑같은 욕망을 가지도록 만든다". 따라서 어떤 시대에는 오로지 화성의 영향권〔전쟁〕에서 호흡했으며, 이후 몇 년이 지나면 "다시 평화와 고요가 찾아왔다". 63)

성취의 시대(그는 이런 시대의 예로 그리스, 그리고 아우구스투스에서 네로 황제 동안의 로마를 든다)에는 항상 다른 힘이 병립했는데 "각 지역에 적합한 혼이 인간에게 스며들어 인간은 태어나자마자 그 나라의 공통된 습관과 조국에 대한 애정을 가졌다". 64)

그런 후 바클레이는 민족별 특성에 대한 상당히 긴 분석을 시작한다. 그러나 각국의 자연환경을 개관한 다음에 나오는 설명은 기술적(記述的)

---

61) *Ibid.*, p. 42.
62) *Ibid.*, p. 43.
63) *Ibid.*, pp. 44~45.
64) *Ibid.*, pp. 54~55

이다. 지리, 무역, 생산은 서로 인과적으로 연결되지 않았다. 바클레이는 아프리카와 신대륙의 미개한 세계에는 관심을 갖지 않고 누락시켰다. 그는 대부분의 시간을 서유럽에 할애했는데, 프랑스(책에서는 특히 루이 13세에 집중했다)부터 신중히 시작했다. 특히 여기서는 특별한 관심사(방목지를 확장하면서 늑대가 사냥꾼들에게 사살되어 사라진 사실)를 이따금 언급한다. 바클레이는 프랑스를 다룬 다음에 잉글랜드, 스코틀랜드, 아일랜드를 서술하고 대륙으로 다시 돌아가 독일을 서술했다.

바클레이는 독일에 대해 한때는 숲과 야생의 주민으로 가득 차 있었으나 현재는 도시로 아름다워졌으며, 숲은 "한때 대단한 규모여서 나라 전체를 뒤덮었으나 현재는 규모가 줄어 사용상의 필요나 장식으로만 남았다"[65]고 말했다. 이어서 네덜란드연방(United Provinces)*과 에스파냐 왕가에 충성하는 플랑드르, 이탈리아를 다루는데 바클레이는 이들 지역이 엄청난 문화적 다양성을 가지는 것이 사회적 원인 때문이라고 설명했다. 이들 지역은 공통 언어권임에도 불구하고 풍습이 매우 다양한데, 이는 나라가 여러 주로 분리되었을 뿐 아니라 정부 조직도 다양하고, 외세에 점령당했던 흔적들이 남았기 때문이다. 그는 에스파냐인이 빈약하고 건조하며 척박한 토양에서 산다고 기술했는데 헝가리인, 극지방인, 모스크바인, 이밖에 다른 북쪽 민족도 그렇게 묘사했다(그는 폴란드의 광대한 숲이 난방에 필요한 목재를 생산했으며, 값비싼 모피 제품의 원료가 되는 동물의 보금자리이며, 수많은 야생벌떼가 있다고 했다).

바클레이는 또한 북쪽은 민족이 모여드는 곳이라는 집사 바울의 생각을 시간의 흐름 속에서 많은 것이 변한다는 것을 보여주는 사례로 이용했다. 즉, 유틀란트 반도(Cimbrian Chersonese)에 있던 한없이 번식할 것 같았던 인간들이 어떻게 없어졌는지 질문을 던졌다. 오늘날 그곳은 도시도 별로 없고 인구도 희박하기 때문이다. 이에 대해 바클레이는 (다른 유

---

65) *Ibid.*, pp. 144~145.

럽의 저자들과 유사하게) 네덜란드인, 독일인, 스칸디나비아인은 각각 여러 시대에 걸쳐 지도적 역할을 했으나 술을 너무 많이 마셨다고 설명한다. 과거에는 이 민족이 인구 규모에 비해 척박한 토양 때문에 이주를 많이 했다. 그들은 지나치게 많이 먹고 마셔서 재생산 능력이 취약해졌으며, 이에 따라 그들의 생산력으로는 자신들의 필요도 제대로 충족시키지 못했다. 또한 민족별 특성을 다룬 마지막 절에서 바클레이는 투르크인과 유대인을 함께 다루는데, 이는 그들이 증오로 서로 묶여 있기 때문이다.

바클레이의 사고 중에서 가장 흥미로운 것은 다양한 시대 가운데 인간의 성취가 집중되는 특정 시기가 있다는 점이고, 민족 간에도 공간적 차이가 존재한다는 점이다. 이처럼 바클레이는 천재들이 떼 지어 나타난다고 믿은 뒤 보의 믿음을 공고히 했다. [66)]

템플 경의 1673년 작인 《네덜란드 연방 관찰록》(*Observations Upon the United Provinces of the Netherlands*)은 바클레이의 글에 비하면 신선함과 이론적 대담성이 부족하다. 그렇지만 이 책 역시 환경과 민족성 간의 인과관계를 주장한다. 이러한 사고가 진부하기는 해도 템플 경의 분석은 세밀하고 분별력이 있다. 예컨대 그는 네덜란드 연방 내에는 상이한 특성을 가진 여러 계급이 존재하지만, 이들 간에 어떤 공통된 특성 또한 존재함을 인식했다. [67)]

---

66) Abbé du Bos, *Reflexions*, Vol. 2, p. 260. 뒤 보는 바클레이의 책 《유포르미오니스 루시니니》(*Euphormionis Lusinini*)를 인용하는데, 이 책을 인용한 이유는 1623년의 Hess Strasbourg판 이후로 모든 판에서 《영혼의 거울》을 《유포르미오니스 루시니니》의 4장으로 간주하는 잘못된 관례가 생겼기 때문이다. Collignon, *op. cit.*(앞에 나온 각주 59번을 보라), pp. 67~68.

67) 《네덜란드 연방 관찰록》의 서문을 쓴 클라크(G. N. Clark)의 글 pp. v~x에 이러한 찬탄이 나온다. 클라크는 "이 책을 일관되게 하는 것은 역사를 해석하는 방법인데, 이 방법은 다음과 같은 언명에서 요약적으로 드러난다. '대부분의 민족의 관습은 어느 정도 보이지도 관찰되지도 않는 자연적 원인이나 필요의 결과이다.' 이러한 사고와 이와 관련된 다른 사고들은 많은 당대 최고의 사상을 타오르게 했는데, 템플 경은 어린 시절부터 그러한 사고를 접했음이 틀림없

템플 경은 민족에 대한 논의에 앞서 네덜란드의 지리, 즉 바람, 조이데르 해(Zuider Zee)**의 과거 모습을 추론하고 평평한 땅, 배수로상에서 산업의 입지 등을 묘사하는데 명료하면서도 상상력이 넘친다. 68) 또한 그는 현실적이면서도 종종 솔직한 언어로 네덜란드의 사회 계급들, 즉 시골뜨기나 농사꾼, 선원이나 해운업자, 상인이나 무역업자, 임대업자, 신사 계급, 군관 등에 대해 기술했다. 그는 재빠르게 예리한 문장으로 이들 간의 차이를 정리한다. 모든 계급의 공통된 특징은 그들이 공적으로든 사적으로든 "지출이 매우 검소하고 질서 있다"69) 는 점이다. 전체로서의 네덜란드 민족에 대해서는, "일반적으로 내가 만난 다른 어떤 나라에서보다 이곳에서는 식욕이 떨어지고 열정이 차가워지는 것 같다. 탐욕스러워질 수는 있겠다"고 말했다. 그러나 일부 설명 — 템플 경은 네덜란드인이 구애를 할 때조차도 열정이 부족하다고 본다 — 은 답답한 공기 때문일 수 있다. 하지만 이 공기 때문에 "네덜란드인은 이상하게 근면하고 자신들의 정신을 계속 활용할 수 있어 설계하거나 착수하는 어떤 일에건 끊임없는 연구와 노동을 투여한다". 공기의 특성은 음주 습관에도 영향을 미친다. 따라서 자연스럽게 음주와 아침 절주에 대한 흥미로운 논의로 이어진다. 70)

시간이 흐르면 음식이 민족성을 변화시킬 수 있을 거라는 템플 경의 관찰은 그리 상투적이지 않았으며, 그래서 뒤 보의 주목을 끌었다. 템플 경은 용맹성과 음식(대부분 육식)의 관계에 대한 몇 가지 사례를 든 후 호전적이었던 고대의 네덜란드 주민과 현재의 주민 간의 차이를 다음과 같이 설명했다.

다"(p. ix).

68) *Observations*, pp. 89~96.

69) *Ibid.*, pp. 97~102, p. 102에서 인용.

70) *Ibid.*, pp. 106~108, pp. 105, 106에서 인용.

토착 네덜란드인 (특히 육지에 사는) 은 오랫동안 무기를 사용하지 않았으며 주로 다른 민족을 군인으로 썼다. 이와 같은 평화와 무역술, 그리고 식생활에서의 극도의 절제, 예컨대 고기를 거의 먹지 않았기 때문에 (보통 사람은 거의 일주일에 한 번 이하로 고기를 먹었다) 네덜란드 민족이 가졌던 고대의 용맹함이 상당히 훼손되었을 것이다. 적어도 육군의 경우에는 그러했다. 71)

템플 경은 고대인과 현대인 논쟁에서 고대인 편에 섰던 인물로 문명의 본질이나 역사의 지리적 전개, 기예와 과학에 유리한 환경적 조건 등 광범위한 문제에 관심이 많았다. 그는 하나의 문명은 그 이전 문명 위에 세워진다고 생각했으며, 초보적 수준의 고고학적 발견이라는 제약에 갇혔던 많은 19세기적 관점보다도 근대적 발견에 부합하는 해석을 더 많이 보여주었다. 또한 고대 그리스나 르네상스 시대 같은 갑작스러운 문명의 개화는 유리한 환경 조건에 힘입어 이루어진 것이라고 보았다.

템플 경은 중국, 에티오피아, 이집트, 칼데아, 페르시아, 시리아, 유대, 아라비아, 인도와 같은 동부 지역의 창조적 문명에도 감명을 받았다. 그는 그리스 시대의 학문은 원래 이집트나 페니키아에서 온 것이라고 말했다. 또한 이집트나 페니키아의 융성한 문명은 상당 부분 에티오피아인, 칼데아인, 아랍인, 인도인 덕분일 것이라 했다. 피타고라스의 철학 이면에는 자양분이 된 것이 있었다. 그것은 바로 그가 멤피스, 테베, 헬리오폴리스(Heliopolis), ** 바빌론에 머문 적이 있으며 에티오피아, 아라비아, 인도, 크레타 섬, 델포이로 여행한 덕분이었다. 데모크리토스의 철학도 그가 이집트나 칼데아, 인도를 여행한 데서 나왔을 것이며 스파르타의 리쿠르구스(Lycurgus)*의 철학도 이전 문명에서 나왔을 것이다. 이렇게 생긴 새로운 문명은 끔찍한 정복이나 침략이 발생하지 않는 한 다시 높은 수준의 문화를 조성하는 데 유리한 환경적 조건을 누린다.

---

71) *Ibid.*, pp. 1111~112, Du Bos, *op.cit.*, Vol. 2, pp. 288~289.

게다가 나는 민족의 단호한 절제, 엄청나게 맑은 공기, 균질적인 기후, 제국이나 정부의 오랜 평온 상태보다 지식과 학문의 발전에 더 기여할 수 있을 것 같은 조건을 알지 못한다. 그리고 우리는 우리에게 친숙한 다른 어떤 지역보다 이들 동부 지역이 이 모든 것을 갖추었음을 안다. 적어도 몇 세기 후 타타르에 의해 인도와 중국이 정복되기 전까지는 말이다.

그는 체스의 기원이 인도라는 것을 받아들인다면 "일부 학문이 그곳에서 기원"[72] 했다는 것 역시 받아들일 수 있다고 덧붙였다.

10. 우울에 대하여

경치, 전망, 공기의 변화에 대한 이와 같은 새로운 열정을 일으킨 것은 주로 옛 이론이다. 그러나 이러한 열정에는 동시대 생활에 대한 인식으로 촉발된 신선함도 있었다. 바클레이와 버턴이 당시 이 분야 최고의 사례일 것이다. 시대가 흐르면서 일부 저작은 자신의 연구 주제를 초월하는 어떤 특성을 가진다. 즉, 그 학문의 폭과 깊이로 인해 사고의 보고가 되는 것이다. 우리 시대에는 토인비의 《역사의 연구》(A Study of History)가 그런 작품임이 분명하다. 다른 시대 사례를 들자면 키케로의 《신들의 본성에 관하여》, 헤이크윌의 《변명》, 포프(Pope)*의 《인간론》(Essay on Man) 등이 그러하다.

버턴의 《우울의 해부》(Anatomy of Melancholy)***도 이 부류에 속하는데, 고전 시대의 사상과 당대의 유럽 대륙 및 영국의 저작에 대한 광범위하면서도 깊이 있는 지식 때문이다. 버턴은 환경론에서는 보댕과 보테로

---

72) "An Essay upon the Ancient and Modern Learning", in *The Works of Sir William Temple, Bart,* new ed. (1814), Vol. 3, pp. 446~459; p. 458에서 인용.

에 많이 의존한다. 그는 세계지(*cosmography*)에 대한 애정을 고백했는데, 이런 내용이 서론과 두 개의 훌륭한 에세이인 "나쁜 공기가 우울의 원인", "방출을 통한 공기 정화"[73]를 포함한 상당한 분량에서 발견된다.

우울이 시공간적으로 널리 퍼져 있었고 버턴은 엄청나게 박식하고 철저한 인간이었기에(대충 읽는 독자도 순식간에 그의 박식함을 눈치 챈다), 그러한 해부가 어떻게 거의 천 페이지를 채울 수 있었는지 쉽사리 알 수 있다. 환경에 관한 질문도 나오는데 그것은 이 책이 특정 정신 상태, 특히 우울에 대한 담론이기 때문이다. 즉, 육체와 정신의 관계, 공기와 물이 우울증과 그 해소법 및 일반적 기질에 미치는 영향, 공기의 변화나 경치의 영향과 같은 주제에는 환경 문제가 언급될 수밖에 없다. 알베르티, 비오 2세, 바클레이처럼 버턴은 내가 아는 한 경치의 아름다움과 자극을 강조한 초기의 몇 안 되는 저자 중 한 명이다. 그의 책에서는 공기와 물을 다룬 부분이 특히 흥미로운데 이는 그것이 현대와 고전 시대의 의학, 특히 히포크라테스와 갈레노스에 토대를 두기 때문이다.

환경론의 역사가 의학의 역사와 너무나 밀접히 관련된 만큼 이 주제를 다룬 저자들은 흐르거나 고인 물에 많은 관심을 두었다. 버턴은 고인 물과 그 위험성에 대해 다음과 같이 생생하게 기술했다.

대마가 빼곡히 자라거나 점액질의 물고기가 사는 연못과 도랑못에서 볼 수 있는 탁하고 더러운 고인 물은 건강에 매우 해롭다. 그 물은 태양열과 정체(停滯) 때문에 부패했으며, 벌레와 곤충으로 가득 차 있고, 끈적끈적하며, 진흙투성이에, 더럽고, 썩었으며, 불순물이 섞여 있다. 고인 물은 인간의 육체와 정신의 균형을 깨뜨리기 때문에 술을 빚거나 고기를 다듬는 데 쓸 수 없으며, 인간이 마시거나 피부에도 사용할 수

---

73) Part. 1, sect. 2, memb. 2, sub. 5; Part. 2, sect. 2, memb. 3. 버턴은 자신의 책을 partitions, sections, members, subsections으로 나누었다. Dell Jordan-Smith 판 《우울의 해부》에 나오는 훌륭한 색인과 인명 및 서지 사전을 보라.

없다. 고인 물은 말을 닦아주거나 소에게 먹이는 등 가축용으로는 많이 사용할 수 있지만 꼭 필요한 경우가 아니면 사용하지 않는 게 좋다. 74)

그래서 우울에 대한 연구는 음식을 고려하지 않을 수 없다. 버턴은 우울의 원인으로 나쁜 식단을 들어 식습관의 영향력을 강조했다. 또한 보댕의 글을 끌어와 북쪽·남쪽 민족의 식단과 각각의 기후적 토대를 비교했다. 그는 16세기 네덜란드의 의사이자 신학자로 의학에 관한 여러 권의 책을 저술한 렘니우스(Simon Lemnius)*의 "우리 몸에 가장 유익하고 가장 유해한 두 가지는 공기와 식단"이라는 이야기를 인용한다. 그 사례로 렘니우스는 뜨거운 곳에 노출되면 광기를 일으키는 경우를 들었다. 또한 버턴은 적도 바로 아래에 위치한 온화한 적도의 땅에 대해 기술한 아코스타의 글을 읽기도 했다. 75)

그는 나쁜 공기로 악명이 높은 해로운 땅을 언급했는데 그 예가 알렉산드레타(Alexandretta),** 에스파냐의 식민지령인 세인트 후안 데 울루아 항(the port of Saint John de Ullua in New Spain),** 두라초(Durazzo),** 폰티네 습지, 롬니 습지(Romney Marsh)** 등이다. 그러나 버턴은 이와 같은 환경 요인을 맹종하지는 않는다. 인간 역시 "인간 자신의 더러움과 부정한 생활 방식으로"76) 공기를 부패시키기 때문이다. 이 모든 것은 기질론에 토대한 것이다. 버턴의 설명은 "히포크라테스에서 나온"77) 해부학적 주제에 대한 글을 쓴 라우렌티우스(Andreas Laurentius)*에게서 가져온 것이다.

"몸은 영혼의 집으로, 영혼은 몸 안에 거하며 살아간다". 마음의 상태

---

74) *Ibid.*, Part. 1, sect. 2, memb. 2, subs. 1, p. 195.

75) *Ibid.*, subs. 5, pp. 206~207.

76) *Ibid.*, p. 209.

77) *Ibid.*, sect. 1, memb. 2, subs. 2, pp. 128~129. "Laurentius", p. 1016도 보라.

는 육체적 상태로부터 나온다. 즉, " … 포도주 맛이 포도주를 담는 통에 달려 있듯이 영혼은 몸의 작동 상태를 통해 육체로부터 기운을 받는다. 우리는 이러한 현상을 노인이나 어린이, 유럽인이나 아시아인, 더운 지방이나 추운 지방에서 발견할 수 있다. 사람들은 각자 체액의 양에 따라 다혈질이면 명랑하고, 흑담즙이 많으면 우울하고, 점액질이 많으면 둔하다. 인간은 체액이 부과하는 이와 같은 감정에 저항할 수 없다". [78]

학식은 깊으나 여행 경험은 전무한 버턴의 이와 같은 사고는 그가 여행서 읽기를 통한 여행벽에 빠졌었음을 잘 보여준다. 당시의 의사들이 그랬던 것처럼 그 역시 고대 의학의 유산에 의존함에도 불구하고 결정론적 사고가 거의 없다. 그는 상상의 여행에서 자연지리적인 많은 문제를 직접 관찰하려고 한다. [79] 다양한 풍습과 생활 모습, 그리고 구대륙과 신대륙의 동식물 분포 차이는 어디서 오는 것일까? 공기를 바꾸는 것보다 더 좋은 약은 없다.

여행은 형언할 수 없을 정도로 달콤한 다양성으로 우리의 감각을 매료시킨다. 그래서 어떤 이들은 한 번도 여행한 적이 없는 사람들은 '불행하며, 감옥에 갇힌 죄수이며, 태어나서 죽을 때까지 똑같은 상태로 살아갈 수밖에 없는 불쌍한 사람들'이라고 말한다. 그래서 라시스 (Rhasis)*는 여행을 권했을 뿐 아니라 명령하기까지 했는데 우울한 사람을 매우 다양한 대상에 접하게 하고, 다양한 숙소에 머물게 했으며, 여러 명의 동행과 함께하도록 했다.

그는 경치, 전망, 바다 풍경, 그리고 이것들을 품은 모든 나라를 찬미한다. 예컨대 "코린토스의 쇠락한 옛 성"에서 보이는 경치, 그리스의 펠로폰네소스 반도와 이오니아 해와 에게 해에서 보이는 경치, 나일 강 계

---

78) *Ibid.*, sect. 2, memb. 5, subs. 1, p. 319.
79) *Ibid.*, Part. 2, sect. 2, memb. 3, pp. 407~415.

곡 위의 거대한 정방형 피라미드 꼭대기에서 보이는 경치, 카이로의 술탄 궁전에서 보이는 경치, 예루살렘의 시온 산에서 보이는 경치를 찬미한다. 그는 그리니치 탑에서 보이는 경치가 유럽에서 최고라는 바클레이의 평에 동의한다. [80]

버턴은 사랑과 사랑으로 인한 우울증에 대해 오랫동안 고민한 결과 장소와 사랑의 관계에 주목했다. "장소 자체는 우리가 사는 이곳에서 풍토, 공기를 만들 뿐만 아니라 풍토와 공기가 동시에 작동하면서 규율 같은 것들도 만든다". 그는 미시아(Mysia)**에는 간통하는 남자들이 거의 없는 반면 로마에는 쾌락 때문에 간통하는 남자들이 많다는 갈레노스의 말과, 코린토스에는 외국인을 즐겁게 하는 천여 명의 매춘부가 있다는 스트라본의 말을 다음과 같이 인용한다. "모든 민족들이 이 비너스 여신의 집 주변을 자주 드나들었다". 버턴은 기후와 성욕의 관계에 대해 보댕의 의견을 따른다. 나폴리의 토양과 유쾌한 공기의 열매가 육체의 기력을 빼앗고 체질을 바꾼다. 플로루스는 이를 바쿠스와 비너스의 싸움이라고 불렀으며 푸와레(Foliet)는 이를 찬미했다. [81]

11. 결 론

17세기 후반 경에 이르면 퐁트넬처럼 학식 있고 비판적인 사상가는 기후가 모든 형태의 삶에 똑같은 영향을 준 것은 아니었으며, 인간 사회는 많은 사람들이 생각했던 것보다 훨씬 복잡하다는 사실을 인식할 수 있었다. "적어도 이것은 확실하다. 물질세계의 모든 부분은 서로 연결되어 있고 상호 의존적이기 때문에 식물에 영향을 주는 기후의 차이는 뇌에도 반드시 영향을 줄 것임이 틀림없다". 그러나 뇌에 대한 영향력은 훨씬 적

---

80) *Ibid.*, pp. 437~438. p. 437에서 인용.
81) *Ibid.*, Part. 3, sect. 2, memb. 2, subs. 1, p. 661.

다. '기예와 문화'의 영향력을 고려해야 하기 때문이다.

폰트넬의 견해는 폴리비오스와 유사하다. 기후에 의해 결정된 원래의 차이는 문화적 영향으로 변할 수 있다. 즉, "정신은 쉽사리 서로 영향을 주고받기 때문에 민족들은 각 기후에서 자연스럽게 유래한 원래의 정신적 특성을 계속 지니지는 않는다". 사실 폰트넬은 기후의 영향력을 무시한다. 기후로 인해 가진 장단점 중 서로 상쇄되는 것들이 분명 있기 때문이다.

폰트넬은 다시 몇 문단 뒤에서 고대에는 자연의 힘이 막강했다는 견해를 기각하고 식물의 세계와 인간에 대한 환경의 영향력을 구분한다. 그리고는 민족 간 유사성과 차이를 설명하기 위해서는 기후가 아니라 각 민족의 정신과 풍습을 연구해야 한다고 주장한다. "그리스의 책들을 읽으면 마치 우리가 그리스인하고만 근친결혼을 한 것 같은 결과를 초래한다". [82] 우리가 앞에서 보았고 또 많은 다른 관련 장에서도 볼 설계론은 엄청나게 다양한 사고에 개방적이다. 결국 신의 설계를 발견하고 창조주의 발자국을 따르는 것은 인간이며, 실제 사실이나 가정된 사실에 부합하는 모든 하위의 패턴이 설계론 안에 포섭될 수 있기 때문이다. 신의 섭리가 태양 아래 모든 인간에게 하나씩의 장소를 미리 결정하고, 그에 따라 다양한 곳에 거주하는 민족에게 인종적·신체적·문화적 차이를 준 것이라면, 뒤 바르타스의 말대로 극단적인 기후 조건을 견뎌내고 다양한 불편함에 적응하며 지속적으로 장소를 옮겨 다닐 수 있도록 인간을 설계한 것 역시 신의 섭리라는 것이다.

이처럼 인간의 적응 특성을 강조하는 사고 유형은 지구 전체가 인간의 거주지로 설계되었으며, 따라서 인간의 이주 역시 미리 설계된 것이라

---

82) Bernard Le Bovier de Fontenelle, "Digression sur les Anciens et les Modernes"(1688) *Oeuvres*; 인용문은 Teggart & Hilderbrand, *The Idea of Progress*, pp. 176~178에 나오는 폰트넬의 "On the Ancients and Moderns", 의 글을 발췌하여 번역한 파세트(Leona M. Fassett)의 글에서 인용한 것이다.

가정했다. 이러한 사고는 또한 인간의 본성이 적응력이 있고 유연하다는 점을 전제한다. 이를 가장 웅변적이고 화려하게 표현한 글은 프랑수아 (P. Jean François)의 1655년 작 《물의 과학》(*La Science des Eaux*)에 나오는데, 여기에 표현된 관점은 이전 시대의 것이다. 프랑수아는 인간에 대해 다음과 같이 썼다.

> 인간은 극도로 뜨거운 열대의 열기 속에서 사자와 함께 살기도, 얼어붙은 한대의 황무지에서 곰과 함께 살기도 한다. 인간은 말코손바닥사슴과 함께 아메리카의 숲을 어슬렁거리며, 파라과이 지역의 땅속이나 동굴에 몸을 숨기기도 하고, 중국의 수많은 물가에서 살아가기도 한다. 마르티니크(Martinique)**에서는 도마뱀을 먹고, 북부 이집트 지역에서는 메뚜기를 모아 소금 간을 해서 먹고, 자바 섬에서는 뱀과 쥐를 먹기도 한다. … 결론적으로, 공기, 물, 흙뿐만 아니라 이런 것들에 의존해 자라는 산물이 너무나 다양해 동물이나 식물은 이 다양성을 견디며 살아갈 수 없다. 오직 인간만이 이에 적응해 어디서나 살아갈 수 있다. 83)

이 시기에 나타난 ― 개념적으로는 단순하지만 불확실하게 적용된 ― 혼합된 사고를 어떻게 해석할 수 있을까? 다양한 가능성이 있다. 점성학적 민족지와 섞였을 수도 있고, 단순히 그 자체만으로 사용되었을 수도 있고, 설계론적 사고에 포섭되었을 수도 있으며, 마지막으로는 인간이 전 세계로 확산되었기 때문에 적응이라는 사고를 구체화할 수 있었는지도 모른다.

시간이 흐르면서 점성학적 민족지는 점차 사라지기 시작했으나 환경론

---

83) 프랑수아의 글은 잘 알려지지도 않고 쉽게 구할 수도 없어서 내가 직접 보지는 못했다. 따라서 이에 대한 논의는 Dainville, *La Géographie des Humanistes*, pp. 276~303을 참조했으며, 이 인용문은 p. 316에 인용된 프랑수아의 서문을 내가 번역한 것이다.

적 상관관계와 일반화는 18세기 내내 끈질긴 생명력을 보였다. 히포크라테스와 갈레노스에 대한 존경은 계속되었지만 이들은 점차 지식의 근원보다는 상담자로 취급받았다. 《우울의 해부》에서 잘 볼 수 있듯이 기후, 건강, 정신적·육체적 상태에 대한 당대의 관찰과 연구가 엄청나게 많았기 때문이다. 이와는 반대로 다른 영향력에 대한 지식이 증가했으며, 프랑수아의 글에서 암시된 것처럼 인류의 분포가 더 높은 차원의 창조성과 적응력의 증거가 된다는 것도 알게 되었다.

풍트넬은 자신이 동식물에 적용시킨 것과 동일한 환경적 기준을 인간에게 적용하는 것에 대해 망설였다. 특정 시기에 능력과 재능이 집중되는 현상에 주목했으며, 이러한 관찰은 암묵적으로 기후의 영향력이 역사적으로 동일하다는 사고에 이의를 제기한다. 앞으로 볼 것이지만 18세기에 뒤 보는 이 문제에 대해 숙고하였다. 민족성에 대한 관심도 증가했다. 개인 수준에서건 문명 수준에서건 차용의 중요성에 대한 템플 경의 사고는 모방과 복제, 문화적 환경의 역할을 제기한다. 환경론은 점점 세속화되어 점차 설계론의 속박에서 벗어났고, 종교적 분파를 설명하는 데 이용되었다. 마침내 알베르티, 바클레이, 버턴이 장소의 공기, 공기의 변화, 경치, 전망, 바다 풍경의 효과를 인식하면서 이후 자연의 특성에 대한 연구가 시작될 것을 암시했다.

이 시기에 나타난 환경의 영향력에 대한 사고가 중요한 주된 이유는 그 양이 방대하고 적용되는 곳이 다양하기 때문이다. 따라서 환경론적 사고가 인간의 문화와 자연환경 간의 관계를 이해하는 데 중요한 기여를 했다는 주장은 별 쓸모가 없다. 오히려 변덕스럽든 어리석든 간에 기후와의 상관관계가 지역에 대한 연구를 자극하고 문화적 차이를 인식시켰다고 말하는 것이 훨씬 낫다. 그러나 이러한 문화적 차이에 대한 인식은 이미 오랫동안 있었던 것이고 창조적인 이해로 가는 길은 보댕을 통하지 않았다. 오히려 이 길로 가는 더 넓은 길은 아코스타와 프랑수아를 통하는 것이었다. 고전 연구나 신대륙과 구대륙 여행기의 독해로는 새로운 발견을 이룰 새로운 출발을 할 수 없었다.

　그 새로운 발견이란 사람들이 살아간 흔적을 세계 어느 곳에서나 발견할 수 있으며 이동, 이주, 전쟁, 침략 같은 사건은 인간의 역사 대부분의 시기 동안 존재했다는 것, 인간은 광범위하게 다양한 자연환경 속에서 엄청나게 다양한 상황을 겪으며 살았고 살아남았다는 것, 그리고 인간은 자신의 땅을 엄청나게 다양한 방식으로 이용했다는 사실이다.

자연 지배의식의 성장

제 10 장

1. 서 론

인간은 오래전부터 자연환경을 변화시킬 수 있는 자신의 능력을 인식했다. 그러나 불과 몇 명만이 인간에 의한 자연 변화를 자연 속에서의 인간의 위치에 대한 보다 광범위한 철학적·종교적·과학적 태도의 일부로 간주했다.

나는 여기서 이론과학을 응용과학과 기술에 응용한 사례를 인간의 자연 지배라는 주제를 논하는 데 이용하지 않을 것이며, 자연 자원에 대한 새롭고 목적의식적 수요와 용도를 창출한 장인에 의한 기술적 발전과 발명에 대해서도 논하지 않을 작정이다. 물론 이와 같은 보편적 주제를 무시할 수는 없다. 특히 프랜시스 베이컨의 철학에서 나타나듯, 이것이 생활의 향상이나 실질적 활동의 중요성을 향해 열린 근대 시기의 새로운 철학적 전망을 보여주기 때문이다. 그러나 인간과 인간의 생산물을 추켜세우는 '인간의 자연 지배'라는 주제는 보통 '지리적 작인으로서의 인간'에 만 관심을 가져왔다. 그래서 인간이 지구에 가진 결과라는 관점에서만 변화를 이해할 뿐 환경적 장애에 대한 목적의식적인 지배의 증거로는 보지 못한다.

인간을 지질학적 또는 지리학적 작인으로 보는 사고는 중세에 자주 이뤄졌던 관찰과 그 근원이 거의 다르지 않지만, 그럼에도 불구하고 근대적이다. 사실 전(前) 산업 시대에도 변화는 쉽게 발견되었다. 예컨대 벌목을 하거나 숲을 불태워 목축이나 숯 생산에 이용하는 것, 습지나 늪의 배수, 도시의 난방 때문에 농촌보다 도시의 대기 온도가 더 높은 현상, 농업, 도끼나 쟁기, 불을 이용한 직업 등 이러한 활동은 기억할 수도 없는 아주 옛날부터 이루어졌다.

그러나 17세기 후반과 18세기에 이르러 이러한 변화에 대해 보다 대담한 종합화가 시작되었다. 이를 자극한 것은 부분적으로는 농업, 배수 시설, 공학, 땅과 직결된 다른 직업 분야에서의 성공이었다. 이러한 활동은 땅 자체의 변화나 땅 간의 지리적 관계 변화를 초래했다.[1] 오늘날에는 지식 체계로 조직화된 주제들, 예컨대 공기 오염, 토양 침식, 비료, 임학, 기후 변화, 생태학에 대한 지식이 이 시기에는 여기저기 흩어져 개별적으로 고립되었다. 이와 같은 관찰과 기록되지 않은 많은 관찰은 당시엔 너무나 흔하고 평범한 지식이었기 때문에 나중에야 철학적 일반화가 출현한 건지도 모른다. 18세기에 이 중요한 업적을 이룬 사람은 뷔퐁이었다.

---

1) 특히 *A History of Technology*, Vol. 3, ed., Singer et al., pp. 12~13, chapters 2, 3, 12, 17, 25를 보라.

2. 기술에 대한 르네상스 철학

르네상스 시대와 17~18세기의 저작에는 서로 다른 두 견해가 지속적으로 존재했다. 하나는 이론과학, 신학, 철학에서 나온 것인데 자연을 변화시키거나 지배하는 인간의 역할을 강조한다. 이러한 인간의 역할을 기대하게 한 근거는 존재의 서열상에서의 인간의 위치 그리고 창조의 의미를 해석할 지성이라는 도구를 가진 인간의 고유 능력이다. 이런 유형의 사례는 피치노, 파라셀수스, 프랜시스 베이컨의 저작에서 볼 수 있다.

또 다른 견해는 그 기원이 그다지 고상하지 않은데 어떤 경우는 철학적으로나 도덕적으로 설명하는 과정 없이 일상적 관찰을 통해 성립된 것 같다. 또 어떤 경우는 광업이나 임업, 관개, 공학에서의 기술적 논의 과정에서 또는 법이나 입법의 역사에서 나타났으며, 통치를 위한 실질적 필요에 의해 발생했을 수도 있다. 르네상스 시대에 있었던 이런 관점의 몇몇 사례를 자세히 살펴보자. 이러한 관점은 인간 사회와 환경 변화의 관계를 과학적 또는 철학적으로 탐구하려는 목적의식 때문이라기보다 우연한 관찰을 통해 획득되었을 가능성이 더 높다.

피치노가 《플라톤 신학》(Platonic Theology)에서 말했듯이, 불멸의 세 번째 기호(third sign of immortality)는 기예와 통치 활동으로 획득된다. 이 저작에서는 인간에 대한 찬송이 지나치게 열정적이며 목적인에 대한 믿음도 지나치게 완고하다. 그러나 인간은 가치 없고 저주받았으며 원죄로 가득 차 있다는 기독교신학의 상당 부분에 흠집을 내는 악의적 비판 다음에 나오는 인간에 대한 찬송은 인간의 창조성을 다시금 확인시키는 것이기도 하다.

피치노에 따르면 인간은 동물보다 훨씬 자유로운데, 동물은 기예를 전혀 갖지 못했거나 오직 하나의 기예만을 가지며 숙명적으로 꼭 해야만 하는 것만을 한다. 반면에 인간은 발명을 할 뿐만 아니라 발명품을 계속해서 개선할 수 있다. 인간은 "신의 모든 작품을 모방하며, 낮은 수준의 작품을 완벽하게 만들고 고치며 개선시킨다. 따라서 인간의 능력은 신의 본성이 가진 능력과 거의 유사하다. 인간 스스로 이런 식으로 행위를 하기 때문이다".[2] 인간은 창조적일 뿐만 아니라 자신의 기예로 자연의 여러 부분을 결합시킬 수 있다. 인간은 물질의 변형자이며 모든 원소의 사용자이다. "인간은 원소를 이용할 뿐 아니라 그것의 가치를 높이기도 한다. 이는 다른 어떤 동물도 하지 않는 행위다. 지구 곳곳에서 땅을 경작하는 모습은 얼마나 경이로운가, 건물을 짓고 도시를 건설하는 일은 얼마나 놀라운가, 물길을 지배하는 것은 또한 얼마나 놀라운 기술인가!"

피치노의 이 표현은 키케로나 성 아우구스티누스의 시구를 떠올리게 한다. "인간은 진정 신의 대리인이다. 인간은 모든 원소에 정통하며 그것을 계발시키고, 에테르에서 떨어지지 않은 채 지구상에 존재하기 때문이다". 인간은 동물을 이용하고 지배하는데, 동물은 천부적인 자기보호 능력에도 불구하고 인간과 승산 없는 싸움을 한다. 앞에서 인용했던 필론의 언급(《창조에 대하여》, 84~85쪽)을 강하게 연상시키는 다음의 문단에서 피치노는 묻는다.

야생동물이나 가축이 인간에게 평생 복종하는 모습을 어디서나 볼 수 있는 것처럼 인간이 동물의 지배를 받는 모습을 본 사람이 있을까? 인간은 힘으로 동물에게 명령을 내릴 뿐만 아니라 관리하고 보호하며 가르치기도 한다. 보편적 섭리는 보편인(普遍因)이신 신에게 속한다. 따라서 생물과 무생물 모두에게 보편적으로 모든 것을 제공하는 인간은 일종의 신이다.[3]

---

2) Marsilio Ficino, *Platonic Theology*, Bk. XIII, chap. 3, selections trans. Josephine L. Burroughs, *JHI*, Vol. 5(1944), pp. 227~239.

3) *Ibid.*, p. 234.

자연의 지배자로서의 인간에 대한 사고의 초기 역사를 연구하면 할수록 힘에 대한, 특히 몸집이 큰 동물을 압도한 힘에 대한 인식에 더 깊이 빠지게 된다. 역사적으로 작물화와 가축화를 성공시킨 배경에 대해 내릴 수 있는 더 폭넓은 결론은 다른 형태의 삶을 만들어보려는 인간의 태도가 가장 중요했다는 것이다. 또한 지구를 개조하는 인간의 역할에 대한 피치노의 해석은 수도원적 질서, 특히 중세 시대의 수도원적 질서에서 나온 종교적 해석과 다르다. 수도사들에게 삼림 제거나 수도원의 건립, 개조 등의 활동은 지상에 기독교 왕국을 세우려 한 활동의 다른 측면일 뿐이다. 그러나 피치노가 강조한 것은 다르다. 즉, 이러한 활동이야말로 인간이 하고자 하는 일을 가능케 하며, 지구를 변화시키고 인간보다 낮은 수준의 생명체를 인간의 명령에 따르게 하는 일이다. 이로 인해 인간은 신적인 특성에 더욱 가까워지며 다른 생명체와 확실히 구분될 수 있다. 거부할 수 없는 결론은 인간이 경이를 행할 수 있는 건 인간의 고유성 때문이라는 점이다.

　중세 시대부터 르네상스 시기까지의 사고에서 뚜렷한 변화를 찾아보기가 어렵긴 하지만 다 빈치(Leonardo da Vinci)*나 파라셀수스, 아그리콜라, 팔리시 같은 사람들의 저작으로 보건대 그래도 후반기에는 장인정신, 발명, 기술에 대한 보다 자의식적이고 자신감 있는 태도가 나타났다. 기본적으로 이러한 인식은 원래 한 가지 형태로 존재하는 사물이 인간이라는 작인을 통해 인간의 개입 없이는 결코 생각할 수 없는 다른 형태로 변형된다는 관찰이 확대된 결과다. 인간은 신처럼 원료의 창조자는 아니다. 그러나 신이 원료의 창조자라면 인간은 강력한 개조자이다. 이것이 앞으로 볼 파라셀수스의 주된 사고이다.

　르네상스 시기에 인간이 원소뿐만 아니라 경관을 변형시킬 수 있다는 식의 자의식이 성장한 것은 거의 틀림없다. 르네상스 시기에는 사물에 대한 관심이 중세 때보다 훨씬 컸다. 즉, 이 시기에는 비트루비우스의 작품과 같은 기술적(技術的) 문헌을 포함한 고전 고대 시기의 문헌들을 재

발견했는데, 이를 바탕으로 중세 시대의 기술을 발전시킬 수 있었다. "르네상스 시기 동안 기술적 성취를 이끈 특별한 자극이 있었는데, 그것은 현실 생활에 대한 몰입이 훨씬 보편화되고, 선견지명이 있는 장인들이 그동안의 관습적인 주먹구구식 수공업을 지양하고 과학적 토대와 계몽에 대한 욕망을 키운 데서 나왔다". 4)

건축, 광업, 운하 공사, 금속업에 대한 기술적 저작들에는 지금까지 발생한 변형과, 또 그러한 변형이 초래할 광범위한 함의에 대한 우려를 담은 언급이 종종 발견된다. 따라서 알베르티가 가졌던 건축가의 임무에 대한 본질의 광범위한 개념은 그가 알던 과학뿐만 아니라 인간에 대한 철학, 즉 인간의 열망이 경관을 계획하고 변화시키는 활동을 자극한다는 철학에 기반을 둔 것이었다. 알베르티는 인간의 능력을 상당히 의식하는데 장인정신과 발명의 오랜 역사를 보면 자명하다고 생각했다. 그는 당시까지 남아 있던 이탈리아 유적의 장식에서 볼 수 있듯이 인간이 자연을 아름답게 만들 수 있다고 말했다. 그는 또한 한 나라의 미학적이고 경제적 생활에 식물의 도입이 어떤 기여를 하는지도 잘 알았다. 5)

> 내가 왜 엄청나게 많은 물을 멀리 떨어진 숨겨진 장소로부터 가져와서 그렇게 다양하고 유용한 목적에 이용하자고 주장하겠는가? 왜 신에 대한 경배와 후손들의 봉사를 위해 전승 기념물이나 예배당, 신성한 거대 건축물, 교회 같은 것들을 세우라고 주장하겠는가? 마지막으로 내가 왜 바위를 자르고, 산을 뚫고, 계곡을 메우고, 호수를 만들고, 늪의 물을 바다로 빼고, 배를 만들고, 강줄기를 바꾸고, 강어귀의 토사를 제거하고, 그 위에 다리를 놓고, 항구를 세워 인간의 즉각적 편의에 기여할 뿐 아니라 세계 곳곳으로 나갈 수 있는 길을 만들자고 말하겠는가?6)

---

4) Klemm, *A History of Western Technology*, p. 111.

5) *Ten Books on Architecture*, trans. Leoni, Bk. VI, chap. 4.

6) *Ibid.*, p. x. Klemm, *op. cit.*, pp. 112~113에서 인용.

다 빈치는 기술과 계획뿐 아니라 이것들과 자연환경과의 관계에 대해서도 관심을 가졌다. 만약 어떤 사람이 "빨대의 원리에 따라 큰 강들은 모두 가장 높은 산을 배후에 두고 형성된다"고 말한다면 이는 그가 불굴의 인간 활동이라는 매개항(middle term)을 통해 물리 이론과 응용학문의 관계를 이해한다고 볼 수 있다.[7] 그래서 토지 개간, 하천 관리, 운하 건설에 오랜 전통이 있는 나라에서는 환경을 변화시킬 수 있는 인간의 능력이 물과 물의 통제와 관련됨을 인식하는 다 빈치 같은 운하 건설자가 많았다. 다 빈치는 강 주변에 사람이 많이 거주할수록 강에 더 많은 토사가 퇴적된다고 말했다. 산과 언덕에서 경작을 하면 지표면에서 풀이 제거되어 토양이 빗물에 쉽게 침식되기 때문이다. 다 빈치는 물의 침식력과, 이 침식력이 땅을 평탄하게 하는 역할을 관찰했다. "물은 산을 닳게 하고, 계곡을 메우며, 혹시 그런 힘이 주어진다면 지구를 완벽한 구(球)로 바꿀 수도 있을 것이다". 나중에 그는 이 원리를 적용해서 흐르는 물을 의도적으로 활용해 산에서 침식된 토사로 늪을 메우면 공기도 정화될 것이라고 제안했다.[8]

파라셀수스, 팔리시, 아그리콜라, 프랜시스 베이컨에게서 발견할 수 있던 것, 즉 발명가와 실험가에 대한 찬미, 숙련된 손, 가식적 권위에 대한 경멸이 다 빈치에게서도 나타난다. "실제로 내가 그들처럼 저자들을 인용할 능력이 없다 하더라도 경험의 빛으로 읽을 수 있는 것이 훨씬 크고 더 가치 있다. 경험이야말로 그런 문제에 대한 훌륭한 교사이다. 그들은 다른 사람이 수고한 결과물로 몸을 장식한 채 어깨를 으쓱대고 거드름을 피우며 걸으면서도 내가 수고한 결과물은 용납조차 하지 않는다".[9]

또 다른 시도는 피치노나 프랜시스 베이컨이 한 것처럼 광범위하고 철학적인 것인데 이는 — 보통의 일상적 활동에서나 건강과 질병, 그리고

---

7) *The Notebooks of Leonardo da Vinci*, ed., MacCurdy, p. 775.

8) *Ibid.*, pp. 310, 317, 322에서 인용.

9) *Ibid.*, p. 57.

환경을 변화시킬 정도의 도구를 이용한 작업에서 — 지적이고 창조적인 인간을 우주의 필수적 구성 요소로 해석하려 한다. 저명한 의사이자 연금술과 박물학 연구자였던 테오프라스투스 봄바스투스 폰 호헨하임 (Theophrastus Bombastus von Hohenheim, 파라셀수스)이 이러한 시도를 했다. 파라셀수스는 별에 대한 민간 전승적 지식과 로마인에게 보내는 편지 1장 20절의 가르침에 몰두했던 프랜시스 베이컨 역시 숙고했음직한 문제를 다뤘다. 그것은 바로 인간에 대한 통일된 개념인데 서로 다른 세 가지 줄기의 사고에서 나왔다. 그 세 가지란 인간은 창조주의 6일 동안의 작업으로 창조되었다는 것, 그 다음은 인간에 대한 저주의 결과, 마지막으로 이 두 가지와 인간의 창조성 간의 관계이다.

파라셀수스는 첫 번째 문제를 '대우주'인 우주 전체, '소우주'인 인간이라는 고대의 사고를 이용해 풀었다. 즉, '소우주'인 인간은 형태는 다르지만 '대우주'와 동일한 요소를 가져서 규모는 작지만 우주 전체에 작동하는 특성을 반영한다. 창조주는 '소우주'인 인간을 창조할 때 인간이 창조를 돕고, 연금술이 기술과 방법이 되고, 변화와 변형의 철학이 미처 완성하지 못한 자연의 창조에 마침표를 찍을 수 있도록 계획했다.

두 번째 문제의 해결은 원죄에 대한 우울하고 비관적인 전통적 해석과는 달리 아슬아슬하고 대담하다. 6일 동안의 작업 끝에 모든 물질이 창조되었다. 그러나 기예, 즉 장인정신과 공예, '자연의 빛'(*light of nature*: '타고난 지혜'라는 의미_옮긴이)은 창조되지 않았다. 파라셀수스의 이 유명한 문구를 인간에 적용하면, 그것은 바로 인간의 창조적 능력을 의미한다. 인간은 창조될 당시에는 이 자연의 빛을 가지지 못했으나 아담이 에덴동산에서 쫓겨날 때 이를 받았다. 남자는 자신의 손으로 일을 하고 여자는 고통을 겪으며 출산하도록 명을 받은 것이다.

아담과 하와는 에덴동산에선 천상의 피조물이었지만 이제는 지상의 피조물이 되었다. 파라셀수스가 필요는 발명의 어머니라고 믿은 것이 분명하기 때문에 "하와는 아이를 양육하는 법을 배웠으며, 이에 따라 요람과 보육이라는 것이 생겨났다"고 설명했다. 땅의 피조물이 된 인간은 에덴동산에 살던 하늘의 피조물이었을 때는 필요하지 않았던 것에 대해 알아야 했다. 에덴동산에서 쫓겨날 때 인간은 천사로부터 지식을 받았으나 모든 지식을 다 받은 것은 아니었다. 따라서 차후에 인간 스스로의 재주로 자연의 비밀을 찾아야 했다. "인간과 그 자손은 모든 창조물 속에 숨겨진 것을 찾기 위해 대자연의 빛으로 이것저것 배워야만 했다. 인간의 신체는 완전하게 창조되었으나 그들의 '기예'는 그렇게 창조되지 못했다. 모든 기예가 인간에게 주어졌으나, 즉시 인식 가능한 형태로 주어진 것은 아니었기 때문에 인간은 그것을 발견해야만 한다".[10] 더구나 우리가 자연을 보이는 대로 수용하는 것 이상의 일을 하는 것은 창조주의 의지다. 우리는 "왜 그것이 창조되었는지를 탐구하고 배워야 한다. 그리고 나서 우리는 양털과 암퇘지 등에 난 강모를 이용하는 방법을 탐색하고 간파할 수 있다. 그렇게 우리는 각각을 제 위치에 놓을 수 있으며 날것을 우리 입맛에 맞게 요리할 수 있고, 추위를 피할 집과 비를 가릴 지붕을 스스로 지을 수 있다".[11]

"지구가 자신이 생산한 모든 것을 마음대로 할 수 있는 것처럼" 지상의 모든 것은 "인간이 최고 수준으로 발달시킬 수 있도록" 인간의 수중에 있다. 인간의 임무란 노력, 탐험, 탐구를 의미한다. 다시 말해 인간은 자신에게 주어진 것을 발전시킬 의무가 있다. 필요는 발명의 어머니이며 창조물은 인간이 활동할 수 있도록 부추기기 위해 존재한다고 믿는 파라셀수스는 창조물은 인간을 위해 만들어진 것이기 때문에 인간은 그것을 필요로 하며 창조의 모든 것을 탐구해야만 한다고 말한다.

---

10) *Paracelsus, Selected Writings*, pp. 176~177. From "Das Buch Para-granum", in *Paracelsus Sämtliche Werke*, ed., Sudhoff and Matthiessen, Pt. I, Vol. 8, pp. 290~292. Klemm, *op. cit.*, p. 144에서 재인용. 파라셀수스에 대해서는 이 책의 도움을 많이 받았다.

11) "Die Bücher von den unsichtbaren Krankheiten", 1531~1532, Sudhoff, Vol. 9; Klemm, p. 144.

파라셀수스의 철학에 따르면 인간은 부단히 호기심 있고 활동적이다. 세계 속에서의 인간의 지위는 신에 의해 결정되는데, 신의 비밀은 눈에 보이지 않으나 결국 발견될 것이다. "창조주의 비밀이 드러나고 마는 것은 창조주의 의지가 아니다. 그러나 이 비밀이 인간의 작업을 통해 드러나 알려지는 것은 창조주의 의지다. 인간은 바로 창조주의 비밀을 드러내기 위해 창조되었다". 신은 그의 작품 속에서 드러난다. 인간도 마찬가지다. 따라서 인간은 신이 인간에게 부여한 선물을 발견하기 위해 지속적으로 작업할 필요가 있다. 12)

이는 세 번째 문제로 이어지는데, 인간의 기예와 창조성의 본질에 대한 탐구로 우리를 이끈다. 인간이 자연을 변형시킬 수단으로 기술과 도구 제작술을 발전시킨다는 점에서 특히 더욱 그렇다. 파라셀수스의 답변은 주조소의 불과 연기, 광산의 소음과 소란, 목재 냄새, 목공소의 대패질을 떠올리게 하는데 이런 것들은 여행을 통해서 그에게 꽤 익숙해진 것이다. 파라셀수스는 성경에 쓰인 것을 믿었다. 즉, 모든 것은 무(無, *ex nihilo*)로부터 창조되었다. 그러나 그 창조가 완료되었더라도 완전한 건 아니었다.

그는 지구가 인간을 위해 창조되었으며, 사과의 과육이 씨가 있는 중심을 둘러싸듯 지구가 인간을 둘러싼다고 믿었다. 따라서 창조의 완성은 인간 중심으로 파악되어야 한다. 즉, 무(*ex nihilo*)에서 창조된 모든 것이 인간이 이용할 수 있는 형태로 창조된 것은 아니다. 창조의 완성은 불과 불의 관장자인 불카누스(Vulcan: 로마 신화 속의 불과 대장장이의 신, 여기서는 인간을 의미함_옮긴이)에 의해 이루어진다. "신이 철을 창조했으나 그것으로 녹이나 쇠막대, 낫을 만들 수는 없다. 신이 우리에게 준 것은 철광석일 뿐이다. 신은 철광석을 철로 만드는 나머지의 일을 하도록 불과 불의 관장자인 불카누스에게 명을 내렸다. 따라서 철 자체는 불카누

---

12) *Paracelsus*, pp. 182~184; *Lebendiges Erbe*, pp. 113~116; Sudhoff, Pt, I, Vol. 7, pp. 264~265; Vol. 14, pp. 116~117; Vol. 12, pp. 59~60.

스에 속하며 그의 기술에 의해 만들어진 것이다". 불은 광석을 녹이거나 빵을 굽는 등의 변화를 일으키는 강력한 동력이다. 또한 신은 약(藥)을 완성된 형태로 창조하지 않았는데 불순물로부터 약을 분리하는 것은 불이다. 따라서 불을 자주 이용하는 연금술은 인간이 창조한 것이며 기예이고, 창조를 완성하는 수단이다. 연금술사는 장인과 동일하다. "따라서 나무의 연금술사가 존재하는데 그들은 나무를 집으로 만드는 목수이며, 나무로 무언가 다른 것을 만들고, 그것으로 그림의 형태를 만드는 목각사이다".

신은 아무것도 완전하게 창조하지 않았다. 그러나 불카누스에게 그 과정을 완성하라고 명령했다. "빵은 하느님에 의해 창조되어 우리에게 주어졌다. 그러나 빵은 빵 굽는 사람으로부터 직접 나온 것이 아니라 세 명의 불카누스, 즉 농사꾼, 방아꾼, 빵 굽는 사람에 의해 빵으로 만들어진 것이다".13) 그는 그리스 신화에 나오는 장인의 신 헤파이스토스를 생각한 것이다. 이 글에서 파라셀수스는 자신의 연금술 철학을 드러낼 뿐 아니라, 앞서 스토아학파와 신비론적 저작에서 보았던, 인간을 행위자, 형성자, 완성자로 보는 오래된 사고에 호감을 가졌음을 보여준다.

파라셀수스처럼 아그리콜라(게오르크 바우어)는 '수공업은 보통의 일상적 활동 이상의 것으로 거기에는 철학이 구현되어 있다'고 생각했다. 그는 "르네상스 시대 진정한 만능인 중 하나였는데 인문주의적 지식을 대자연에 대한 고찰과 실질적인 기술 활동에 결합시켰다".14) 우리 주제와

---

13) "Labyrinthus Medicorum errantium", 1537~38, in *The Hermetical and Alchemical Writings of Paracelsus*, trans. Waite; *Paracelsus. Selected Writings*, p. 185: Klemm, p. 145. Jacobi, ed., Theophrastus Paracelsus *Lebendiges Erbe*(Zürich and Leipzig, 1942), and *Paracelsus. Selected Writings*, Eng. trans. Guterman을 보라. 여기에는 다양한 주제에 대해 쓴 파라셀수스의 글이 많이 발췌되어 있다. 이 책들에는 파라셀수스가 사용한 용어들을 모아둔 훌륭한 용어집이 있다.

14) Klemm, *op. cit.*, p. 145.

관련하여 특별히 관심이 가는 것은 광업에 대한 아그리콜라의 옹호이다. 그는 광업이 광석을 다루는 데뿐 아니라 광석을 시굴하는 데에도 엄청난 기술을 요한다고 주장한다. 또한 그는 광물의 한시성을 강조하는 것은 잘못이라고 했다. 농업의 지속성과 비교할 때 광물 역시 수백 년이 지나도 고갈되지 않는 사례가 있기 때문이다. 광산에서 제기되는 실질적인 건강 및 안전 문제로 광업 폐지를 정당화할 수도 없다. 그는 특히 금속이 인간의 영혼이나 신체의 기본적 필요에 기여하는 것이 아니기 때문에 광업은 무용하다는 의견을 비판했다.

아그리콜라는 인간에게 유용한 광산물을 만드는 것이 자연의 설계였다면 광석이 지표면 가까이에 위치했었을 것이라는 목적론적 주장에 그럴듯한 답변을 하려 하지도 않았다. 그는 지구가 인간에게 유용하거나 필요한 어떤 것도 숨기지도, 붙잡지도, 비밀로 하지도 않으며 "은혜롭고 친절한 어머니처럼 아낌없이 자신이 가진 것을 제공하며, 약초, 채소, 곡물, 과일, 나무가 자라게 한다"[15]는 생각을 비웃었다. 또한 광물이 깊이 묻혀 있다는 이유로 찾아내서는 안 된다는 주장도 거부했다. 또 다른 중요한 문단에서 아그리콜라는 광업이 자연의 파괴자라는 당시에 널리 퍼진 믿음을 비판했다.

〔광업을〕 비판하는 사람들이 가장 강하게 주장하는 것은 광업 때문에 토지가 파괴된다는 것이다. 이러한 이유로 예전에 이탈리아인은 금속을 위해 땅을 파헤쳐 비옥한 경작지, 포도밭, 올리브나무를 훼손하는 행위를 법으로 금지했다. 또한 그들은 재목, 기계, 제련에 쓸 나무에 대한 수요가 끝이 없어 숲과 과수원의 나무가 벌목된다고 주장한다. 그리고 숲과 과수원이 벌목되면 동물과 새들이 멸종되는데, 이것들 중 상당수는 인간의 좋은 식량이기에 피해가 크다는 것이다. 더구나 광석을 씻은 물이 개울과 시내를 오염시키며, 물고기를 죽이거나 다른 데로 쫓

---

15) *De re metallica*, Bk. I, Hoover trans. p. 7.

는다고 주장한다. 따라서 이런 지역에 사는 주민들은 토지와 숲, 과수원, 개울과 강이 파괴되어 생활에 필요한 것들을 조달하는 데 큰 어려움을 겪으며 삼림의 파괴로 인해 건물을 세우는 데 엄청난 비용을 지불해야만 한다고 주장한다. 따라서 분명히 광업이 생산하는 금속의 가치보다 광업으로 인한 손해가 훨씬 크다고 주장한다. 16)

이러한 주장에 대해 아그리콜라는 두 가지 답변을 했는데, 하나는 위에서 언급된 남용에 대한 것이고 다른 하나는 금속의 유용성에 대한 보다 광범위한 철학적 쟁점을 제기한 것이다. 아그리콜라는 광부가 토지를 훼손시키는 일은 거의 없다고 주장한다. 광업용이 아니라면 아무 쓸모도 없는 산이나 어두운 계곡을 파내기 때문이다. 관목이나 나무뿌리가 제거된 땅에는 곡물을 심을 수 있으며, 이렇게 새로 만들어진 토지에서 생산된 작물은 높아진 목재 가격으로 인한 손실을 보상해 준다. 더구나 광업으로 돈을 번 산악 지역에서는 새나 식용 동물, 물고기들을 구입할 수도, 비축할 수도 있다.

광업에 대한 보다 보편적인 반대(금속, 특히 귀하고 비싼 금속일수록 인류를 타락시킨다는 주장 등)에 대해 아그리콜라는 문명은 금속 없이 존재할 수 없다고 간단히 답한다. 농업이 가장 오래된 기술이지만 금속 기술 역시 "농업과 거의 같은 길이의 역사를 가졌다. 인간은 도구 없이 땅을 갈지 못하기 때문이다". 17) 아그리콜라는 인류에게 일으킨 타락과 대재난 때문에 금속을 경멸하는 사람들의 순수함과 정직성, 선함을 존중하지만 그들이 비난의 대상을 잘못 정했다고 보았다. 전쟁은 금속 탓일 수 없다. 인간은 철이나 청동기가 없었더라면 손으로라도 싸웠을 것이다. 아그리콜라는 학살, 약탈, 전쟁의 책임은 야금술의 발전이 아니라 인간의 본성에 있다고 주장했다. 금속을 비난하는 것은 창조주가 사악하다고 비난하

16) *Ibid.*, p. 8.
17) *Ibid.*, Pref. , p. xxv.

는 것이다. 금속에 대한 비난이 타당하다면 창조주가 공연히 선한 목적도 없이 무언가를 만들었다고 가정할 수 있기 때문이다. 신앙심 깊고 지각이 있는 사람들은 창조주가 악의 창조자라고 생각하지 않을 것이다. [18]

금속은 인간이 취할 수 없도록 땅속에 숨겨진 것이 아니다. "신중하며 현명한 대자연은 각자에게 제 위치를 정해 주었기 때문이다". 아그리콜라는 금속이 인간에게 이용될 목적으로 만들어진 것이 아니기 때문에 땅속에 숨겨져 있다는 주장을 비웃었다. 인간은 물고기를 잡으러 바다 깊숙이 들어가는데 지상의 동물인 인간이 땅속에 들어가 금속을 찾는 것보다 바다 속에 들어가 물고기를 찾는 것이 더 이상한 일이라는 점을 지적한다. 더구나 새가 하늘에서 살고 물고기는 물속에서 사는 것처럼 다른 피조물, 특히 인간은 땅에서 산다. 그래서 "인간은 땅을 경작하고 땅속에서 금속과 다른 광물질을 채굴할 수 있다".

아그리콜라는 금속을 직접 필요로 하는 직업과, 간접적으로 금속제 도구를 이용하는 다양한 직업에서 금속이 어떻게 쓰이는지에 관한 긴 목록을 제시했다. "우리가 일하는 사람들에게서 금속을 빼앗는다면 건강을 지키고 유지하며 삶을 보다 소중하게 지킬 방법을 모두 잃어버리게 된다". 아그리콜라는 금속이 없다면 인간은 야생동물처럼 살아갈 수밖에 없다고 생각했다. 따라서 인간이 금속을 평가절하해서는 안 된다. 금속은 자연의 창조물로 인간이 인간답게 살아가는 데 필요한 것을 공급하며 인간을 돋보이게 하고 인간에게 이로움을 준다. [19]

팔리시는 1580년 작 《감탄할 만한 논의들》(*The Admirable Discourses*)에서 이와 유사한 철학을 보여준다. 즉, 일단 자연에 대한 진실이 발견되면 인간은 그 발견으로부터 이익을 얻는 데 필요한 일을 해야 한다는 것이다. 또한 팔리시는 고전 언어로 된 지식을 경멸하며 거부했는데, 관찰

---

18) *Ibid.*, Bk. I, pp. 11~12.
19) *Ibid.*, pp. 12, 14, 18.

보다 글로 쓰인 권위에 더 관심을 갖는 이들을 비난했다. 그는 권위에 대해 다 빈치와 비슷한 태도를 취했다.

> 자연적으로 형성된 샘의 물이 빗물에 의해 만들어진다는 점을 내가 의심의 여지없이 알기 때문에 물이 부족한 땅을 소유한 사람들이 샘 만드는 방법을 배우지 않는 것은 어리석다고 생각한다. 신이 여느 땅뿐만 아니라 모래땅에도 물을 보낸다는 것을 알았으면서도 그 물을 잡아 놓는 방법을 알아내는 데 과학이 필요할 거라고 생각하지 않는 사람도 어리석다. 만약 고대인들이 신의 작품을 탐구하지 않았더라면 동물이 사는 초지에 살면서 애써 일하지 않고 들판의 과일을 따 먹으며 살았을 것이다. 그러나 그들은 현명하게도 자연을 보조하기 위해 씨앗을 뿌리고 경작하기로 결정했다. 이것이 바로 자연을 돕기 위해 처음으로 무언가를 발명한 사람들이 우리 선조들로부터 숭배받은 이유이다. 선조들은 이 최초의 발명자들이 신의 정신에 참여한 사람들이라고 생각했던 것이다. 〔신은〕 우리가 자연을 보조하는 일을 하기를 원하신다.[20]

자연 보호에 대한 지식도 이러한 과정을 관찰하면서 나왔다. 《물과 수원(水源)에 대한 대화》(*Dialogue on Waters and Fountains*)에서 이론(理論)은 공원을 조성하기 위해 산의 나무를 베어야 하는가라는 질문을 던진다.

> 아아, 안 됩니다. 그렇게 해서는 안 됩니다. 이 나무는 이 문제에서 당신에게 매우 유용하기 때문입니다. 프랑스의 많은 지역, 특히 낭트에는 나무로 만든 다리가 있는데 이 다리 기둥에 부딪히는 물과 얼음의 충격을 완화하기 위해 많은 수직 기둥을 다리 기둥 앞에 세워 두었습니다. 이렇게 하지 않았더라면 다리는 오래가지 못했을 것입니다. 마찬가지

---

20) *The Admirable Discourses*, pp. 58~59. 여기서 팔리시는 샘과 발원지의 기원이 강수라는 그의 이론을 상세히 설명한다. 그러나 팔리시 이론의 독창성 문제를 보려면 p. 13을 보라. 권위에 대한 그의 태도에 대해서는 팔리시의 글을 번역한 라 록크(La Rocque)의 서문을 보라.

로 당신이 공원을 만들고 싶어 하는 산에 심은 나무는 물의 충격을 많이 줄일 것입니다. 따라서 나는 당신에게 나무를 벨 것이 아니라 거기에 나무가 없다면 더 심으라고 충고하고 싶습니다. 이 나무가 물에 땅이 침식되는 것을 막고 풀을 보호할 것이며, 이 풀 위로 흐르는 물이 곧바로 당신의 물 저장고로 흘러들 것이기 때문입니다. 21)

알베르티, 다 빈치, 파라셀수스, 아그리콜라, 팔리시 모두 15세기나 16세기를 살았지만 각자 멀리 떨어져 살았다. 그들은 모두 특별한 사람들이었다. 그들 중 다 빈치는 천재였으며 다른 이들 역시 재능이 많았다. 그들은 모두 공통적으로 기술, 장인정신, 환경 변화에 관심을 가졌다. 더구나 그들은 군주들에게 배수 사업이나 벌목을 통해 왕국을 발전시키는 데 관심을 가져야 한다고 조언했던 정치 이론가인 보테로와 유사점이 있었다. 또한 그들은 다 빈치처럼 예술가이자 공학자이며 장인이었던 뒤러(Albrecht Dürer)*와도 유사점이 있었는데, 뒤러는 보다 엄격한, 과학적이고 수학적인 방법을 통해 장인정신을 발전시키는 데 관심이 있었다. 22)

3. 프랜시스 베이컨

전반적으로 17~18세기에는 인간이 지식을 축적함으로써 자연에 대한 지배를 확대할 것이라는 낙관론이 성장했다. 이러한 낙관론을 반대한 사람들은 여전히 고전 고대 시대가 인간 업적의 최전성기였다고 보거나,

---

21) *Ibid.*, p. 63. 또한 신중한 계획을 통해 가능한 다양한 토지의 이용법에 대해서는 p. 67을, 나무의 중요성에 대해서는 pp. 71~72를 보라. "나무가 얼마나 필요한 것이며, 나무 없이 살아가는 것이 얼마나 불가능한 일인지에 대해 쓰려면 아마 끝이 나지 않을 것이다"(p. 72).

22) Klemm, *op. cit.*, p. 131을 보라.

자연이 노쇠한다고 믿거나, 혹은 인간에 대한 저주가 자연에 대한 저주를 동반한다고 믿었다. 그러나 아그리콜라나 파라셀수스, 프랜시스 베이컨에게서는 낙관론적 경향이 발견된다. 베이컨이란 이름은 과학적 방법론의 초기 역사와 연관되는데, 그는 이론과학을 응용과학과 기술에 응용하는 문제를 탐구했으며 또한 인간의 자연 지배에 대한 폭넓은 질문을 던졌다. 베이컨은 특히 마지막 주제를 논하는 데 많은 관심을 가졌는데, 이는 중세적 사고를 연상시키기도 하고 18~19세기의 사상을 닮기도 했다.[23]

베이컨은 자연 이해의 필요성을 역설하면서 (그는 자연 이해라는 용어를 창조와 동의어로 사용한다), 인간은 자신이 인간 정신의 산물이 아닌 창조주의 산물을 다룬다는 사실을 깨달아야 한다고 경고한다.

> 우리는 최초 부모의 원죄를 반복하기 때문에 그로 인해 고통받는다. 최초의 인간은 신처럼 되기를 원했는데 그 후손은 그보다 더 위대해지기를 원한다. 우리가 세계를 창조하고 자연을 지배하고 압제하기 때문에, 우리는 어리석게도 자연의 모든 것이 신의 지혜에 가장 적합해 보이거나 실제로 발견되는 모습이 아니라 우리가 생각하는 모습으로 있도록 하려 한다. 나는 우리가 자연의 사실이나 우리 자신의 이해력 중 어느 것을 더 많이 왜곡하는지 모르겠다. 그러나 분명히 우리는 신의 피조물에 창조주가 직접 찍은 도장을 주의 깊게 조사하고 인지하기보다 우리 자신의 이미지로 도장을 찍는다. 그런 이유로 피조물에 대한 우리의 지배권은 당연히 다시 몰수된다. 그러나 인간의 타락 이후에도 피조물의 저항에 대한 지배력의 일부 — 진실하고 견고한 기예로 자연을 정복하고 관리할 힘 — 는 여전히 인간에게 남겨졌는데, 이 역시 우리의 오만을 야기한다. 우리는 신처럼 되고 싶어 하며 우리 자신의 이성의 명령을 따르려 하기 때문에 대부분 실패한다. 따라서 창조주를 향한 겸손함, 창

---

23) Francis Bacon, 1561~1626, *Advancement of Learning*, 1605; *Novum Organum*, 1620; *New Atlantis*, 1629.

조주 작품에 대한 경외심이나 찬미하려는 태도, 인간에 대한 자비심, 인간의 슬픔과 궁핍을 덜어 주려는 염려, 자연의 진리에 대한 사랑, 어둠에 대한 증오, 이해(理解)를 정화하려는 욕망이 인간에게 조금이라도 있다면 우리는 인간에게 이와 같은 변덕스럽고 터무니없는 철학(이 철학은 가설보다 논제를 선호했으며 경험을 포로로 잡았으며, 신의 작품에 승리하려고 했다)을 계속적으로 버리거나 적어도 얼마 동안은 제쳐두고, 겸손과 숭배의 자세로 다가가서 신이 가진 창조의 두루마리를 펼쳐 그 속에서 머물며 명상하고, 사견(私見)이 제거된 깨끗해진 정신으로 순수하고 고결하게 연구할 것을 간청해야 한다. 24)

인간의 무지는 인간의 두 번째 타락과 같다. 즉, 인간의 무지는 원죄와 같은 것으로 낡은 철학이 감히 신의 말씀에 승리할 수 있을 거라는 기대에 따라오는 실패다. 베이컨은 "창조의 두루마리를 펼치라"고 권고하면서 오래된 사고인 '자연이라는 책을 통한 배움'을 잘 이용한다. 인간이 기예와 과학을 계발하고 발명을 장려함으로써 자연을 지배할 수 있다는 그의 철학은 종교와 분리되지 않는다. 오히려 이 철학이야말로 종교의 핵심 부분으로 창조의 역사, 인간의 타락과 밀접히 관련된다. 그는 빛의 창조가 첫 번째 날 이루어졌다는 창세기의 가르침을 반복적으로 상기시키면서 실험은 빛의 창조를 모방해야 하며 인간의 과학은 신의 창조와 비교를 통해서 발전한다고 말한다. " … 우리는 창조주의 창조를 본받아 이익보다 빛을 줄 수 있는 실험을 추구한다. 종종 관찰했듯이 창조주는 첫째 날에 빛을 생산했는데 다른 어떤 물질적 작업은 하지 않고 그날 전체를 빛의 창조에만 쏟아부었다". 25)

---

24) "The Natural and Experimental History for the Foundation of Philosophy: or Phenomena of the Universe: Which is the Third part of the Instauratio Magna", *The Works of Francis Bacon*, ed., Spedding, Ellis, and Heath, Vol. 5 (Vol. 2 of the translations of *The Philosophical Works*), pp. 131~134. 인용문은 p. 132.

25) *Novum Organum*, Bk. I, Aph. 121. (진석용 역, 2001, 《신기관》, 한길사_옮

베이컨은 "우리 조상인 최초 인간의 원죄"였던 인간의 타락이 이후의 인간과 자연 모두의 역사에 결정적이었다고 보았다. 이러한 사고는 《새로운 기관》(*Novum Organum*)의 웅변적인 마지막 문단에서 분명하게 드러난다.

> 인간은 타락으로 인해 과거의 순수함과 창조에 대한 지배권을 잃었다. 그렇지만 둘 다 어느 정도는 현재의 삶 속에서 회복될 수 있다. 회복을 가능하게 하는 첫 번째는 종교와 신념, 두 번째는 기예와 과학이다. 창조가 저주에 의해 전적으로 완전히 반역적인 행위가 된 것은 아니었기 때문에 또한 "네 이마의 땀으로 빵을 먹을 것이다"라는 창조주의 명령의 결과, 우리의 노동(논쟁이나 마술적 의례는 노동에 포함되지 않음)에 의한 창조는 결국 인류에게 어느 정도의 빵을, 다시 말해 인간에게 일상적으로 필요한 것을 제공했다.

종교와 신념 그리고 기예와 과학에 각각의 역할이 부여되었을 뿐만 아니라 기예와 과학은 최초의 타락과 두 번째 타락(즉, 자연의 관찰과 이해를 방해하는 철학의 채택)의 물리적 결과를 완화시키기도 한다. 베이컨은 자연에 대한 인간의 지배를 어떻게 파악했을까?

그중 하나는 빛의 창조와 비교하는 것에서 예상할 수 있듯이 인간에 대한 당당하고도 객관적인 입장이다. 이 입장은 세 가지 야망에 대한 유명한 구절에 잘 드러나 있다. 첫째, 인간은 자기 나라 안에서 자신의 힘을 확대하고 싶어 한다. 베이컨은 이러한 야망을 저속하고 타락한 것으로 생각한다. 둘째, 인간은 인류에 대해 자기 조국의 힘과 지배력을 확장하고 싶어 한다. 첫 번째 야망보다 고귀하지만 여전히 탐욕스럽다. 셋째, 인간은 전 우주에 대해 인간의 힘을 확장하고 싶어 한다. 이 야망은 보다 건전하며 숭고하다. 이 세 가지 야망에 대한 구절 다음에는 그의 문장 중

긴이)

에서 가장 많이 인용되는 것 중 하나가 이어진다. "따라서 사물에 대한 인간의 지배는 오로지 기예와 과학만을 토대로 한다. 왜냐하면 자연에 복종함으로써만 자연을 지배할 수 있기 때문이다".26)

자연을 지배할 수 있게 하는 지식을 추구한 베이컨은 고대 세계가 더 우월하다고 생각하는 사람들을 참을 수 없어 했다. 현재가 진정한 고대이다. 우리는 젊은 사람보다는 나이 든 사람에게서 더 많은 지식을 기대한다. 이와 마찬가지로 현재 세계가 과거 세계보다 더 오래되었기 때문에 현재의 세계가 축적한 것이 더 많으며 실험이나 관찰 역시 더 증가했다. 또한 그는 당시에 일어난 인간의 지리적 시야의 확대에 깊은 감명을 받았는데, 그에 비례해 인간의 지적 시야의 성장이 이루어져야 한다고 생각했다. 항해와 발견을 권위와 고전 지식에의 고루한 집착과 대비시킬 수 있었던 것도 그가 가진 철학의 토대가 관찰이었기 때문이었다. 인간은 발견의 시대가 가져다 준 기회에 상응하는 도약을 이루어야 한다. "땅, 바다, 별 같은 지구의 물질적 측면이 우리 시대에 엄청나게 개발되고 설명되는데도 지구에 대한 지적인 경계가 여전히 고대인들의 협소한 발견 범위에 갇혀야 한다면 그야말로 인류에게 수치스러운 일일 것이다".27)

자연에 대한 지배력을 강화할 사고의 교환을 위해서는 발견과 발명이 필요하고 이에는 항해와 여행이 중요한 역할을 한다는 점은 분명하다. 베이컨의 책 《뉴 아틀란티스》(New Atlantis)***에 나오는 그곳의 지배자는 배 두 척으로 출발하려는 솔로몬의 집 소속인 3인에게 명령을 내렸다. "배가 목적지로 삼은 나라들에서 벌어지는 사건과 상황에 대해 알아 오시오. 특히 전 세계의 과학, 기예, 제조업, 발명에 대해 알아 오시오. 그것 말고도 책, 도구, 모든 종류의 유형도 알아 오시오 …". 지배자는 첫째 날 빛의 창조를 상기하면서 계속해 다음과 같이 말했다. "그러나 당신들

---

26) *Ibid.*, Aph. 129.
27) *Ibid.*, Aph. 84.

은 우리가 금이나 은, 보석 또는 기술이나 향신료, 다른 상품을 얻기 위해서가 아니라 오로지 창조주의 첫 번째 피조물인 빛을 얻기 위해, 다시 말해 빛을 가진 사람들이 세계 곳곳에서 늘어남을 확인하기 위해 무역을 한다는 사실을 명심하시오".[28]

베이컨은 지평의 확대로 인한 자극을 의식하게 된 시대에는 발견을 위한 항해, 특히 과학적 [지식을 갖춘] 여행가들의 항해가 무비판적으로 권위와 관례를 받아들이는 사람들을 지속적으로 힐책한다고 생각했다. 사실 발견을 위한 항해와 발명 간에 상응 관계가 있는 것처럼 보인다. 왜냐하면 자연에 토대를 둔 철학과 과학은 성장하지만 견해에 토대를 둔 철학과 과학은 변화하지도 성장하지도 않는다. 프랜시스 베이컨은 정체된 과학을 기계적 기예(mechanical arts)와 비교해 비판하면서, 기계적 기예는 "자연과 경험의 빛에 토대한 것이다. 왜냐하면 기계적 기예는 (그것들이 인기를 누리는 한) 생명으로 가득하며, 부단히 번영하고 성장하며, 처음에는 조잡하지만 점점 편리해져서 마침내 빛을 발하며 영원히 발전하기 때문이다".[29] 여기서 프랜시스 베이컨은 이상적인 기술 발전 단계를 암시한다.

'솔로몬의 집'(Solomon's House) 혹은 '6일간의 작업 대학'(College of the Six Days' Works)으로도 알려진 곳('6일간의 작업 대학'이라는 이름은 프랜시스 베이컨이 빛의 창조로 시작하는 6일간의 창조를 상징하려 했음을 보여준다)은 그곳 지배자의 말에 따르면 "당신들에게 유명하며 우리에게도 잘 알려진" 헤브라이의 왕 이름을 딴 것이다. 여기엔 다른 곳에서는 이미 사라지고 없는 솔로몬 왕의 저작 일부가 보전되어 있다. 남아 있는 솔로몬 왕의 저작 중에는 "레바논 삼나무부터 벽에서 자라는 이끼에 이르는 모든 식물과, 생명과 움직임을 가진 모든 것에 대한 박물학"이 있다. 지

---

28) "New Atlantis", in *Ideal Commonwealths*, World's Greatest Literature ed., pp. 119~120. (김종갑 역, 2002, 《새로운 아틀란티스》, 에코리브르_옮긴이)

29) *Novum Organum*, Bk. I, Aph. 74.

배자가 기술한 대로 '솔로몬의 집'은 창조주의 창조 능력을 경배함과 동시에 그렇게 창조된 피조물이 인간에게 얼마나 유용한지를 볼 줄 아는 의욕적인 기독교적 사고를 재현한다.

〔지배자에 따르면〕 우리의 왕은 헤브라이인에게 창조주가 엿새 만에 세계를 창조했다는 사실을 배우고 나서 "모든 것들의 진정한 본성을 알아내기 위해 '솔로몬의 집'을 세웠다. 이는 신의 창조 능력에 영광을 더하며 창조물로부터 인간이 더 많은 결실을 얻을 수 있도록 하기 위함이다. 이런 연유로 그와 같은 두 번째 이름(6일간의 작업 대학_옮긴이)을 가진 것이다".30)

솔로몬의 집이 뉴 아틀란티스에서 무척 중요한 기관으로 기예, 과학, 윤리, 종교가 한데 얽혀 모두의 힘과 영광을 드높이기 때문에 발명의 진전, 의학의 발전, 이론과학 분야에서의 탐구의 발전, 인류의 기여에 의한 환경 변형에 대해 더 적극적인 관심을 기대할 수 있다. 더구나 이 계획에는 인간에 의한 환경 변화가 바람직하지 않을 것이라는 암시가 전혀 없다. "솔로몬의 집을 설립한 목적은 원인과 물체 운동의 비밀에 대한 지식과 인간 지배의 범위를 가능한 모든 것에까지 넓히는 것이다".31)

뉴 아틀란티스는 엄청나게 다양한 퇴비와 토양 덕분에 땅이 비옥하다. 또한 물고기나 새를 잡기 위해 염분 호수와 민물 호수를 이용하며 그곳에 생물체를 묻기도 한다. 소금물을 민물로 만들거나 민물을 소금물로 만들기도 한다. 시냇물과 큰 폭포, "바람을 증폭 및 강화하는 원동기" 등이 힘의 근원이다. 과수원이나 정원에서는 "미를 찬미하기보다 땅과 흙의 다양성을 찬미한다. 다양한 땅과 흙은 다양한 수목류와 초본류에 적합하며, 어떤 땅은 매우 광활해서 나무와 열매를 심고 포도밭 옆에서 다양한 음료를 만든다".

---

30) *New Atlantis*, p. 119.
31) *Ibid.*, p. 129.

접붙이기도 많이 한다. 기예를 통해 정원, 나무, 꽃들이 원래보다 더 일찍 또는 더 늦게 결실을 맺도록 할 수 있다. 또한 그 식물을 더 크게 하거나 열매를 더 달게 할 수 있으며, 맛이나 냄새, 색상, 생김새를 다르게 할 수도 있다. 또한 식물들의 의학적 가치도 많이 발견했다. "우리는 씨앗 없이 흙의 조합으로 다양한 식물을 자라게 만드는 기술을 가진다. 또한 마찬가지로 평범한 식물과는 다른 새로운 다양한 식물도 만들 수 있으며 특정 나무나 식물을 다른 나무나 식물로 만들 수도 있다".

짐승이나 새를 위한 공원이나 울타리를 만들어 볼거리나 희귀한 종을 보존하는 데 이용하며, 해부와 실험을 활용해 "인간의 신체가 무엇으로 만들어졌는지"를 발견하기도 한다. 이와 같은 실험을 물고기에도 할 수 있으며, 기는 벌레나 날벌레들의 알 까는 장소도 연구 대상이다. [32]

뉴 아틀란티스에서는 자연환경에 영향을 주는 인간 활동이 주로 농업 및 원예(토양을 비옥하게 하고, 식물의 품종을 개량하고 선별하는 것), 그리고 신과 인간에 봉사하기 위해 산업 사회의 기계를 움직이는 에너지로 물과 바람을 이용하는 것과 관련된다. "우리는 찬송과 봉사의 마음을 가진다. 우리는 매일 신과 그의 경이로운 작품을 찬송하고 감사한다. 이때 기도의 형식은 우리의 노동에 빛을 주어 그것이 선하고 고귀하게 쓰일 수 있도록 신의 도움과 축복을 구하는 것이다". [33]

4. 낙관주의적인 17세기 저작들

브라운 경은 프랜시스 베이컨과 로마인에게 보내는 편지 1장 20절의 정신에 따라, 신의 시종이며 "보편적이고 공적인 원고(原稿)인 자연 속에 신이 존재한다는 증거를 찾아낼 수 있다"고 말한다. 세계는 "야수가 서식

---

32) *Ibid.*, pp. 129~132.
33) *Ibid.*, p. 137.

하도록 만들어졌지만 인간이 연구하고 탐색할 수 있도록 만들어진 것도 사실이다. 다시 말해 우리 인간은 신으로부터 이성이라는 빛을 졌으며, 야수가 아닌 것에 감사해야 한다. 그렇지 않았다면 세계는 여전히 사고할 수 있는 피조물이 없었던 여섯째 날 이전 상태였을 것이다".

다시 여기서 우리는 창조에 의미를 부여하는 것은 신으로부터 부여받아 인간만이 소유한 '이성'이라는 생각을 읽을 수 있다. 인간이 부여받은 재능의 수준이 높을수록 인간이 이해하는 의미의 수준도 더 높아진다. 신의 지혜를 찬양하는 사람들은 "신의 작품을 무례하게 응시하거나 상스럽게 찬탄하는 저속한 이성을 가진 이들"이 아니라 "신의 행위에 분별 있는 탐구심을 갖고 신중하게 피조물을 연구하려는, 독실한 믿음과 학식을 갖추고 존경의 의무를 다하는 사람들"[34] 이다.

인간은 "육체적 요소와 정신적 요소를 둘 다 가진 존재"다. 사실 인간은 하나의 소우주이다. 왜냐하면 인간은 자신의 삶 속에서 다섯 종류의 존재를 모두 구현하기 때문이다. 맨 처음 인간은 "아직 생명을 부여받지 못한" 미완성의 무생물 덩어리 상태로 존재한다. 그리고 나서 인간은 동식물, 인간의 삶을 순서대로 살아가고 마지막으로 영적인 존재가 된다. "하나의 신비로운 자연" 속에서 이 다섯 종류의 존재적 특성을 모두 가진 인간은 세계와 우주의 피조물을 이해할 수 있다. 따라서 인간은 두 세계를 조이는 스패너이며 "위대한 진짜 양서류"이다.

인간의 삶에서 이 다섯 가지 존재가 구현되는 것이 지구상에서의 인간 역할에 고유한 권한을 부여한다. 창조주는 그 자신의 영광을 위해 세계를 창조했으며, 창조주를 경배할 수 있는 유일한 존재로서의 인간을 창조했다. [35] 여섯째 날에 행해진 인간의 창조는 인간보다 앞서 이루어졌던 창조 행위의 의미를 완벽하게 바꿔 놓았다. 만약 우리가 창세기 1장 28절

---

34) *Religio Medici*, Gateway ed., Pt. 1, sect. 16, p. 27; sect. 13, p. 24. 브라운 경은 이 책을 1635년에 썼으며 1643년에 처음 출판했다.

35) *Ibid.*, Pt. 1, sect. 34~35, pp. 52~54.

에 나오는 창조주의 명령을 덧붙인다면(브라운 경은 그러지 않았다), 인간은 창조주의 일꾼이며 자연의 지배자다. 가장 뛰어난 능력을 부여받은 인간은 탐구와 연구를 통해 자신이 부여받은 임무를 최고로 잘 수행할 것이다. 헤일 경은 이 주제를 능란하게 확장했다(212~215쪽 참고).

프랜시스 베이컨처럼 데카르트도 환경을 지배하는 데 지식이 가진 힘을 신뢰했다. 《방법서설》에 나오는 이에 관한 문구는 '자연에 복종해야만 자연을 지배할 수 있다'는 프랜시스 베이컨의 진술만큼 유명해졌다. 데카르트는 기예가 인류의 운명을 개선시키기 위한 투쟁에서의 동맹국이라고 주장할 만큼 기예에 대한 열정을 보였는데, 이 열정은 아마도 네덜란드에 머무는 동안 이루어진 연구와 관찰 때문에 더 강화된 것 같다. 왜냐하면 당시 네덜란드는 배수 시설과 해안 간척지(polder, 폴더)에 의해 극적으로 땅이 변형되었기 때문이다.

잠깐 다른 이야기를 해 보자. 인간이 땅을 변형시키는 일을 낙관적으로 해석하기 시작한 것에 네덜란드의 수리공학이 미친 영향을 훌륭하게 논할 수 있을 듯하다. 17세기 전반기는 성취의 황금기였다. 그 이전에도 외곽 제방의 전문가였던 피어링흐(Andries Vierlingh)*가 과거에 이루어졌던 댐, 제방, 수문 건설과 "모래톱과 모래 해안으로부터 새로운 땅을 창조하는 일"에 대한 글을 남겼다. 그의 글에서 인용하면 "그것은 실제로 그렇게 위대한 기예가 아니다. 일개 양치기도 흉내 낼 수 있을 것이다. 그러나 땅을 새로 만드는 일은 오직 신의 영역에 속한다. 왜냐하면 신은 일부 사람들에게 그런 일을 할 수 있는 지성과 힘을 주기 때문이다. 그 일은 애정과 많은 노동을 요하며 모두 그 게임을 즐길 수 있는 건 아니다".

1600년 이후 풍차는 대규모의 고성능 펌프차가 되었다. 안쪽 제방의 전문가였던 레흐바터(Jan Leeghwater)*도 과거의 변화에 대해서뿐만 아니라 자기 시대에 목격한 네덜란드의 변화에 대한 글을 남겼다. 그는 1640년경까지 암스테르담의 북쪽 반도에서 양수 시설로 인해 물이 없어진 호수만 해도 27개라고 했다. 또한 그 자신이 160개의 풍차로 할렘머메어(Haarlemmermeer)**의 물을 빼자는 제안을 하기도 했다. 마지막으로 페르무이덴(Cornelius Vermuyden)*은 1621년 다겐햄(Dagenham)**의 템스 강 제방을 수리하라는 제임스 1세의 명을 받아 소택지의 배수를 감독했다. 36)

데카르트는 "물리학에서 어떤 보편적인 개념"에 관한 지식을 얻으면, 그리고 그 지식이 지금도 여전히 존중되는 과거의 지식과 얼마나 다른지 깨달으면 그렇게 획득한 자신의 지식을 억지로 억누를 때마다 "우리에게 부과된 법칙, 즉 인류의 보편적 선을 획득해야 하는 임무를 저버리는 엄청난 죄를 짓는 것임을 알게 된다"고 말한다. 지금은 인간에게 "최고로 유용한" 지식, 즉 학교에서 가르치는 사변적 철학을 누를 수 있는 실천적 지식을 얻을 수 있다. 이런 실천적 지식을 이용해 "불, 물, 공기, 천체, 하늘과 같이 우리를 둘러싼 모든 물리적인 것의 원동력과 움직임을 규명함으로써 우리가 장인들의 다양한 작업에 대해 확실히 아는 것처럼 그와 똑같은 방식으로 제 용도에 맞게 그 지식을 잘 적용할 수 있다. 말하자면 우리 자신이 자연의 지배자이자 주인이 될 수 있는 것이다". 37)

라이프니츠도 인류의 진보에 기여할 기예와 과학의 가능성을 보았다. 그는 여러 차례에 걸쳐 기예와 과학을 증진시키자는 제안을 했는데 전람회, 박물관, 아카데미를 만드는 계획이 포함되었다. 그는 지식의 광대함에 깊이 매료되었는데, 가치 있는 많은 지식이 아직 기록되지 않은 상태기 때문에 우리가 얼마나 많이 아는지 가늠하기조차 어렵다고 보았다. 그는 우리가 매일매일 직업 활동을 통해서도 배울 수 있으며, 기술에 의

---

36) Van Veen, *Dredge, Drain, Reclaim*, pp. 34~47. p. 34과 p. 39에서 인용했다. 네덜란드인의 해외 활동에 대해서는 지도가 나와 있는 pp. 47~59를 보라. 또한 L. E. Harris, "Land Drainage and Reclamation", in *A History of Technology*, ed., Singer et al., Vol. 3, pp. 306~308, 319도 보라.

37) Descartes, "Discourse on Method", 6, in *Discourse on Method and Other Writings*. Trans. with an intro. by Arthur Wollaston. Penguin Books (1960), p. 84.

존하는 놀이든 운에 의존하는 놀이든 간에 놀면서도 어른이나 아이로부터 배울 수 있다고 확신했다. 또한 "서로 다른 직업을 가진 사람들 사이에 흩어진, 기록되지 않은 지식이 양이나 중요성 면에서 우리가 책에서 발견할 수 있는 지식을 능가하며, 우리가 가진 것 중 훨씬 많은 부분은 아직 기록되지 않은 상태라고 확신"했다. [38]

라이프니츠는 인류의 필연적 진보에 지구의 진보가 보조를 맞추지 못할 이유가 없으며, 지구의 궁극적 완성은 인간의 누적된 재능의 증거가 된다고 보았다. 이런 사고의 토대는 예정조화 사상, 목적인론에 대한 열정, 기예와 과학은 진보하기에 인류는 다시 야만 상태로 회귀하지 않을 것이라는 확신, 그리고 진보야말로 우주의 특성이라는 믿음이다.

그리고 우리는 신이 창조한 작품의 보편적 아름다움과 완벽함 외에도 우주 전체의 어떤 끊임없고 무척 자유로운 진보를 인식해야만 한다. 우주 전체는 항상 훨씬 더 위대한 향상(cultum: 문명)으로 진행된다. 따라서 지금도 우리 지구의 상당 부분이 문명의 혜택을 받으며, 앞으로 더 많은 문명의 혜택을 받을 것이다. 때때로 지구의 특정 부분이 다시 야만 상태로 돌아가거나 멸망 또는 쇠락하는 경우가 있는 것은 사실이다. 그러나 이는 우리가 위에서 고통을 해석한 것처럼 이해되어야 한다. 다시 말해서 멸망이나 쇠락은 보다 큰 결실을 낳는데, 즉 잃어버림으로써 어떤 이득을 얻는다. [39]

위의 인용문은 중요한 문구이다. 목적인론이나 예정조화 사상(이 조화에는 물체로서의 지구가 포함된다)에 낙관론의 가능성이 있음을 보여주기 때문이다. 모든 변화는 전체적으로 보아 틀림없이 최선의 상태가 되기

---

38) "Discourse Touching the Method of Certitude, and the Art of Discovery in Order to End Disputes and to Make Progress Quickly", *Leibniz Selections*, ed., Wiener, pp. 46~47.

39) "On the Ultimate Origin of Things"(1697), *Leibniz Selctions*, ed., Wiener, p. 354.

위한 것이며 지구 전체도 궁극적으로는 정원처럼 문명화될 것이다. 그러나 인간이 바람직하지 못한 방향으로 계속해서 자연을 변화시켰으며 이 변화가 필연적 진보라는 믿음만으로는 극복할 수 없는 수준임을 보여주는 별개의 정보가 천천히 한데 모이다 보니 불행히도 라이프니츠의 이 대담한 가정은 잘못된 것으로 밝혀졌다.

프랜시스 베이컨과 데카르트, 그리고 이들의 선구자인 다 빈치, 파라셀수스, 아그리콜라, 팔리시의 정신은 17세기의 많은 뛰어난 사상가들에 의해 지속되었다. 이들은 더 높은 수준의 인간 경험으로까지 향상된 인간의 산업(*industry*)은 기예와 과학을 통한 자연에 대한 지배력의 확대를 보여준다고 생각했다. 여기서 말한 산업이란 철학적으로 볼 때 바람직한 목표에 도달하기 위한 정신노동이자 숙련된 손일 수 있으며, 신학적으로 볼 때는 신의 청지기이자 자연 속 어디서나 볼 수 있는 신의 작품에 대한 숭배자로서의 활동일 수 있다. 그리고 실제적으로는 지구의 자원을 이용하고, 혼돈 상태에 있었을 것을 질서 있게 만드는 유용한 활동일 수 있다. 이처럼 인간이 자연을 지배하며 환경을 변화시킨다는 관점은 과거로부터의 분리라는 뛰어난 업적을 세운 데카르트의 주장, 그리고 우주는 진보하는 특성을 가진다는 라이프니츠의 주장과 관련이 있다.

우리는 굿먼이 열정적으로 지지한 자연의 쇠락론을 반박하는 데 헤이크윌(과 그의 저작을 대중화시킨 폴란드의 존스톤)이 어떤 역할을 했는지 이미 보았다. 헤이크윌은 성경에서 예언한 대로 지구가 종말을 맞을 것이라 믿었다. 그러나 종말이 일어나는 방식을 이성적으로 규명하는 것은 불가능하다고 생각했다. 다시 말해 그는 종말이 기적에 의해서나 일어날 것이라고 생각했다. 그는 지금 지구상에서 관찰할 수 있는 어떠한 과정도 유기체가 부패하는 것과 같은 의미의 지구의 쇠락을 야기하지는 않는다고 믿었기 때문에 루크레티우스에 반대하는 콜루멜라가 되었으며, 환경에서 발생하는 변화를 설명할 보다 직접적이고 그럴듯한 이유를 발견했다. 40)

헤이크월의 생각과 식견의 특징은 성지(the Holy Land: 팔레스타인 지역 _옮긴이)의 물리적 쇠락에 관한 논의에 드러난다. 그는 '성지는 확실히 쇠락했으며 초창기 성지의 풍요로움은 신의 특별한 호의 때문이었을 것'이라고 말한다(신명기 11장 3절, 레위기 26장의 인용문과 "너희가 내가 만든 법을 따르고 지킨다면 … " 등). 그는 성경과 성 브로카두스(Brocardus)*의 《신성한 땅에 대하여》(De Terra Sancta) (2부 1장)의 기록을 심사숙고한 후에 결론을 내렸는데, 그곳의 쇠락은 "토양의 질이 자연적으로 악화되어서라기보다" 신의 저주나 "사람들이 땅을 잘못 다루었기 때문이다"(여기서 대단하신 나리들이 말을 타고 지나간 자리엔 풀이 자라지 않는다는 속담이 생겼을 것이다). 노동과 산업은 인간과 지구와의 관계에 대한 헤이크월의 생각에서 매우 중요하다. 인간의 산업은 자연이 인간의 도움 없이 할 수 있는 것보다 무언가를 더 좋게 만들기 때문이다. "신이 그렇게 정한 것이 확실하므로 인간의 산업은 모든 것에서 대자연의 작품과 일치해야 한다. 그래야만 모든 것이 완벽해지고 완벽한 상태로 유지될 수 있다".[41]

현재의 자연이 저주의 결과라는 오래된 염세주의적 사고와, 목적적이며 계획된 노력으로 자연환경을 개선한다는 근대적 사고 간의 갈등은 버턴의 《우울의 해부》에 잘 나타나 있다. 그는 인간의 원죄로 인한 자연의 쇠락, 즉 인간의 원죄가 지구의 황폐화를 통해 반영된다는 이 오래된 염세주의적 관점을 받아들였다.[42]

버턴은 천문 상태가 [인간에게 적대적인] 공기(예컨대 카이로와 콘스탄티노플의 나쁜 건강 상태를 관찰한 보테로의 관찰에서 언급된 역병을 유발하는 대기 현상이나 나쁜 날씨), 지진, 홍수, 화재, 인간에게 호전적인 동물을

---

40) 세계의 쇠락, 인간을 위해 설계된 지구, 목적론, 지구의 최종적 상태에 대한 헤이크월과 굿먼의 관점을 비교하려면, Victor Harris, *All Coherence Gone*, pp. 82~85를 보라.

41) *Apologie*, pp. 151, 156. 콜루멜라와 플리니우스는 xviii, 3에서 인용했으며, 칼뱅(Calvin)은 p. 157에서 인용했다.

42) *Anat. of Melancholy*, Part 1, sect. 1, memb. 1, subs. 1, pp. 113~114.

발생시키는 경향이 있긴 하지만 반드시 그런 것은 아님을 인정한다. 그러면서도 별의 우호적이지 않은 영향력이 지구의 쇠락을 가져오는 2차적 원인 중 하나라고 했다. 또한 그는 원소나 다른 생명체 때문에 인간에게 닥친 큰 재난은 그리 심각하지 않다고 본다. 그보다 인간 사이에 일어나는 악행이 훨씬 심각하며 다른 것과 달리 피할 수도 없다고 본다. 43)

그러나 이러한 관습적인 염세주의는 이 우울에 대한 권위자의 다른 처방과는 잘 어울리지 않는다. 44)

사실 버턴은 인간의 창조성과 자연을 지배하는 인간의 힘이 증대되는 것에 매우 많은 관심을 가졌다. 버턴은 (35쪽에서 인용된) 보테로의 관찰에 동조하며 이를 인용하는데, 인간과 마찬가지로 왕국도 우울해지기 쉽다고 말한다. 지배자들은 이 병적인 상태를 극복하기 위해 왕국의 자연환경을 개선해야 한다. 그는 네덜란드인과 그들이 자국에서 이룬 발전을 높이 평가하고 그들이 성취한 진보와 자신의 조국인 영국인의 타성을 대비했다.

> 그렇소. 여행자들이 가서 본다면 홀란트, 질란트(Zealand) 같은 부유한 연방주가 우리와 얼마나 대비되는지 알 것이오. 말쑥한 도시며 사람들로 북적거리는 시가지, 부지런한 숙련공으로 가득 찬 모습이며 바다로부터 획득한 그 많은 땅, 그 땅들이 발명품 덕분에 얼마나 애써 보전되는지, 또 홀란트의 뱀스터(Bemster)** 간척지 같은 곳은 얼마나 경탄스러운지, 당신은 이와 같은 곳을 세상 어디에서도 찾을 수 없을 것이오. 지리학자인 베르티우스(Bertius)*의 말대로, 여기저기로 배가 다닐 수 있는 수많은 인공수로가 있는 그곳은 세상 어떤 곳도 필적하기 어렵소. 반면 수천 에이커에 달하는 우리의 소택지는 물에 잠겨 있고, 우리 도시는 네덜란드의 도시와 비교하면 사람도 적고, 더럽고, 가난하며, 추해

---

43) *Ibid.*, pp. 113~117. 천문 상태에 대해서는 Part 1, sect. 2, memb. 1, subs. 4, p. 179.

44) Victor Harris, *All Coherence Gone*, pp. 138~139도 보라.

보이오. 우리는 교역도 쇠퇴했소. 강은 여전히 흐르지만 교통로로의 기능이 완전히 무시된 채 멈췄으며, 수많은 항구에 배와 시가지가 없소. 즐거움을 위해 조성된 수많은 공원과 숲에는 메마른 히스뿐이고, 많은 마을에 인구가 줄고 있소. 확실히 사람들은 뭔가 문제가 있다는 것을 알 것이오. 45)

버턴은 토양의 비옥도가 충분하지 않아 기예와 노력이 토양에 부가되어야 한다는 보테로의 주장에 동의한다. 버턴은 홀란트에 대해 다음과 같이 말한다. "모든 방식의 상업과 상품을 끌어들여 현재와 같이 풍요로운 토지 상태를 유지하는 가장 중요한 자석은 토양의 비옥도가 아니라 인간의 노력이다. 이것은 페루 혹은 누에바 스페인(New Spain: 신대륙에 있는 에스파냐 식민지_옮긴이)의 금광에 비할 바가 아니다". 46) 버턴은 또한 토양은 닳지도 고갈되지도 않지만 인간의 나태함으로 황폐해진다는 콜루멜라의 주장에 동의한다. 그래서 버턴은 올바른 물 관리, 관개, 소택지와 황무지의 배수, 하천 오염, 물과 질병의 관계, 흐르는 물, 흐르는 물을 잡아 두는 법, 물탱크와 수로의 역사 등에 관심을 가졌다. 47)

헤일 경은 《인류의 시원적 기원》에서 인류의 증가와 확산, 존재의 서열에서 인간의 위치, 자연에 대한 인간 지배력의 성장이 가지는 함의 등이 제기하는 광범위한 문제를 논했다(84~93쪽 참고). 헤일 경은 인간이 지구상에서 신의 청지기이며, 혼돈 상태가 될 수 있는 지구에 질서를 창조하는 존재라고 보았다. 다시 말해 그는 자의식적인 지성에 촉발되어 수행되는 인간의 작업, 인간보다 하급의 생명체에 대한 인간의 지배력이 모든 생명체에 존엄과 가치를 부여하였으며 만약 인간이 그런 능력을 갖지 못했다면 지구상의 생명체는 존엄과 가치를 갖지 못했을 것이라고 말

---

45) *Anat. of Melancholy*, Intro., Democritus to the Reader, p. 72.
46) *Ibid.*, p. 74.
47) Part 2, sect. 2, memb. 1, subs. 1, pp. 397~398.

한다. 이런 사고는 지구가 인간을 위해 만들어졌다는 관점보다 더 폭이 넓으며 비판에도 강하다.

헤일 경은 더욱 흥미롭고 상상력 넘치는 논의를 전개하는데 자연 속에서의 인간의 위치는 계시가 없더라도 관찰만으로 충분히 알 수 있다고 말했다. 인간을 창조한 이유는 자연의 질서와 관련된 어떤 목적 때문일 것이다. 길들여지지 않는 야생동물들이 유용하고 약한 동물들을 해치는 것을 막기 위해서도 인간의 강제력이 필요하다. 유용하지만 쉽게 타격을 받는 가축의 멸종을 인간이 막을 수 있다. 또한 인간은 유용한 새를 보호하거나 먹이를 찾는 맹수나 새와 전쟁을 벌일 수도 있다. 인간은 연약하고 섬세한 식물이 멸종되거나 퇴화하지 않도록 돌볼 때도 비슷한 역할을 할 수 있다. 예컨대 과일나무나 약용식물, 고급 화초 등은 인간이 열심히 돌보는 식물이다.

인간은 늪과 소택지에 물이 고이거나 식물이 너무 무성하게 자라지 않도록 함으로써 세계를 보호할 의무가 있다. 인간의 의무는 야생식물이 지구를 나무, 잡초, 가시, 히스로 뒤덮인 황무지로 만들지 않도록 지나친 성장을 막는 "감독자의 일"이다. "감독자에 의한 경작"이 없었다면 지표면은 "과도한 성장"으로 습지와 잡초가 무성한 곳이 되었을 것이다. 이러한 사고는 18세기 뷔퐁의 사고 틀과 매우 유사하다.

헤일 경은 저주의 문제를 간단히 처리해 버렸다. 지금 발생하는 불모성이라든가 무익한 것의 이상 증식 같은 일은 인간이 저지른 죄의 결과일 것이다. 신은 인간의 죄를 예견함과 동시에 그 죄를 씻을 방법도 주었다. 인간은 원죄 이후 더 열심히 일해야 했으나 이 일이 에덴 시대에 신이 인간에게 부여한, 땅을 갈고 돌보게 했던 일과 다르지 않았다. 내가 아는한 창세기에 나오는 인간의 자연 지배에 대한 기독교적 믿음을 가장 실제적으로 훌륭하게 보여주는 것은 헤일 경이 쓴 다음 문장이다.

그러므로 짐승과 식물로 이루어진 이 열등한 세계에 인간을 창조한 목적은 하늘과 땅의 위대한 신을 대신해 인간으로 하여금 이 열등한 세계를 다스리는 총독이 되게 하는 것이었다. 다시 말해 인간은 신의 청지기이며 **감독**(*villicus*: 그리스어에서 기원한 용어로 노예나 영지를 관리하는 감독이나 마름을 뜻함_옮긴이)이자 농장 관리인(*bailiff*), 즉 이 하급의 세계로 이루어진 꽤 괜찮은 농장의 농장주이며 최고의 지배력, 신에 대한 헌신, 복종, 감사의 의무를 부여받았다. 이를 충분히 인식하고 그에 대한 대가로 이 열등한 세계의 사용권자는 세계를 관리하고 질서 지우며, 진지하고 절제가 있고 감사하는 마음으로 이 세계의 열매를 즐겨야 한다.

그리고 이로써 인간은 권력, 권위, 권리, 지배권, 믿음, 돌보는 능력을 부여받아 사나운 동물이 지나치게 늘어나거나 더 흉포해지지 않도록 하고, 온순하고 쓸모 있는 동물을 보호하며, 다양한 식물 종을 보호하고 개선시키며, 쓸모없는 식물이 지나치게 늘어나지 않게 하고, 지표면을 아름답고 유용하며 풍요롭게 유지한다. 그리고 확실히 식물이라는 자연을 창조하고 이 식물로 지구를 더 아름답고 유용하게 하는 신의 지혜와 선이 열등하지 않은 것처럼 지구를 직접 돌보는 감독자의 운명을 부여한 지혜 역시 그에 못지않다.

그리고 확실히 이 하급의 세계를 조직하고 질서 짓는 일이 인간에게 주어진 특별한 일임을 알게 된다면 신의 특별한 계시 없이도 이것이 인간을 창조한 목적 중 하나라는 사실을 파악하게 된다. 즉, 인간은 전능한 신의 대리인, 특히 동식물로 이루어진 하급 세계의 대리인이다. 48)

헤일 경은 《인류의 시원적 기원》의 저자보다 법률가, 특히 법원장 경력과 영국 관습법 연구로 유명한 인물이다. 《인류의 시원적 기원》에서도 법률가로서의 특징이 나타난다. 법률가로서의 헤일 경은 인간이 청지기, 농장 관리인으로서의 역할을 수행해야 하는 임무가 있다고 생각한다. 또한 영주는 폭정 없이 바르고 공정하며 단호하게 지구를 관리해야 할 법적 의무가 있다고 생각한다. 지구는 자신을 질서 있게 유지할 능력

---

48) *Prim. Orig. of Man.*, p. 370; 앞에 나온 논의는 pp. 369~370에 근거한다.

을 갖춘 우수한 피조물을 필요로 한다. 그런 존재가 없다면 자연의 균형은 깨질 것이며, 숲과 야생의 땅이 지구와 인간 둘 다 삼켜 버릴 것이다. 또한 맹수들의 먹잇감인 유용한 동물은 멸종의 길을 걸을 것이다. 인간은 지성과 기계적 기관(*organum organorum*)인 손을 가졌기 때문에 이 역할을 수행할 수 있다. 인간은 지구와 자신을 위하여 자연을 지배한다. 지구상에서 자연의 균형이라고 할 수 있는 생명체 간의 위계는 인간에 의해 질서 있게 유지·관리된다. "따라서 전능한 신의 무한한 지혜가 만물을 사슬처럼 관계 지으며 제 용도와 목적에 맞도록 한다".49)

헤일 경이(또한 17~18세기의 많은 사상가들이) 보기에 인간의 자연 지배는 존재의 서열에서의 위치에 기반을 둔다. 인간은 사다리의 맨 꼭대기를 차지하지만 지배자로서의 인간의 권리는 의무, 즉 노블리스 오블리제(*noblesse oblige*)에 의해 제한된다. 인간의 위치는 법적인 것으로, 인간은 농장을 소유한 농부처럼 지구라는 자연의 감독자인데 헤일 경은 이런 인간의 활동을 법과 상업의 언어로 기술한다.

인간은 "지적 현명함과 재능" 덕분에 감독직을 수행할 수 있다. 인간은 말, 코끼리, 낙타처럼 크고 힘센 동물들을 가축화할 수 있으며, 약한 동물들이 인간에게 봉사하도록 만들 수 있다. 식물을 작물화하고 동물을 가축화함으로써 자연을 변화시키는 인간의 능력은 과거 시대의 사상가들에게만큼이나 이 시대 사상가들에게도 감명 깊었던 것 같다. 특히 우리가 앞으로 볼 뷔퐁이 여기에 무척 감명을 받았다. 칼, 창, 화살, 다트, 그물, 덫, 연장을 만드는 손 덕분에 인간은 맹수와의 싸움에서 압도적인 우위를 점했다. 인간은 계속해서 동식물에 대한 지배력을 행사해야 한다. 만약 그렇게 하지 않는다면 오히려 인간이 압도당할 것이다. 이러한 주장은 1894년에 헉슬리가 쓴 유명한 공상 소설에 나오는 교훈보다 앞선 것이다.50)

---

49) *Ibid.*, p. 371; 논의는 주로 pp. 369~371에 근거한다.

인간은 문명을 유지하기 위해 그리고 자기 시대의 특징을 표현하기 위해 적극적으로 야만적인 자연에 개입해야만 한다. 인간의 손이 닿지 않은 자연은 열등한 자연이며 자연의 효율적 이용은 인간이 적극적으로 감독한 곳에서 가장 잘 이루어진다. 다른 형태의 생명체와 인간과의 관계에서 자연의 보호자, 총독, 신의 청지기로서의 인간 역할은 존재의 사슬에서 인간의 위치와 벌목, 채광, 운하 건설 같은 많은 활동에서의 기술적 성취를 정당화한다. 이런 인간의 활동은 과거와 단절될 정도로 혁명적이지도 급진적이지도 않지만 누적적인 변화를 낳았다.

스프랫은 《왕립학회의 역사》(History of the Royal Society) — 이 책은 '솔로몬의 집'의 역사라고 불리기도 한다 — 에서 자연을 변화시키는 자로서의 인간에 대한 이와 동일한 열정을 보여준다. 그 책의 헌정사는 통속미술의 가치를 극찬하며, 뒤 페이지에서는 피조물에 드러난 창조주의 지혜를 찬미한다. 또한 스프랫은 실제적인 것, 소박한 발명품이나 발견물을 칭송한다. 인간이 기예에 의해 자연을 향상시킬 수 있다는 생각은 자긍심과 자기만족의 원천이다. [51] 인간은 식물을 도입하고 동물을 이용하며 우수한 농업 방식을 통해 환경을 개선시킬 수 있다. 스프랫 같은 사람에게나 레이에게나 혹은 이보다 후대의 인물인 뷔퐁에게도 낭만적 원시주의(romantic primitivism)는 없었다. 기예를 통한 문명은 인류 역사의 초기 시대에 보였던 조잡한 상태와는 전혀 다른 환경을 창조했다.

레이는 자연환경의 개선에 대한 자신감 넘치는 경배자이자 옹호자인 많은 독실한 기독교인들을 대변하여 다음과 같이 말했다.

　　수많은 사람들의 생계와 즐거움을 위하여 모든 문화적 수단을 동원해
　경작하고 가꾸고 문명화시켜 최고의 상태로 향상된 나라보다 집도 대규

---

50) "Evolution and Ethics. Prolegomena"(1894), in *Evolution and Ethics and Other Essays*. New York, 1896을 보라.

51) Sprat, *History of the Royal Society*, pp. 119~121, 386.

모 농장도 없고, 곡물밭이나 포도원도 없는 미개하고 황폐한 스키타이 지역을 … 또는 잘 지은 가옥 대신에 기둥 몇 개를 맞대어 지은 허름한 오두막에 사는 게으르고 옷도 입지 않는 인디언으로 가득 찬 무례하고 상스러운 아메리카를 더 선호한다면 이는 확실히 야만적인 야수의 상태나 그에 가까운 생활 방식이 인간의 생활 방식보다 더 낫다는 의미이며, 이는 인간에게 주어진 지혜나 이성이 아무 소용이 없다는 말이 된다.[52]

더 나아가 레이는 자신의 물리신학 안에 인간에 의한 환경 변화를 포함시켜 설득력 있게 종합했다. 이 종합은 다음의 요소를 포함한다. 먼저 자연의 과정을 설명할 때 목적론에 많이 의존했다. 그리고 자연의 아름다움과 유용성을 강조했으며, 또한 인간을 신의 지시하에 적극적으로 자연을 변화시키는 존재로 보았다. 그리고 인간에 의해 이루어진 변화가 새롭게 창조된 조화의 일부가 된다고 확신했다.

레이가 볼 때 인간은 분명히 자연 속에서 적극적인 역할을 하며, 지구의 자원을 이용할 수 있는 방법에 대한 지식을 늘림으로써 발전한다. 또한 인간은 지구가 가진 것을 발견하고 또 무언가를 발명함으로써 용도에 맞게 만드는 데 필요한 이성과 지혜를 가진 존재이다(또한 인간 자신도 지구에 맞추며 살아간다). 따라서 신은 이를 미리 염두에 두고 인간이 이용할 만한 것이 풍부한 지구를 설계했다.[53] 레이는 우아한 젠체함으로 유명한 다음 구절에서 인간을 위해 신이 무엇을 했었는지 이야기하는 연설문을 신을 대신해 써 내려 간다.

나는 지금 거대하고 잘 갖춰진 세계 안에 너희를 두었다. 나는 너희에게 아름답고 균형 있는 것이 무엇인지 이해할 능력을 부여했으며, 너희에게 알맞고 너희를 즐겁게 할 만물을 만들었다. 나는 너희의 기예와 힘을 사용할 수 있는 물질을 주었다. 또한 나는 그 모든 것을 이용할 수 있는

52) Ray, *Wisdom of God*, p. 165.
53) *Ibid.*, p. 161.

훌륭한 도구와 손을 너희에게 주었다. 나는 지구를 언덕과 계곡, 평원과 초원, 숲으로 나누었다. 이 모든 것은 너희의 노력으로 문명화되고 향상될 수 있다. 나는 쟁기질하고 운반하고 끌고 이동하는 너희의 노동을 도울 부지런한 황소, 참을성 있는 노새, 강하고 쓸모 있는 말을 주었다. 나는 많은 종류의 씨앗을 창조하여 가장 입맛에 맞고 건강에 좋고 영양가 많은 것을 너희가 선택할 수 있도록 했다 … . 54)

여기에 맬서스적인 "자연의 인색함"이나 다윈식의 생존을 위한 투쟁 같은 혐의는 없다. "나는 협의나 관찰과 실험의 전파를 통해 이해력을 증진시킬 수 있도록 너희를 사회적인 피조물(*zôon politikón*, 라틴어로는 *zoon politikon*: 정치적 동물이란 의미_옮긴이)로 만들었다". 더 나아가 신은 인간에게 낯선 외국을 보고 지리, 정치, 자연사에 관한 지식을 발전시킬 수 있도록 호기심을 부여했다.

(레이는 신의 말씀 뒤에 덧붙이기를) 나는 능력을 갖춘 인간을 포함해 모든 만물을 창조한 관대하고 인자한 창조주가 자기 작품의 아름다움에 기뻐하고, 인간의 노력으로 가꾼 다음과 같은 지구의 모습에 매우 흡족해 했을 것이라고 확신한다. 아름다운 도시와 성, 멋진 마을과 전원의 대저택, 반듯한 정원과 과수원 그리고 사료나 약, 기쁨을 위해 심은 모든 종류의 관목과 풀과 과일, 그늘을 드리운 크고 작은 숲과 그 속에 우아한 나무가 줄지어 선 산책길, 가축이 무리를 지어 있는 초지와 곡물로 가득 찬 계곡, 풀로 뒤덮인 목초지, 그리고 불모지로 버려진 황무지와 달리 잘 경작되고 문명화된 모든 지역들. 55)

파라셀수스와 아그리콜라로부터 프랜시스 베이컨과 레이에 이르기까지 많은 사상가들은 낙관적이었다. 이론적 지식을 자연 지배에 적용하는

---

54) *Ibid.*, pp. 161~162.
55) *Ibid.*, pp. 163~164, 165.

오랜 염원이 실현되었기 때문이다. 이 사상가들은 이 지식을 적용하는 일에 고심했지 일단 적용한 뒤의 결과를 염려하지는 않았다. 이들은 지식의 활용이 인간에게 매우 유용한 일이라 보았는데 지식을 활용하는 일 자체가 합목적적인 일이기 때문이다. 즉, 인간은 자신이 무엇을 원하고 그것이 어떤 일인지 알았다. 그리고 이 시기 동안 유럽의 경관에 발생한 인간에 의한 많은 극적인 발전은 처음부터 뚜렷한 목적하에 진행된 것이었다. 특히 배수 시설과 운하 건설이 광범위하게 이루어졌는데 그중에서도 콜베르(Colbert)* 장관과 리케(Pierre-Paul Riquet de Bonrepos)*의 감독하에 진행된 미디 운하(Canal de Midi: 랑그도크 운하라고도 함)**의 건설이 가장 자랑스러운 사례이다.

5. 《수림지》와 《매연대책론》

이 낙관적 결론은 인간에 의한 땅의 변형이 미리 계획된 것이며 이로운 것이라는 가정에 토대를 둔 것이다. 그러나 어떤 사람들은 자원 이용에서의 일부 전통적 관습이 소모적이거나 새로운 경제적 상황에서 나타난 이용 방식과 병존할 수 없다고 보았다. 일반적으로 근대 초기의 불평들은 경제적 토대가 광업이나 임업, 농업이었던 지역에서 나타났다. 특히 숲은 광업, 야금술, 조선업과 농업에서 목재 수요가 증가하고 농경지 확대를 목적으로 벌목지가 늘어나면서 파괴의 위협을 받았다.

독일, 노르웨이, 스웨덴에서도 이런 비슷한 문제 사례가 수백 개도 넘는다. 그러나 나는 다음 두 개의 유명한 문헌을 가지고 이 문제를 논하고 싶다. 하나는 이블린의 1664년 작 《수림지(樹林誌): 삼림-수목론》(Silva: or a Discourse of Forest-Trees)이고 또 하나는 《1669년 프랑스 삼림령》(French Forest Ordinance of 1669)인데, 내가 보기에 이 두 문헌은 서구 사상사에서 인간에 의한 자연 변형에 대해 보다 유보적인 태도가 시작되는 지점을 보여준다. 이 두 문헌이 이에 관한 최초의 문헌은 아니지만 합리적·경제적인 이유로 수행된 환경의 변형 중에서 원치 않았던, 계획에 없던, 종종 잘 인식되지도 않았던 결과를 이해하고자 한 ― 이런 시도는 종종 근대 문헌에서 강조된다 ― 초창기 시도 중 하나다.

두 문헌 모두 관습적 사용권이 지속적으로 법적 효력을 가지는 것은 과거의 영향 때문임을 인정한다. 즉, 후손의 권리를 인정한다. 또한 다음과 같은 중요한 분수령 역할을 했다. 콜베르의 포고령은 수백 년 동안 지속된 자연의 남용을 드러냈을 뿐만 아니라 프랑스의 법을 성문화해서 이에 관한 이전의 모든 법령을 대체했다. 《수림지》는 과거의 삼림 개발을 회고한 뒤 보전의 필요성을 인식하는 새로운 시대를 고대하는 책이다.

넓은 의미로 보자면 이블린의 책은 삼림이 농업, 목축업, 공업과 어떤 관계를 맺는지 제대로 이해하자는 호소다. 그는 효과적이면서 종종 저속한 언어로("이 메마른 막대기가 독자에게 어떤 활력을 제공한다 할지라도, 그것은 저 저명한 모임(왕립학회)이 매일 생산하는 것 중에서도 가장 보잘것없고 별 볼 일 없다는 것을 독자들은 알 것이다"), 그리고 자주 성미 급하고 오만한 언어로("그러므로 이 책에서 나의 관심은 이 훌륭한 분들에게 감사를 표하는 것이 아니다. 이들의 재능이라고 해 봤자 자기 가발이나 맞춰 쓸 줄 알거나 아가씨나 꾀고 고작해야 상스럽고 야비한 중상모략적인 글을 쓰면서 이것이 진정한 지혜인양 하는 것 아닌가?"), 삼림 보전과 과학으로서의 임학을 주장하면서도 임학을 가치 없는 학문으로 간주하는 사람들의 속물근성을 개탄한다.

그는 자신의 책이 이런 문제를 이해할 수 없는 시골뜨기가 아니라 이해력을 가진 신사를 대상으로 한 것이라고 말한다. 그러므로 그의 책은 겨우 책을 읽을 줄 아는 사람을 위해 쓰인 원예학 입문서가 아니라 의회 의원들, 지적인 원예학자들, 과학자들에게 호소하기 위한 책이다(이블린은 왕립학회 창립자 중의 한 사람이며 1662년 왕립학회 서기관이 되었다). 임학을 과학이자 학문 분야로 승격시켜야 한다는 그의 주장은 일찍이 광업에 대해 그렇게 주장했던 아그리콜라를 떠올리게 한다. 아그리콜라 또한 광업이 무식한 사람들의 학문이 아니라 장인정신을 추구하면서 과학과 기술에 대한 지식을 요하는 학문이라고 했다.

또한 이블린은 팔리시와 프랜시스 베이컨처럼 장인정신에 대해 자신과 유사한 관점을 가진 사람들의 글을 인용하기도 했다. 이블린은 왕립학회에 대한 비판, 즉 지위가 높거나 가문이 좋지만 절망적인 수준으로 무식하고 경솔한 사람들의 모임이라는 비판에 맞서 왕립학회를 옹호했다. 그는 왕립학회를 통해 인간이 처한 조건을 개선하고 토지를 개량하는 데 과학을 활용할 수 있다고 보았다. 그러나 그는 결코 공론가는 아니었다. 그는 고대인들도 여기서 언급할 만한 유용한 무언가를 가졌다고 보았으며, 그것을 자신의 책에서 인용했다. 《수림지》는 베르길리우스의 《농경가》와 테오프라스토스, 플리니우스, 콜루멜라의 글을 많이 인용한다. 그는 인물을 다룰 때 고대인과 근대인의 권위를 전혀 구분하지 않은 채 오직 정확성과 논의에 대한 타당성만을 기준으로 삼는다.

이블린의 책이 삼림 보호와 조림을 권하기는 하지만 책의 상당 부분은 기술적인 세부사항, 나무 하나하나에 대한 묘사, 나무를 심고 접붙이는 방법, 이용법 등에 할애된다. 《수림지》에 나오는 다음의 주제를 논하는데 그 주제가 책 전체에서 두드러진 자리를 차지하지 않는다는 점을 밝히고자 한다.

첫 번째 주제는 땅의 경쟁적 이용에 대한 것인데, 여기에는 땅의 한 가지 용도가 다른 다양한 용도를 잠식하는 현상이 포함된다. 《1669년 프랑스 삼림령》에 나오는 것처럼 이런 사례는 농업, 목축, 공업(특히 제철이나 유리 공업)에서 나타난다. 이블린은 숲의 상태가 국가 정책에 긴요한 문제이며 왕립학회가 관심을 가져야 할 일이라고 보았다. 국가에 가장 큰 위협은 나무로 만든 성벽이 썩는 현상으로(그가 즐겨 쓰는 사례는 해군을 위한 성벽이다) 이런 현상이 생기면 목재 생산이 필요하다. 그러므로 왕립학회는 목재와 국력의 문제를 연구해야 한다. 56)

이블린은 국가의 삼림이 고갈되는 데는 많은 이유가 있다고 말한다. 즉, 조선(造船)의 증가, 유리와 철 생산을 위한 용광로의 증가, "경작지의 과도한 확대", 인간의 이기적 욕망 등이다. "말하자면 우리보다 신중했던 조상들이 조국을 위해 남긴 많은 훌륭한 나무와 숲을 완전히 없애고 파괴한다". 이블린은 이와 같은 숲의 황폐화를 "이 나라의 보루 중의 하나가 완전히 파괴"되지 않도록 하기 위해 즉각 저지시켜야 할 "전염병"이라고 묘사했다.[57] 숲이 자연스럽게 성장하도록 둠으로써 이 황폐화를 바로 잡으려면 "(숲에 울타리를 치는 것 말고도) 몇 년에 걸친 철저한 휴경을 해야 한다". 한 나라가 자급자족을 하기 위한 하나의 대안은 가장 유용한 수목 중에서 몇몇 종을 선택해 씨를 뿌려 기르는 방법이다. "진심으로 말하건대 우리 숲의 낭비와 파괴는 정말로 광범위해서 내가 보건대 모든 종류의 수목을 골고루 심는 것으로는 공급 부족에 직면할 수밖에 없다".[58]

농업인의 무분별한 벌목 외에도 목축 문제가 있다. 이블린은 아주 먼 옛날부터 유럽의 숲과 관련을 맺은 목축을 반대하지는 않지만 목축의 영향에 대한 이해가 보다 철저해져야 한다고 주장한다. "바라는 것이 있다면 우리의 연약하고 아직 만개하지 않은 숲이 안정을 이룰 정도로 완전히 성장하기 전까지는 어떤 수단을 이용해서든 소떼의 진입을 막아야 한다. 그런데 관습에 기대어, 그리고 몇몇의 불평 많고 무례한 **공유권 소유자**(commoners)를 만족시키기 위하여 소떼의 진입을 묵과하는 법은 지나치게 관대하다".[59]

"탐욕스러운 제철소의 확대와 증가"는 잉글랜드를 파괴할 것이다. 그래서 그는 제철소를 신대륙, 즉 "뉴잉글랜드의 **신성한 땅**"으로 옮겨야 한다고 제안한다. " …(설마 이럴 리는 없겠지만) 제철소가 숲을 보전하는 수

---

56) *Silva*, "독자들에게"라는 제목의 절인데, 이 절에는 페이지가 매겨지지 않았다.
57) *Ibid.*, pp. 1~2.
58) *Ibid.*, p. 3.
59) *Ibid.*, p. 565. 399쪽을 보면 그 문단이 논의된다.

단이 되어야 한다고 규정될지라도 우리 조국의 숲을 고갈시키는 것보다는 필요한 모든 철을 아메리카에서 구입하는 것이 낫다. … 스트루테반트 (Simon Sturtivant)*는 1612년 석탄, 역청탄, 잡목을 사용해 철광석과 다른 금속을 녹여서 1년에 30만 그루를 절약할 수 있다는 말로 제임스 1세로부터 특허권을 받았는데 불행히도 이것은 실패했다".

이블린은 제철업자들이 계몽된다면 나무를 잘 돌보고 계속 다시 심어 철을 제련하면서도 숲을 보호할 수 있음을 인정했고, 그의 아버지 역시 그것이 가능할 것이라고 그에게 말한 바 있다. 그러나 이런 보살핌이 없다면 "나는 제철업을 옹호하지 않을 것이며 단호하게 탄핵할 것이다. 그러나 자연은 이렇게 소모적인 노(櫓, oar)를 풍족하게 생산하는 데 다른 어떤 곳보다도 숲이 더 적합하며, 따라서 우리 숲을 그 자신의 파괴물로 보강하는 것이 합당하다고 생각했다". 그는 자신의 친구이자 시인인 카울리(Abraham Cowley)*가 쓴 사제의 숲에 대한 글을 다음과 같이 인용했다. "항상 있어 왔던 울창한 성직자의 숲/나의 땅이 아닌, 침범할 수 없는 땅". 60)

이블린은 자연 식생에 울타리를 쳤을 때의 결과를 알았다. 사실 다음의 사례는 서리(Surrey: 잉글랜드 남동부의 주_옮긴이)의 판햄(Farnham: 서리의 소읍_옮긴이)에 있는 히스 숲에 대한 다윈의 사례와 비교될 만하다. 그의 친척 중 한 명은 "60년 이상 된 숲을 가졌다. 그가 그 숲을 구입하기 전에는 수년 동안 가축들에게 개방된 채 버려진 곳이었다. 숲의 외곽 일부는 관목과 처참하게 시들어 가는 나무를 제외하고는 아무것도 없었지만 여전히 그곳은 숲으로 성장할 가능성이 있다. 그러나 계속 이렇

---

60) *Ibid.*, pp. 567~568. 제철소를 없애는 대신 뉴잉글랜드를 이용하고, 나무로 된 성벽을 보호하자는 주제는 pp. 577~578에서 계속된다. 이블린은 카울리가 라틴어로 쓴 시 《식물에 대하여》(*Plantarum*)를 번역하여 인용한다. *The Works of Mr. Abraham Cowley*, 3 vols. (London, 1721), *Of Plants*, Book VI(*Silva*)를 보라. 거기에 나오는 영어 번역은 이블린의 Vol. 3, p. 430과 다르다.

게 내버려 두면 계속 황폐해질 것이다". 그의 친척은 일정 면적에 울타리를 치고 모든 식물을 지표면 높이 정도로 잘랐다. 8~9년 후에 이 숲은 조성한 지 60년 된 숲보다 더 나아졌다. " … 그리고 조만간 매우 훌륭한 목재가 될 것이 틀림없었다. 반면 숲의 다른 쪽은 여러 해가 지나도 결코 회복되지 않았다. 이 사실로 볼 때 숲을 보호하기 위해서는 울타리를 치는 것 이외의 다른 방법이 없다. 이를 통해 우리의 숲이 어떤 이유로 황폐해지는 것인지 판단해 보라".[61]

그는 벌목으로 인한 기후 변화에 대해서도 이론적으로 잘 알았으며 그 이론을 지역의 상황에 적용하고 싶어 했다. 빽빽한 나무와 숲은 "이 과잉의 수분과 공기 순환에 꼭 필요한 확산(*evolition*: 밖으로 또는 멀리 날아가는 행위)을 저지하여" 비와 안개가 자주 발생하는 건강에 좋지 않은 나라로 만든다. 그리고 아메리카의 플랜테이션 지역과 과거의 아일랜드 "두 지역 모두를 넓은 범위에 걸쳐 그늘이 만들어지는 곳의 나무를 베어 내어 공기와 태양이 쉽게 들어오도록 해 경작이나 목축에 알맞은 땅으로 만들었다. 그래서 과거에 음침했던 땅이 건강에도 좋고 거주하기에도 알맞은 곳이 되었다".

그의 의견에 따르면 잉글랜드의 많은 "고급스러운 영지와 거주지"는 여전히 이와 비슷한 상황을 겪을지도 모른다. 즉, "작은 숲 또는 늙은 나무로 들어찬 산울타리가 … 곰팡내 나고 유해한 공기를 내뿜어 대기를 가득 채운다. 이렇게 고인 공기가 빠져나갈 수 있도록 나무를 잘라 내어 숲 안에 공터를 만들면 다시 예전의 명성을 회복할 수 있다".[62]

마지막으로 이블린은 지속적인 벌목 때문에 시간에 따른 경관 변화가 매우 자주 발생한다고 인식했다. 그는 독일처럼 영국도 한때 광대한 숲이었으나 현재 칼레도니아 지방의 오래된 숲에는 나무가 거의 한 그루도

---

61) *Ibid.*, p. 399.
62) *Ibid.*, pp. 30~34. "evolition"에 대해서는 *Oxford English Dictionary*에서 "evolation" 항목 아래에서 찾아보라.

남아 있지 않다고 말한다. 따라서 벌목은 보다 의식적인 보전 방법에 의해 보완되어야 한다. 이블린은 다른 나라(특히 에스파냐, 독일, 프랑스)의 숲의 역사에 대해 매우 잘 알았으며, 잉글랜드 삼림법의 역사에 관한 지식도 풍부했다. 이 덕분에 그는 역사적 관점을 취할 수 있었으며 이는 장기간에 걸친 숲의 파괴를 저지하자는 주장에 강력한 원군이 되었다. 그는 자신의 주장을 뒷받침하기 위해 1573년 작 《좋은 농부가 되는 500가지 방법》(*Five Hundreth Good Pointes of Husbandry*)의 저자인 투서(Thomas Tusser)*의 글을 원래의 고딕체 그대로 인용하는데, 내용인즉슨 울타리 치기는 땅을 보호하고 땅으로부터 가장 많은 것을 얻는 방법이라는 것이다. 63)

《수림지》는 일반적으로 보전주의의 고전으로 간주되지만 그의 관점은 훨씬 폭이 넓다. 그 이유는 그가 삼림 벌채를 오랜 기간에 걸친 지속적인 경관 변화의 한 측면으로 해석하고, 조림 활동을 불가능한 과거로 되돌아가도록 하는 것이 아니라 새로운 무언가를 만들 수 있는 적극적인 개입으로 해석했기 때문이다. 그의 철학은 숲뿐만 아니라 모든 유형의 합리적 토지 이용에 관한 것으로, 쓸모 있고 즐거운 경관을 창조하는 데 도움이 되는 철학이다. 이블린은 국왕의 숲과 사냥터의 떡갈나무에 대해 다음과 같이 썼다.

이 떡갈나무가 상당한 간격을 두고 떨어져 있으면 태양 빛이 온화하게 이 숲을 비추고 숲 속의 빈터와 곳곳의 계곡 사이로 멀리 떨어진 아름다운 경관이 보이는 가운데 사슴이나 소떼가 나무 아래에서 풀을 뜯어 먹기 좋은 조건이 되는데(이러한 조건은 과거의 급격한 변동 때문이다) 이보다 더 황홀한 경관은 없을 것이다. 우리는 나무 중에서도 과실주를 만들거나 다른 특별한 용도에 사용하기 위해 과일나무에 물을 줄 것이다. 또한 우리는 이와 같은 훌륭한 조림이 우리 산림 경비대의 자랑이며, 숲은

63) *Ibid.*, pp. 572, 586~587.

아무리 조야하고 하찮게 보여도 우리가 이제까지 본 어떤 것보다 훨씬 훌륭하다는 것을 알 것이다. 64)

또한 이블린은 물리적 특성을 변형시킴으로써 적극적으로 땅을 개선시키려는 행위에도 이와 유사한 열정을 보인다. 땅이 너무 습해서 나무가 잘 자라지 못한다면 방목지로 전환하거나 "또는 훌륭한 농부가 목초지에 **배수 공사**를 하는 것과 같은 작업을 시도할 수도 있다. 이를 통해 좁은 시내(또는 도랑)는 배수로가 고르게 직선으로 배치된 균형 잡힌 운하로 변형되고 물이 배어 나오는 습한 장소는 흙으로 덮일 것이다.

이 작업에 드는 비용은 해마다 계속해서 무질서하게 흩어진 수많은 습지를 없애거나 재정비하는 데 드는 비용보다 적을 것이다. 게다가 배수 공사로 생긴 운하에 물고기를 기르는 이득도 있다". 그런 배수 시설은 좋은 초지나 목재가 자라는 땅을 만들어 준다. "나무가 볼품없이 빈약하게 자라는 곳에서도 곡물이나 소는 잘 자랄 수 있다. 따라서 훌륭한 숲이 되기에 이미 노후해진 일부 숲은 방목지나 농경지로 전환하는 것이 더 유리하다. 새로운 땅이 숲으로 전환되어 사라지는 면적과 새로 조성되는 면적이 균형을 이루기만 하면 된다". 65)

이블린은 1세기 전에 발표된 멜랑히톤(Philipp Melanchton)*의 글을 다음과 같이 상기시킨다. "때가 왔다. 그때란 유럽을 파멸로 이끌 세 가지, 즉 **목재, 선한 돈, 신실한 친구의 부족**"66)이다. "평범한 임학자로서의 자유를 이용하는 이 조야한 담론은" 이같이 긴급한 어조로 끝난다. 이블린은 일반적으로 발견이나 발명이 목적의식적으로 이루어지듯이 토지의 이용과 유지도 목적의식적으로 이루어져야 한다고 주장했다. 이러한 사고야말로 이와 관련된 광범위한 사고 경향에서 그의 사고가 가지는 중요한 가치

64) *Ibid.*, pp. 85~87.
65) *Ibid.*, pp. 587~588.
66) *Ibid.*, p. 599.

이다. 다시 말해서 그의 사고는 언뜻 보면 원예학 지침서처럼 보이지만 실제로는 토지 이용에 관한 철학서이다.

이블린은 잉글랜드의 나무를 구하고자 했으며 또한 런던의 공기를 구하고자 했다. 그의 또 다른 책인 《매연대책론》(*Fumifugium*)은 《수림지》처럼 힘 있고 솔직한 책으로 대기 오염에 항의한다. 1661년에 출판된 이 책은 한 도시에 산업 시설이 집중되었을 때 발생하는 결과에 대해 다루었다. 그는 히포크라테스의 《공기, 물, 장소》를 알았으며 공기가 반란, 섬 민족, 종교, 세속적 사건에 미치는 영향력을 인정했다. 그러나 이 문제들을 계속 연구하려고 하지는 않았다. 그보다 그는 순수한 공기에 관심이 있었는데 히포크라테스와 비트루비우스가 언급한 이것의 중요성을 인용했다.

런던은 "아름답고 매우 쾌적하기로 명성이 자자한 땅" 위에 세워졌다. 물가나 저지대에서부터 남쪽으로 자연 발생적으로 방출되는 나쁜 공기는 태양에 의해 쉽사리 흩어진다. "런던의 머리 위로 일 년 내내 떠도는" 연기구름은 조리용 연료에서 나오는 것이 아니라 역청탄에서 나오는 것이다.[67] 그것은 양조업자, 염색업자, 석회 제조업자, 소금과 비누 제조업자, 기타 업종 종사자들의 "굴뚝과 배출구"에서 나오는 연기이다. "이 배출구를 제외한 런던의 모든 굴뚝을 합친 것보다 이 배출구 하나하나가 공기를 더 오염시킨다". "그을린 배출구"에서 내뿜는 연기를 보면 런던이 "합리적 사람들로 구성된 의회나 비할 데 없이 훌륭한 우리 **군주**의 왕좌보다는 에트나 화산(Mount Aetna),** 불카누스의 안뜰(the Court of Vulcan), 스트롬볼리(Stromboli)** 또는 지옥 부근을 더 닮았다".[68]

"그곳에서는 기침하고 침 뱉는 일이 끊임없이 끈질기게 지속되는 **런던**의 교회와 의회(Assemblies of People)에서처럼 기침 소리와 코를 실룩거

---

67) *Fumifugium*, pp. 13, 17, 18.
68) *Ibid.*, p. 19.

리는 소리가 들리기 때문이다". "우리 교회를 뒤덮는 것은 이 지긋지긋한 연기다. 이 연기가 왕궁을 낡아 보이게 하고 옷을 더럽히고 물을 오염시킨다. 여러 계절에 걸쳐 내리는 비와 청량한 이슬이, 검고 달라붙는 이 더러운 속성의 증기를 머금어 그것에 닿는 것은 무엇이든지 얼룩지게 하고 더럽힌다".69) 이블린은 새를 중독시키고, 벌과 꽃을 죽이고, 과일이 열매를 맺지 못하도록 하는 이런 골칫거리를 제거하라고 말한다. " … 짐승의 기름과 오염된 피에서 생기는 끔찍한 악취와 해로운 냄새"70)를 피우는 잡화상과 푸줏간은 말할 것도 없고, 또 소 도살장, 어시장, 도시 안의 더러운 감옥과 구치소, 교회 묘지와 납골당 역시 주변의 공기와 펌프와 물을 오염시킨다.

연기가 사라지면 맑은 날의 광영을 다시 볼 수 있으며, 깨끗한 하늘과 공기가 사람의 기분에 미치는 좋은 효과를 확인할 수 있다. 우리는 원소로 구성되기 때문에 그 원소의 특성을 가진다. 기질은 원소에 그 근원을 두고, 우리의 열정은 그 기질에서 나오며 "이 신체와 통일된 영혼은 기질의 영향을 받을 수밖에 없다".71) 이블린은 4월부터 9월까지 히스가 자라는 황무지를 불태우는 행위를 금지하는 몇몇 주의 잉글랜드 법령을 인용했다. 이 법령은 야생 조류의 멸종을 막고 연기가 농작물에 해를 끼치거나 농경지나 목초지에 불이 옮겨 붙는 것을 막기 위한 것이다. 조류, 사냥감, 작물, 초지를 그 정도로 염려한다면 "수많은 주민들이 사는 도시는 얼마나 더 많이 염려해야 하겠는가?"72)

이블린은 개선을 위한 상세한 계획을 가졌다. 즉, 연기 자욱한 땅이 향기로운 식물과 꽃, 채소를 심은 정방형의 토지가 될 수 있으며 불량 주택을 사라지게 할 수 있다는 것이다. 그는 왕에게 올린 편지에서 재치 있게

---

69) *Ibid.*, pp. 20, 26, 그리고 22~27.

70) *Ibid.*, p. 42.

71) *Ibid.*, p. 44.

72) *Ibid.*, p. 42; 법령의 내용에 대해서는 pp. 39~41 참고.

왕의 건물, 정원, 그림이 입은 피해를 상기시켰다. 게다가 왕의 누이인 오를레앙 공작부인이 최근 런던을 방문했는데 "공작부인이 폐하의 궁전에 머무는 동안 런던의 연기 때문에 가슴과 폐에 문제가 생겨 불평했다는 말을 들었다"고 덧붙였다. [73] 그의 계획은 알베르티가 그렇듯 단순히 기술적(技術的)인 것이 아니며 인간과 그를 둘러싼 환경 간의 관계라는 철학에 토대를 둔다. 그것은 단순히 건강의 문제가 아니라 미학과 관련되며, 신체의 기질이 공기의 영향을 받아 영혼에 영향을 주기 때문에 인간의 존재라는 문제와도 관련이 있다. 이것은 내가 아는 한에서는 산업화 때문에 공기가 오염되었다는 가장 최초의 설명이다.

이 설명은 확실히 가장 생생한 것 중 하나다. 이블린은 자신이 인용하는 그랜트처럼 런던이 농촌보다 건강에 좋지 못한 곳이라고 생각한다("런던에서 비명횡사한 사람들의 약 절반은 **폐결핵**이나 **폐병**으로 죽는다"). 그러나 모든 도시가 다 이런 상태는 아니다. 파리처럼 유럽의 다른 대도시에는 자욱한 연기나 악취가 없으며, 따라서 이런 도시는 여전히 건강하다. 어떤 다른 대도시도 런던의 악취를 참을 수는 없을 것이다. [74]

6. 《1669년 프랑스 삼림령》

잉글랜드에 관한 이블린의 저작처럼 《1669년 프랑스 삼림령》은 유럽 임학사에서 중요한 기점으로 간주된다. 이처럼 선구적인 삼림법의 성문화는 이후 프랑스의 삼림 관련 입법의 역사에서뿐만 아니라 유럽 전역에 영향을 끼쳤는데, 이는 앞서 프랑스가 목재 부족으로 멸망할지도 모른다고 말한 콜베르, 쉴리(Maximilien de Béthune, Duke of Sully)*의 걱정에 대응해 나온 것이다. 그런 두려움은 14세기 이후 간간이 표출되었다. 특

---

73) *Ibid.*, pp. 2~3.
74) *Ibid.*, 서문 pp. 18~20, 25~26, 30, 34.

히 콜베르는 선박용 목재에 관심이 많았는데 그의 걱정은 루이 14세에게 까지 쉽게 전달되었다. 즉, 이 포고령은 느닷없이 튀어나온 것이 아니라 오랜 프랑스 역사에서 축적된 법령, 관습, 규칙에 토대를 두고 가장 절정 에 달한 시점에 입법화된 것이다. 그러나 이 조례의 혁명적 의의는 과거 로부터 결별한 데 있는 것이 아니라 그동안 매우 혼란스럽고 잡다했던 과 거의 사용권에 대한 관습과 조례를 대조하고 거르고 합리화하고 종합한 데 있다.[75]

뛰어난 위원회의 손에서 탄생한 포고령은 준비 기간도 길었는데 놀랍 게도 1661년부터 1669년까지 총 8년이 걸렸다. 그 결과 왕령에 의해 왕 실 숲에서는 어떠한 벌목도 금지하며 사용권을 가진 사람이라 할지라도

---

75) 이 포고령 원문과 그에 대한 논평, 그리고 고전 시대로까지 거슬러 올라가는 이 포고령 이전의 법률 및 포고령 원문은 《일반 법학》(*Jurisprudence Générale*) 이 란 책에 나와 있다. 두 명의 달로즈(D. Dalloz와 Armand Dalloz)가 공동으로 새로 편집한 《방법적·알파벳 순으로 목록화한 법해석과 판례법》(*Répertoire Methodique et Alphabetique de Legislation de Doctrine et de Jurisprudence*, Paris, 1849) 의 25권에서 삼림을 다룬다. 1669년 포고령의 원문은 15쪽부터 시 작된다. 영어 번역서는 존 크롬비 브라운(John Croumbie Brown)이 1883년 에 든버러에서 출판했는데 제목은 《1669년 프랑스 삼림령과 그 이전까지의 프랑스 삼림법에 관한 역사적 개요》(*French Forest Ordinance of 1669 with Historical Sketch of Previous Treatment of Forests in France*) 이다. 존 크롬비 브라운의 책 은 거의 대부분 편집본이지만 잘 정선되었는데, 가끔씩 이 나라에서 얻기 어려운 모호한 출처까지 끌어대기도 한다. 그는 이 책에서 과거 삼림의 상태와 이 법령 을 만들게 한 사건들을 다룬 몇 가지 문헌들을 번역했다. Pierre Clément, *Histoire de Colbert et de Son Administration*, 3d ed. (Paris, 1892), Vol. 2, pp. 64~84는 매우 가치 있는 배경 지식을 제공하는 문헌이다. 충분히 예상할 수 있듯이, 어떤 나라든 삼림의 역사는 무역과 전쟁의 역사, 상업 및 농업에 대 한 태도 등과 밀접히 관련되어 있다. 예컨대 클레몽(Clément)은 다음과 같이 썼다. "1572년 이후 시대는 삼림 자원 소유의 입장에서 악조건의 시대였다. 내전 재발, 지가 상승, 목초지에 대한 선호도 증가, 삼림지를 관통하는 길 개방, 제련 산업의 발달로 숲의 파괴에 대한 우려가 나타났다"(p. 65). 또한 Huffel, *Économie Forestiére*, Vol. 1:2, pp. 267~291 참고. 다음에 나오는 인용문은 존 크롬비 브라운의 번역서에서 가져온 것이다.

왕실 숲에서는 목재를 가지고 나올 수 없으며 어떠한 가축도 들어갈 수 없었다. "왕은 복종하도록 만들 줄 알았고, 복종시켰다"(*Le roi savait se faire obeir et il fut obei*) . 76) 루이 14세는 1669년 8월에 포고령을 선포하면서 그 목적이 혼돈 상태가 된 것에 질서를 부여하기 위한 것이라고 했다. 무질서가 "우리 왕국의 물과 숲을 잠식해 너무 보편적인 것이 되었으며 도저히 회복이 불가능할 정도로 뿌리 깊다". 그러나 콜베르와 그의 조력자인 21명의 위원들이 8년에 걸쳐 작업한 결과, 질서가 회복되었다. 77)

루이 14세의 선포문에서도 고대적 남용이 근대의 열망, 전쟁, 평화 그리고 세계 곳곳에 이르는 장거리 항해로 촉발된 상업에 장애가 됨을 공식적으로 명시한다. 선포문은 후손들의 필요에 대한 초기의 호소를 통해 앞으로 수 세기 동안 더 자주 들을 어조로 "우리가 선하고 현명한 규제로 선포문의 결실이 후손들에게 보장되지 않으면 질서와 기강의 재정립이 충분하지 못했기 때문"이라고 밝힌다. 78) 19~20세기에 이르면 후손에 대한 호소가 보전에 관한 문헌에서는 없어서는 안 될 주제가 된다.

포고령 역시 주목할 만한데 전체 자원을 앞으로 어떻게 관리할 것인가에 관한 방향을 제시하려고 하기 때문이다. 조례의 주요 조항은 왕실 숲에 관한 것이지만 교회, 민간 회사, 각종 공동체가 소유한 숲에도 적용되었다. 정부는 이들 숲에 대한 규칙을 정할 권리가 있으며 특정 법적 권리를 가진 개인에 대해서도 그런 권리를 가지기 때문이다. 한계는 있었으나 이 포고령은 민간 소유 숲의 개발을 규제할 권한을 가졌던 것이다. 79) 이 포고령은 나무를 자르거나 뽑는 행위, 숲에 동물을 방목하는 행위를 규제했다(2장 6절). 또한 숲이나 "토지와 황무지, 즉 숲의 경계에 위치한

---

76) Huffel, *op. cit.*, Vol. 1:2, p. 291.

77) Dalloz, *op. cit.*, pp. 15, 21.

78) Brown trans, p. 61의 서문.

79) Dalloz, *op. cit.*, pp. 25~27. 이 법령에 대한 반대 논의는 pp. 29~32와, Huffel, *op. cit.*, Vol. 1:2, pp. 293~294 참고.

공터"에서 양이나 염소를 기르는 행위도 엄금했다(19장 13절). 화로나 용광로를 설치하는 행위, 숯을 만드는 행위, 나무를 뿌리째 뽑아 개간하는 행위, 표지판이나 도토리, 다른 산물을 뽑아내거나 없애는 행위도 제한된다(3장 18절). 승인용 망치(marteau)를 보관한 위원회 사무실과 금고 열쇠, 그 망치가 찍힌 "경계와 구획을 표시하는 나무, 씨앗을 품은 예비 나무, 그 외에 일부러 남겨둔 나무"를 엄격하게 관리하도록 했다(2장 3절). 도토리와 너도밤나무 열매는 생산량이 많아 판매해도 숲에 별 피해가 없을 때에 판매 절차를 시작했다.

숲이 제공할 수 있는 돼지 방목권의 평가는 집단의 책임이었다. 숲의 감독관이나 부관 혹은 왕의 대리인이 "망치 관리인(Garde-Marteau)****과 호위 하사관(the Sergeant of the Guard)이 있는 현장을 방문한다. 이들은 관리되는 숲(forests of the Maitrise)의 돼지 방목권에 지정된 돼지 숫자를 적은 문서를 미리 준비해야 한다"(18장 1절). 어린 목재용 나무의 생장이나 숲의 목초지로 이어지는 길가의 잡목숲을 보호하기 위해서는 도랑을 충분히 넓고 깊게 파야 한다. 오래된 도랑의 경우에는 깨끗이 물길을 청소해야 한다. 여기에 드는 비용은 "이 목초지를 이용하는 공동체의 사용자가 각자 기르는 가축의 숫자에 비례해 지불하면 된다"(19장 12절).

27장은 사용권, 보전의 필요성, 산업의 요구 이 세 가지의 균형을 맞추고 각각 어떻게 가중치를 부여할 것인가를 분명히 한다. 남겨둔 나무와 "종마"처럼 숲의 재생산을 위한 묘목이 "우리 숲의 자산으로 간주되는 날이 조만간 올 것이다. 이때 숲을 상속받은 귀족 미망인, 증여받은 사람, 청부인, 이용권자, 그리고 이들로부터 관리를 위임받은 관리인이나 농부는 이 나무에 대한 어떠한 요구도 하지 않고 이 나무로부터 생기는 부담금에 대해서도 아무것도 주장하지 않을 것이다"(27장 2절).

시찰을 나올 때마다 감독관은 다시 씨를 뿌리고 조림하거나 다른 적당한 용도로 사용될 수 있도록 "양도되지 않거나 면역 지대(免役 地貸)나 임차라는 명목이 주어진 모든 빈 땅"을 조사해야 한다. 왕실 숲에 인접한 숲의 소유자들은 자신의 숲과 왕실 숲 사이에 너비 4피트, 깊이 5피트의 도랑못을 만들어 서로 분리시켜야 할 뿐만 아니라 이를 잘 관리할 책임이 있다(27장 3~4절).

어린 떡갈나무, 느릅나무 또는 다른 나무를 뽑을 때는 왕의 승인과 감독관의 재확인을 거치는 등 엄격한 규제를 받는다. 이와 비슷한 다른 엄격한 제약 때문에 숲에서 모래나 흙, 이회토, 진흙을 함부로 제거할 수 없으며, 숲 주변 5백여 미터 내에서 석회를 만드는 일도 금지되었다. 또한 화약이나 초석 제조를 위해 생나무나 마른 잔나무를 유출하는 일도 무거운 벌금으로 금지했다(27장 11~13절). 숲의 경계 안쪽이나 경계, 혹은 숲으로부터 약 1.5마일 이내에는 움막을 지을 수 없다. 기존의 불법 움막은 철거해야 하며 향후에는 어떤 움막도 "우리 숲"으로부터 6마일 이내에는 설치될 수 없다(27장 17절). 상인이나 사용자, 기타 모든 이들은 왕실 숲뿐만 아니라 교회와 공동체 소유의 숲에서 재를 만들면 안 된다(27장 19절).

나무를 태우고 숯을 만드는 행위, 나무껍질을 벗기는 행위도 금지된다. 숯가마는 "비어 있는 가장 넓은 장소이면서, 나무와 새로 성장하기 시작한 어린 나무로부터 가장 멀리 떨어진 곳에 위치해야 한다". 또한 숲의 감독관이 이 빈 땅이 쓸모 있는 땅이라고 판단한다면 다시 숲으로 회복될 수 있도록 조치해야 한다. "통 제조업자, 가죽 무두질을 하는 사람, 나무 세공사, 나막신 제조업자, 기타 이와 유사한 직업을 가진 사람들은 숲으로부터 1.5마일 이내에 작업장을 만들 수 없다. 이를 어길 시에는 시설을 몰수당하며, 벌금 1백 리브르를 내야 한다"(27장 22~23절). "떡갈나무 같은 양돈용 열매나 기타 과일 등을 뽑거나 손상시키는 행위도 금지된다. 불을 옮겨 붙이는 행위도 엄금한다"(27장 27, 32절).80)

---

80) 이 포고령의 시행과 효력에 관한 논의는 이 책의 범위를 벗어난다. 18세기초 이보다 앞서 제정되었던 법령에 대해 불평이 많았던 것처럼, 이 포고령에 대해서도 불평이 많았다. 그러나 이것이 제정되지 않았다면 적어도 1789년까지 상황은 훨

점진적으로 숲이 파괴된다는 역사적인 증거로 인해 1669년에 삼림령이 탄생했다. [81] 마자랭(Jules Mazarin)* 사망 후 프랑스의 숲이 다시 태어나기 위해서는 엄격한 법령이 필요하다는 사실을 깨달은 것이다. 1665년의 비망록에는 왕이 그렇게 한 이유가 설명되어 있다. 왕실 숲은 오랫동안 황폐해져 있었다. 또한 대규모 기획과 행사를 위해 숲을 남겨둬야 한다는 조항이 하나도 없었다. 왕실 숲이 있는 대다수 지역에서 40년 동안 한 푼의 세입도 내지 못했다. 왕실 숲은 거의 대부분이 노르망디(Normandy)에 있었는데, 거기서 나오는 세입이 전에는 1백만 리브르에 달했지만, 법령 제정 당시에는 겨우 5만 5천 리브르에 그쳤다. [82]

이 포고령은 사회화된 인간과 자연환경 간의 광범위한 관계에 대한 인식을 상징한다. 즉, 그것은 배젓(Walter Bagehot)*이 말한 "습관의 덩어리"(*cake of custom*)로서 이 습관의 덩어리가 개발자와 이용되는 자원 사이에 개입하는 모습을 가장 전형적으로 보여준다. 포고령은 관습에 의해 생겨난 지구에 대한 철학적 태도에 주목하도록 한다. 정말로 고대의 관습과 권리는 자원을 낭비하고 심지어 파괴함으로써, 지금 제 몫을 요구하는 보다 새롭고 근대적인 이용법이 점점 더 자원에 접근할 수 없게 했을까?

7. 결 론

대략적으로 15세기 말부터 17세기 말 동안에는 인간을 자연의 지배자로 보는 사고가 보다 근대적인 윤곽으로 구체화되기 시작했다. 인간과

썬 나빠졌을 것이라고 믿는다. 이 포고령은 1827년까지 거의 고쳐지지 않고 그대로 있었다. 이 법에 대해 자주 제기되었던 두 가지 비판은 가혹한 처벌과 국가의 이익을 위해 개인의 이익을 희생시킨다는 점이었다. 이에 대해서는 Clément, *Histoire de Colbert*, Vol. 2, pp. 75~76 참고.

81) *Ibid.*, Vol. 2, p. 65.

82) *Ibid.*, Vol. 2, pp. 71~72.

자연의 관계에 대해 동일한 관심을 가졌던 인디언이나 중국의 위대한 전통과 구분되는 서구사상의 고유한 형식이 바로 이 시기의 사고에서 시작되었다〔선종의 권위자인 일본인 스즈키(Daisetz Suzuki)*가 생각하는 것처럼, 창세기에 나오는 자연 지배를 명했던 신의 명령이 아니었다〕.[83] 이처럼 인간의 힘에 대한 인식은 뷔퐁 등의 저술에서 잘 나타나듯이 18세기에 크게 증가했다. 또한 19세기에는 이러한 인식이 새로운 사상과 해석의 지원으로 더욱 극적으로 증가했는데, 20세기에 이르면 서구인은 자연에 대한 인간의 힘에 토대를 두고 과거와는 비교할 수 없을 정도로 대단히 인간 중심적인 사상을 가졌다.

이 시기 말경에는 몇 가지 경향을 구분할 수 있다. 각 경향은 고유한 정체성을 가졌는데 마치 브렌타 강, 아디제 강, 포 강처럼 수원지가 서로 많이 떨어졌을지라도 대략적인 유로가 평행하게 흐르다가 공통의 삼각주로 흐르는 것과 같다. 인간이 지구에 대한 지배력을 가졌으며 창조를 완성한다는 종교적 사고는 17세기에 보다 선명하고 명확해졌다. 이 중 헤일 경의 사상이 가장 명확하다. 그에 따르면 인간은 다른 생명체의 존재에 균형을 맞춰 주는 힘을 가진 존재다. 인간은 야생 동식물의 확산을 통제하며, 작물화된 식물과 가축화된 동물의 확산을 장려하는 중재자가 된다.

인간이 감독을 철회한 곳에는 곧바로 야생이 잠식한다. 인간은 배수 시설을 통해 자연 식생을 없애거나, 야생동물을 놀라 도망가게 하거나, 작물화된 식물과 가축화된 동물을 보호함으로써 살아 있는 자연에 대해 사법적 역할을 수행한다. 헤일 경 같은 사람들은 자신의 시대를 주의 깊게 관찰했다. 즉, 그들은 문화경관(배수된 습지, 벌목된 땅, 작물 경작지 등)과 숲, 관목림, 덤불 같은 야생의 땅이 인간 활동의 결과로서만 설명될 수 있음을 인식했다. 또한 사냥, 즉 인간이 직접 점유하지 않은 땅으

---

83) "The Role of Nature in Zen Buddhism", *Eranos-Jahrbuch 1953*, Vol. 22(1954), pp. 291~321; 특히 pp. 291~296 참고.

로의 급습은 야생동물들이 멸종의 위협 속에 살았음을 보여준다.

이러한 사상은 도구와 지식을 가진 인간이 자신을 개선시키는 것만큼이나 확실하게 지구를 개선시킨다는 믿음과 관련이 있다. 즉, 인간과 환경은 함께 더 나아질 수 있다. 어떻게 인류는 쇠락하여 죽어 가거나 미개발 상태인 지구를 경작, 배수, 벌목을 통해 진보시킬 수 있을까? 어렵사리 첫 번째(바로 위에 나온 종교적 사고, 즉 신앙심_옮긴이)와 구별 지을 수 있는 사상이 있다. 물론 여기서도 종교를 배제할 수는 없지만 종교가 지배적 동인은 아니다. 인간이 자연의 완성자이며 창조의 완료자라는 사고가 신앙심과 실제적인 열정 둘 다를 유도한다면 이 중 후자의 태도(실제적인 열정_옮긴이)만이 현저하게 정신, 기술, 지식의 성취를 세속적으로 강조하는 경향이 있다. 아그리콜라, 팔리시, 프랜시스 베이컨, 데카르트가 대표적이라 할 수 있다.

마지막으로, 인간이 자연을 바람직하지 않게 변화시킨다는 매우 반복적으로 나온 사상이 있다. 여기서 말하는 변화는 무모한 변화이며 장기적 목적의식이 부재한 변화인 동시에 보다 협소한 목적을 위한 변화다. 제철업자가 과학과 자신의 제작 비법을 토대로 한 기술을 이용해 도구를 만들 철을 녹이는 데 필요한 나무를 베어 낸다면 이 모든 과정은 제철업자에게는 목적의식적이다. 하지만 제철업자가 유발한 장기적 자연환경의 변화(즉, 황폐화)는 목적한 바와 다른 것이다. 과거에는 토지 이용을 두고 벌어지는 이와 같은 갈등이 이따금씩 나타났다. 그러나 이블린의 《수림지》와 콜베르의 《삼림령》에서는 이러한 경향이 극적으로 변했고 보다 복잡하고 넓은 지역에 걸친 갈등으로 번질 조짐이 보이기 시작했다. 프랜시스 베이컨, 데카르트 등이 매우 강력하게 표출했던 인간의 목적의식적인 자연지배 사상은 역사적으로 인간 사회와 그 사회가 이룬 성취를 강조했으며 식량, 주거, 교통 등의 필요에 과학적 법칙을 목적의식적으로 적용함으로써 사회를 발전시킬 수 있다고 했다.

한편으로 인간이 자연에 바람직하지 않은 변화를 가할 수 있고, 또 가

한다는 사고 (종종 인간은 자신이 자연을 바람직하지 않게 변화시킨다는 사실을 인식하지 못한다. 그 이유는 자연환경에 가해진 나쁜 영향을 인식하기가 어렵거나, 그 영향이 너무 천천히 가시화되기 때문이다) 는 역사적으로 인간에 의해 교란된 환경에 대한 연구를 촉발했으며, 인간 사회의 변화보다 지구의 물리적 변화를 강조하게 했다. 바로 이러한 관점 때문에 인간 행위자에 의한 환경 변화를 다룬 문헌이 많이 출판되었으며 역사지리, 식생 변화에 관한 생태학적 연구, 오늘날의 많은 다른 영역에서의 연구들이 자극을 받았다.

이처럼 인간을 자연의 일부일 뿐만 아니라 지배와 변화의 야망을 가진 극히 활동적인 생명체라고 인식하게 만든 배경은 무엇일까? 이에 대한 적절한 대답을 하려면 경제사와 종교사, 철학, 기술사로부터 자유롭게 취합하여 방대한 양의 글을 써야 할 것이다. 여기서 내가 지적하고 싶은 것은 서너 가지다. 첫째, 17세기와 비교하면 중세에는 과학과 기술 간의 접촉이 거의 없었다는 관찰은 옳다. "17세기에 와서야 비로소 (이러한 사상이 중세 시대에 어렴풋이 있었다 할지라도) 과학과 수공업이 자연현상에 거의 똑같은 수준의 관심을 가졌으며 상호 보완이 가능해졌다. 그래서 점진적으로 자연에 대한 지식이 자연의 힘을 통제할 수 있는 힘을 준 것이다".[84] 이 시기에는 혁명적 기술 변화도, 새로운 원동기의 발명도 없었다. 그러나 여러 활동의 지리적 확장 면에서는 확실히 발전이 있었다.

먼저 중요한 지리적 확장으로는 야금술의 보급과 삼림의 이용, 파괴가 동시 확대된 점이다. 둘째는 배수와 토지 개간이 대중화된 점이다. 네덜란드에서는 폴더를 만들고, 잉글랜드에서는 습지를 배수하고, 이탈리아에서는 강의 유로를 조절하고 습지를 배수했으며, 프랑스에서도 습지, 연못, 호수를 배수했다 (1891년에 디엔느 영주 (Comte de Dienne)＊가 1789년 이전 프랑스의 호수와 습지의 배수 역사를 다룬 책을 출판했는데, 프랑스만

---

84) *A History of Technology* 3권의 편집자 서문, pp. v~vi.

을 다루었음에도 불구하고 5백여 페이지가 넘는다). 85) 마지막으로 자연적 장애에 대한 초보적인 승리를 증명하는 뚜렷하고도 극적인 증거인 운하와 다리가 이 시기를 가장 화려하게 장식한다.

콜베르 장관하에서 리케가 감독하여 완성한 미디 운하(랑그독 운하, 혹은 두 바다의 운하(canal of the two seas)라고도 함)가 바로 그 예이다. (적어도 수에즈 운하와 파나마 운하가 건설되기 전까지는) 대서양과 지중해를 연결하는 이 운하보다 인간의 상상력을 불타오르게 하는 운하는 거의 없었다. 그 다음 세기가 되어서도《루이 14세의 세기》에서 볼테르는 루이 14세의 통치기에 가장 영광스러운 기념비는 루브르 궁전도 베르사유 궁전도 아니고, 트리아농 궁전도 말리 성(城)도, 당시의 다른 어떤 건축물도 아닌 "두 바다를 연결하는 랑그독 운하"라고 꼽았다. 그 이유는 유용성과 건설 규모 및 건설의 어려움 때문이라고 말했다. 86)

지금까지 살펴보니 낙관론이 시대를 풍미할 수 있었던 건 환경을 변화시키는 잠재력으로서의 낡은 관습과 새로운 기술 둘 다의 범위를 잘 몰랐기 때문이었음을 알 수 있다. 또한 당시 세계 인구가 급증하기 시작했다는 것도 인간 자신이 놀랍도록 복잡하다는 것도 인식하지 못했다.

(4권에서 계속)

---

85) Le Comte de Dienne, *Histoire du Desséchement des Lacs et Marais en France avant 1789*(Paris, 1891).

86) "Siècle de Louis XIV", in *Oeuvres de Voltaire*, Beuchot ed., Vol. 20, p. 252. 그 운하의 역사에 대해서는 Clément, *op. cit.*, Vol. 2, pp. 97~126을 보라.

---

* 신화 속 인물 등 비실존 인물이나 민족은 "용어해설" 인명편이 아닌 기타편에서 다루며,
지명편에는 건물명이 포함되어 있다.

---

* 인 명

가라스(François Garasse, 1585~1631). 반종교개혁 운동의 선봉에 섰던 예수회 소속 신
부이다.

가발라의 세베리아누스(Severian of Gabala, ?~?). 4세기에서 5세기 사이에 번성했던 시리
아 가발라의 주교이다. 당대에는 그의 주석 때문에 훌륭한 설교가로 알려졌지만 후
대에는 크리소스토무스의 추방에서 그가 맡았던 역할로 이름이 알려졌다. 테오도시
우스 2세의 치세(408~450년) 때 사망했다고 한다.

가자(Theodorus Gaza 또는 Theodore Gazis, 1400경~1465). 그리스의 인문주의자이며
아리스토텔레스 저작의 번역자다. 15세기 학문의 부흥기에 주도적인 역할을 했던
그리스 학자 중 한 명이다.

가짜 아리스토텔레스(pseudo-Aristole). 자신의 글을 아리스토텔레스의 저작이라고 사칭하
는 사람들을 가리키는데, 가짜 아리스토텔레스 중에서 가장 유명한 사람이 2세기
북부 아프리카의 학자인 마다우로스의 아풀레이우스(Apuleius of Madauros)로 그의
대표작은 《세상에 대하여》(*De Mundo*)이다.

갈레노스(Claudios Galenos, 영문명 Galen, 129~199). 소아시아 페르가몬 지방 태생이
다. 고대 로마 시대의 의사이자 해부학자로 고대의 가장 유명한 의사 가운데 한 사
람이다. 실험생리학을 확립하고 중세와 르네상스 시대에 걸쳐 유럽의 의학이론과
실제에 절대적 영향을 끼쳤다. 그리스 의학의 성과를 집대성하여 해부학·생리학·
병리학에 걸쳐 만든 그의 방대한 의학체계는 이후 천 년이 넘는 동안 유럽 의학을

지배하면서 커다란 영향을 끼쳤다.

갈릴레이 (Galilei Galileo, 1564~1642). 이탈리아의 천문학자, 물리학자, 수학자이다. 진자의 등시성 및 관성법칙 발견, 코페르니쿠스의 지동설에 대한 지지 등의 업적을 남겼다. 지동설을 확립하려고 쓴 저서 《프톨레마이오스와 코페르니쿠스의 2대 세계 체계에 관한 대화》는 교황청에 의해 금서로 지정되어 이단행위로 재판을 받았다.

고드윈 (William Godwin, 1756~1836). 영국의 목사, 언론인, 정치철학자, 작가이다. 아나키즘 사상의 선구자 가운데 한 사람으로 간주된다. 프랑스 사상가들의 강의를 듣고 무신론을 받아들였으며, 문학에 몰두해 성직을 포기하고 자유주의자들과 정치 생활을 했다. 그는 프랑스혁명에 깊은 인상을 받았으며 이 혁명에 반대했던 에드먼트 버크의 《프랑스혁명에 관한 고찰》에 대한 반론으로 《정치적 정의》를 저술했다.

고마라 (Francisco Lopez de Gómara, 1511경~1566경). 에스파냐 세비야에서 활동한 역사가다. 그의 저작이 특히 주목받는 이유는 16세기 초 코르테즈에 의해 수행된 에스파냐의 신대륙 정복에 대한 기술 때문이다. 그는 코르테즈와 동행한 적도 없고 평생 아메리카를 가 본 적이 없음에도 불구하고 코르테즈와 그의 동행자들로부터 직접 자료를 얻어 당시 에스파냐의 신대륙 정복사를 기술했다. 그러나 그와 동시대인들 특히 베르날 디아즈 델 카스틸로(Bernal Diaz del Castillo) 조차도 그의 작품이 오류로 가득 차 있으며 코르테즈의 역할을 정당화하고 과장했다고 비판했다.

괴테 (Johann Wolfgang von Goethe, 1749~1832). 독일의 시인, 극작가, 정치가, 과학자이다. 독일 고전주의의 대표자로 세계적인 문학가, 자연 연구가이다. 바이마르 공국의 재상으로도 활약했다. 대표작으로는 《빌헬름 마이스터의 편력 시대》, 《파우스트》 등이 있다.

굿먼 (Godfrey Goodman, 1582경~1656). 영국의 신교 성직자이다. 저작인 《인간의 타락》에서 자연의 쇠락론을 주장했다.

그랜트 (John Graunt, 1620~1674). 영국 태생으로 최초의 인구학자이다. 페티 경과 함께 근대 인구학의 기본 틀이 된 인구통계 센서스를 개발했다.

그레고리오 1세 (Gregory the Great, 540~604). 교회학자이면서 최초의 수도원 출신 교황이다. 성 암브로시우스, 성 아우구스티누스, 성 히에로니무스와 함께 4대 라틴 교회의 아버지로 꼽히며, 중세 초기교회에 가장 많은 영향을 끼쳤다고 평가받는다.

그레고리우스 9세 (Gregory IX, 1165경~1241). 오스티아의 주교와 추기경을 거쳐 1227년 교황에 즉위했다. 즉위 후 십자군 파견을 꺼려하는 신성로마제국 황제 프리드리히 2세를 파문하기도 했다. 십자군 원정으로 중동에 세워진 라틴계 국가의 보호에 힘썼으며 카타리파와 바르트파를 타파하는 데도 힘썼다. 종교재판을 일원화하여 교황권 밑에 두고 1234년에는 교령집(敎令集)을 공포했다.

그로스테스트 (Robert Grosseteste, 1175경~1253). 영국 서포크 태생으로 별명은 대두 (Greathead)이다. 옥스퍼드 대학교와 파리 대학교에서 공부했으며 1235년 링컨의 주교가 되기까지 옥스퍼드 대학교 총장으로 있으면서 신학을 강의했다. 아리스토텔레스의 저서와 성서를 원어로 연구해 라틴어 기독교계에 새 바람을 불어넣었다. 특히 아리스토텔레스의 《물리학》(*Physics*)의 라틴어 번역과 주해는 당시 자연과학 방법을 일신시키는 데 기여했다.

그리내우스(Simmon Grynaeus, 1493~1541). 바젤 대학 신약학 교수다. 대학 동료였던 뮌스터의 친구이기도 했다.

기번(Edward Gibbon, 1737~1794). 영국의 합리주의 역사가이다. 2세기부터 1453년 콘스탄티노플의 멸망까지의 로마 역사를 다룬 《로마제국 쇠망사》(*The History of the Decline and Fall of the Roman Empire*, 6권, 1776~1788)의 저자로 잘 알려져 있다.

기요(Arnold Henry Guyot, 1807~1884). 스위스 태생의 미국의 지리학자이다. 1825년 베를린 대학교 졸업 후 리터에게 지리학을 배우고 1846년에 미국으로 건너갔다. 1854년 이후 30년간 프린스턴 대학교에서 지질학 및 자연지리학 교수를 역임했다. 빙하의 조사 및 기상 관측을 지도하고, 미국 기상대 설립에 힘을 쏟았다. 저서에는 《대지와 인간》(*The Earth and Man*, 1853), 《자연지리학론》(*Treatise on Physical Geography*, 1873) 등이 있다.

네캄(Alexander Neckam, 1157~1217). 영국의 과학자이자 교사이다. 영국 허트포드셔 성 앨번스에서 태생이다. 성 앨번스 수도원 학교에서 교육을 받고 수도원 부설 던스태블 학교의 교장으로 활동했다. 이후 프랑스에서 활동하다가 1186년 영국으로 돌아와서 여러 학교의 교장을 역임했다. 신학 외에도 문법, 박물학에 관심을 가졌고 자연과학자로 알려졌다.

노르망디 꽁셰의 윌리엄(William of Conches in Normandy, 1090경~1154경). 프랑스의 스콜라철학자이다. 노르망디 꽁셰 태생으로 세속적인 고전 작품을 연구하고 경험 과학을 육성함으로써 기독교 인문주의의 범위를 넓히는 데 기여했다. 그의 제자인 샤르트르의 주교였던 솔즈베리의 존은 그를 가리켜 베르나르 이후 최고의 문법학자라고 칭송했다.

놀즈(Richard Knolles, 1550~1610). 영국의 역사가로 주로 투르크를 연구했다.

뉴턴(Isaac Newton, 1642~1727). 영국의 물리학자, 천문학자, 수학자이자 근대 이론과학의 선구자이다. 수학에서의 미적분법 창시, 물리학에서의 뉴턴역학 체계 확립 등은 자연과학의 모범이 되었고 사상 면에서의 역학적 자연관은 후세에 커다란 영향을 끼쳤다.

니사의 성 그레고리우스(St. Gregory of Nyssa, 330경~395경). 성 바실리우스의 동생이다. 성 바실리우스, 나지안주스의 그레고리우스와 함께 카파도키아 3대 교부 중 한 명이다. 본질(本質)과 기질(氣質)과의 신학적 차이를 규정지어 삼위일체론 확립에 공헌해 정통 신앙을 수호한 공적이 크다.

다 빈치(Leonardo da Vinci, 1452~1519). 르네상스 시대 이탈리아를 대표하는 천재적 미

술가, 과학자, 기술자, 사상가이다. 15세기 르네상스 미술은 그에 의해 완벽한 완
성에 이르렀다고 평가받는다. 조각, 건축, 토목, 수학, 과학, 음악에 이르기까지
다방면에 재능을 보였다.

다리우스 (Darius, ?~?). 페르시아의 왕이다. 이 책에서 언급된 다리우스는 다리우스 1세
로 추정된다.

다마스쿠스의 요한네스 (John the Damascene, 676경~749). 시리아의 수도사이자 설교가이
다. 법, 신학, 철학, 음악에 많은 기여를 한 박학다식의 전형인 인물이었다. 다마
스쿠스 통치자의 행정 최고책임자였고 기독교 신앙을 상세히 설명하는 저술과 지금
도 그리스 정교회에서 일상적으로 사용되는 성가를 썼다.

다미아니 (Petrus Damiani, 1007경~1072). 이탈리아의 추기경이자 교회 개혁자로 1043년
에 몇 곳의 수도원을 창설하고 교회, 수도원 개혁에 힘썼다. 신학자로서 그의 사상
은 특히 《성사론》(聖事論)에 잘 나타나 있다.

다윈 (Charles Robert Darwin, 1809~1882). 영국의 생물학자이다. 남아메리카와 남태평
양의 여러 섬과 오스트레일리아 등을 향해 탐사하고 관찰한 기록에서 진화론을 제안
했고, 특히 1859년에 진화론에 관한 자료를 정리한 《종의 기원》을 통해 생물 진화
론을 주창하여 19세기 이후 인류의 자연 및 정신 문명에 커다란 변화를 가져왔다(송
철용 역, 2009, 《종의 기원》, 동서문화사 참고).

다키아의 보이티우스 (Boetius of Dacia, ?~?). 스웨덴의 철학자이다. 스웨덴 린쾨핑 교구
에서 사제직을 수행했고 파리에서 철학을 가르쳤다. 파리에서 브라방의 시제루스,
로저 베이컨 등과 알게 된다. 1277년 아베로에스주의 운동의 지도자라는 탕피에의
단죄를 받아 시제루스와 함께 교황 니콜라스 3세에게 호소했다. 교황의 관할구에서
지내다가 다키아의 도미니크 수도회에 합류했다.

단테 (Alighier Dante, 1265~1321). 이탈리아의 시인, 예언자, 신앙인이다. 이탈리아뿐
아니라 전 인류에게 영원불멸의 거작인 〈신곡〉을 남겼다. 중세의 정신을 종합하여
문예부흥의 선구자가 되어 인류 문화가 지향할 목표를 제시했다.

달리온 (Dalion, ?~?). 플리니우스가 인용한 지리학·식물학 저술가이다. 플리니우스는
그를 외국의 저술가로 표현하며 1세기 이전의 인물로 추정한다.

더햄 (William Derham, 1657~1735). 영국의 신학자이자 뉴턴의 제자이다. 대표작은
1713년 《물리신학》으로 신의 존재에 대한 신학적 논증을 담은 이 책은 1세기 후 페
일리의 《자연신학》에 많은 영향을 주었다. 박물학에도 관심이 많아 레이 (John Ray)
등과 함께 《박물학》이라는 책도 편집해 출간했다. 그는 최초로 소리의 속도를 측정
한 사람으로도 알려졌다.

던바 (James Dunbar, 1742~1798). 영국의 철학자이다. 대표 저서로는 《원시 및 농경시
대 인류의 역사에 관하여》가 있다.

데모크리토스 (Democritos, 서기전 460경~370경). 고대 그리스 최대의 자연철학자이다.

고대 원자론을 확립하고 충만과 진공을 구별했다. 여기서 충만은 무수한 원자로 이루어지고 이들 원자는 모양, 위치, 크기를 통해 기하학적으로 구별될 뿐이라고 했다. 원자론을 중심으로 한 그의 학설은 유물론의 출발점이며 그 후 에피쿠로스, 루크레티우스에 의해 계승되어 후세 과학 사상에 영향을 끼쳤다.

데이비(Humphry Davy, 1778~1829). 영국의 화학자이다. 콘월 주 펜잔스 태생으로 1795년 볼레이스라는 의사 겸 약제사의 조수가 되면서 철학·수학·화학 등을 독학했는데, 특히 라부아지에의 《화학교과서》를 통해 화학에 흥미를 가졌다. 1797년에 "열·빛 그리고 빛의 결합에 관하여"라는 논문을 의사인 베도스에게 보내 과학적 자질을 인정받았다. 1803년 왕립학회 회원이 되어 전기분해에 의해 처음으로 알칼리 및 알칼리 토금속(土金屬)의 분리에 성공했다. 또한 기술에도 깊은 관심을 가졌으며 특히 안전등(安全燈)을 발명하여 탄광에서 가스 폭발사고를 예방할 수 있도록 했다. 1812년 작위가 수여되어 경(卿)의 칭호를 받았으며, 왕립연구소의 교수직을 사임했으나 실험실에서 연구는 계속했다. 1820년 왕립학회 회장이 되었으나 1826년 가을부터 건강이 악화되어 유럽 요양 중 제네바에서 급사했다.

데이비스(William Morris Davis, 1850~1934). 미국의 자연지리학자이다. 지형의 변화 과정을 설명하는 침식윤회설을 확립하여 근대 지형학에 많은 기여를 했다. 그러나 침식윤회설은 지형학에서 정설로 받아들여지지 않는다.

데카르트(René Descartes, 1596~1650). 프랑스의 철학자, 수학자, 물리학자이다. 근대 철학의 아버지로 불리며, 그의 형이상학적 사색은 방법적 회의에서 출발한다. "나는 생각한다, 고로 나는 존재한다"(cogito, ergo sum)라는 근본 원리가 《방법서설》에서 확립되어 이 확실성에서 세계에 관한 모든 인식이 유도된다.

도슨(Christopher Dawson, 1889~1970). 영국의 종교철학자이자 문화사가이다. 가톨릭 정신을 기조로 하는 통일적 문화사의 구성을 시도했다. 주요 저서에는 《진보와 종교》, 《종교와 근대 국가》, 《유럽의 형성》(김석희 역, 2011, 한길사) 등이 있다.

도쿠차예프(Vasilii Vasil'evich Dokuchaev, 1846~1903). 러시아의 토양학자이다. '근대 토양학의 원조'로 불린다. 1872년 페테르부르크 대학교를 졸업하고 모교 교수가 되었다. 1870년 니지니노브고로드 현(縣)의 토양, 특히 흑색토양의 생성과 성인(成因)에 관한 조사를 근거로 토양 분류를 한 것이 바로 토양대의 개념이다. 러시아의 토양 조사를 조직적으로 실시했으며, 러시아의 온대지방에 분포하는 석회 함량이 높은 검은 흙을 '체르노젬'이라 명명했다. 주요 저서에는 《러시아의 흑색토양》(1883) 등이 있다.

뒤 바르타스(Guillaume de Salluste 또는 Seigneur Du Bartas, 1544~1590). 프랑스의 시인이다. 천지창조에 대한 영향력 있는 종교시를 썼다.

뒤 보(abbé du Bos 또는 Jean-Baptiste Dubos, 1670~1742). 프랑스의 역사가, 미학자, 외교관이다. 예술을 단지 규칙의 형상화로 보는 견해에 반대하고 감정의 역할을 강조했으며, 기후의 영향 등 환경과 예술의 관계를 말하고 예술 상대주의를 한 걸음 진전시켰다.

뒤러 (Albrecht Dürer, 1471~1528). 독일의 화가, 판화가, 미술이론가이다. 독일 르네상스 회화의 완성자이기도 하다.

뒤엠 (Pierre Duhem, 1861~1916). 프랑스 물리학자이자 과학철학자이다. 중세의 경험적 기준에 대한 부정, 중세 과학 발전에 대한 저술로 유명하다.

듀 알드 (Jean-Baptiste Du Halde, 1674~1743). 프랑스 예수교 신부다. 중국에 능통한 역사학자로 중국에 가본 적이 없지만 방대한 자료들을 수집해 중국의 역사, 문화, 사회에 관한 백과사전적 조사를 바탕으로 4권의 《중국총사》(The General. History of China, 1736)를 발간했다.

드 브라이 (Theodor de Bry, 1528~1598). 독일 프랑크푸르트의 구리 조판공이다. 영국의 버지니아 식민지 총독을 지냈던 존 스미스의 "뉴잉글랜드 지도" 등을 동판으로 찍었다. 이 과정에서 그는 유럽인의 구미에 맞도록 장소의 위치를 바꾸거나 지도의 내용을 삭제하거나 새로운 이름을 붙이기도 했다(설혜심, 2007, 《지도 만드는 사람》, p. 197). 《아메리카》라는 책을 출판하기도 했다.

드 서지 (Jacques Philibert Rousselot De Surgy, 1737~1791). 프랑스의 저자이다. 재무성 관리 및 왕립 출판 검열관 등에 종사했으며 그의 저서인 《흥미롭고 신기한 것들의 모음집》(Melanges Interessants et Curieux: 10 vols., Paris, 1763~1765)는 아시아와 아메리카의 자연사, 시민사회 및 정치의 역사를 다루며 특히 뒤에 나온 6권은 아메리카에 관해 그 당시 찾아보기 어려운 흥미로운 정보를 담았다.

드 퀸시 (Thomas De Quincey, 1785~1859). 영국의 비평가이자 수필가이다. 대표작으로는 《어느 아편 중독자의 고백》이 있다.

드 파웁 (Cornelieus de Pauw, 1739~1799). 네덜란드의 철학자, 지리학자, 외교관이다. 암스테르담 태생이지만 생애의 대부분을 클레브(Kleve)에서 지냈다. 성직자로 일했지만 계몽사상에도 친숙했다. 또한 그는 아메리카 대륙을 방문한 적이 없었지만 아메리카에 대해서는 대가로 인정받았다. 당시 널리 알려졌던 '중국이 고대 이집트의 식민지였다'는 사고를 거부하면서 고대인들의 기원에 관해 저술했다. 그는 볼테르와 같은 당대의 철학자들과 교류했으며 《백과사전》에 기고를 청탁받기도 했다.

드 포 (Cornelius de Pauw, Cornelius Franciscus de Pauw, 1739~1799). 독일의 철학자, 지리학자, 외교관이다.

드로이젠 (Johann Gustav Droysen, 1808~1884). 독일의 역사가, 정치가이다. 포메라니아 트레프토프 태생으로 그리스와 헬레니즘 역사를 연구했다. 특히 헬레니즘의 문화적 가치를 강조하고 알렉산드로스 이후의 시대에 헬레니즘이라는 명칭을 붙였다. 철저한 소(小) 독일주의자로서 프로이센 중심의 입장을 고집했다. 베를린 대학교에서 공부하고 헤겔의 영향을 많이 받았다. 1833년 베를린 대학교 강사를 거쳐 킬 대학교, 예나 대학교, 베를린 대학교 등 각지의 대학교수로 있었다. 저서에 《알렉산드로스 대왕사》(*Geschichte Alexanders des Grossen*, 1833), 《헬레니즘사》(*Geschichte des Hellenismus*, 2권, 1836~1843), 《프로이센 정치사》(*Geschichte der preussischen Politik*, 전 14권, 1855~1886) 등이 있다.

디엔느 영주(Comte de Dienne). 17세기 습지를 대대적으로 매립하는 사업의 정치적·법적 역사를 추적해 공유 토지를 난개발하면서 공유 공간을 대대적으로 변화시켜 발생하는 사회, 경제, 생태적 균형의 문제를 비판했다.

디오도로스(Sikelos Diodoros, 서기전 90경~30경). 시칠리아 아기리움에서 활동한 그리스의 역사가이다. 《세계사》(*Bibliotheca historica*)를 썼다. 3부 40권의 이 책은 서기전 21년까지의 사건을 다룬다. 1부는 그리스 종족과 비(非) 그리스 종족의 신화시대부터 트로이 멸망까지, 2부는 알렉산드로스의 죽음까지, 3부는 카이사르의 갈리아 전쟁 초기까지를 다룬다.

디오클레티아누스(Diocletianus, 245~316). 로마의 황제(재위: 284~308)로 오리엔트식 전제군주정을 수립했다. 각각 두 명의 정식 황제 및 부황제가 분할 통치하는 4분통치제를 시작해 제국에 통일과 질서를 가져왔다. 군제, 세제, 화폐 제도의 개혁을 단행했으며 페르시아에서 궁정 예절을 도입했고 많은 신전을 세웠다.

디카이아르코스(Dikaiarchos 또는 Dicaearchus). 고대 그리스의 페리파토스파 철학자이다. 시칠리아 섬 메시나 태생으로 아리스토텔레스의 제자로 활동하면서 문학사·음악사·정치학·지리학 등 특수 영역을 연구했다. 영혼은 육체와 관계없이 그것 스스로 존재하는 것이 아니고 물질적 소재의 조화로운 혼합의 성과이며 육체와 결합해 그 부분에 편재하며 사멸한다고 말했다. 그리스 문명사를 기술한 《그리스의 생활》(*Bios Hellados*)이 대표작이다.

라 메트리(Julien Offroy de La Mettrie, 1709~1751). 프랑스의 의학자이자 철학자이다. 프랑스 계몽기의 유물론자로 '혼이 육체의 소산'이라 하고 뇌를 '생각하는 근육'으로 정의했다. 저서에 《인간기계론》, 《영혼의 박물지》가 있다.

라 보드리(La Borderie, 1827~1901). 프랑스 역사학자이다. 법학 공부 후 프랑스 국립고문서학교(École des Chartes)에 입학했다. 1852년 우수한 성적으로 졸업한 후 1853년부터 1859년까지 낭트의 고문서과에서 일했다. 일 에 빌랜느(Ille-et-Vilaine) 고고학 및 역사학회 창립멤버이자 1863년부터 1890년까지 회장을 역임했다. 브르타뉴 지방 고대사에 관한 수많은 연구와 업적으로 브르타뉴 역사학자로 유명하다.

라마르크(Chevalier de Lamarck Jean-Baptiste-Pierre Antoine de Monet, 1744~1829). 프랑스의 박물학자이자 진화론자이다. 생명이 맨 처음 무기물에서 가장 단순한 형태의 유기물로 변화되어 형성된다는 자연발생설을 주장했으며 진화에서 환경의 영향을 중시하고 습성의 영향에 의한 용불용설을 제창했다.

라부아지에(Antoine-Laurent de Lavoisier, 1743~1794). 프랑스 근대 화학의 아버지로 불

린다. 그는 귀족 출신으로 화학뿐만 아니라 생물학, 금융 및 경제학사에서 저명하다. 낡은 화학술어를 버리고 새로운 《화학 명명법》을 만들어 출판함으로써 현재 사용되는 화학술어의 기초를 다졌다. 프랑스혁명이 일어나자 징세 청부인으로 고발되어 단두대에서 처형당했다.

라스 카사스 (Bartolomé de las Casas, 1484~1566). 에스파냐의 성직자이자 역사가이다. 아메리카에 파견된 도미니크 수도회의 선교사로 인디언에 대한 전도와 보호 사업을 벌였다. 저서에 《인디언 통사》가 있다. 라스 카사스에 대한 국내문헌은 《라스카 사스의 혀를 빌려 고백하다》(박설호, 2008, 울력)가 있다.

라시스 (Rhasis, 825경~925). 아랍의 의사, 학자, 연금술사이다. 본명은 Abu Bekr Muhammend Ben Zakeriyah er-Rasi이다. 널리 알려진 Al-Rhasis(man of Ray)란 이름은 그의 고향인 레이(Ray)에서 나온 것이다.

라우렌티우스 (Andreas Laurentius, 1470경~1552). 스웨덴의 성직자이자 학자이다.

라이엘 (Charles Lyell, 1797~1875). 영국의 지질학자이다. 《지질학원론》에서 '현재는 과거를 여는 열쇠'라는 견해를 바탕으로 지질 현상을 계통적으로 설명하여 근대 지질학을 확립했고 후에 다윈의 진화론에 큰 영향을 주었다. 특히 지질학을 통해 지구의 역사를 밝힘으로써 성경에서 말한 6천 년보다 실제 역사가 더 오래되었음을 증명함으로써 구약성서에 대한 과학적 신뢰가 무너지는 계기를 제공했다.

라이프니츠 (Gottfried Wilhelm von Leibniz, 1646~1716). 독일의 철학자, 수학자, 자연과학자, 법학자, 신학자, 언어학자, 역사가이다. 수학에서는 미·적분법의 창시, 미·적분 기호의 창안 등 해석학 발달에 많은 공헌을 했다. 역학(力學)에서는 '활력'의 개념을 도입했으며, 위상(位相) 해석의 창시도 두드러진 업적의 하나다.

라인하르트 (Karl Ludwig Reinhardt, 1886~1958). 독일의 고문헌학자이다. 프랑크푸르트 대학교 교수를 지냈다. 당대의 대표적 그리스 문헌학자로 《파르메니데스와 그리스 철학의 역사》(Parmenides und die Geschichte der griechischen Philosophie, 1916), 《포시도니오스》(Poseidonios, 1921), 《플라톤의 신화》(Platons Mythen, 1927), 《소포클레스》(Sophokles, 1933), 《극작가이자 신학자인 아이스킬로스》(Aischylos als Regisseur und Theologe, 1948)가 있다.

라첼 (Friedrich Ratzel, 1844~1903). 독일의 지리학자이다. 지리학과 민족지학의 현대적 발전에 이바지했다. 그는 생활공간(lebensraum)라는 개념을 창안했는데 이것은 인간과 인간의 생활공간을 관련시키는 것이다. 그는 국가가 그 합리적 능력에 따라 영토를 확장시키거나 축소시키려는 경향을 지적했으나 독일 나치정부는 이 개념을 오용했다. 동물학을 공부했고 1869년에는 다윈의 저서에 대한 주석서를 출판했다. 그 뒤 종의 이주에 관한 이론들에 정통했다. 〈쾰른 차이퉁〉(Kölnische Zeitung)의 해외특파원으로 북아메리카와 중앙아메리카를 널리 여행하며 강한 인상을 받았는데 이것이 그의 사상적 기초가 되었다. 뮌헨 기술대학교와 라이프치히 대학교에서 학생들을 가르치며 여생을 보냈다. 주요 관심사는 인간의 이주·문화의 차용, 인간과 인간을 둘러싼 물리적 환경의 여러 요소 간의 관계였다. 주요 저서로 《인류의 역사》, 《인류지리학》, 《지구와 생명: 비교지리학》, 《정치지리학》 등이 있다.

라피타우 신부 (Father Lafitau, 1670~1740). 프랑스인 예수회 선교사이다.

락탄티우스 (Lucius Caecilius Firmianus Lactantius, 240경~320경). 기독교 변증가이다. 북아프리카 누미디아 지방 태생으로 니코메디아에서 수사학을 배우고 300년경 기독교로 개종했다. 기독교 박해가 시작되자 신학 저술에 전념했다. '밀라노 칙령'으로 기독교가 공인될 무렵 콘스탄티누스 1세의 초빙을 받고 트리어로 가서 궁정 신학자가 되어 황제의 종교정책 수행을 돕고 대제의 맏아들 크리스푸스를 지도했다. 주요 저서로 《신학체계》, 《신의 진노에 대하여》 등이 있다.

랄리 경 (Sir Walter Raleigh, 1552?~1618), 영국의 작가, 시인, 군인, 조정대신, 탐험가이다. 특히 엘리자베스 1세의 궁정에서 탁월했던 인물로 1585년 작위를 받고 아메리카를 탐험했다. 버지니아의 영국 식민화 작업에 참여했으며 엘도라도 지역의 조사 과정에서 발생한 문제로 인해 처형을 당했다.

러브조이 (Arthur Oncken Lovejoy, 1873~1962). 미국의 철학자이다. 독일 베를린 태생으로 캘리포니아 대학교와 하버드 대학교에서 공부 후에 존스홉킨스대학 교수가 되었다. 산타야나, 드레이크 등과 함께 신실재론을 비판하는 《비판 실재론 논집》(*Essays in Critical Realism*, 1920)을 간행했고, 《고대의 상고주의와 관련 사고들》(*Primitivism and Related Ideas in Antiquity*, 1935), 《존재의 대사슬》(*Great Chain of Being: a Study of the History of an Idea*, 1936), 《이원론에의 반항》(*Revolt against Dualism: an Inquiry Concerning the Existence of Ideas*, 1960) 등의 저술을 집필했다.

러쉬 (Benjamin Rush, 1745~1813). 미국을 건국한 인물 가운데 한 사람이다. 그는 펜실베이니아 주에서 살았으며, 내과의, 작가, 교육자, 인본주의자였다. 그리고 펜실베이니아의 디킨슨 대학(Dickinson College)을 설립했다. 미국 독립선언 서명자 가운데 한 사람으로 제헌의회에 참석했다. 생애 후반에 그는 펜실베이니아 대학교에서 의학이론 및 임상실무 교수가 되었다. 미국 정부의 발전에 많은 영향을 미쳤음에도 불구하고 그에 대해서는 많이 알려져 있지 않다. 그는 노예제도와 처벌에 대해 반대했으며 1812년에 초기 공화당의 두 거물 제퍼슨과 애덤스를 화해시키는 데 기여한 인물로도 잘 알려져 있다.

러스킨 (John Ruskin, 1819~1900). 영국의 비평가이자 사회사상가이다. 런던 태생으로 1843년 낭만파 풍경화가인 터너를 변호하기 위하여 쓴 《근대 화가론》(*Modern Painters*, 5권, 1843~1860)의 1권을 익명으로 내어 예술미의 순수 감상을 주장하고 "예술의 기초는 민족 및 개인의 성실성과 도의에 있다"는 자신의 미술 원리를 구축했다. 이와 함께 《건축의 일곱 등》(*The Seven Lamps of Architecture*, 1849), 《베니스의 돌》(*The Stones of Venice*, 1851~1853), 《참깨와 백합》(*Sesame and Lilies*, 1865)

등의 대표작을 냈다. 1860년 이후에는 경제와 사회 문제로 관심을 돌려 사회사상가로 전향해 전통파 경제학을 공격하고 인도주의적 경제학을 주장했다. 《최후의 사람에게》(Unto This Last: Four Essays on the First Principles of Political Economy, 1860), 《무네라 풀베리스》(Munera Pulveris: Essays on Political Economy, 1862~1863)를 발표하여 사회 개혁의 필요성을 역설했다.

레날(Guillaume Thomas François Raynal, 1713~1796). 프랑스의 자유사상가, 역사가이다. 예수회의 수도사였으나 자유사상가로 의심을 받고 추방되었다. 페테르부르크, 베를린을 거쳐 스위스에 정착한 후 디드로와 협력하여 1770년에 《두 인도제도에서 이루어진 유럽인의 정착과 무역의 철학적·정치적 역사》를 저술했다. 왕정 및 가톨릭교회의 제도정치를 비판했고 식민주의와 중상주의도 비판했다.

레벤후크(Anton van Leeuwenhoek, 1632~1723). 네덜란드의 교역상인, 과학자, 박물학자이다. 최초로 단안렌즈 현미경을 제작해 곤충을 관찰함으로써 '미생물학의 아버지'로 불린다. 그는 기존의 현미경을 손수 개량·제작하여 우리가 미생물이라고 부르는 유기체를 최초로 관찰했으며 근육 조직과 박테리아, 정자를 최초로 관찰하고 기록했다.

레오 더 아프리칸(Leo the African, 1494~1550경). 무슬림 지배하 에스파냐의 그라나다에서 태어난 무슬림으로 원래 이름은 Al Hassan Ibn Muhammad Al Wazzan Al Fasi이다. 외교관인 삼촌을 따라 서부 아프리카를 여행했으며 이후 이집트, 콘스탄티노플, 아라비아 등을 여행했다. 나중에 해적들에게 잡혀 노예로 팔려다니다 교황 레오 10세에게까지 오게 되었는데 그의 학식에 깊은 인상을 받은 교황에 의해 해방되고 차후 기독교로 개종했다. 그의 기독교식 이름은 Jean Leon, Giovanni Leone de Medicis, Leo The African, Leo Africanus 등으로 다양하게 알려져 있다. 그가 쓴 아프리카에 대한 책은 유럽인에게 널리 읽혔으며 아랍과 유럽을 아우른 지식은 아랍 문명과 유럽 르네상스 문명의 교류에 공헌했다.

레우키포스(Leucippos, 서기전 440년경). 고대 그리스의 철학자이다. 제논에게 배웠으며 원자론을 창시했다. 그의 원자론은 제자 데모크리토스에 의하여 체계화되었다.

레이(John Ray, 1627~1705). 영국 박물학의 아버지로 불린다. 식물학, 동물학, 물리신학에 관한 중요한 저서들을 출판했다. 보일이 태어나고 프랜시스 베이컨이 죽은 해에 태어났다. 그는 고대 그리스 사고의 잔존물이었던 실제 세계에서 시작하지 않고 논리적 논의만 주장하던 이전 철학 대신에 실험과 논리를 결합시킨 베이컨의 개념으로 대치된 시대에 자신이 태어난 것을 감사했다고 했다. 베이컨은 현대의 보편과학을 창조하는 첫 단계가 자연의 내용물을 기록하고 분류하는 작업이라고 지적했는데, 이를 화학에서 시작한 사람이 보일이고 생물학에서 시작한 사람이 레이다. 그러나 그는 진화론의 반대자로서 기독교에 입각한 자연신학의 신봉자이기도 했다.

레흐바터(Jan Adriaeszoon Leeghwater, 1575~1650). 네덜란드의 풍차 제작자이자 수리

공학자이다. 암스테르담 북쪽 43개의 풍차를 이용하여 7천 2백 헥타르의 간척지를 만들었다. 이것이 뱀스터 폴더(Beemster polder)이다.

렘니우스(Simon Lemnius, 1511경~1550). 네덜란드의 인문주의자이자 신(新) 라틴문학가이다.

로디오스(Apollonius Rhodius, 서기전 295경~215경). 고대 그리스의 서사시인이다. 이집트의 알렉산드리아에서 태어나 그곳의 도서관장을 지냈다고 전해지는데, 후에 로도스로 은퇴했기 때문에 로디오스로 불린다. 호메로스 이래의 대영웅 서사시《아르고 원정대》(4권)의 작자로 유명하다. 그러나 다른 작품은 대부분 남아 있지 않다.

로레인(John Lorain, 1753~1823). 미국의 농부, 상인, 농업학자이다. 어릴 때 북아메리카 메릴랜드로 이주한 후 농업에 종사했다. 두 가지 유형의 옥수수를 혼합하여 잡종을 만든 첫 번째 사람으로, 실험을 통한 잡종 배양방식은 그의 사망 이후 널리 보급되었다.

로버트(Robert of Ketton, 1110경~1160경). 중세 신학자, 천문학자, 아랍학자이다. 존엄자 피터의 명을 받고《코란》을 라틴어로 번역했다. 번역은 1143년에 끝났고 책 제목은《거짓 예언자 무함마드의 법》(Lex Mahumet pseudoprophete)이다.

로버트슨(William Robertson, 1721~1793). 스코틀랜드의 역사가이다. 흄, 에드워드 기번과 더불어 18세기 가장 훌륭한 영국의 역사가 중의 하나다.

로샹보(comte de Rochambeau, 1725~1807). 프랑스의 관료, 군인으로 미국 혁명에 참여했던 프랑스의 원수다. 어릴 때는 성직자 교육을 받았으나 나중에는 기병대에 입대해 오스트리아 왕위계승 전쟁에 참가해 대령으로 진급했으며 1776년에는 빌프랑슈앙루시용 시장이 되었다. 1780년 5천 명의 프랑스군을 지휘하는 해군 장군으로 임명되어 조지 워싱턴 휘하 미국 식민지 정착자들과 합류해 미국 혁명전쟁에서 영국군과 싸웠고, 특히 1781년 버지니아의 요크타운 전투에 참가해 영국군을 물리치도록 도움으로써 미국 독립혁명을 지원했다.

로셀리누스(Roscelinus, Roscelin of Compiêgne, 1050~1125경). 중세 프랑스의 스콜라철학자이다.《보편자 논쟁》에서 유명론을 대표하여 보편이란 실재성이 없는 명칭에 불과한 것이라고 주장했다. 따라서 기독교의 삼위일체론은 삼신론이 된다고 하여 1092년 수아송 종교회의에서 철회를 요구받았다. 그의 설은 아벨라르의 편지를 통해 전하는 정도다.

로스(W. D. Ross 1877~1971). 영국의 철학자, 윤리학자. 저서로《아리스토텔레스》(Aristotle, 1923),《윤리학의 토대》(Foundations of Ethics, 1939),《플라톤의 이데아론》(Plato's Theory of Ideas, 1951) 등이 있다.

로스토프제프(Mikhail Ivanovich Rostovtsev, 영문명은 Rostovtzeff, 1870~1952). 러시아의 역사가이다. 러시아 키예프 태생으로 상트페테르부르크 대학교에서 수학한 후 동대학교수가 되었으나, 러시아혁명 후 1918년 영국으로 망명했다가 곧 미국으로 건너가 1920년 위스콘신 대학교 교수, 1925년 예일 대학교 교수가 되었다. 고대 그리스, 이란, 로마사에서 20세기 최고의 권위자 중 한 사람으로 손꼽힌다. 저서 중 《로마제국 사회경제사》(*Social and Economic History of the Roman Empire*, 1926) 와 《헬레니즘 세계의 사회경제사》(*A Social and Economic History of the Hellenistic World*, 3권, 1941) 가 대표적이다.

로저 베이컨 (Roger Bacon, 1214~1294). 영국 근대 철학의 선구자인 프랜시스 베이컨과 거의 차이가 없는 사상을 이미 가졌다. 그는 프란체스코 교단의 수도신부였다. 수학과 자연과학을 연구했고 자신의 재산을 들여가면서 물리학 실험에 열중했다. 그는 모든 선입관념을 배제해야 한다면서 희랍어를 몰라 라틴어 번역만을 읽었고 수학이나 물리학을 모르는 아퀴나스는 진정한 학자가 못된다고 비판했다. 인문학을 위해서는 원어를 알아야 하며, 자연과학을 위해서는 물리학, 천문학을 연구해야 한다고 주장하면서 모든 인식에서 과학적 방법이 선행되어야 한다고 강조했다. 그의 근대적 주장은 교회의 비난과 반박을 받다가 클레멘스 4세 교황이 서거한 후에 10년간 수도원에 수감되고 말았다. 그의 과학적 성격과 근대적 사고는 그 당시에는 용납될 수가 없었던 것이다(이 책 2부 6장 8절 참고).

루크레티우스 (Carus Titus Lucretius, 서기전 94경~55경). 로마의 시인, 유물론 철학자이다. 생애에 대해 전하는 바가 많지만 불확실하다. 남아 있는 유일한 저작 《만물의 본성에 대하여》(*De Rerum Natura*) 는 운문으로 쓰인 6권의 철학시로 철학자 에피쿠로스의 평온한 생활의 찬미와 원자론적 합리주의의 선전에 바친 책이다. 진실로 실재하는 것은 무수히 많고 작아서 나눌 수 없는 물체(원자) 와 공허한 무한공간뿐이며, 세계의 모든 것은 원자의 운동현상이라고 하는 고대원자론의 원칙에 의해서 천계, 기상계, 지상의 온갖 자연현상으로부터 인간 사회의 제도와 관습에 이르는 모든 것을 자연적·합리적으로 설명하고, 특히 불안과 공포의 원천인 영혼과 신들에 대한 종교적·정치적 편견을 비판하고 싸웠다.

루터 (Martin Luther, 1483~1546). 독일의 종교개혁자이자 신학자이다. 로마 교황청의 면죄부 판매에 대해 "95개조 반박문"을 발표하며 교황에 맞섰는데 이는 종교개혁의 발단이 되었다. 신약성서를 독일어로 번역하여 독일어 통일에 공헌했으며 새로운 교회 형성에 힘써 루터파 교회를 만들었다.

룰 (Ramon Lull, 1234경~1315경). 프란체스코 수도회에 속하는 스콜라 학자다. 에스파냐의 마요르카 섬 출신으로 그가 저술했다는 연금술서는 그의 사후에 출판되었는데 분명히 후계자들(룰 학파) 이 쓴 위서일 것으로 판단된다. 사실 룰 자신은 자신의 작품 속에서 연금술에 대한 불신을 분명하게 밝힌다. 그는 연금술의 원리나 재료, 조작 등을 알파벳으로 기호화했으며 이러한 문자를 다시 조합시켜 여러 가지 순서를 나타냈다.

룸피우스 (Georg Eberhard Rumphius, ?~1702). 독일 태생의 식물학자. 인도네시아의 네

덜란드 동인도회사에서 일했으며, 인도네시아 암본 섬의 식물에 관해 쓴 《암보이나의 식물》(Herbarium Amboinense, 1741)로 잘 알려져 있다.

르 로이 (Louis Le Roy, 1510~1577). 프랑스의 작가이다. 유럽 각국에서 교육을 받았으며 1572년에는 콜라쥬 드 프랑스에서 그리스어 교수가 되었다.

르클뤼 (Élisée Reclus, 1830~1905). 프랑스의 아나키스트 지리학자이다. 《새로운 세계 지리》(La Nouvelle Géographie Universelle), 《대지와 인간》(La terre et les Hommes) 등의 방대한 저술을 남겼다.

리비우스 (Livy, 라틴어명 Titus Livius, 서기전 59~서기 17). 로마의 역사가이다.

리비히 (Justus von Liebig, 1803~1873). 독일의 화학자이다. 농화학과 생화학에 주요한 기여자이며 유기화학을 조직화하는 데 기여했다. 식물 생장에 꼭 필요한 요소인 질소를 발견하여 비료 산업의 아버지로 알려졌다. 유기체의 성장은 필수 영양분 중에서 가장 최소의 요인에 제한된다는 최소의 법칙을 발견했다.

리빙스턴 (David Livingston, 1813~1873). 영국의 탐험가, 선교사, 의사이다. 유럽인으로는 처음으로 1852년에서 1856년에 걸쳐 아프리카 대륙의 내부를 횡단했다. 노예 해방을 위해 애쓰기도 했으며, 잠비아에는 그의 이름을 딴 도시가 있다. 아프리카 내륙을 탐험 중 세계 3대 폭포의 하나인 빅토리아 폭포를 확인한 최초의 유럽인이다. 탐험의 목적은 선교와 교역 루트의 확보였으며, 빅토리아 폭포에 있는 그의 동상에 새겨진 '선교, 교역, 문명'(Christianity, Commerce, Civilization)이라는 문구가 그의 아프리카 탐험 목표를 잘 설명한다. 이후 후원금 마련을 위해 펴낸 그의 여행기는 그를 일약 명사로 만들었으며 이후의 탐험은 영국 정부의 지원을 받았다. 1858년부터 1864년까지 잠베지 강의 내륙을 장기간 탐험했고, 1866년에는 나일 강의 수원지를 찾기 위해 더 내륙을 탐험했다. 이후 아프리카에 줄곧 머물면서 탐험과 와병을 반복한 끝에 1873년 잠비아에서 사망했다.

리치오리 (Giovanni Battista Riccioli, 1598~1671). 이탈리아의 천문학자이다. 프톨레마이오스적 천문 체계를 따라서 1651년 달 표면의 지도가 포함된 《새로운 알마게스트》(New Almagest)를 출판했다.

리카도 (David Ricardo 1772~1823). 영국의 경제학자, 사업가, 하원의원이다. 19세기 고전경제학의 발전에 크게 기여했다. 특히 그의 저서 《정치경제학과 조세의 원리》(Principles of Political Economy and Taxation, 1817)를 통해 사회적 생산물이 어떻게 사회의 3계급, 즉 지주, 노동자, 자본가 사이에 분배되는가를 분석했다. 그에 의하면 실업이 없는 상태에서 이윤은 임금에 반비례하며, 임금은 생계비용에 따라 변하고, 지대는 인구 증가와 한계경작 비용의 증가에 따라 상승한다. 그 외에도 비교우위론에 근거한 무역론과 통화 및 과세 문제 등을 연구했다.

리케 (Pierre-Paul Riquet de Bonrepos, 1604~1680). 프랑스의 기술자이다. 미디 운하 건설을 감독한 것으로 알려졌다.

리쿠르구스(Lycurgus, 서기전 700경~630). 스파르타의 전설적 입법가이다.

리키 부부(Leakeys). 고고인류학자인 루이스 S. B. 리키(Louis, S. B. Leakey, 1903~ 1972)와 메리 더글러스 리키(Mary Douglas Leakey) 부부를 가리킨다. 탄자니아의 올두바이 유적에서 진잔트로푸스와 호모하빌리스 화석을 발견했다.

리터(Carl Ritter, 1779~1859). 독일의 지리학자이다. 훔볼트와 함께 근대 지리학의 토대를 세웠다. 지리학자라기보다 역사학자였던 그는 지리학적 해석으로 역사를 기술했다. 사후에는 그의 사상에 반대하는 견해가 등장했는데 그의 주장이 지리학의 위상을 역사학에 부수적인 것으로 만들었다는 비판에서 출발했다. 하지만 이후로도 거의 20년간 리터의 사상은 독일 지리학 연구에 매우 깊은 영향을 미쳤다. 리터가 최초로 집필한 지리학 저서는 유럽에 관한 것으로 1804년과 1807년에 발행되었다. 그의 대작 《자연 및 인간의 역사와 관련한 지리학》(*Die Erdkunde im Verhältniss zur Natur und zur Geschichte des Menschen*)은 세계적인 조사 연구를 계획한 것이었지만 완성은 보지 못했다. 1817년 아프리카에 관한 내용으로 1판이 출간되었는데, 이것이 인정받음으로써 그는 베를린 대학교 교수로 임명되었다. 1832년부터 생을 마칠 때까지 계속해서 신판을 발행했는데 이는 주로 아시아에 관한 내용들이었다. 작업은 비록 완성되지는 못했지만 총 19권, 2만 쪽에 달하는 대작이었다.

리트레(Paul-Emile Littré, 1801~1881). 프랑스의 언어학자·실증철학자이다. 콩트와 친구 사이였다. 1877년에 4권짜리 프랑스어 사전을 저술했다.

린네(Carl Von Linne, 1707~1778). 스웨덴의 식물학자, 동물학자, 의사이다. 근대 분류학의 창시자이며 생물학의 근대적 명명법인 이명법(二名法)을 확립했다. 또한 근대 생태학의 아버지로 알려져 있다. 1735년에는 《자연의 체계》를 출판하여 동물계, 식물계, 광물계의 구분을 제시했고 1737년에는 《비판적 식물학》을 통해 새로운 명명법을 제안했다. 1751년에는 《식물학 철학》을 출간하여 식물의 명명과 분류에 크게 기여했다. 그는 종의 개념을 확립하여 식물학 연구의 기본 단위로 삼았다. 프랑스의 철학자 장 자크 루소는 그에게 '당대 가장 위대한 인간'이라는 찬사를 보내기도 했다.

릴의 알랭(Alan of Lille, 1128경~1202). 프랑스 신학자이자 시인이다. 릴 태생으로 알려져 있다. 그의 생애에 대해 알려진 것은 거의 없으나 생전에 그는 '만물박사'(*doctor universalis*)로 불리며 심원하고 박학한 지식으로 명성을 얻었다. 라틴 문학에서 그를 독보적 위치에 올려놓은 책 두 권은 인류의 악에 대한 독창적 풍자문인 《자연의 불만》(*De Planctu Naturae*)과 루피누스(Rufinus)를 반대하는 문서를 작성한 클라우디아누스(Claudian)가 사용했던 문장 형식을 떠올리게 하는 '우의로서의 도덕'을 논한 《안티클라우디아누스》(Anticlaudianus)로 이 책은 운문으로 지어졌으며 순수 라틴어를 사용했다.

마고(Mago the Carthaginian, ?~?). 카르타고의 마고라고도 불리는데 페니키아의 농업

지침서 저자이다. 페니키아어 저술은 소실되었지만 그리스어와 라틴어로 번역된 저술의 일부가 남아 있다.

마그누스(Albertus Magnus, 1206경~1280). 성 알베르투스, 알버트 대제와 동일 인물이다(성 알베르투스 항목을 참고).

마시(George Perkins Marsh, 1801~1882). 미국의 외교관이자 최초의 환경주의자이다. 미국 버몬트 주 태생으로 20개 국어에 능통한 외교관으로 활약하면서 전 세계를 여행했다. 1864년 고전 《인간과 자연》(Man and Nature)을 썼다. 이 책은 18세기 말 뷔퐁의 역작 이후 인간의 활동에 의해 변화되는 지구에 관한 가장 자세하고 체계적인 연구다.

마이모니데스(Maimonides 또는 Moses ben Maimum, 1135~1204). 유대교 철학자, 신학자, 의학자, 천문학자이다. 아랍명은 Abūχlmran Mūsā ibn Maymūn Ibn ubayd Allāhdlek이다. 이슬람 철학자인 이븐 루슈드(영어로 아베로에스)와 함께 칭송되는 유럽 중세 최대 학자다. 저서로 《방황하는 자들을 위한 안내서》(Dalālat al-Hāʾīrīn)가 유명하다. 그의 사상은 성 알베르투스와 아퀴나스, 그리고 에크하르트, 니콜라스 쿠자누스 등에 영향을 끼쳤다(이 책 2부 5장 10절 참고).

마자랭(Jules Mazarin, 1602~1661). 이탈리아 출신의 성직자이자 프랑스 정치가이다. 리슐리외 추기경을 계승하여 1642년부터 사망할 때까지 총리의 자리에 있었다.

마제이(Filippo Mazzei, 1730~1816). 이탈리아 토스카나에서 태어나 부유한 가정에서 좋은 교육을 받았다. 유럽의 대부분을 여행한 후 런던에 정착하여 마티니(Martini & Co.) 회사를 설립하고 포도주, 치즈, 올리브유, 여타 과일을 런던에 소개했다. 이 당시 그는 프랭클린과 애덤스 등을 만났으며 사업을 확장시키기 위해 버지니아로 이주할 것을 권유받았다. 그곳에서 제퍼슨을 만나 버지니아 정치에 참여했고, 미국 독립선언문을 작성하는 데 기여하기도 했다. 그는 다시 유럽으로 돌아와 이탈리아의 피사에서 생을 마감했다.

마키아벨리(Niccolò Machiavelli, 1469~1527). 이탈리아의 역사학자, 정치이론가이다. 《군주론》은 그의 대표작으로 '마키아벨리즘'이란 용어를 생기게 했다. 책의 내용은 군주의 자세를 논하는 형태로 정치를 도덕으로부터 구별된 고유의 영역임을 주장했고, 더 나아가 프랑스, 에스파냐 등 강대국과 대항하여 강력한 군주 밑에서 이탈리아가 통일되어야 한다고 호소했다. 이 저서는 근대 정치사상의 기원이 되었다.

말(Emile Mâle, 1862~1954). 프랑스 예술사가이다. 중세, 특히 프랑스의 종교예술과 동유럽 도상학의 영향에 대한 연구를 창시했다. 그는 아카데미 프랑세즈의 회원이었고 로마 프랑스 학회의 회장을 역임했다. 세 번에 걸쳐 개정된 그의 박사 논문(1899년)은 1910년 제3개정판이 《고딕 이미지, 13세기 프랑스의 종교예술》(The Gothic Image, Religious Art in France of the Thirteenth Century)이라는 제목으로 영문 번역되었는데 현재도 프랑스의 고딕 예술을 이해하는 데 매우 유용한 입문서로 활용된다.

말브랑슈(Nicolas Malebranche, 1638경~1715). 프랑스의 합리주의 철학자이다. 데카르트 학파로서 성 아우구스티누스의 신학사상과 데카르트 철학을 종합하여 세계의 작동에서 신의 능동적 역할을 입증하려 했다. 기회원인론(*occasionalism*)으로 잘 알려져 있으며 저서에 《진리의 탐구》 등이 있다.

맘스베리의 윌리엄(William of Malmesbury, 1080 또는 1095~1143경). 12세기에 활동한 영국 역사가이다.

맬서스(Thomas Robert Malthus, 1766~1834). 영국의 경제학자. 영국 고전파 경제학자의 한 사람으로 이론적·정책적 면에서 리카도 등과 대립했다. 케임브리지 대학교 졸업 후 영국국교회의 목사보를 거쳐 목사가 되었다. 이 시기에 주요 저서인 《인구론》(*An Essay on the Principle of Population*, 1798)을 집필했다. 1805년 동인도 대학교 경제학 및 근대사 교수를 지냈다. 이론적으로는 차액지대론과 유효수요의 원리를 전개하고 과소소비설의 입장에서 공황 발생 가능성을 주장하여 일반적 과잉 생산에 따른 공황의 발생을 부정하는 리카도, 세이, 밀 등과 대립했다. 정책적으로는 지주의 이익 보호를 위해 곡물법의 존속 및 곡물 보호무역 정책을 주장하여 산업자본가의 이익을 옹호하는 자유무역 정책과 대립했다. 주요 저서에 《정치경제학 원리》(*Principles of Political Economy*, 1820), 《경제학의 제정의》(*Definitions in Political Economy*, 1827) 등이 있다.

메이(Thomas May, 1595~1650). 영국의 시인이자 역사가이다.

멘다냐(Álvaro de Mendaña de Neira, 1542~1595). 에스파냐의 항해가이다. 남방의 땅을 찾기 위해 1567년과 1595년 태평양을 항해한 업적으로 유명하다.

멜라(Pomponius Mela, ?~?). 1세기경 로마제국의 지리학자이다. 라틴어로 《지지》(地誌·*De Chorographia*) 3권을 저술했다. 유럽 남동부, 카스피 해, 페르시아 만, 서쪽 근동, 적도 이북의 아프리카 등 당시 알려졌던 거의 모든 세계에 관한 지명, 지세, 기후, 풍습을 기술했다. 그는 우주의 중심인 지구를 북한대, 북온대, 열대, 남온대, 남한대 등 총 5지대로 나누었다.

멜랑히톤(Philipp Melanchton, 1497~1560). 독일의 교수이자 신학자이다. 루터의 친구이자 동료로서 루터의 종교개혁에서 주도적 활동을 했다.

모스카티(Sabatino Moscati, 1922~1997). 이탈리아의 고고학자이자 언어학자이다. 근동의 셈 문명을 주로 다루었다. 《고대 셈 문명》(*Storia e civiltà dei Semiti*, 1949, 영어판 1957), 《고대 오리엔트의 얼굴: 고전 시대 이전 근동문명의 파노라마》(*Face of the Ancient Orient: a panorama of Near Eastern civilizations in pre-classical times*, 1960) 등 많은 저술을 남겼다.

모스코스(Moschos). 고대 그리스의 목가시인이다. 서기전 2세기경 사람으로 시칠리아 섬의 시라쿠사 출신이다. 동향의 선배 시인인 테오크리토스의 시를 모범으로 삼았다고 한다. 작품으로는 제우스가 소로 변신하여 미녀 에우로파를 등에 태우고 바다를 건너는 신화에서 딴 〈에우로파〉(*Europê*), 여신 아프로디테가 아들 에로스를 찾아 헤매는 〈달아나는 에로스〉 등이 있다. 교묘한 기교와 화려한 표현이 뛰어나 헬레니즘 시대의 시가 지닌 특색을 잘 표현하여 후세의 시인들이 이를 모방했다.

모어 (Henry More, 1614~1687). 영국의 철학자이다. 플라톤, 플로티노스 등의 영향을 받아 기독교를 기조로 한 플라톤주의를 주장했다. 홉스의 유물론에 반대하고 영혼의 불멸과 유기적 자연관을 주장했다.

모에리스 왕 (King Moeris). 이집트 제12왕조의 아메넴헤트 3세(Amenemhet III, 재위 서기전 1860~1814)를 그리스인이 부르던 이름이다.

모페르튀이 (Pierre-Louis Moreau de Maupertuis, 1698~1759). 프랑스의 수학자, 철학자이다.

몬보도 경 (Lord Monboddo, James Burnett, 1714~1799). 스코틀랜드의 법률가이자 선구적 인류학자이다. 언어와 사회의 기원을 탐구했으며 다윈의 진화론 원리 가운데 몇 가지를 예견하기도 했다. 주요 저서인 《언어의 기원과 발전에 관하여》는 원시인의 풍속과 관습에 관해 전하는 진기한 이야기를 방대한 체계로 엮어 다룬 것이며, 인간을 오랑우탄과 관련시켜 사회형성 단계까지 인간이 발전한 과정을 추적한다.

몽탈랑베르 (Comte de Montalembert, 1810~1870). 19세기 프랑스의 정치가 · 가톨릭사가이다. 자유론자로서 교회를 국가의 감독으로부터 해방시키려는 교회 자유화에 노력했다. 람네 · 라코르데르 등과 간행물 〈미래〉를 창간했다. 로마에 가서 교황의 지지를 얻으려 했으나 실패했고 그레고리우스 16세가 회칙인 "미라리보스"로 자유주의를 배척하자 이에 승복했다. 1848~1857년간 프랑스 국민의회 및 입법원 의원을 지냈으며 가톨릭 원리를 옹호했다. 1851년 아카데미프랑세즈 회원이 되었다. 그의 사서는 낭만파의 영향을 받아 미문(美文)이나 사학(史學) 방법론적 관점에서는 결점이 많다는 평을 듣는다. 저서로 《헝가리의 성 엘리자베트전(傳)》(1836), 《서유럽의 수도사(修道士)》(5권, 1860~1867) 등이 있다.

몽테뉴 (Michel Eyquem de Montaigne, 1533~1592). 프랑스의 사상가이다. 회의론을 바탕으로 종교적 교회, 이성적 학문의 절대시함을 물리치고 인간으로서 현명하게 살 것을 권장했다. 프랑스에 도덕주의적 전통을 구축하고 17세기 이후 프랑스, 유럽 문학에 큰 영향을 주었다. 대표작으로는 《수상록》이 있다.

몽테스키외 (Charles-Louis de Secondat, Baron de La Brède et de Montesquieu, 1689~1755). 프랑스의 계몽사상가이다. 계몽사상의 대표자 중 한 사람으로 1728년부터 유럽 각국을 여행했고 영국에 3년간 체류할 때 각국의 정치 · 경제에 관해 관찰하고 기록한 것을 바탕으로 《로마인의 성쇠원인론》(*Considérations sur les causes de la grandeur des Romains et de leur décadence*, 1734) 등을 저술했다. 또 10여 년이 걸린 대저 《법의 정신》(*De l'esprit des lois*, 1748)을 완성했다. 삼권분립론으로 유명하다.

무멘호프(Ernst Mummenhoff, 1848~1931). 뉘른베르크 시의 자료실장을 지냈고 뉘른베르크 시의 역사 및 건축물에 대한 많은 논문을 작성했다. 그가 작성한 수많은 기록은 《뉘른베르크 시의 역사에 대한 기록 모음집》(*Mitteilungen des Vereins für Geschichte der Stadt Nürnberg*)으로 출판되었다. 1928년에 그는 뉘른베르크 시의 명예시민이 되었으며 그의 고향인 노르드발트에는 그의 이름을 딴 거리가 있다.

무함마드(Mohammed, 570경~632). 이슬람교의 창시자이다. 국내에서는 중세 라틴어 혹은 프랑스식 표현인 마호메트(Mahomet)로 널리 알려져 있다.

뮌스터(Sebastian Münster, 1488~1552). 독일의 수도사, 사제이다. 또한 바젤 대학교에서 히브리어와 신학을 강의한 교수이며 문필가이자 출판인이기도 했다. 발견 시대 한복판에 살았던 그는 연대기, 지도, 지리서 등에 커다란 업적을 남겼다. 그의 대표작 《세계지》(*Cosmographia*, 1544)는 세계 전체를 묘사한 최초의 독일 백과사전적인 성격을 띠며 16세기에 많은 나라에서 번역·출판되면서 큰 인기를 끌었다. 특히 이 책은 소(小) 홀바인 등이 참여해서 만든 대량의 목판화를 곁들여 16세기 유럽의 지리를 이해하는 데 가장 중요한 업적 가운데 하나로 남았다(설혜심, 2008, 《지도 만드는 사람》, 도서출판 길). 우리나라에서는 《집안에 앉아서 세계를 발견한 남자》라는 제목으로 뮌스터의 《세계지》에 대한 해설서가 번역되어 있다.

미란돌라(Giovanni Pico della Mirandola, 1463~1494). 이탈리아의 인문주의자이자 철학자이다. 신플라톤주의와 중세 신학의 조화를 꾀했으며 르네상스의 새로운 인간관과 세계관을 제시했다. 저서로 《인간의 존엄에 대하여》가 있다.

미트리다테스 6세(Mithridates VI, 서기전 132경~63). 소아시아 북아나톨리아 지방 폰투스의 왕이다. 로마가 가장 두려워했던 왕으로 알려져 있다.

밀(John Stuart Mill, 1806~1873). 영국의 경제학자, 철학자이다. 하원의원으로 당선되기도 했으며 리카도 등과 더불어 19세기 고전경제학의 발달에 지대한 공헌을 했다. 스코틀랜드의 사회경제학자인 제임스 밀의 아들로 1836~1856년 사이 영국 동인도 회사의 심사관으로 인도 정부 간의 교섭 업무에 종사했지만 〈런던 리뷰〉(*The London Review*) 등의 편집을 맡았고 많은 저작을 저술했다. 특히 1848년 《정치경제학의 원리》(*Principles of Political Economy*)를 출간하면서 그의 사상이 독창성을 띠기 시작했는데 여기서 농민 소유권 제도의 확립을 주장했다. 그 이후 1859년 《자유론》(*On Liberty*), 1863년 《공리주의》(*Utilitarianism*) 등을 출판했다.

밀턴(John Milton, 1608~1674). 영국의 시인이다. 종교개혁 정신의 부흥, 정치적 자유, 공화제를 지지하다가 탄압을 받았으며 대작 《실낙원》, 《복낙원》 등을 썼다.

바로(Marcus Terentius Varro, 서기전 116~27). 고대 로마의 학자, 저술가이다. 로마인에게 가장 학식이 높은 학자로 추앙받았다. 서기전 47년 카이사르 집권 때 로마 최초의 공공도서관장으로 임명되었다. 그의 저서는 시를 삽입한 도덕적 수필집 150권을 비롯하여 라틴어, 문학사, 수사학, 역사, 지리, 법률, 종교, 음악, 수학, 건축,

농업, 의학 등 모든 분야에서 5백여 권에 이르렀다는데 현존하는 것은 《라틴어론》(*De lingua Latina*)의 일부와 농사, 축산, 양봉에 관한 실용적 지식이 실린 3부작 《농사론》(*De re rustica*) 뿐이다.

바빌론의 디오게네스(Diogenes of Babylon, 서기전 150년경). 스토아 철학자이다. 바빌론에서 태어나 아테네에서 크리시포스로부터 수학했고, 제논의 스토아학파를 이어받았고 파나이티오스를 제자로 두었다.

바스의 아델라르(Adelard of Bath, 1116경~1142경). 12세기 영국의 학자이다. 아랍의 점성학, 천문학, 철학, 수학 관련 과학 저술을 라틴어로 번역한 것으로 잘 알려졌다. 이 책 중에는 오직 아랍어로만 번역된 고대 그리스 문헌도 포함되어 비로소 유럽에 알려지게 되었다.

바울 3세(Paul III, 1468~1549). 종교개혁 시기의 교황이다. 신교에 대한 반종교개혁 운동과 가톨릭 내의 교회 개혁 등을 추진했으며, 미켈란젤로에게 〈최후의 심판〉을 그리게 한 것으로 유명하다. 또한 그는 유럽의 정복자들과 식민통치자들 탓에 아메리카 원주민들이 인간이 아니라 동물이라는 통속적인 이미지가 유포되자 《지극히 높으신 하느님》이라는 교서를 보내 원주민을 영혼과 이성을 가진 존재라고 명기했으며 평화로운 방법으로 기독교로 개종되어야 함을 강조했다.

바클레이(John Barclay, 1582~1621). 스코틀랜드의 풍자 시인이다.

바트람 부자(John Bartram, 1699~1777; William Bartram, 1739~1823). 존 바트람(John Bartram)은 미국 초기의 식물학자, 원예학자, 탐험가이다. 그는 펜실베이니아의 농가 출신으로 정식 교육을 거의 받지 못했음에도 불구하고 라틴어와 그리스어를 배웠고 미국철학회의 정회원이었으며, 프랭클린과 여타 저명한 식민지 정착자들의 친구였다. 그는 얼마 되지 않은 땅을 물려받은 뒤 땅을 사기 시작하여 102에이커에 달하는 토지를 경작하는 농부가 되었다. 그의 정원은 아메리카에서 가장 크고 훌륭했으며 후에는 미국에서 최초의 식물원을 건립하였고 이는 그의 아들 윌리엄 바트람(William Bartram)에게로 이어졌다. 또한 존 바트람은 애팔레치아 산맥에서 플로리다 남부까지를 여행했으며, 1791년 출판된 여행기는 아메리카의 고전적 여행기가 되었다. 자연을 과학적 관찰과 더불어 개인적 경험을 통해 묘사한 것이 특징이다.

발라(Lorenzo Valla, 1407~1457). 이탈리아의 인문학자이다. 스콜라철학의 논리를 비판하고 에피쿠로스의 쾌락론을 부흥하게 했다. 저서로 《쾌락론》 등이 있다.

발렌티니아 아우구스투스(Valentinian Augustus, 321~375). 로마제국의 황제. 즉위 후 라인 강 상류의 게르만족들과 싸워 북쪽 변경의 방어선을 구축했다. 또, 색슨족의 브리타니아 침입이나 아프리카 무어 족 봉기는 테오도시우스를 기용하여 격퇴했다. 정통파 기독교도였지만, 종교문제에 관해서는 관용·불간섭정책을 택했다.

배젓(Walter Bagehot, 1826~1877). 영국의 경제·정치학자, 문예비평가, 은행·금융론자이다. 1860년 〈이코노미스트〉의 편집 겸 지배인이었다.

뱅크스 경 (Sir Joseph Banks, 1743~1820). 영국의 박물학자, 식물학자이다. 쿡의 첫 번째 항해에 참여했으며, 유칼립투스, 아카시아, 미모사 등을 유럽에 처음 소개했다. 그는 쿡의 항해에서 돌아온 이후 명성이 널리 알려졌으며 '오스트레일리아의 아버지'로 불리기도 한다. 뉴사우스웨일즈 지방에 식민주의적 정착을 강력히 주장했으며, 20년 후 그의 정착 계획이 현실화되었을 때 실제로 영국 정부의 정책에 끊임없이 조언을 했다.

버넷 (Thomas Burnet, 1635경~1717). 영국의 신학자이자 천지창조(cosmogony, 우주개벽설)의 작가이다. 그의 문학적 명성은 1681년에 라틴어, 1684년에 영어로 출판된 《지구에 관한 신성한 이론》(《지구신성론》이라고도 번역됨) 때문으로, 이 저작은 지표면에 관한 아무런 과학적 지식이 없는 상태에서 서술된 단순한 사색적 천지창조론이었지만 설득력 있게 쓰였다.

버턴 (Robert Burton, 1577~1640). 영국의 학자이자 성공회 신부이다. 《우울의 해부》라는 저서로 유명하다.

버틀러 (Josheph Butler, 1692~1752). 영국의 신학자, 철학자, 도덕사상가이다. 옥스퍼드 대학교를 졸업한 뒤 성직자가 되어 1750년 더햄의 주교가 되었다. 《인간 본성에 대한 15강》, 《자연종교와 계시종교의 비교》가 대표 저작이다. 특히 《인간 본성에 대한 15강》은 홉스의 쾌락주의에 대한 비판으로 윤리학과 변증법에 큰 공헌을 한 책으로 알려졌다.

베가 (Lope de Vega, 1562~1635). 에스파냐의 극작가, 시인, 소설가이다. 새로운 극작법의 작품으로 에스파냐 황금기의 국민연극을 만들었고 서정시인으로도 탁월했다.

베게티우스 (Publius Flavius Vegetius Renatus, ?~?). 4세기에 활동한 로마제국 시대의 저자로 그가 남긴 두 권의 저서인 《군사학 개론》(Epitoma rei Militaris), Digesta Artis Mulomedicinae는 서양에서 가장 큰 영향력을 가진 군사 논문으로 평가되며 중세 이후 유럽의 전술에 커다란 영향을 미쳤다.

베드로 (Peter the Venerable, 1092경~1156). 베네딕트 수도회의 클루니 수도원 원장이다. 이슬람에 관련된 자료와 저술을 수집하고 그리스도의 신성, 현재의 이교 사상, 기적 같은 기독교 교의에 관련된 보편적인 신학적 문제들을 다룬 편지를 많이 쓴 것으로 유명하다. 그의 저술은 12세기 가장 중요한 문헌들 중 하나다.

베르길리우스 (Maro Publius Vergilius 영문명 Virgil, 서기전 70~19). 고대 로마의 시인이다. 이탈리아 북부 만투바 근교의 농가에서 태어나 크레모나와 밀라노에서 초등교육을 받고 다시 로마에서 공부했다. 서기전 30년 제 2작인 《농경시》(Georgica) 를 발표했는데, 완성하는 데 7년이 걸린 이 작품으로 인해 명성이 더욱 높아졌다. 그 후 11년에 걸쳐 장편 서사시 《아이네이스》(Aeneis) 를 썼는데, 이 작품으로 인해 그의 이름은 후세에까지 전해졌다. 그가 현대에 이르기까지 여러 가지 형태로 서양문학에 미친 영향은 매우 크다. 단테가 〈신곡〉에서 그를 안내자로 삼은 것은 유명한 이야기이다(그의 작품 전반에 대한 개관은 고경주, 2001, "베르길리우스의 황금시대관", 〈서양고전학연구〉, 제 17권을 보라).

베르티우스(Petrus Bertius, 1565~1629). 플랑드르 출신의 수학자, 역사학자, 신학자이다. 또한 프톨레마이오스의 《지리학》과 각종 아틀라스의 편집 때문에 지도학자로도 이름을 날렸다.

베사리온(John Bessarion, 본명 Basil Bessarion, 1403~1472). 비잔틴의 인문주의자이자 신학자이다. 후에 로마의 추기경이 되었는데 15세기 문예부흥에 큰 기여를 했다.

베스푸치(Amerigo Vespucci, 1454~1512). 신대륙 초기 탐험자로 아메리카라는 지명은 그의 이름 아메리고에서 유래한다. 피렌체 태생으로 1503년 알베리쿠스 베스푸시우스(베스푸치의 라틴명)의 이름으로 발행된 소책자 《신세계》, 1505년경 발간된 《4회의 항해에서 새로 발견된 육지에 관한 아메리고 베스푸치의 서한》 등에 근거하여 1507년 독일의 지리학자인 발트제뮐러가 1507년 그의 저서 《세계지 입문》에서 '신대륙'임을 발견한 아메리고의 이름을 기념하여 그곳을 아메리카라고 부르기를 제창했고 이것이 뒤에 널리 승인되었다.

벤틀리(Richard Bentley, 1662~1742). 영국의 성직자이자 고전학자이다. 찰스 보일과 그의 논쟁은 조나단 스위프트의 《책들의 전쟁》에서도 풍자된 적이 있다("용어해설" 서명편의 《책들의 전쟁》 항목을 참고하라).

벨저(Bartholomeus Welser, 1488~1561). 독일 아우구스부르크에서 대상인의 아들로 태어나 형과 함께 벨저 앤 컴퍼니(Welser and Company)라는 회사를 설립해 막대한 부를 축적했다. 벨저 형제는 카를 5세에게 거금을 대출해주고 제국의 많은 특권을 누렸다. 특히 베네수엘라에 대한 지배권을 부여받아 수출입을 독점했을 뿐 아니라 식민화를 추진했다. 그러나 후에 베네수엘라에 대한 지배권은 다시 에스파냐왕국에 귀속되었다.

보넷(Charles Bonnet, 1720~1793). 스위스의 박물학자, 철학자이다. 모든 자연물은 원소로부터 인간에 이르는 상향계단으로 배열된다는 '자연의 계단설'을 주창했다. 주요 저서에는 《곤충학 논문》, 《유기체에 관한 고찰》 등이 있다. 또한 '찰스 보넷 신드롬'(Charles Bonnet Syndrome)으로 유명한데, 이는 시각장애를 가진 사람이 실제로 존재하지 않는 것을 보는 현상을 가리킨다. 백내장으로 시각장애를 가진 그의 할아버지의 경험을 토대로 이를 최초로 기술한 것이다.

보댕(Jean Bodin, 1530~1596). 프랑스의 법학자이자 사상가이다. 앙제 태생으로 1576년 《국가론》(Les Six livres de la République, 6권, 1576)을 펴내 정치학 이론을 체계화했다. 인간의 생존권과 생활 체계를 신앙 문제에서 분리하고 정치에서의 덕과 신학에서의 덕을 구별해 종교로부터의 국가의 독립을 주장했다. 종교전쟁에 대해서는 진리의 이름 아래 동포끼리 피를 흘리는 무익함을 지적하고 신교도에게도 신앙의 자유를 인정하고 유화정책을 취해야 한다고 주장했다. 몽테뉴와 견줄 만한 종교전쟁 시대의 문필가로 평가된다.

보베의 뱅상 (Vincent of Beauvais, 1190~1264경). 도미니크 수도회의 수도사이자 전집 작가이다. 당대의 지식을 망라한 《대(大) 거울》(The Great Mirror)을 저술했다. "자연의 거울"(Mirror of Nature), "교의의 거울"(Mirror of Doctrine), "역사의 거울"(Mirror of History)로 구성되어 있었고 14세기에 아퀴나스 등에 의해 "도덕의 거울"(Mirror of Moral)이 추가되어 현재에 이른다.

보시우스 (Isaac Vossius, 1618~1689). 네덜란드 라이덴 태생으로 후에 암스테르담으로 이주했으며 일찍 재능을 보이면서 고전 문헌학을 연구했다. 1649년에는 스톡홀름에 정착하여 크리스티나 여왕의 그리스어 교사가 되었고, 1670년에는 영국으로 이주해 죽을 때까지 머물렀다. 그는 고전 문학, 지리학, 성경 연대기 등에 관하여 많은 저서들을 남겼으며 서지 수집가로서 세계 최고의 사설 도서관을 만들 정도였다.

보이티우스 (Anicius Manlius Severinus Boetius, 470경~524). 가톨릭 순교 성인이다. 뛰어난 학식을 인정받아 테오도리쿠스 대제의 집정관을 거쳐 최고 행정사법관이 되었다. 전 집정관 알비누스(Albinus)를 옹호하다가 반역 혐의를 받아 파비아 감옥에 갇혀 순교했다. 저서로 《신학논고집》, 감옥에서 저술한 《철학의 위안》(Consolation of Philosophy)이 있다. 《철학의 위안》은 산문과 시를 번갈아 사용하여 아름다운 문체가 돋보이는 대화 형식의 철학서로 5권으로 구성된다. 또한 이 저작에 포함되었다는 '빈 공간 학설'이 유명하다.

보일 (Robert Boyle, 1627~1691). 영국의 화학자, 물리학자이다. 보일의 법칙을 발견하고 원소의 정의를 명확히 밝혔으며 화학을 실용화학에서 학문으로까지 발전시켰다.

보테로 (Giovanni Botero, 1544~1617). 이탈리아의 사상가, 성직자, 시인, 외교관이다. 대표 저작은 《국가의 이성》(Della ragione di Stato, 1589)이다. 이 책에서 그는 마키아벨리의 《군주론》에서 나타난 비도덕적 정치철학에 반대론을 펼쳤다(이 책 3부 도입부 5절 참고).

볼니 (Constantine François Chasseboeuf Volney, 1757~1820). 프랑스 계몽 시대의 역사가 및 철학자이다. 1795년에서 1798년까지 미국을 여행하고 《미국의 토양과 기후에 관한 견해》(Tableau du climat et du sol des Etats-Unis d' Amérique, 1803, 영어본 1804)를 저술했다.

볼링브로크 (Henry St John, 1st Viscount Bolingbroke, Baron Saint John of Lydiard Tregoze and Battersea, 1678~1751). 영국의 정치가, 철학자이다. 자유와 공화주의의 대변자였으며 미국혁명에는 직접적으로, 프랑스혁명에는 볼테르를 통해 영향을 미쳤다.

볼테르 (Voltaire, 1694~1778). 본명은 프랑수아 마리 아루에(François Marie Arouet)로 볼테르는 필명이다. 18세기 프랑스의 작가, 계몽사상가이다. 비극작품으로 17세기 고전주의의 계승자로 인정되고, 오늘날 《자디그》, 《캉디드》 등의 철학소설, 역사

작품이 높이 평가된다. 그리고 백과사전 운동을 지원했다.

볼프(Christian Wolff, 1679~754). 독일의 철학자, 법학자이다. 1699년 예나 대학교에서 수학하고 1717년에 할레 대학교 정교수가 되었다. 볼프는 라이프니츠와 칸트의 가교 역할을 한 대표적 철학자로 알려져 있다. 라이프니츠 철학을 독일어로 강의하는 등 학문 연구의 언어로서 독일어를 형성한 공로를 인정받으며, 그의 학문은 미국 독립선언에 큰 영향을 미쳤다. 대표 저작으로는 《인간오성의 여러 힘에 대한 이성적 사고》(1712), 《이성철학 또는 논리학》(1728), 《자연법·국제법제요》(1750) 등이 있다.

봉플랑(Aime Jacques Alexandre Bonpland, 1773~1858). 프랑스의 탐험가, 식물학자이다. 훔볼트와 동행하여 라틴아메리카를 여행했다.

뵈어만(Karl Woermann, 1844~1933). 전직 독일 드레스덴 박물관장, 서양 고대미술사가이다. 《회화의 역사》(*Geschichte der Malerei*, 1879)의 고대 부분을 집필했다. 미술사에 대한 논문으로는 "미술사에서 배울 것"(*Was uns die Kunstgeschichte lehrt*, 1894)이 있다.

뷔싱(Anton Friedrich Büsching, 1724~1793). 독일의 지리학자이다. 그의 저작 《지구의 묘사》(*His Erdbeschreibung*)는 과학적 성격을 지닌 최초의 지리적 저술이었으나 유럽만을 다룬다.

뷔퐁(Georges Louis Leclerc de Buffon, 1707~1788). 프랑스의 박물학자, 수학자, 생물학자이다. 프랑스 몽바르 태생으로 영국에 1년간 유학하여 수학, 물리학, 박물학을 공부하면서 뉴턴의 영향을 받아 그의 저서를 프랑스에 소개하고 인과론적 자연 인식의 발전에 힘썼다. 1739년 파리 왕립식물원의 원장이 되어 동식물에 관한 많은 자료를 토대로 1749년부터 《박물지》(*Histoire naturelle generale et particuliere*, 44권, 한 권은 사후 간행)를 출판했다. 그리고 《자연의 시대》(*Les époques de la nature*, 1778)를 출간했다. 그의 견해는 라마르크와 다윈에게 결정적 영향을 미쳤다.

브라운 경(Sir Thomas Brown, 1605경~1682). 영국의 작가이자 의사이다. 의학, 종교, 과학 등에 대해 다양한 저술을 남긴 그의 저작은 베이컨주의 과학혁명에 영향을 받아 자연 세계에 대한 깊은 호기심을 담았다. 옥스퍼드 대학교를 졸업하고 유럽에서 머물면서 의학박사 학위를 받은 후 영국으로 다시 돌아 노르위치에 정착한 직후 그의 첫 저작이자 가장 유명한 《의사의 종교》(*Religio Medici*, 1635)를 썼다.

브레멘의 아담(Adam of Bremen, 1050?~1081?). 중세 독일의 가장 중요한 연대기 저자 중 한 사람이다. 저서로는 《함부르크-브레멘 대주교의 역사》가 있다.

브뤼겔(Pieter Bruegel the Elder, 1525~1569). 네덜란드의 화가이다. 16세기 가장 위대한 플랑드르 화가 가운데 한 사람이다. 대지와 그 속에서 소박하고 우직하게 살아가는 농민을 휴머니즘과 예리한 사회 비판의 눈으로 관찰하면서 묘사했다. 작품으로는 〈사육제와 사순절 사이의 다툼〉, 〈아이들의 유희〉, 〈바벨탑〉 등과 사계절의 농촌을 묘사한 3점의 작품인 〈영아 학살〉, 〈농민의 춤〉, 〈농가의 혼례〉 등이 있다.

블라쉬(Paul Vidal de la Blache, 1845~1918). 프랑스의 지리학자이다. 근대 지리학의 발전에 심대한 영향을 끼친 그는 파리에서 역사와 지리학을 공부했고 소르본 대학에서 지리학 교수가 되었다. 그의 생애에서의 주된 연구 주제는 사람의 활동과 자연환경 간의 상호연관성이었는데 이로 인해 그는 프랑스 인문지리학을 정립한 지리학자가 되었다. 그는 인간의 역할을 수동적으로 보지 않고 어느 정도의 한계 내에서 자신의 목적에 따라 환경을 변화시킬 수 있는 존재로 본 대표적 가능론자이기도 한데 특히 생활양식(*genre de vie*)의 개념으로 유명하다.

블란카누스(Josephus Blancanus, 1566~1624). 이탈리아 예수회 천문학자이자 수학자이다. 달 표면을 그리기도 했는데, 오늘날 달의 분화구 명칭 중에서 블란카누스란 명칭은 바로 이 사람의 이름을 딴 것이다. 이 이름은 라틴어식 이름이고, 이탈리아어 이름은 Giuseppe Biancani이다.

블로크(Marc Bloch, 1886~1944). 중세 프랑스를 연구했던 프랑스 역사가이자 아날학파의 창시자다.

비드(Bede, Saint Bede the Venerable, 672경~735). 영국의 수도사, 저술가, 학자. 《영국 교회의 역사》(*Historia ecclesiastica gentis Anglorum*)로 유명하며 이 책으로 인해 영국사의 아버지로 불린다.

비오 2세(Pius II, 1405~1464). 본명은 피콜로미니(Aeneas Sylvius Piccolomini). 스위스의 역사학자 야콥 부르크하르트는 《이탈리아 르네상스의 문화》에서 비오 2세를 "이탈리아 풍경의 장엄함을 즐겼을 뿐만 아니라 세부적으로 이르기까지 열광적으로 기술한 최초의 사람"으로 규정한다. 그는 교황국 로마와 남쪽 토스카나(그의 고향) 지방을 아주 잘 알았는데, 교황이 되고 나서 좋은 계절이면 소풍과 시골에 머무는 것으로 여가를 보냈다. 그리고 종종 추기경 회의와 외교관 알현을 오래된 커다란 밤나무나 올리브나무 아래 아니면 초원이나 솟아나는 샘물 옆에서 열었다. 1462년 여름 흑사병과 더위가 저지대에서 기승을 부릴 동안 그는 아미아타(Amiata) 산에 피신해 풍경 탐닉의 절정에 도달했다. 이러한 행위는 본질적으로 현대적인 즐거움으로 고대의 영향은 아니었다(야콥 부르크하르트 저, 안인희 역, 2003, 《이탈리아 르네상스의 문화》, 푸른숲, 364~367쪽 참고).

비온(Bion). 서기전 2세기 말의 사람이다. 소아시아 태생으로 생애 대부분을 시칠리아에서 살았으며 이곳에서 독살당했다고도 한다. 현존하는 얼마 안 되는 작품 중에서 〈아도니스 애가〉(*Epitaphios Adonidos*)가 가장 유명한데 이는 아도니스 축제 때 읊기 위한 것으로 추측되는 우아한 작품이다. 모스코스와 더불어 테오크리토스에 버금가는 대표적인 목가시인이다. 테오크리토스를 모방한 〈목가〉중 완전한 것과 단편적인 것을 합쳐 17편이 남아 있다.

비올레-르-둑(Eugène Emmanuel Violett-le-Duc, 1814~1879). 프랑스의 건축가이자 군

사공학자이다. 축성술 역사에 대해 광범위한 저술을 했으며 프랑스 고딕건축 양식
에 대한 관심을 부활시킨 주역이다. 그는 1940년대에 이루어진 노트르담 대성당 복
원을 감독했지만 중세의 도시였던 카르카손 시(cité of Carcassonne)를 재건하려는
과도한 열정 때문에 큰 비난을 받기도 했다.

비탈리스(Orderic Vital, 1075~1143). 프랑스의 역사가, 수도사이다.

비트루비우스(Vitruvius). 서기전 1세기의 로마의 건축가·건축이론가이다. 이탈리아 베
로나 태생으로 카이사르와 아우구스투스 황제 시대에 활약했다. 저서로 《건축》 10
권을 썼다. 그의 이론은 건축가로서의 경험과 동시에 고대 그리스, 특히 헬레니즘
의 문헌에 근거한 것이 많다. 이 책은 르네상스의 고전 연구에 따라 1415년경에 재
발견되었으며 1484년에 로마에서 초판이 간행되었다. 그 후로 유럽 건축가에게 커
다란 영향을 주었으며, 오늘날에도 고대건축 연구에 귀중한 자료다(비트루비우스
저, 오덕성 역, 《건축십서》, 기문당, 1985 참고).

사세타(Stefano di Giovanni Sassetta, 1392경~1450경). 이탈리아의 화가이다. 14세기 시
에나파의 전통을 지키면서 15세기 초 북방에서 스며든 새로운 '국제 고딕 양식'과
피렌체파의 자연주의 영향을 함께 받아들였다. 자연주의적 형체감에 보석과 같은
투명한 광채감과 섬세한 환상성을 가미해 르네상스 양식을 진전시킨 시에나파의 제
1인자적 화가다.

샤르트르의 베르나르(Bernard de Chartres, ?~1130경). 중세 프랑스의 스콜라철학자이다.
샤르트르학파에 속하는 최초의 유명한 플라톤주의 철학자로 이 고장 학교의 총장이
었다. 그러나 그 학설은 제자인 '솔즈베리의 존' 저작을 매개로 알려졌을 뿐이다.
베르나르는 고전학자 또는 문법학자로서 고전을 높이 평가하고 우리가 옛 사람보다
더 멀리 볼 수 있는 것은 고전 위에 서 있기 때문이라고 가르쳤다.

생 피에르(Jacques-Henri Bernardin de Saint-Pierre, 1737~1814). 프랑스의 저술가이자
식물학자이다. 1787년 소설 《폴과 비르지니》로 가장 잘 알려졌으며, 1795년에 아
카데미 프랑세스의 전신인 인스티튜트 드 프랑스(Institut de France)의 교수로 선출
되었다.

샤롱(Pierre Charron, 1541~1603). 프랑스의 사상가, 신학자이다. 고대 스토아 철학과
몽테뉴의 영향을 받았는데, 《세 가지 진리》, 《지혜에 대하여》 등의 저서를 남겼다.

샤르댕(Jean Chardin, 1643~1713). 프랑스의 보석업자이자 여행가이다. 장 밥티스트 샤
르댕(Jean-Baptiste Chardin) 또는 존 샤르댕 경(Sir. John Chardin)으로도 불린다.
그가 쓴 10권짜리 여행기인 《샤르댕 경의 여행일지》는 유럽인이 페르시아와 근동
지역을 학술적으로 다룬 초기 저작 중 하나로 알려졌다.

샤를 2세(Charles, 823~877). 프랑스어로는 샤를(Charles), 영어로는 찰스(Charles),
독일어로는 카를(Karl), 별칭은 대머리왕 샤를(Charles the Bold)이다. 프랑스 서프
랑크왕국의 왕(샤를 2세, 843~877 재위), 신성로마제국 황제(875~877 재위)를 지

냈다. 864년까지 그의 정치적 위치는 그에게 충성하는 봉신이 거의 없어 불안정했다. 영토는 스칸디나비아인의 침략으로 시달렸으며 그들은 뇌물을 받고서야 돌아가곤 했다. 그러나 864년 피핀의 아들을 포로로 잡은 뒤 아키텐을 장악하는 데 성공했으며, 870년 독일인 루트비히와 메르센 조약을 맺어 서부의 로렌 지방을 차지했다. 875년 로타르의 아들인 황제 루트비히 2세가 죽자, 그는 이탈리아로 가 12월 25일 교황 요한네스 8세로부터 황제관을 받았다. 독일인 루트비히의 아들 카를만이 그를 향해 진격하고 주요 봉신들이 그에게 반란을 일으키는 가운데 죽었다. 그는 찬란한 카롤링 왕조의 르네상스를 다시 꽃피웠으며 교회와의 밀접한 협력관계로 자신의 지위와 권위를 높였다.

샤를로망(Carloman, 706?~754). 프랑크왕국 샤를 마르텔의 장자이다. 샤를 마르텔이 죽자 동생 피핀과 함께 나라를 물려받았다. 747년 수도원적 생활을 하기 위해 왕위를 떠난다.

샤를마뉴 대제(emperor Charlemagne, 742~814). 카롤링 왕조의 제2대 프랑크 국왕(재위: 768~814)이다. 카를 대제 또는 카롤루스 대제라고도 한다. 부왕인 피핀이 죽은 뒤 동생 카를만과 왕국을 공동 통치했으나 771년에 동생이 죽어 단일 통치자가 되었다. 몇 차례의 원정으로 영토 정복의 업적을 이루고 서유럽의 정치적 통일을 달성했다. 중앙집권적 지배를 가능하게 하면서 지방 봉건제도를 활용했고 로마 교황권과 결탁하여 서유럽의 종교적 통일을 이룩하고 카롤링 르네상스를 이룩했다.

샤스텔뤼(Marquis de Chastellux, 1734~1788). 프랑스의 군인, 여행가이다. 그는 1780~1782년 아메리카에서 로샹보와 그의 프랑스군에 속했던 3명의 주요 장군 가운데 한 사람이었다. 그는 초기 아메리카를 오랫동안 여행한 후 탁월한 여행기를 남겼다.

샤토브리앙(vicomte de Chateaubriand, 1768~1848). 프랑스의 작가이자 외교관이다. 프랑스 낭만주의의 초기 작가로서 당대의 젊은이들에게 깊은 영향을 미쳤으며 미국과 인디언 원주민을 이국적으로 묘사했다.

성 로쿠스(St. Roch, 1295~1327). 프랑스 몽펠리에 지방장관의 아들로 태어났다. 로마로 순례여행을 떠나 흑사병에 걸린 이들을 돌보는 데 헌신했으며 많은 기적을 행사했다고 알려졌다. 몽펠리에로 돌아온 뒤 첩자로 의심받아 투옥되어 감옥에서 사망했다.

성 마르크(St. Mark, ?~?). 예수의 12제자 중 하나이자 신약성서 두 번째 책인 마르코의 복음서 저자. 초대 교회의 선교 활동에 크게 공헌했다.

성 마르티누스(St. Martin, 316~397). 프랑스의 수호성인, 군인의 주보성인이다. 판노니아(헝가리)에서 태어났으며 그의 부모는 이교도였다. 세례 후 군인 생활을 그만두고 프랑스 리구제에 수도원을 세우고는 힐라리오 성인의 지도를 받으며 수도 생활을 했다. 후에 투르의 주교가 되어 착한 목자로서 모범이 되었으며 여러 수도원을 세우고 성직자들을 교육하며 가난한 이들에게 복음을 전파했다.

성 바실리우스(Basilius, 영문명 St. Basil, 330경~379). 그리스의 기독교 종교가이자 교회 박사이다. 아테네에서 최고의 교육을 받아 비기독교적 교양을 지닌 수사학 교사가 되었으나 5년 뒤 기독교에 끌려 각지의 수도원을 찾아다니며 수도에 힘썼다. 그 후 카에사레아의 주교가 되어 교회 정치에 말려들었으나 교회 통합에 주력하고 아리우스 논쟁의 종결을 위해 진력하는 한편 빈민 구제에도 힘썼다. 또 동방교회의 수도원 규칙을 제정해 '수도 생활의 아버지'로도 불렸다. 저서에는 《성령론》, 아리우스파의 《에우노미스 반박론》, 나지안지스의 그레고리우스와 오리게네스의 저작을 발췌·편집한 《필로칼리아》 외에 《젊은이에게 주는 설교》, 《여섯 날》 등이 있다.

성 베네딕트(St. Benedict, 480경~550경). 이탈리아 누르시아 태생이다. 서양에서는 처음으로 몬테카시노에서 수도원을 시작하여 베네딕트 수도회를 세우고 수도회 제도의 기초를 굳혔다.

성 베르나르두스(Bernard of Clairvaux, 1090~1153). 프랑스 귀족 가문의 7남매 중 3남 태생이다. 아버지는 제1회 십자군전쟁에서 전사했으며 어머니는 독실한 신자였다. 23세 때 30명의 귀족들과 함께 시토 수도원 원장으로 일했으며, 2차 십자군 유세로 활동 했다. 2년 후 12명의 동지들과 클레르보 수도원 원장으로 평생을 보내며 겸손과 사랑을 가장 큰 명제로 삼았다. 허약한 신체와 극단적인 금식 생활로 바로 서서 다닐 수 없을 정도였다. 그는 보수적 입장에서 아벨라르의 자유사상을 배격했으며 고난당한 그리스도를 사모했다.

성 보나벤투라(St. Bonaventura, 1221~1274). 이탈리아의 가톨릭 신학자다. 프란체스코 수도회에 들어가 파리 대학교에서 공부하고 아퀴나스와 함께 교수 자격을 얻어 모교에서 신학교수로 재직했다. 1257년 프란체스코 수도회 회장이 되어 수도회 조직 정비와 강화 등에 힘쓰다가 1273년 추기경과 알바노의 주교가 되었다. 새로 도입된 아리스토텔레스 등의 철학을 이해하는 입장을 취했으나 성 아우구스티누스의 전통을 따라 신비적 사색을 존중했다. 《신께 이르는 정신의 여행》(*Itinerarium mentis in Deum*, 1472)에는 철학에서 시작하여 신학, 신비사상으로 나아가는 그의 사상적 특징이 잘 나타나 있다(이 책 2부 5장 14절 참고).

성 보니파시오(St. Boniface, 673경~754). 독일의 사도이자 원장으로 선출된 영광도 포기하고 자신의 일생을 독일 민족의 회개를 위하여 바친 영국 베네딕트 수도회의 수도사다. 로마 지향성, 선교 활동 등에 대한 앵글로색슨 수도회의 이상을 흡수하고 717년 수도원장으로 선출되었으나 이를 사양하고 719년 선교 사목에 대한 그레고리오 2세의 인가를 로마에서 직접 받았다. 그 뒤 유럽 대륙 게르만족에 대한 선교를 시작하여 689년 피핀 2세에 의해 정복되어 프랑크 왕국령이 된 프리시아 선교, 721년 헤세 선교를 성공적으로 수행했다. 744년 그는 가장 유명한 수도회를 풀다에 설립했는데 이곳은 독일 종교 및 정신적 활동의 중심지가 되었다. 754년 프리시아 선교 여행에서 53명의 일행과 함께 이교도에 의해 학살되었으며 이후 풀다는 순례의 중심지로 부각되었다.

성 브로카르두스 (St. Brocardus, 영문명 St. Brocard, ?~1231경). 프랑스 태생의 기독교 성직자로 카르멜 (Carmel) 산에 있는 프랑크인 은둔자들의 지도자였다.

성 세쿠아누스 (St. Sequanus, 580경 활동). 세느 (Seine) 라고도 불린다. 은자로 생활하다가 수도사가 된 그는 세그레스트에 수도원을 세우고 대수도원장이 된다. 이 수도원은 그의 이름을 기려 성 세느로 개명되었다.

성 스투르미우스 (St. Sturm, 705~779). 성 보니파시오의 제자이다. 또한 베네딕트 수도회와 풀다 수도원의 첫 번째 대수도원장으로 알려졌다.

성 아르마길루스 (St. Armel, 5세기 말경~570경). 플로에르멜 (Ploermel) 의 성인이다. 웨일스 지방 사람으로서 가렌트멜 수도원장의 지도를 받았는데, 그가 부제품을 받을 때 "누구든지 제 십자가를 지지 않으면 내 제자가 될 수 없다"는 말씀을 하늘에서 들었다고 한다. 이 때문에 그는 그 누구보다도 모범적이었고 자발적이었기 때문에 자기 스승과 동료들과 함께 아르모리카로 선교여행을 했다. 그 후 그는 모르비아의 플로에르멜 수도원을 세웠고, 여기서 선종한 용감한 복음 전도자였다.

성 아우구스티누스 (St. Augustinus, 354~430). 초대 기독교 교회가 낳은 위대한 철학자, 사상가, 성인 (聖人) 이다. 388년 사제의 직책을 맡았고, 395년에는 히포의 주교가 되어 그곳에서 바쁜 직무를 수행하는 한편 많은 저작을 발표했다. 《삼위일체론》, 《신국론》 등이 널리 알려졌다 (이 책의 2부 5장 5절을 참고하라).

성 안토니우스 (St. Anthony, ?~?, 1195~1231경 활동). 신앙심 깊은 부모의 영향을 받으며 자랐고, 리스본 주교좌성당 부속학교에서 교육을 받다가 아우구스티누스 참사수도회에 입회했고 1219년에 사제로 서품되었다. 1220년에 안토니우스라는 수도명을 받고 곧바로 아프리카 선교사를 지원했지만 병을 얻어 선교지에서 되돌아온 뒤 설교가로서의 능력을 발휘한다. 1231년 병을 얻어 클라라 수녀회에서 운명했다. 그에 대한 수많은 기적 이야기와 설교 능력은 가톨릭교회의 전설 중 하나가 되었으며, 그를 능가할 만한 설교가가 나오기는 힘들 정도라고 높이 평가받았다. 당시 사람들은 안토니우스를 일컬어 '이단자를 부수는 망치', '살아 있는 계약의 궤'라고 불렀으며 기적을 행하는 사람으로 알았다. 또한 가난한 이들의 수호성인이고 잃어버린 물건을 찾을 때 안토니우스 성인에게 기도하면 곧바로 찾는다는 전설이 있었다.

성 알베르투스 (St. Albertus, 1206경~1280). 알베르투스 마그누스 (Albertus Magnus) 또는 알버트 대제 (St. Albert the Great) 라고도 불린다. 자연과학도의 수호성인이라는 칭호가 있다. 독일 스바비아의 라우인겐 가족성 (城) 에서 태어나, 파두아의 대학교에서 수학했으며, 1274년의 리용 공의회에서 크게 활약했는데 특히 로마와 그리스 교회의 일치에 공헌했다. 또한 1277년에 파리의 스테파노 탕피에 주교와 그 대학교의 신학자들에게 대항하여 아퀴나스와 그의 입장을 옹호한 사건도 유명하다. 그의 저서에는 성서와 신학 일반은 물론 설교, 논리학, 형이상학, 윤리학, 물리학까지 두루 섭렵한 논문이 많으며, 그의 관심은 천문학, 화학, 생물학, 인간과 동물의 생리학, 지리학, 지질학, 식물학에까지 확대되었다.

성 암브로시우스 (Ambrosius, 영문명 St. Ambrose, 340~397). 초대 가톨릭교회의 교부이자 교회학자다. 370년 북이탈리아의 리구리아 주 밀라노의 집정관으로 재직 시 밀라노 성당의 주교 후계자 논쟁을 수습하여 아리우스파와 가톨릭 양쪽의 신망을 얻어 374년 세례도 받지 않은 상태에서 주교가 되었다. 이후 니케아 정통파의 입장에 서서 교회의 권위와 자유를 수호하는 데 큰 공을 남겼다. 뛰어난 설교가로서 반아리우스파의 여러 저술 외에도 《성직에 관하여》(De officiis ministrorum), 《6일간의 천지창조론》(Hexenïeron) 등이 유명하다. 오리게네스와 알렉산드리아의 필론이 행했던 성서의 우의적 해석을 도입한 것 외에 로마의 히폴리스, 이레나이우스, 안디옥의 이그나티우스 등을 연구하여 동방 신학을 서유럽에 이식했고, 마리아의 무원죄(無原罪)를 주장하여 중세 마리아 숭배의 시조가 되었다. 또 《암브로시우스 성가》로 불리는 찬미가집을 만들어 '찬미가의 아버지'로 불리기도 한다.

성 유페미아 (St. Euphemia, ?~307). 칼케돈의 순교자이다. 이교도의 의식을 거부했다는 이유로 고문당한 뒤 곰에게 죽임을 당했다고 한다. 5세기에 그녀를 기리는 교회가 지어졌다.

성 코렌티누스 (St. Corentin, ?~490경). 프랑스 북서부 브르타뉴 지방의 초대 주교이다. 본래 은수사였지만 주민들이 그의 성덕을 흠모하여 투르로 모셔서 주교 축성식을 거행했다고 한다. 성 코렌티누스 성당에는 '거룩한 우물'이 있는데 그는 여기에 이상한 고기를 길렀다고 한다. 이 우물과 고기를 이용하여 수많은 기적을 베풀어 주민들에게 안위를 제공했다고 한다.

성 콜롬바누스 (St. Columbanus, 543~615). 아일랜드 출신의 로마 가톨릭 수도원장이다. 509년부터 유럽 대륙을 순례하며 포교 활동을 했다. 아일랜드 부족의 지도자로 라틴어에 능통했고 그리스어도 알았다. 기독교 확산에 대한 열정을 품고 브리타니아에 상륙해 포교 활동을 했으며 유럽 각지에 40여 개의 수도원을 세우는 등 켈트 수도원의 확산에 결정적 역할을 했다. 특히 동프랑크왕국 및 부르군드 지방에서 좋은 결과를 낳았지만 전례 문제로 주교들과 갈등을 빚어 추방된 뒤 이칼리아로 가 보비오 수도원을 설립하고 그곳에서 세상을 떠났다.

성 파코미우스 (St. Pachomius, 292경~348). 이집트 룩소르의 테베에서 292년경 이교도 부모 밑에서 태어났다. 자신이 닮고 싶었던 이집트의 성 안토니우스 근처에서 은둔자 생활을 시작했다. 당시 기독교의 금욕주의는 고독과 은둔을 추구했는데 그는 남녀 수도사들이 모여 살면서 모든 소유를 공유하는 공동체를 창설했다. 파코미우스의 규율은 오늘날 동방정교회에서 활용되며 서방의 베네딕트 수도회와 비견된다.

성 폴 아우렐리안 (St. Paul Aurelian, ?~6세기). 웨일스의 주교이다. 성 일티드 (St. Illtyd) 밑에서 수학했고 은자가 되도록 허락받았다. 선행으로 명성이 높아져 추종자들이 모이자 브르타뉴의 왕은 그에게 설교를 청한다. 그의 의사와 상관없이 주교가 되었으나 몇 년 뒤 은퇴한다. 기적을 행하는 능력으로 이름이 높았다.

성 프란체스코 (St. Francesco, 영문명 St. Francis 1182~1226). 이탈리아 아시시 (Asisi) 의 부유한 포목상의 아들로 태어난 그는 스폴레토에서 그리스도의 환시를 보고 "내 교회를 고치라"는 말씀을 들었으며, 또한 나병 환자와의 극적인 입맞춤을 통하여 지난날의 생활을 청산했다. 그 후 그는 산 다미아노에서 복음의 글자 그대로 살기로 결심했으며, 부친의 유산을 포기하고 오로지 신의 사람으로서 보속 생활에만 전념했다. 프란체스코회가 첫 발을 내딛게 했으며, 1212년에는 성녀 글라라를 도와 '가난한 부인회', 일명 '글라라회'를 세웠다. 《태양의 찬가》(*Canticum Fratris Solis*), 《평화의 기도》(*Prayer before the Crucifix*) 등을 후세에 남겼다. 1226년 선종 후 2년 뒤에 시성된 그는 흔히 '제 2의 그리스도'라는 칭호를 들을 정도로 큰 영향을 미쳤다.

성 히에로니무스 (St. Jerome, Eusebius Hieronymus, 345경~419경). 성 암브로시우스, 그레고리우스, 성 아우구스티누스와 함께 라틴 4대 교부로 일컬어진다. 히브리어 원본 성경을 연구한 성서학자로도 유명하다. 가장 큰 업적은 성서의 그리스어 역본인 70인 역 성서를 토대로 시편 등의 라틴어 역본(불가타성서)을 개정한 일이다. 그리스어로 된 성서를 중심으로 번역하되 히브리어와 아람어 성서를 대조, 확인한 것으로도 전해진다. 신약성서는 그리스어로 쓰였으나 구약성서는 본래에는 히브리어와 아람어로 쓰였다.

성왕 루이 (St. Louis of France, 1214~1270). 루이 9세의 별칭이다. 정의에 입각한 평화, 덕과 정치의 일치를 추구한 왕으로 프랑스 집권적 왕정을 완성했다. 잉글랜드와의 싸움을 종결시켰고 여러 국왕과 제후 사이의 평화 수립에 노력했다. 십자군 원정 도중에 사망했으나 이 시기 프랑스는 서유럽의 중심이 되었다.

세네카 (Lucius Annaeus Seneca, 서기전 55경~서기 39경). 로마 시대의 정치인, 사상가, 극작가, 스토아 철학자이다. 또한 네로 황제의 스승으로도 유명하다. 주요 작품으로 《노여움에 대하여》(*De Ira*), 《자연학 문제점》(*Naturales quaestiones*), 《도덕서한》(*Epistolae Morales*), 《은혜에 대하여》[*De Beneficiis* (*On Benefits*)], 그리고 비극 9편 등이 있다.

세르비우스 (Servius the Grammarian). 4세기 로마에서 활동한 라틴 문법학자, 주석자, 교사이다. 베르길리우스의 작품에 대한 귀중한 해설서를 쓰기도 했다.

세비야의 이시도루스 (Isidorus of Seville, 560경~636). 에스파냐의 성직자. 600년경 세비야의 대주교가 된 후 서고트족을 아리우스주의 (*arianism*) 로부터 개종시키고 에스파냐에 가톨릭교회를 재건하는 데 전력했다. 20권으로 구성된 백과사전 《어원학》을 저술했으며 역사서로 《고트족, 반달족, 스베니아족의 통치사》(*Historia de Regibus Gothorum, Vandalorum, et Suevorum*) 도 유명하다.

세이버트 (Adam Seybert, 1773~1825). 미국의 하원의원이다. 펜실베이니아 대학교 의학

과정을 수료 후 유럽에서 화학 및 광물학을 연구했다. 미국철학회 회원이었으며 여러 차례에 걸쳐 펜실베이니아 하원의원으로 선출되었다.

세익스피어(William Shakespeare, 1564~1616). 영국이 낳은 세계 최고의 시인 겸 극작가이다. 대표작으로는 〈로미오와 줄리엣〉, 〈베니스의 상인〉, 〈멕베스〉, 〈햄릿〉 등이 있다.

셀라(William Young Sellar, 1825~1890). 스코틀랜드의 고전학자이다. 1863년 에든버러 대학교 인문학 교수로 부임한 뒤 그곳에서 생을 마쳤다. 뛰어난 근대 고전학자 중 한 명이었고 로마 문헌의 글귀보다는 정신을 재생산하려는 노력을 기울여 주목할 만한 성공을 거뒀다.

소조메노스(Salamanes Hermeios Sozomenos, 영문명 Sozomen, 400경~450경). 콘스탄티노플에서 활동한 기독교도 법률가이다. 그가 쓴 교회사는 고전적 문체, 수도원주의에 대한 선호, 서유럽 자료들의 방대한 사용 등으로 유명하며 동시대 인물로서 그보다 나이가 위인 소크라테스 스콜라스티쿠스의 교회사와 견줄 만하다. 당시 세력을 떨치던 비잔틴제국의 황제 테오도시우스 2세(408~450 재위) 때 교회사 저술 작업에 헌신해 324~439의 시기를 다룬 9권의 책을 편집했다. 그러나 현존하는 본문은 425년에서 끝났는데 마지막 부분이 테오도시우스 2세의 탄압으로 삭제되었는지, 아니면 그냥 분실되었는지 의문이 남았다. 그는 성직자들뿐 아니라 교양 있는 평신도들을 위해서도 소크라테스 스콜라스티쿠스의 책을 뛰어난 문체로 개정하려 했던 것으로 보인다. 비록 그가 소크라테스 스콜라스티쿠스보다 평론 방법 및 신학 이해에서 열등했지만 그때까지 유례없던 독특한 자료를 삽입해 연대기를 가치 있게 만들었다. 이 연대기는 소크라테스 스콜라스티쿠스의 본문에 대한 교정본이며, 이 본문으로 초기 기독교에 대한 정보를 중세 교회에 제공한 셈이다.

소크라테스(Socrates, 서기전 470경~399). 고대 그리스의 철학자이다. 서구 문화의 철학적 기초를 마련한 고대 그리스의 위대한 세 인물(소크라테스, 플라톤, 아리스토텔레스) 가운데 한 명이다. 그는 자연에 관한 생각에 머물렀던 당시 철학의 초점을 인간 생활의 성격과 행위 분석으로 옮겼고 "너 자신을 알라"라는 질문으로 유명한 인간 본질에 대한 탐구에 집중했다. 젊은이들을 타락시키고 도시가 숭배하는 신들을 무시하고 새로운 종교를 끌어들였다는 이유로 기소되어 사형을 선고받은 후 독배를 마시고 죽었다. 저술을 남기지 않았지만 그의 인격과 이론은 주로 플라톤의 대화편과 크세노폰의 《소크라테스의 추억》에 근거한 것이다.

소크라테스 스콜라스티쿠스(Socrates Sholasticus, 380경~?). 비잔틴의 교회사가(史家)이다. 주해가 있는 그의 연대기 《교회사》(Historia Ecclesiastica)는 4~5세기 교부 시기의 교회사 연구에 중요한 기록 자료이자 개요이다. 이후에 나온 그의 작품집의 발췌문은 초기 기독교에 관한 주요 지식을 중세 라틴 교회에 제공했다. 법률고문이었던 그는 평신도로서는 최초로 교회사를 저술한 사람으로 알려져 있다.

소포클레스 (Sophocles, 서기전 496~406). 고대 그리스의 3대 비극 작가의 한 사람이다. 아테네 교외의 콜로노스 태생으로 정치가로서도 탁월한 식견을 지녔으며, 델로스 동맹 재무장관에 임명되어 페리클레스와 더불어 10인의 지휘관직에 선출되었다. 28세 때 비극 경연대회에 응모하여 스승인 아이스킬로스를 꺾고 첫 우승한 이후 123편의 작품을 씀으로써 18회(일설에는 24회)나 우승했다. 〈아이아스〉(*Aias*), 〈안티고네〉(*Antigone*), 〈오이디푸스왕〉(*Oidipous Tyrannos*), 〈엘렉트라〉(*Elektrai*) 등의 작품이 있다(소포클레스 저, 천병희 역, 2008, 《소포클레스 비극 전집》, 숲 참고).

손다이크 (Lynn Thorndike, 1882~1965). 중세 과학사와 중세 화학사를 연구한 미국의 역사학자이다. 초기 기독교부터 근대 초기 유럽까지를 다루는 마술과 과학에 대한 책인 《마술과 실험 과학의 역사》(*A History of Magic and Experimental Science*, 8권, 1923~1958)와 《15세기 과학과 사상》(*Science and Thought in the Fifteenth Century*, 1929), 《중세 유럽의 역사》(*The History of Medieval Europe*, 1917)를 저술했다.

솔론 (Solon, 서기전 640경~560경). 고대 그리스 아테네의 정치가, 시인이다. 그리스 7현인 중 한 사람으로 알려져 있다. 살라미스 섬의 영유를 둘러싼 서기전 596년 메가라인과의 전투에서 명성을 얻어 서기전 594년 집정관 겸 조정자로 선정되어 정권을 위임받았다. 그는 배타적 귀족정치를 금권정치로 대체하고 인도적 법을 도입했다. 특히 당시 빈부의 극심한 차이로 인한 사회불안을 개선하기 위하여 부채의 조정 포기와 채무노예의 해방과 금지를 포함한 이른바 '솔론의 개혁'이라 일컫는 여러 개혁을 단행했다.

솔루스트 (Sallust, 라틴어명 Gaius Sallustius Crispus, 서기전 86~34). 평민계급 출신의 로마의 역사가이다.

솔리누스 (Gaius Julius Solinus, 250년경). 고대 로마의 박물학자이다. 《세계의 지리와 기적에 관하여》라는 현실과 허구가 뒤섞인 지리서를 썼다. 그의 진정한 공헌 가운데 하나는 오래전부터 '마레 노스트룸'(우리의 바다)이라고 불린 로마 주위의 바다를 '지중해'(地中海), 즉 지구의 중심에 있는 바다라는 이름으로 바꿔 부른 것이다. 그의 저작에 크게 영향을 받은 사람 중 하나가 성 아우구스티누스라고 한다.

솔즈베리의 존 (John of Salisbury, 라틴어명 Johannes Saresbarius 1115~1180). 중세 영국의 철학자, 신학자, 정치가이다. 또한 당대 최고의 라틴어 저술가이기도 했다. 스승인 베르나르가 "우리가 옛사람보다 더 멀리 볼 수 있는 것은 고전 위에 서 있기 때문"이라는 설명을 자신의 저술에서 소개했다.

쉬렐 (Alexandre Surell, 1813~1887). 19세기 프랑스의 토목공학자이다.

쉴리 (Maximilien de Béthune, Duke of Sully, 1560~1641). 프랑스의 군인이자 정치가이다. 프랑스 종교 전쟁을 종식시킨 앙리 4세의 오른팔이었던 그는 오랜 전쟁으로 파산 상태였던 프랑스의 재정을 크게 개선시켰고 사회를 발전시켰다. 재무, 농업, 토지 관리에서 그의 능력은 타의 추종을 불허했고, 도로망, 삼림, 운하 건설과 캐나다

퀘벡 주 개발 등이 그의 손에서 이루어졌다. 특히 삼림 파괴를 금지했으며 습지에 배수시설을 만들고 운하 건설계획 등을 세웠다.

스넬(Willebrord Snellius, 1580경~1626). 네덜란드의 천문학자, 수학자이다. 스넬의 법칙으로 알려진 '굴절의 법칙'으로 유명하다. 1613년에 그의 아버지에 이어 라이덴 대학교 교수로 임용되었고 1615년에 삼각법을 이용해 지구의 둘레를 측정했으며, 1617년에 《네덜란드의 에라토스테네스》(*Eratosthenes Batavus*)라는 책을 펴냈다. 이후 1921년에 굴절의 법칙을 확립했다.

스멜리(William Smellie, 1740~1795). 인쇄장인, 박물학자이다. 스코틀랜드인으로 《브리태니커 백과사전》 초판(1768~1771)의 편집인이었으며 뷔퐁의 《박물지》(*Natural History*)를 영어로 번역했고, 《박물지 철학》(*The Philosophy of Natural History*) 2권을 집필했다.

스미스(Grafton Elliot Smith, 1871~1937). 영국의 해부학자이다. 선사시대에 대한 초전파주의적 관점을 적극 지지한 인물로 유명하다.

스밤메르담(Jan Swammerdam, 1637~1680). 네덜란드의 생물학자, 박물학자이다. 곤충을 해부하여 곤충의 생애 단계를 입증했다. 1668년에는 적혈구를 최초로 관찰하고 그 결과를 기술했다. 해부 작업에 현미경을 최초로 이용했으며, 그의 탁월한 방법은 후대의 학자들에게 널리 이용되었다.

스봉(Ramon Sebon, ?~1432). 에스파냐 바르셀로나 태생의 신학자이다. 라틴어 이름은 시비우드(Sibiude) 혹은 레이문두스 드 사분데(Raymundus de Sabunde)이다. 1430년부터 죽을 때까지 프랑스 툴루즈 대학교에서 신학, 철학, 의학을 가르쳤다. 신학과 철학에 관해 몇 저작을 집필했으나 현재 남은 것은 에스파냐어로 집필되고 후에 몽테뉴에 의해 프랑스어로 번역된 《자연신학》(*Theologia Naturalis*)이 유일하다.

스즈키(Daisetz Teitaro Suzuki, 鈴木 大拙, 1870~1966). 일본의 학자이다. 선종 불교에 대한 저술로 선종에 대한 서구의 관심을 널리 확산시켰다. 또한 다수의 중국, 산스크리트 문헌의 번역가로도 유명하다.

스칼리제르(Joseph Justus Scaliger, 1540~1609). 프랑스 태생의 네덜란드 고전학자이다.

스컬리(Vincent Joseph Scully, Jr. 1920~). 미국 예일 대학교 건축학과의 건축사 명예교수이다. 건축사에 대해 몇 권의 저서가 있다.

스코투스(Duns Scotus, 1266~1308). 중세의 철학자로 프란체스코회의 전통적인 아우구스티누스주의를 대표하여 토마스학파와 대립했다. 그의 사상은 프란체스코회를 중심으로 한 사상가들에게 전해져 스코투스학파로 이어졌다. 스코투스학파는 사물의 전체성을 직관으로 파악하며, 사유, 즉 이성에 대한 의지의 우위를 주장한다. 또 모든 것은 신의 자유이며 한없는 사랑의 발로로써 신이 바라는 것은 모두가 선이라고 설명한다.

스탠리 경(Sir Henry Morton Stanley, 1841경~1904). 미국의 언론인이자 탐험가이다. 아

프리카 탐험 중 한동안 소식이 끊겼었던 데이비드 리빙스턴을 찾아 나선 이로 잘 알려져 있다.

스트라본(Strabon, 영문명 Strabo 서기전 64경~서기 23경). 고대 그리스의 지리학자이자 역사학자이다. 소아시아 아마시아(폰투스)의 명문가 출신으로 알렉산드리아에서 수사학, 지리학, 철학을 아리스토데모스 등에게 배웠고, 철학은 아리스토텔레스학파를 떠나 스토아학파의 입장을 취했다. 로마, 이집트, 그리스, 소아시아, 이탈리아 등의 지역을 여행하고 만년은 고향에서 보냈다. 저서인 《역사적 약술》(*Historika Hypomnēmata*, 전 47권)은 현존하지 않지만 서기전 20년 이후 로마에 장기간 체재하면서 저술한 《지리학》(*Geōgraphia*, 17권)은 대부분 남아 있다. 이 책은 단순한 지리서가 아니라 유럽, 아시아, 아프리카의 전설 및 정치적 사건, 중심 도시, 주요인물 등 역사적 서술도 있어 중요한 사료로 평가받는다.

스트라부스(Strabus, 808경~849). 베네딕트 수도회 대수도원장, 신학자, 시인이다. 발라프리트 스트라본(Walafrid Strabo)으로도 알려져 있다. 그의 라틴어 저서는 독일 카롤링 왕조 시대의 대표적인 작품으로 알려져 있다. 지금은 주로 시(詩)가 주목을 받지만 당시 사람들은 그의 시보다는 신학 사상과 저술을 높이 평가했다.

스트라톤(Straton of Lampsacus, ?~서기전 270경). 그리스의 철학자이다. 테오프라스토스의 뒤를 이어 아리스토텔레스의 학설을 바탕으로 삼는 페리파토스학파의 지도자가 되었으며, 모든 실체에는 빈 공간이 포함되어 있다는 '빈 공간 학설'로 유명하다.

스트루테반트(Simon Sturtivant, 또는 Simon Sturtevant, 1570~?). 영국의 성직자이자 공학자이다. 《이솝 우화의 어원학》과 《금속학》 등의 저서를 남겼다. 나무 대신 석탄을 이용한 철 제련법을 발명했다.

스펜서(Herbert Spenser, 1820~1903). 영국의 철학자이자 다윈의 생물진화론을 인간 사회에 적용시킨 사회진화론의 창시자이다. 대표작인 《종합철학체계》는 36년간에 걸쳐 쓴 대작으로 성운의 생성에서부터 인간 사회의 도덕원리 전개에 이르기까지 모든 것을 진화의 원리에 따라 조직적으로 서술했다. 이 저술에서 그는 광범한 지식체계로서의 철학을 구상했으며, 철학적으로는 불가지론의 입장에 서면서도 철학과 과학과 종교를 융합하려고 했다. 종교와 과학의 이와 같은 조정은 과학자로 하여금 종교에 의한 구속을 벗어나게 했다는 데 의의가 있다.

스펭글러(Oswald Arnold Gottfried Spengler, 1880~1936). 독일의 역사가, 문화철학자이다. 1880년 하르츠 지방 블랑켄부르크 태생으로 뮌헨, 베를린, 할레의 각 대학교에서 수학과 자연과학을 전공함과 동시에 철학, 역사, 예술에도 힘을 쏟았다. 《서구의 몰락》(*Der Untergang des Abendlandes*, 제1권 1918, 제2권 1922)을 저술했으며, 《인간과 기술》(*Der Mensch und die Technik*, 1931) 등의 저서가 있다.

스프랫(Thomas Sprat, 1635~1713). 영국의 신학자, 시인이다. 왕립학회의 창설에 기여했으며 1667년에 《런던의 왕립학회 역사》(*A History of the Royal Society of London*)

를 저술했다. 이 책에서 그는 왕립학회의 과학적 목적과 '명료함과 간결함'이라는 현대적 표준에 입각한 과학적 글쓰기의 기본 틀을 밝혔다.

스피노자 (Baruch de Spinoza, 1632~1677). 네덜란드의 철학자이다. 데카르트 철학에서 결정적 영향을 받았다. '모든 것이 신이다'라는 범신론 사상을 역설하면서도 유물론자·무신론자였다. 그의 신이란 기독교적인 인격의 신이 아닌 자연이었기 때문이다. 대표작으로는 《에티카》가 있다.

시드 (Cedd, 620경~664). 영국 노섬브리아 태생이다. 린디스파른(Lindisfarne)에서 베네딕트회 수도자가 되었으며, 653년에 3명의 다른 사제들과 함께 중앙 앵글족(Angle)들에게 복음을 선포하도록 파견되었다. 이스트 앵글족의 왕 시리버트가 개종했을 때 에식스(Essex)의 선교를 그만두었고 654년에 에식스 주교로 축성되었다. 그는 브라드웰, 틸베리(Tilbury), 라스팅햄(Lastingham)에 수도원을 세우고 수많은 성당들을 지었으며, 664년에는 휘트비 시노드(Synod of Whitby)에 참석하여 로마의 전례를 인정했다. 그는 664년 10월 26일에 잉글랜드 요크셔(Yorkshire)의 라스팅햄에서 서거했다. 그에 대해 알려진 것은 대부분 성 비드의 《영국 교회의 역사》에서 비롯한 것이다.

시든햄 (Thomas Sydenham, 1624~1689). 영국의 의사이다. 의회주의자로 투쟁했으며 영국 의학사에서 위대한 인물로 인정되어 '잉글랜드의 히포크라테스'로 불린다.

시라쿠사의 히에론 (Hieron of Syracuse ?~?). 시라쿠사의 참주이다. 히에론 2세를 지칭하며 아르키메데스에게 은이 섞인 왕관을 조사하게 한 일화가 잘 알려져 있다.

시비우드 (Ramon Sibiude). 스봉(Ramon Sebon)의 라틴어 이름. "용어해설" 인명편 '스봉' 항목을 참고하라.

시제루스 (Siger of Brabant, 1240경~1280). 브라방의 시제루스로 불리는 13세기의 철학자이다. 아베로에스주의의 창시자이자 주요 옹호자였다. 로마 가톨릭교회의 보수적 구성원들은 그를 급진적인 사람으로 보았지만 당대에 활동했던 아퀴나스처럼 신앙과 이성에 대한 서양의 태도를 틀 짓는 데 중요한 역할을 했다는 평가를 받는다.

시쿨루스 (Diodorus Siculus, 서기전 1세기). 카이사르와 아우구스투스 시대에 시칠리아 아기리움에서 활동한 그리스의 역사가이다. 저서로는 《세계사》(Bibliotheca historica)가 있다. 그의 기록에 따르면 서기전 60~57년에 이집트를 여행하고 로마에서 몇 년을 보냈다고 한다. 서기전 21년까지의 사건을 다루는 40권짜리 그의 역사책은 당시 연대기적 사료가 남지 않은 상황에서 매우 가치가 높은 것으로 평가된다.

실베스터 (Joshua Sylvester, 1563~1618). 영국의 시인이다.

실베스트리 (Bernard Silvestre, 1085경~1178경). 중세 플라톤주의 철학자이자 시인이다.

아가타르키데스 (Agatharchides of Cnidos). 서기전 2세기에 활동했던 그리스의 역사가이자 지리학자이다. 지리학자 스트라본은 그를 소요학파로 간주했다. 홍해 주변의 이집트 남부 지방을 기술한 《에리트레아 해에 관하여》(Peri ten Erythras Thalasses(On *the Erythraean Sea*)〕가 유명하다. 무엇보다 이 책은 프톨레마이오스 왕조 시대의 금 채굴 기술에 대해 자세히 서술했다.

아그리콜라 (Georgius Agricola, 1494~1555). 독일 르네상스 시대의 의사다. 또한 광산학의 아버지로 일컬어지는 사람으로서 광물을 형태적으로 분류한 최초의 인물이다. 독일식 이름은 게오르크 바우어(George Bauer)였으나 라틴어, 그리스어 교사가 되면서 이름을 라틴어로 바꾸었다. 이탈리아에서 의학, 철학을 공부한 후 독일 요아힘스타르의 시의(市醫)가 되었는데, 광산 도시였던 이곳에서 금속을 의학에 이용하려던 동기에서 출발한 광산학에 대한 관심이 그를 광산학의 아버지로 만들었다. 지질학, 광물학, 금속학에 관한 지식을 집대성한 《금속론》(*De re Metallica*, 12권)을 펴내 광산학의 기초를 닦았다.

아낙사고라스 (Anaxagoras, 서기전 500경~428). 고대 그리스의 철학자이다. 이오니아 클라조메네 태생으로 아테네에서 활약했으며, 처음으로 아테네에 철학을 이식하여 엘레아학파의 출현에 의한 이오니아 자연철학의 위기를 구하려 했다. 생성과 소멸을 부정하고 만물은 처음부터 있으며 그 혼합과 분리가 있을 뿐이라 주장했다. 이러한 만물의 씨앗(*spermata*)에는 만물 속에 만물이 포함되어 있고, 다만 지성(*nous*)만이 순수하고 가장 정미(精微)한 것이며, 태고의 씨앗은 혼돈인 채 있었는데 이 지성의 작용으로 회전운동이 일어나고 확대되어 여러 가지로 갈라져 나온다 했다. 또한 지성은 만물에 질서를 주어 모두에 대하여 모든 지식을 가진다는 등 이른바 이원론의 입장을 취했다.

아낙시만드로스 (Anaximandros, 서기전 610~546). 고대 그리스 밀레토스 학파의 철학자이다. 고대 그리스 소아시아의 밀레토스 태생으로 탈레스의 제자이다. 또한 산문으로 자연에 대해 언급한 최초의 사람이다. 그는 "만물의 근원이란 양적으로나 질적으로 무한의 것(즉, 아페이론)이며 이 신적으로 불멸하는 아페이론으로부터 먼저 따뜻한 것, 차가운 것 등 서로 성질이 대립되는 것으로 갈라진다. 그리고 이 대립하는 것의 경쟁에서 땅, 물, 불, 바람이 생기고 다시 별과 생물이 생기지만 이것이 법도를 지키고 따라서 결국 경쟁의 죄를 보상하고 나서 다시 아페이론으로 돌아간다"고 풀이했다. 또한 천구의 중심에는 지주가 없고 정지한 원통형의 지구 주위를 해, 달, 별이 돈다고 생각했다. 이 밖에도 다방면에 걸친 과학의 지식을 가졌다.

아니아네의 성 베네딕트 (St. Benedict of Aniane, 747~821). 단신왕 피핀(Pippin the Short)의 궁정에서 교육받고 샤를마뉴의 궁정에서 봉사했다. 궁정을 떠난 뒤 수도사가 되었다. 780년 무렵 랑그도크(Languedoc) 아니아네에 동방의 금욕주의에 기초한 수도원을 설립했지만 그의 의도대로 성장하지는 못했다. 그래서 799년 같은 장소에 베네딕트 규율에 근거한 또 다른 수도원을 설립했다. 그곳에서의 성공으로 막대한 영향력을 가졌으며, 817년 아헨에서 열린 대수도원장회의에서 그는 《규칙서》(*Codex regulaum*)를 제정했고 곧이어 《규칙의 협정》(*Concordia regularum*)을 제정했다. 하지만 그의 죽음과 함께 쓰이지 않았다.

아르노비우스 (Arnobius of Sicca, ?~327경). 로마제국 디오클레티아누스 황제 치하의 로마 수사학자다. 성 히에로니무스에 의하면 아프리카의 로마 식민지인 시카 베네리아에서 활약한 변론가로, 처음에는 기독교를 심하게 반대했으나 기독교로 개종한 다음에는 그 변호에 노력했다. 저술로는 《이교도를 논박함》(Adversus nationes, 7권)이 있다.

아르케실라오스 (Arcesilaus 또는 Arcesilas, 서기전 316경~241경). 그리스의 철학자이다. 신아카데미파의 창시자이자 플라톤의 아카데미아의 후기 지도자였다.

아르키타스 (Archytas, 서기전 430~365). 그리스의 정치가, 기술자이다. 또한 피타고라스 학파의 수학자였다.

아른트 (Johann Arndt, 1555~1621). 독일의 신학자이다. 루터교 신비주의자였던 그는 16세기 말엽과 17세기 초엽의 합리주의적 교리신학에 반동하여 기독교의 본질을 새롭게 이해하고자 하여 '참 기독교'의 개념을 창안했다.

아리스토텔레스 (Aristotle, 서기전 384~322). 고대 그리스의 철학자이다. 플라톤의 제자로 플라톤이 초감각적인 이데아의 세계를 존중한 것에 반해 인간에게 가까운, 감각으로 느낄 수 있는 자연물을 존중하고 이를 지배하는 원인의 인식을 구하는 현실주의적 입장을 취했다.

아리스토파네스 (Aristophanes, 서기전 445경~385경). 고대 그리스의 최대 희극 시인이다. 아테네 태생으로 페리클레스(서기전 495경~429) 치하 최성기에 태어났다. 작품의 대부분을 펠로폰네소스 전쟁(서기전 431~404) 와중에 썼으며, 서기전 427년의 최초의 작품 《연회의 사람들》(Banqueters) 이래, 시종 신식 철학, 소피스트, 신식 교육, 전쟁과 데마고그(선동 정치가)의 반대자로서 시사 문제를 풍자했다. 작품으로는 44편이 알려져 있으나, 완전한 형태로 전해지는 것은 그 가운데 11편, 그 밖에 많은 단편이 있다(아리스토파네스 저, 천병희 역, 2004, 《아리스토파네스 희극》, 단국대 출판부 참고).

아리스티포스 (Aristippos, 서기전 435경~366). 고대 철학자이다. 북아프리카 리비아 키레네 태생으로 소크라테스의 제자였고, 쾌락주의와 이기주의를 내세운 키레네학파의 창시자이다. 인생의 목적은 개인 각각의 쾌락이라고 여겼다. 그의 저작은 현재 남아 있는 것이 없다.

아멘호텝 2세 (Amenhotep II, 재위 서기전 1427~1400). 이집트 제18왕국 투트모세 3세의 아들이다. 이집트의 대외적 팽창이 절정에 이르렀을 때 왕위에 있으면서 뛰어난 신체적 능력과 군사적 수완으로 아버지의 정복사업을 계속했다.

아버스노트 (John Arbuthnot, 1667~1735). 영국의 의사이며 작가이다. 앤 여왕의 주치의였으며 1712년에 《존 불 이야기》(The History of John Bull)을 출간했다. '존 불'이 전형적인 영국인을 뜻하게 된 것은 그의 저작에서 비롯된 것이다.

아베로에스(Ibn Rushd, 영문명 Averroes, 1126~1198). 아랍어 이름은 이븐 루슈드이다. 중세 이슬람의 철학자로 신학과 법학을 공부했으며 후에는 철학과 의학에서 두각을 나타냈다. 아리스토텔레스의 여러 저작에 주석을 붙이는 일에 종사했으며 그의 주석은 새로운 철학적 기반을 부여하고 13세기 이후 라틴 세계에 아베로에스파라는 학파를 탄생시켰다. 야수프 1세가 서거하고 그의 아들인 아부 유수프만수르가 즉위하자 이븐 루슈드의 철학설이 이슬람 정통 신앙에 위배된다는 혐의를 받아 코르도바 근처 엘푸사나에 감금되는 등 박해를 받았다. 풀려난 뒤 모로코로 옮겨가 그곳에서 죽었다. 방대한 아리스토텔레스 주석 외에도 14가지 저작을 남겼으며 그 중에서 가장 유명한 것이 《파괴의 파괴》(Tahāfut at-tahāfut) 다. 이는 정통 신학파인 가잘리의 철학자를 공격한 책인 《철학의 파괴》에 반론을 제기한 것으로서 그리스 합리사상의 최후의 빛을 번득이게 했다. 또 의학서로 잘 알려진 《의학개론》이 있으며, 천문학 책으로는 프톨레마이오스의 《알마게스트》(Almagest) 요약이 있다.

아벨라르(Abelard, 1079~1142). 12세기의 프랑스 스콜라철학자이자 신학자이다. A. 기욤으로부터 당시 변증법이라고 일컬어지던 논리학과 수사학을 공부했으며, 변증술을 신학에 적용하여 '삼위일체설'을 제창했다. 그의 철학은 실념론(實念論)과 유명론(唯名論)의 중간설인 개념론(槪念論)에 서서 정신이 개체에 관하여 자기 안에서 만드는 관념상이 바로 보편이라 생각했다.

아비센나(Avicenna, 980~1037). 페르시아의 철학자, 의사이다. 18세에 모든 학문에 통달했으며, 20대에는 아리스토텔레스의 《형이상학》을 40회나 정독했다. 의사로서 이름이 알려졌기 때문에 궁정에서 일했다. 중세 라틴 세계에서도 권위 있는 의학자로 통했으며 철학에서도 동방 아랍의 최고봉으로 아퀴나스에게 영향을 끼쳤다. 그는 아리스토텔레스에 플라톤을 가미한 철학으로 이슬람 신앙을 해석했는데, "개적(個的) 영혼은 영원히 멸하지 않는다"는 주장이 그 일례라고 볼 수 있다. 저서인 《치유의 서》(Kitāb ash-shifa)는 철학 백과사전과 같은 것으로서 윤리학과 정치학을 제외한 전 영역을 포함했으며, 논리학에서의 제1지향과 제2지향의 해석이 보편논쟁에 커다란 영향을 미쳤고 심리학에서 영혼의 기능을 분류한 것이 스콜라철학에 있어 표준이 되기도 했다. 그 밖의 저서로 《의학정전》이 전해진다.

아에티오스(Aetios). 100년경 그리스의 철학자이다.

아우구스투스(Augustus, 서기전 63~서기 14). 본명은 가이우스 옥타비아누스이다. 장군으로서의 역량은 빈약했으나 아그리파를 비롯하여 여러 부장의 조력과 전 이탈리아, 그리고 전체 속주로부터 충성의 맹세를 받아내 신중하게 일을 처리함으로써 1백 년에 걸친 공화정 말기의 내란을 진정시켰다. 질서 회복 후에는 비상대권을 원로원과 민중에게 돌려주었고, 서기전 27년에는 아우구스투스(존엄자)라는 칭호를 원로원으로부터 받았으며 공화정의 명목을 유지하면서 실질적인 제정을 시작했다. 특히 내정의 충실을 기함으로써 41년간의 통치 기간 중에 로마의 평화 시대가 시작되었으며 베르길리우스, 호라티우스, 리비우스 등이 활약하는 라틴 문학의 황금시대를 탄생시켰다.

아우소니우스 (Decimus Magnus Ausonius, 310경~395경). 로마 제정 말기의 시인이다. 갈리아 부르디갈라(현재 프랑스 보르도) 태생으로 라틴 문학 쇠퇴기에 활약한 4세기의 대표적인 지식인이었다. 부르디갈라에서 수사학을 강의하고 또한 시문으로 명성을 얻었다. 발렌티아누스 1세의 아들(후에 그라티아누스)의 가정교사로 임용되었으며, 그라티아누스가 즉위하자 중용되어 학계와 정계에서 활약하여 집정관까지 되었다. 오늘날 라인 강의 지류인 모젤 강을 다루는 〈모젤라 강〉(Mosella)이라는 시는 걸작으로 작품이 매우 아름답다.

아이길 (Eigil, Abbot of Fulda, 750~822). 818년 풀다 수도원의 제4대 수도원장을 지냈다. 삼촌이었던 성 스투르미우스(St. Strum)의 제자로 삼촌의 전기를 저술하고 라바누스 마우루스(Rabanus Maurus)를 수도원학교 교장으로 초빙했다. 그가 수도원장으로 있는 동안 수도원적 생활이 꽃피어 당대 정신문화의 중심으로 자리 잡았다.

아이스킬로스 (Aeschylos, 서기전 525경~456). 고대 그리스의 비극시인이다. 에우포리온의 아들로 모두 90여 편의 비극을 쓴 것으로 전해지나 현재 남은 것은 많은 제목과 부분적인 것 이외에는 7개의 비극《아가멤논》(Agamemnon), 《제주를 바치는 여인들》(Choephoroi), 《자비로운 여신들》(Eumenides), 《페르시아인들》(Persai), 《테바이를 공격한 일곱 장수》(Hepta epi Thebas), 《탄원하는 여인들》(Hiketides), 《결박된 프로메테우스》(Prometheus desmotes) 뿐이다(아이스킬로스 저, 천병희 역, 2008, 《아이스킬로스 비극 전집》, 숲 참고).

아코스타 (José de Acosta, 1539~1600). 에스파냐의 예수회 선교사이다. 선교를 위해 남미 각국을 방문했으며 저서에 《신대륙 자연문화사》 등이 있다.

아퀴나스 (Thomas Aquinas, 1225경~1274). 이탈리아의 신학자이다. 이탈리아 로마와 나폴리 중간에 있는 로카세카 태생으로 중세 유럽의 스콜라철학을 대표하는 인물이다. 1252년 파리 대학교 신학부의 조수로 연구를 심화시키는 한편, 성서 및 《명제집》 주해에 종사했고 1257년 신학교수가 되었다. 《신학대전》(Summa Theologiae, 1266~1273), 《이단 논박 대전》(Summa Contra Gentiles, 1259~1264) 등과 같은 방대한 저작을 남겼다. 그의 사상을 바탕으로 하는 철학과 신학 체계를 토마스주의라고 한다.

아크나톤 (Akhnaton, 또는 Akhenaten, 재위 서기전 1353경~1336경). 고대 이집트 제18왕조의 10대 왕으로 소년왕 투탕카멘의 아버지이다. 아몬을 주신으로 하는 다신교 숭배를 유일신 아톤 숭배로 바꾸는 역사상 최초의 종교개혁을 실시했지만 사후에 실패했다.

아타나시우스 (Athanasius, 293경~375). 4세기경에 활동한 신학자로 성자인 그리스도가 성부 하느님과 유사한 본질을 지닌 피조물이지 동일한 본질을 지닌 피조물이 아니라고 주장한 아리우스주의에 대항해 크리스트교 정통신앙을 옹호했다.

아테나고라스 (Athenagoras, 133경~190). 2세기 후반 활동한 기독교 변증가이다. 플라톤 주의자였다가 기독교로 개종한 것으로 여겨지지만 확실한 것은 아니다.

아테나이오스 (Athenaeus, ?~?). 서기 200년경의 그리스 저술가이다. 이집트의 나우크라 티스 태생으로 저서인 《연회석의 지자》(데이프노소피스타이)는 고대 그리스와 관련 된 많은 화제를 둘러싼 식탁에서의 잡담집으로 모두 15권이나 현재는 12권만이 전 한다.

아폴로니아의 디오게네스 (Diogenes of Apollonia). 서기전 5세기 중반 고대 그리스의 자연 철학자이다. 옛 이오니아 자연학을 계승해 자연의 모든 변화는 공기의 밀도와 온도 에 달려 있다고 주장했다.

아피온 (Apion, ?~?). 알렉산드리아인으로 당시 알렉산드리아에 유대교 공동체가 발달하 자 유대인을 비난하는 "유대인에 대항함"이라는 글을 작성했다. 이에 맞서 요세푸스 는 "아피온 반박"을 발표한다.

알 이드리시 (ash-Sharīf al-Idrīsī, 1100~1165). 이슬람의 지리학자이다. 모로코 세우타 태생으로 당시 이슬람 학술의 중심지였던 에스파냐의 코르도바에서 공부하고 에스 파냐 각지와 아프리카 북쪽 연안, 소아시아, 영국 해안 등을 여행했다. 후에 시칠리 아로 가서 시칠리아의 노르만인 왕 로제르 2세(재위: 1130~1154)를 섬기면서 이슬 람 지리학의 성과와 각지의 기독교도에게 얻은 지식을 토대로 동양과 스칸디나비아 반도까지 포함된 세계지도를 만들고 이에 상세한 주석을 단 《로제르의 책》을 펴냈 다. 이밖에 식물학·약물학 등에 관한 저술도 있어 사라센 과학을 유럽에 전파했다.

알렉산드로스 (Alexandros the Great, 영문명 Alexander, 서기전 356~323). 마케도니아의 왕(재위: 서기전 336~323)이다. 필립포스 2세와 올림피아스의 아들로서 알렉산더 대왕, 알렉산드로스 3세라고도 한다. 그리스·페르시아·인도에 이르는 대제국을 건설한 대왕으로 서기전 323년 바빌론에 돌아와 아라비아 원정을 준비하던 중 33세 의 젊은 나이로 갑자기 죽었다.

알렉산드리아의 클레멘스 (Titus Flavius Clemens, 영문명 Clement of Alexandria, 150경~ 215). 2세기 말에서 3세기 초까지 활동하며 알렉산드리아 신학의 정초를 놓은 인물 이다. 그 뒤를 오리게네스가 이어 알렉산드리아 신학의 골격을 세운다.

알바레즈 (Francisco Alvarez, 1465경~1541경). 포르투갈의 선교사이자 탐험가이다. 아비 시니아 왕국에 파견된 포르투갈 대사의 비서로 6년간 아프리카에 머물렀다.

알베르티 (Leon Battista Alberti, 1404~1472). 근세 건축 양식의 창시자로서 단테, 다 빈 치와 마찬가지로 르네상스 시대 다재다능한 예술가 중 한 사람으로 꼽힌다. 파도바 와 볼로냐의 대학교에서 공부했고, 피렌체에 머물며 메디치 가에 출입하면서 많은 예술가들과 사귀었다. 1432년 이후는 로마에 정주하여 교황청의 문서관이 되었다. 그는 성직에 종사했음에도 불구하고 미술, 문예, 철학에 더 많은 저작을 남겼는데 그중 가장 저명한 것은 1450년에 저술한 《건축십서》이다. 그는 이 저서 속에서 고대 건축의 연구와 예술가로서의 감각을 종합한 새 시대의 건축을 논하고 근세 건축 양식의 전형을 보여주었다. 1436년 저술한 《회화론》은 비례에 의한 원근법적 구성의 기본 개념을 밝힌 최초의 저작으로 알려졌다.

알크마이온(Alkmaion, ?~?). 서기전 500년경의 그리스 의학자이다. 남이탈리아의 그리스 식민지 크로토네 태생으로 피타고라스의 제자였다. 처음으로 동물 해부를 실시하여 시신경을 발견했으며, 질병이란 체내의 4원소인 온(溫)·한(寒)·건(乾)·습(濕)의 부조화가 원인이고, 이들 4원소가 평형을 유지할 때 건강을 유지할 수 있다고 주장했다. 《자연에 관하여》라는 최초의 의학서를 저술했으나 현재는 그 단편만이 전해진다.

알하젠(Alhazen, 965경~1039). 아라비아의 수학자, 물리학자이다. 광학이론에 공헌한 것으로 유명하며 1270년 라틴어로 번역된 《알하젠의 광학서 7권》(*Opticae Thesaurus Alhazeni Libri vii*)가 유명하다.

암스트롱(Arthur Hilary Armstrong, 1907~1997). 영국의 고전학자, 저술가이다. 영국 후브 태생으로 케임브리지 대학교에서 수학했다. 그 후 영국과 캐나다의 여러 대학에서 강의를 했다. 플로티노스의 철학 저술에 대한 최고의 권위자로 인정받는다. 저서로는 《플로티노스》(*Plotinus*, 1953, 영역 1966), 《플로티노스 및 기독교 연구》(*Plotinian and Christian Studies*) 등 다수가 있다.

앙키세스(Anchises, ?~?). 트로이의 마지막 왕 프리아모스(Priamos)와 육촌 형제 사이다.

애덤스(John Adams, 1797~1801). 미국의 정치가이다. 인지조례 제정에 따른 반영(反英) 운동의 지도자로서 대륙회의의 대표로 미국 독립선언서 기초위원이자 미국의 제2대 대통령을 지냈다.

어셔 대주교(Archbishop Ussher, James Ussher, 1581~1656). 영국 성공회의 성직자다. 천지창조가 서기전 4004년 10월 23일 일어났다 보고 이로부터 지구의 나이를 추정했다.

에라토스테네스(Eratosthenes, 서기전 273경~192경). 그리스의 수학자이자 천문학자이자 지리학자이다. 키레네 태생으로 서기전 244년경에 아테네에서 이집트로 옮겨 서기전 235년에 알렉산드리아의 왕실 부속학술연구소의 도서관원이 되었다. 같은 자오선 위에 있다고 생각되었던 시에네(현재의 아스완)와 메로에 사이의 거리를 측정해 해시계로 지구 둘레를 처음으로 계산했다. 저서인 《지리학》(*Geographica*, 3권)에는 지리학사, 수리지리학 및 각국 지지와 지도 작성의 자료가 포함되어 있다. 지리상의 위치를 위도·경도로 표시한 것은 그가 처음인 것으로 알려져 있다.

에리우게나(Johannes Scotus Eriugena, 영문명 John the Scot, 815경~817). 신플라톤주의자이다. 또한 그리스주의자인 동시에 펠라기우스파요 범신론자로 보기도 한다.

에우리피데스(Euripides, 서기전 484경~406경). 고대 그리스의 3대 비극시인 중 한 사람

이다. 아테네 태생으로 서기전 455년 극작가로 데뷔해 그 작품 총수는 92편이라고
전하며 오늘날 전하는 작품은 19편이다(에우리피데스 저, 천병희 역, 1999, 《에우리
피데스 희극》, 단국대 출판부).

에우에르게테스 1세(Euergetes I). "프톨레마이오스 3세"를 참고하라.

에우에르게테스 2세(Euergetes II, Ptolemaios Ⅷ, 서기전 182경~116). 이집트 프톨레마이
오스 왕조의 왕이다. 뚱뚱한 몸 덕분에 피스콘(Physcon)이라는 별칭으로 불렸다.

에피쿠로스(Epicurus, 서기전 342경~271경). 고대 그리스의 철학자이다. 에피쿠로스학파
의 창시자이다. 그리스 사모스 섬 태생으로 아테네에서 '에피쿠로스 학원'이라 불린
학원을 열어 함께 공부하고 우정에 넘치는 공동생활을 영위하면서 문란하지 않은 생
활(아타락시아) 실현에 노력했다. 그의 철학의 기초를 이루는 원자론에 의하면, 참
된 실재는 원자(아토마)와 공허(캐논)의 두 개이다. 원자 상호 간에 충돌이 일어나
이 세계가 생성된다고 한다. 《자연에 대하여》 등 3백여 권에 이르는 저서가 있었으
나 현재는 극히 일부만이 전한다.

엘리아데(Mircea Eliade, 1907~1986). 루마니아 출신의 미국 종교학자, 문학가이다. 인
도의 철학자인 다스굽타 문하에서 인도 철학을 연구하여 《요가: 불멸성과 자유》를
썼다. 이후, 파리 소르본 대학교 객원교수와 시카고 대학교 교수로 있으면서 《우주
와 역사》 등의 저술을 통해 구미 종교학계에 큰 영향을 끼쳤다.

엘리엇(Jared Eliot, 1685~1763). 식민지 시대 미국의 목사, 내과의, 농경학자이다. 그
는 과학적 연구와 집필을 통해 상당한 명성을 얻었다. 코네티컷 지역의 광물 특성을
연구하여 1762년에 《발명에 관한 논평, 또는 최상은 아니더라도 흑해의 토양으로부
터 좋은 철을 만드는 기술》(Essay on the Invention, or Art of Making Very Good, If
not the Best Iron, from Black Sea Soil)을 출간하여, 왕립학회의 인정을 받았다. 또한
코네티컷의 농작물 재배에 관해 연구했으며 특별한 실험을 위해 자신의 소유지를 이
용해 농경학 분야에서 주요한 과학적 업적을 남겼다.

엘베시우스(Claude Adrien Helvétius, 1715~1771). 프랑스의 철학자이다. 백과사전파의
한 사람으로 인간의 정신 활동은 신체적 감성에 따른다고 보았으며 교회의 권위,
절대왕정에 반대하였다. 저서로는 《정신에 관하여》가 있다.

엠페도클레스(Empedocles, 서기전 490경~430경). 고대 그리스의 철학자이다. 시칠리아
섬 태생으로 다재다능한 기인으로 알려졌다. 두 편의 시 〈정화〉(Purifications)와
〈자연에 대하여〉(On Nature)를 저술했는데, 전자에서는 영혼의 윤회, 후자에서는
우주의 구조를 논했다. 후자에 의하면 만물의 근본은 불·물·흙·공기로 구성되
며, 이 불생, 불멸, 불변의 4원소가 사랑과 투쟁의 힘에 의해 결합·분리되고 만물
이 생멸한다는 것이다. 세계는 사랑이 지배하는 시기, 투쟁의 힘이 증대하는 시기,
투쟁이 지배하는 시기, 사랑의 힘이 증대하는 시기의 4기가 끊임없이 반복된다고
주장했다. 자신을 신격화하기 위해 에트나 화산 분화구에 투신했다는 유명한 전설

이 있다.

영 (Arthur Young, 1741~1820). 영국의 농학자이다. 자신은 농장 경영에 실패했으나 각
지를 여행하며 여행기를 집필하는 한편 농업 개량을 추진하여 1793년에는 농업국장
이 되었으며 잉글랜드 각 주의 농업 사정에 관한 조사 보고서 작성의 중심 인물이
되었다. 그의 농업개량론은 윤작농법을 채택하여 생산성을 높였던 노퍽 주의 농법
에 기초한 것으로 이 농법 보급을 위해 노력했다. 인클로저와 이것에 바탕을 둔 대
농(大農) 경영의 열성적인 주창자였다.

오네쿠르 (Villard de Honnecourt, ?~?). 13세기 프랑스에 살았고 프랑스 북부 피카르
디(오늘날의 아미앵)의 순회 건축 청부업자였다. 그가 유명해진 것은 1230년대 무
렵에 그린 약 250개의 그림이 담긴 33장의 그림책 《건축도집》(Livre de Portraiture)
이 오늘날에 전해졌기 때문이다. 이 책은 일종의 교본으로 조각과 건축 계획에 적합
한 종교적 인물이나 세속적 인물, 양각과 세부 묘사, 교회 관련 사물과 기계장치
등을 담았으며 막대한 주석이 함께 달려 있다. 동물이나 인간의 형상과 같은 다른
주제들도 등장한다.

오로시우스 (Orosius, 385경~420). 414~417년에 활동한 초기 기독교 정통신앙의 옹호
자, 신학자이다. 기독교도로서 세계사를 최초로 쓴 인물이다. 414년경 히포에 가서
성 아우구스티누스를 만났고, 그곳에서 초기 저서인 《아우구스티누스에게 프리스
킬리아누스주의자들과 오리게네스주의자들의 오류에 관해서 일깨워준 사람》
(Commonitorium ad Augustinum de Errore Priscillianistarum et Origenistarum)을 썼
다. 415년 성 아우구스티누스에 의해 팔레스타인으로 파송을 받아 그곳에서 직접
펠라기우스주의와 대결했다. 그해 7월 예루살렘의 주교 요한네스가 소집한 교회 회
의에서 펠라기우스를 이단으로 고소한 것이 성공을 거두지 못하자 《펠라기우스주의
반박서》(Liber Apologeticus Contra Pelagianos)를 썼다. 416년 초에 성 아우구스티누
스에게 돌아와 그의 부탁을 받고 역사의 관점에서 기독교를 옹호한 《이교도대항사
7권》(Historiarum Adversus Paganos Libri VII)을 썼다. 여기서 그는 기독교가 등장하
기 전에 인류에게 닥친 재난을 논하면서 로마제국이 기독교로 개종했기 때문에 재난
을 당한다는 주장을 반박했다.

오를레앙 (Gaston d'Orléans, 1608~1660). 프랑스의 왕족. 앙리 4세(1589~1610 재위)의
셋째 아들로 1611년까지는 루이 13세의 살아남은 유일한 형제였다. 형인 국왕 루이
13세(1610~1643 재위)와 조카 루이 14세(1643~1715 재위)의 통치 동안 내각 정부
를 무너뜨리기 위해 여러 차례의 음모와 반란을 지지했으나 모두 실패했다.

오리게네스 (Origen, 185경~254경). 알렉산드리아 학파의 대표적 신학자이다. 성서, 체
계적 신학, 그리스도의 변증적 저술 등에 관한 저서를 많이 남겼다. 기독교 최초의
체계적 사색가로서 이후의 신학사상 발전에 공헌했다. 데키우스 황제의 박해를 받
아 254년경 티루스에서 순교한 것으로 알려져 있다. 저서가 매우 많아 성 히에로니

무스는 2천 권에 이른다고 한다. 성서와 관련된 것, 체계적 신학에 관한 것, 기독교를 변증하는 저술로 구분할 수 있다(이 책의 2부 5장 2절을 참고하라).

오버베리 경(Sir Thomas Overbury, 1581~1613). 영국의 시인이자 수필가이다. 영국 역사에서 가장 선정적 범죄의 희생자이기도 하다. 그는 옥스퍼드 대학교 동문인 카(Robert Carr)의 절친이자 비서였다. 그러나 카가 에식스(Essex) 백작과 이혼한 프랜시스 하워드(Frances Howard)와 결혼하려 하자 극렬히 반대하면서 크게 싸웠다. 오버베리의 적대감은 하워드 가문이 영국 왕 제임스 1세로 하여금 그를 감옥에 가두도록 압력을 넣을 만큼 대단했다. 결국 감옥에 갇힌 그는 서서히 중독되어 죽었다. 카와 프랜시스 하워드는 살인죄로 유죄를 선고받았으나 왕의 명령으로 사면되었다.

오베르뉴의 윌리엄(William of Auvergne, 1190경~1249). 파리에서 수학 후 인문학부, 신학부 교수로 활동했다. 파리 대학교의 스콜라주의 철학자였던 그는 파리의 주교가 되어 1228년부터 1249년까지 재직했다. 또한 체계적인 아리스토텔레스주의자였던 그는 13세기에 특히 성 아우구스티누스의 기독교 사상과 아리스토텔레스의 사상을 융화시킨 최초의 신학자다.

오비디우스(Ovid, 서기전 43~17경). 로마의 시인으로 중세 유럽에 많은 영향을 미쳤다. 대표작은 《변신 이야기》이다.

오컴의 윌리엄(William of Ockham, 1300경~1349). 영국의 스콜라철학자이다. 이단이라는 혐의를 받았고 몇 가지 명제는 유죄 선고를 받았다. 교황 요하네스 22세와도 알력이 있었다. 그의 입장은 유명론(唯名論)이며 중세의 사변신학 붕괴기에 근세 경험론적 사상의 시작이었다. 그에 따르면 인식의 원천은 개체에 관한 직관표상으로, 개체만이 실재일 뿐 보편자는 실재가 아닐뿐더러 개체에 내재하는 실재물도 아니다. 보편자는 정신의 구성물이며 정신 속에서의 개념으로써 또는 말로만 존재하고, 정신 속에서의 보편자 존재는 정신에 의하여 사고되는 것으로의 존재다. 보편자가 다수의 개별자에 관하여 술어가 되는 것은 보편자가 다수의 기호로써 이들을 대표하는 것에 따른 것이라 주장했고 이는 근세의 영국 경험론자들이 이어받는다.

와델(Helen Waddell, 1889~1965). 중세 라틴어 풍자시의 음유시인의 세계를 1927년 저서인 《방랑하는 학자들》(*The Wandering Scholars*)을 통해 독자들에게 드러낸 것으로 가장 잘 알려졌다. 또한 그들의 시를 번역해 1929년에 《중세 라틴 서정시》(*Medieval Latin Lyrics*)라는 책을 출판했다. 1933년 작 《피터 아벨라르》(*Peter Aberard*)는 중세 세계에 초점을 맞춘 것이며 당대에 상당한 인기를 누렸다.

요르다네스(Jordanes, ?~?). 6세기에 활동한 역사가이다. 그의 저서는 게르만 부족에 대한 귀중한 자료로 잘 알려져 있다. 그는 비록 학자는 아니었지만 라틴어로 역사를 저술하는 데 전념하여 551년 최초의 저서인 《게타이족의 기원과 관습》〔*De origine Actibusque Getarum*, 오늘날에는 《게티카》(*Getica*)로 알려짐〕을 완성했다. 제목으로 봐서 요르다네스는 고트족을 그와는 완전히 다른 종족인 게타이족으로 잘못 안 것

같다. 이 책은 6세기의 작가 마그누스 아우렐리우스 카시오도루스가 쓴 12권의 고
트족 역사서를 한 권으로 요약한 것이다. 그는 그리스와 로마의 책에서 일부를 인용
했다고 적었지만 그 처음과 끝부분은 전적으로 자신의 글이라고 밝혔다. 비록 원형
이 남아 있지는 않지만 《게티카》는 스칸디나비아 거주 고트족 기원에 관한 전설과,
4세기 동(東) 고트족 왕 에르마나리크의 우크라이나제국 시기에 있었던 고트족의 이
주와 전쟁에 관한 연구를 담았다. 이 책은 훈족에 관해 귀중한 가치를 지닌 자료다.

요세푸스 (Josephus, 37경~100경). 유대 역사가이다. 75년부터 79년 사이에 쓴 《유대전
쟁사》(*Bellum Judaicum*, 7권) 는 서기전 2세기 중반 이후의 유대 역사를 기술하고 66
~70년의 유대 반란을 자세히 기록했다. 93년에 완성된 《유대고대사》(*Antiquitates
Judaicae*, 20권) 는 유대 역사를 창조 이후부터 반란 전까지 기술한 책으로 성서의 이
야기들을 각색해 실었고 유대교의 율법, 제도의 합리성을 강조했다.

우드워드 (John Woodward, 1665~1728). 영국의 박물학자이자 지질학자이다.

우르바누스 4세 (Urban IV, ?~1264). 제 182대 교황이다. 프리드리히 2세의 서자인 만프
레드와 황제를 지지하는 기벨린당에 맞서 교황권 강화를 위해 노력했다. 시칠리아
왕 문제를 둘러싼 암살 음모를 피해 페루자로 피신했다. 그 후에도 시칠리아와의
갈등을 해소하지 못하고 1264년 10월 2일에 세상을 떠났다. 1264년에 교황은 죽기
얼마 전에 칙서를 발표하여 '성체성혈대축일'을 준수할 것을 교회에 명령했다. 이는
잘 지켜지지 않다가 교황 클레멘스 5세(Clemens V) 이후에 정착되었다.

울러스턴 (William Wollaston, 1659~1724). 영국의 철학자이다.

워튼 (William Wotton, 1666~1727). 영국의 학자이다. 고대인과 근대인 간의 우월성 논
쟁에서 대표적 근대인 옹호자다("용어해설" 서명편의 《책들의 전쟁》을 참고하라).

월리스 (Robert Wallace, 1697~1771). 스코틀랜드 계몽 시대의 흥미로운 인물이다. 에든
버러 대학교에서 문학, 철학, 수학 등을 공부했으며 고대사에 관한 방대한 연구를
통해 인구의 역사를 밝히고자 했다.

웨스트 (James West, 1703~1772). 영국의 정치가로 1768~1772년 왕립학회 회장을 역
임했다. 1726년 왕립학회 회원이 되었고 1741년에는 국회의원으로 선출되었으며
1736년에서 1768년까지 왕립학회 재무담당자였으며, 1772년 죽을 때까지 회장을
맡았다.

웹스터 (Noah Webster, 1758~1843). 미국의 변호사, 고등학교 교사, 출판가였으며, 웹
스터 사전을 처음 만들었다. 그는 1783년 《미국어 철자교본》을 출판한 이래 오늘날
'웹스터 사전'이라고 불리는 《아메리칸 영어사전》(*An American Dictionary of the
English Language*) 을 출판했으며, 그 외에 여러 신문과 잡지를 출판했다.

윌리엄슨 (Hugh Williamson, 1735~1819). 미국의 정치가이다. 미국 제헌의회에서 북캐
롤라이나의 대표였다. 그는 미국 여러 곳에 살면서 국가주의적 사고를 가졌고 식물
학자이며 상인으로서 재능을 키웠다. 그는 미국 혁명 동안 물리학자이며 자연과학

자로서의 재능을 발휘하여 전쟁 승리에 많은 기여를 했다. 그는 자신의 경험에서 강력한 중앙정부만이 새로운 국가의 정치적·경제적·지적 미래를 보장하고 번영시킬 수 있다고 확신했다.

윌킨스(John Wilkins, 1614~1672). 영국의 성직자이며 옥스퍼드 대학교과 케임브리지 대학교 총장을 동시에 겸임한 유일한 사람이기도 하다. 영국 학술원(Royal Society)의 초대 회장이었으며 1668년부터 죽을 때까지 체스터의 주교로 일했다.

유스티누스(Marcus Justinus, ?~?). 로마제국 시대에 살았던 라틴권 역사가이다. 개인사에 대해 알려진 바는 거의 없는데, 폼페이우스 트로구스가 아우구스투스 시대에 쓴 두꺼운 책으로부터 중요하고 흥미로운 구절을 모아서 모음집을 편찬했으며 그 책 서문에서 자신을 그 모음집의 작가로 소개한 것이 전부다.

은자 바울(hermit Paul, 230경~342). 이집트 테베 태생인 그는 15세에 양친을 잃고 데치우스 황제의 기독교 박해를 피해 이리저리 숨어 다니던 중 자신을 고발하려는 매제의 음모를 알고 사막으로 피신했다. 그는 여기서 은수자로 살기로 결심하고 자신에게 알맞은 은수 생활을 고안했다. 43세까지 바위 옆에 있는 한 그루의 무화과나무 열매만을 먹으며 살았고 그 후에는 엘리야 선지자와 같이 신비하게도 매일 까마귀 한 마리가 물어다주는 반 조각의 빵으로 일생을 보냈다. 기록에 의하면 그가 죽기 바로 직전 90세가량의 고령인 성 안토니우스가 그를 방문했고 그가 운명했을 때 장사를 지냈다고 한다. 또한 그의 전기를 작성한 성 예로니모에 따르면 은자 바울이 하늘로 올라간 것은 343년으로 그의 나이 113세였으며 광야에서 은수 생활을 한 지 90년에 이른 때였다.

이레나이우스(Irenaeus, 2~3세기경). 서머나의 감독이자 속사도 중의 한 사람인 폴리갑에게서 배웠다. 젊은 시절 리옹(Lyons)으로 이주해서 그곳 최초로 장로가 되었고 177년에 순교한 자신의 선임자가 가진 감독직을 계승했다. 3순교자 저스틴(Justin the Martyr)의 영향을 받은 그는 초기 동방 신학과 테르툴리아누스로부터 시작된 서방 라틴 신학의 중개 역할을 했다. 저스틴이 변증가였던 반면 이레나이우스는 이단을 반박하고 사도적 기독교를 설명했다. 그의 저서로는 영지주의(*gnosticism*)를 반박한 《영지라는 그릇된 지식에 대한 반박과 성토》(*Refutation and Overthrow of Knowledge Falsely So-called*)로 일반적으로 《이단 논박》(*Against Heresie*)으로 알려져 있다.

이블린(John Evelyn, 1620~1706). 영국의 문인, 식물학자이다. 영국의 부유한 지주 집안에서 태어나 옥스퍼드 베일리얼 칼리지에서 공부했다. 그는 1643년 외국에 나가서 프랑스, 로마, 베네치아 등을 유람하고 1652년에 귀국하여 장인의 대농장을 물려받았다. 왕당파에 관한 소책자뿐만 아니라 예술과 임학 및 종교적 주제에 관하여 30여 권의 책을 썼다. 그가 평생 동안 쓴 《일기》(*Diary*)는 17세기 당시 영국의 사회, 문화, 종교, 정치를 알 수 있는 귀중한 정보로 평가된다. 왕립학회의 발기인 역할을 했으며 후에 총무, 회장직을 맡기도 했다.

이소크라테스(Isocrates, 서기전 436~338). 고대 그리스의 변론가이다. 웅변학원을 창설하고 수사학을 가르쳐 많은 웅변가를 길렀으며 그리스의 통일과 페르시아 원정을 주장했다.

이아수스의 케릴로스(Choerilus of Iassus, ?~?). 서기전 4세기 카리아의 이아수스에서 살았던 음유시인이다. 알렉산드로스의 원정대와 같이했다.

인디코플레우스테스(Cosmas Indicopleustes, ?~?). 그리스 수도사이다. 이름의 뜻은 '인도로 항해했던 자'다. 유스티니아누스 황제의 치세에 인도로 몇 번 항해했던 6세기의 여행가다. 6세기 초 홍해와 인도양에서 상인으로 활동한 개인적 경험에 근거한 《기독교의 지리》(*Christian Topography*)를 썼다.

잉글랜드의 바르톨로메우스(Bartholomaeus Anglicus, 영문명 Bartholomew of England, 13세기) 13세기 파리의 스콜라주의 철학자로 프란체스코 수도회 소속 수도사였다. 1240년 백과사전의 선구자격인 《사물의 속성에 대하여》(*On the Properties of Things*)를 저술했다.

잔키우스(Jerome Zanchius, 1616~1690). 이탈리아의 종교개혁가, 교육자이다.

제논(Zenon, 서기전 335경~263경). 고대 그리스의 철학자이다. 키프로스섬 키티온 태생으로 스토아학파의 창시자이다. 30세경에 아테네로 가서 각 학파의 여러 스승에게 배운 뒤에 독자적 학파를 열어 아고라에 있는 '채색주랑'(彩色柱廊)이라는 공회당에서 철학을 강의했다. 이 때문에 스토아학파(주랑의 사람들이라는 의미)라는 이름이 생겼다. 그의 철학은 절욕과 견인을 가르치는 것이었으며, 사람이 자기 힘으로 살면서 다른 누구에게도 어떤 일에도 빼앗기지 않는 행복을 얻는 힘을 부여하는 것이었으며 '자연과 일치된 삶'이 그 목표였다.

제퍼슨(Thomas Jefferson, 1743~1826). 미국의 정치가로 미국 독립선언문을 기초했으며, 제3대 미국 대통령을 역임했다. 1767년에는 변호사가 되었으며 1776년 독립선언문 기초위원으로 선발되어 능력을 인정받아 거의 모든 작업을 맡아 미국의 독립과 민주주의의 이상을 반영하고자 했다. 1779년 버지니아 주지사를 지낸 후 은퇴했지만 1782년 복귀하여 1784~1789년 동안 프랑스 공사를 지냈고, 1796년 선거에서 부통령, 1800년 대통령으로 선출되었다.

조지(Henry George, 1839~1897). 미국의 경제학자이자 토지제도 개혁론자이다. 필라델피아에서 태생하여 선원으로 각지를 여행한 후 1857년 캘리포니아에서 인쇄공 및 출판업에 종사했다. 경제 발전에 따른 지대의 증가와 빈부격차의 확대에 관심을 가지고, 1879년 《진보와 빈곤》(*Progress and Poverty*)을 서술했다. 이 책에서 그는 지대를 국가가 모두 조세로 징수하고, 노동과 자본에 대한 그 밖의 모든 조세를 철폐해야 한다는 토지 단일과세를 주장했다. 또한 1882년부터 2년간 영국을 방문하여 당시 영국의 사회주의 운동, 특히 페이비언협회 설립에 영향을 미쳤다.

존스턴 (John Jonston, 1603~1675). 폴란드의 학자이자 의사이다.

쥐스밀히 (Johann Peter Süssmilch, 1707~1767). 독일의 통계학자이다. 《신의 질서》라는 저서에서 사회 현상에 일정한 통계적 법칙이 존재함을 실증하고자 해 최초로 '정치 산술'(政治算術)을 체계적으로 논술한 학자로 평가된다. 특히 그는 인구 문제가 정치학의 가장 중요한 대상이라 생각된 18세기 학문을 집대성하고자 했다.

질송 (Étienne Gilson, 1884~1978). 프랑스의 철학자이자 철학사가이다. 소르본 대학에서 데카르트에 대한 연구로 박사학위를 받았다. 이후 중세 사상, 특히 토마스 아퀴나스의 철학과 신학을 연구했다. 질송의 학술적 기여는 20세기 초까지 팽배했던 중세에 대한 통념, 즉 중세 시대의 사상은 철학이 아닌 신학이었다는 통념에 대응하여 중세 기독교 철학이 역사적으로 실제했음을 증명하려 했다는 점이다.

짐펠 (Jean Gimpel, 1918~1996). 문화사가이자 중세 기술사가이다. 중세의 과학 문화에 대한 책을 여러 권 저술했으며 그중에서 《성당 건축가들》(The Cathedral Builders)과 《중세의 기계: 중세의 산업혁명》(The Mediaeval Machine: The Industrial Revolution of the Middle Ages)이 유명하다.

집사 바울 (Paul the Deacon, 라틴어명 Paulus Diaconus, 720경~799). 베네딕트 수도회의 수도사이자 롬바르드족 역사가이다. 롬바르드의 귀족 가문 태생으로 훌륭한 교육을 받았으며 롬바르드 왕의 궁정에서 집사로 봉사했다. 샤를마뉴 대제의 정복 뒤에는 뛰어난 문필 재능을 인정받아 카롤링 르네상스를 주도했다. 저서로는 《롬바르드족의 역사》가 있다.

체임버스 (Robert Chambers, 1802~1871). 스코틀랜드 출신의 저술가이자 출판인이다. 형인 윌리엄과 함께 당시에 영향력 있었던 《체임버스 백과사전》(Chambers's Encyclopaedia)을 출간했으며 《창조, 자연사의 흔적》(Vestiges of the Natural History of Creation)을 익명으로 출간했다.

초서 (Geoffrey Chaucer, 1342~1400). 중세의 영국 시인이다. 영국 최고의 시인이자 근대 영시의 창시자로 '영시의 아버지'라 불린다. 〈트로일루스와 크리세이드〉, 〈선녀전설〉을 거쳐 중세 이야기 문학의 집대성이라고도 할 대작 〈캔터베리 이야기〉(1393~1400)로 중세 유럽 문학의 기념비를 창조했다.

카르네아데스 (Carneades, 서기전 214경~129). 그리스의 회의학파 철학자이다. 스토아주의를 연구하고 그 철학을 논박해 진위의 기준이 존재하지 않기 때문에 여하한 인식도 불가능하다 주장했다. 한편으로는 개연적 지식을 인정하고 그 3단계를 논한 후 그에 바탕을 둔 도덕학을 전개했다.

카르다누스 (Hieroymus Cardanus, 1501~1576). 르네상스 시대의 철학자이자 수학자이자 의학자이다. 제로니모 카르다노(Geronimo Cardano)라고도 불린다.

카를 5세 (Charles V, 1500~1558). 신성로마제국의 황제, 에스파냐 왕 카를로스 1세, 오스트리아의 대공이다. 그가 계승한 에스파냐와 신성로마제국은 유럽 대륙 안에서 동서로는 에스파냐에서 오스트리아, 남북으로는 네덜란드에서 나폴리 왕국까지 걸쳐 있었고, 해외로는 에스파냐령 아메리카에 이르렀다.

카시오도루스(Cassiodorus, 490경~585경). 남이탈리아의 명문가 출신으로 라벤나가 수도였던 동고트의 왕 테오도리쿠스를 섬겨 514년 콘술, 533년 친위대 장관이 되었으며, 550년 이후 수도원을 세우고 저술에 전념했다. 수도사들에게도 그리스 고전의 필사와 라틴어역을 시켜 중세 수도원 연구 생활의 기틀을 이뤘다. 저서로《연대기》,《잡록》(雜錄),《고트사(史)》가 있으며, 그 외에 일종의 백과사전 등이 있다.

카울리(Abraham Cowley, 1618~1667). 17세기를 대표하는 영국의 시인이다.

카이사르(Gaius Julius Caesar, 서기전 100~44). 로마 공화정 말기의 정치가이자 장군이다. 영어로는 시저라고 부른다. 폼페이우스, 크라수스와 함께 3두 동맹을 맺고 집정관이 되어 민중의 큰 인기를 얻었으며 지방장관으로 갈리아 전쟁을 수행했다. 1인 지배자가 되어 각종 사회 정책, 역서의 개정 등의 개혁사업을 추진했으나 브루투스 등에게 암살되었다.

카토(Marcus Porcius Cato, 서기전 234~149). 고대 로마의 정치가이자 장군이며 문인. 로마 최고의 역사서《기원론》(*Origines*)과 농업 경영의 실제를 해설한《농업서》(*De Agricultura*)를 남겼다(카토의《농업서》에 대해서는 차전환, 1987, "서기전 2세기 전반 로마의 농장경영: 카토의 농업서를 중심으로", 〈역사학보〉, 116호를 참고하라).

카펠라누스(Andrew Capellanus, ?~?). 카펠라누스는 '성직자'라는 의미를 가진다. 12세기에 활동했으며《사랑에 대하여》(*Liber de Amore*)의 작가다. 생애에 대해 알려진 것은 거의 없다.

칸트(Immanuel Kant, 1724~1804). 독일의 철학자. 서유럽 근세 철학의 전통을 집대성하고 전통적 형이상학을 비판하며 비판철학을 탄생시켰다. 저서에《순수이성 비판》,《실천이성 비판》,《판단력 비판》등이 있다.

칼릭세노스(Callixenus, ?~?). 헬레니즘 시대 로도스 섬에 살았던 저술가이다.

칼키디우스(Chalcidius, 4세기 사람). 321년경 그리스어로 된 플라톤의《티마이오스》첫 부분을 라틴어로 번역하고 광범위한 주석을 달았다. 그 외에 알려진 것은 없다.

캄(Peter Kalm, 1715~1779). 스웨덴의 식물학자이다. 스웨덴 웁살라와 아보에서 교육을 받은 이후 러시아를 두루 여행했으며 정부 지원으로 북아메리카 식물학 및 자연사 연구를 했다. 1748년에는 미국 필라델피아에 도착하여 3년 동안 펜실베이니아, 뉴욕, 캐나다 등을 여행했으며, 그 이후 아보에 돌아와서 박물학 교수가 되었다. 후에 스톡홀름과학원의 회원으로 선임되었으며, 여러 과학적 저술들 가운데 주요 저서로 북아메리카의 토양과 자연을 설명한《북아메리카 여행》이 있다.

캄브렌시스(Giraldus Cambrensis, 1146경~1223경). 영국 웨일스 지방의 성직자, 역사가이다. 귀족 출신으로 브레크녹의 부주교(1175~1204), 헨리 2세 때에는 궁정사제(1184~1189) 등을 역임했다. 웨일스의 성 데이비드 시(市) 주교로 지명되었으나,

캔터베리에 대립하는 독립 교회가 나타나는 것을 두려워한 영국 교회의 완강한 반대로 실현되지 않았다. 주요 저서로는 1188년 작 《아일랜드의 지형》(*Topographia Hiberniae*), 1189년 작 《아일랜드 정복》(*Expugnatio Hibernica*) 등이 있다.

캉탱프레의 토마스(Thomas de Cantimpré, 1201~1272). 중세 로마 가톨릭의 저술가, 설교가, 신학자이다.

캔터베리의 안셀름(Anselm of Canterbury, 1033~1109). "이해를 추구하는 신앙"(*fides quaerens intellectum*)으로 대표되는 '스콜라철학의 아버지'라 불린다. 그는 계시와 이성이 조화를 이룰 수 있음을 강조하며 아리스토텔레스파의 변증법에서 이용하는 이성주의를 신학에 성공적으로 도입시킨 첫 번째 인물로 꼽힌다.

캠퍼(Engelbert Kaempfer, 1652~1716). 독일의 여행가, 박물학자이다. 1690년부터 1692년까지 2년 동안 일본에서 연구 활동을 했으며 이후에 독일로 돌아와 《일본사》를 저술했다. 원고는 사후 1727년 영국에서 간행되었다.

커드워스(Ralph Cudworth, 1617~1688). 영국의 철학자로 케임브리지 플라톤주의자의 리더였다.

케리(Henry C. Carey, 1793~1879). 미국의 경제학자이자 사회학자이다. 영국의 고전적 정치경제학에 대한 비판적이었으며 자유방임적 경제 정책을 반대하고 무역장벽을 주창했으며 흔히 미국 경제학파의 창시자로 불린다. 《임금률에 관한 에세이》(*Essay on the Rate of Wages*, 1835), 《정치경제학 원리》(*Principles of Political Economy*, 1837~1840), 《사회과학 원리》(*Principles of Social Science*, 1858~1860), 《법의 조화》(*The Unity of Law*, 1872) 등을 저술했다.

케일(John Keill, 1671~1721). 영국 스코틀랜드의 수학자로 뉴턴 철학을 설파했다.

케임즈 경(Lord Kames). 홈(Herny Home)을 참조하라.

케플러(Johannes Kepler, 1571~1630). 독일의 천문학자. 《신 천문학》에서 행성의 운동에 관한 제1법칙인 '타원궤도의 법칙'과 제2법칙인 '면적속도 일정의 법칙'을 발표하여 코페르니쿠스의 지동설을 수정·발전시켰다. 그 뒤 《우주의 조화》에서 행성운동의 제3법칙을 발표했다.

켈수스(Aulus Cornelius Celsus, 서기전 30경~서기 45경). 로마 시대의 의학저술가이다. 《백과사전》을 저술했는데, 그중에 《의학에 관하여》(*De Medicina*)만이 남아 있다. 히포크라테스 의서와 병칭되며 특히 거의 망실된 알렉산드리아 의서의 모습을 전한 것으로 귀중하다. 중세에는 무시당했으나 르네상스 이후 재평가되어 1478년에 피렌체 판이 간행되었다.

코페르니쿠스(Nicolaus Copernicus, 1473~1543). 폴란드의 천문학자. 지동설을 착안하고 확신한 시기는 명확하지 않으나 그의 저서 《천체의 회전에 관하여》(전 4권)는 1525~1530년 사이에 집필된 것으로 추측된다. 그러나 그가 생각한 태양계의 모습은 현재 우리가 생각하는 태양계와는 다르다.

콘스탄티누스 대제 (Constantine, 280경~337). 로마의 황제. "밀라노 칙령"을 공포하여 기독교를 공인하고 니케아 종교회의를 열어 정통 교리를 정했다. 수도를 비잔티움으로 옮겨 콘스탄티노플이라 개명했다.

콜루멜라 (Lucius Junius Moderatus Columella, 4~70경). 로마 시대의 저술가. 농사와 소박한 삶에 대한 흥미를 불러일으키기 위해 농업과 그에 관련된 주제에 대한 저술을 많이 남겼다. 《농사론》(De Re Rustica, 12권)은 고대 농업을 이해하는 중요한 전거가 되었다. 1~2권은 일반 농경, 3~5권은 과수, 6~7권은 목축, 8권은 가금과 양어, 9권은 양봉, 10권은 정원 만들기에 관한 것이며 마지막 2권은 농사의 감독이나 경영, 양조법 등에 관한 내용이다(차전환, 1994, "로마제정 초기 이탈리아의 농장 경영: 콜루멜라의 농업서를 중심으로", 〈충남사학〉, 제6호를 참고하라).

콜베르 (Jean-Baptiste Colbet, 1619~1683). 프랑스의 정치가이다. 중상주의 정책을 추진하여 프랑스의 국부를 증대시키는 데 기여했다.

콩도르세 (Marquis de Condorcet, 1743~1794). 프랑스의 수학자, 철학자, 정치가이다.

쿠르티우스 (Ernst Robert Curtius, 1886~1956). 독일의 문예평론가이다. 로망스어 문학의 권위자로서 마르부르크 대학교, 하이델베르크 대학교 교수를 거쳐 1929년부터 본 대학교의 교수가 되었으며 《새로운 프랑스의 문학 개척자》 등의 논문으로 프랑스 정신에 대한 이해의 깊이를 보였다. 1930년부터는 주로 중세 문학을 연구했다. 《유럽 문학과 라틴적 중세》(Europäische Literatur und lateinisches Mittelalter, 1948)에서는 고대부터 중세를 거쳐 근대에 이르는 유럽의 문학적 전통을 추적했다.

쿠르티우스 (Quintus Curtius Rufus, 50년경). 로마제국의 클라우디우스 황제 시기에 활동한 역사가이다. 대표작은 라틴어로 쓰인 10권짜리 알렉산드로스의 전기문인데 8권만이 불완전한 상태로 남아 있다.

쿡 (James Cook, 1728~1779). 영국의 탐험가, 항해가이다. 요크셔의 빈농에서 태어나 1755년에 수병으로 해군에 입대했으나 이윽고 1768년에 태평양 탐험대 대장으로 임명되었다. 그는 오스트레일리아의 동부 해안을 최초로 탐사한 유럽인이 되었으며, 하와이 섬을 최초로 발견하고 캐나다 뉴펀들랜드 지방의 복잡한 해안선을 최초로 지도화하기도 했다. 그는 많은 지역을 탐험하고 명명(대보초(the Great Barrier Reef) 등)했을 뿐만 아니라 지도상에 표기하고 기록하는 데 큰 공헌을 했다. 2차 태평양 항해(1772~1775) 때는 미지의 남쪽 대륙(테라 아우스트랄리스 인코그니타(Terra Australis Incognita))을 확인하기 위해 뉴질랜드를 한 바퀴 돌아 가상 대륙의 일부가 아님을 입증했다. 1779년 하와이에서 원주민이 던진 창에 맞아 죽었다.

퀴몽 (Franz-Valery-Marie Cumont, 1868~1947). 벨기에 태생의 역사가, 고고학자, 서지학자이다. 로마제국에 대해 동방의 신비주의 종교(특히 미스라이즘(Mithraism))가 미친 영향에 대한 연구로 유명하다. 《미스라 신비주의와 관련한 문서와 유적들》(Texts and Illustrated Monuments Relating to the Mysteries of Mithra, 1894~1900)이

라는 저서로 국제적 명성을 얻었다. 이후에 《로마 이교 속의 동방종교》(*Les Religions Orientales dans le Paganisme Romain*, 1906), 《그리스와 로마의 점성술과 종교》(*Astrology and Religion among the Greeks and Romans*) 등의 저서를 출간했다.

크레브쾨르 (St. Jean De Crevecoeur, 1735~1813). 프랑스 태생으로 미국에 이주해 살면서 식민지 정착민들이 유럽인이 아닌 미국인으로서 사고하면서 정체성을 갖도록 도왔다. "미국이란 도대체 누구인가?"라는 질문으로 시작하는 저서인 《미국 농부의 편지》(*Letters from an American Farmer*, 1782)는 미국이 평화, 부, 자부심 등의 기회를 제공한다는 인상적 개념을 유럽인에게 전했다. 그는 미국인이나 농부는 아니었지만 식민지 이주민들의 근면성, 인내심, 점진적 번영 등을 12편의 편지에서 사려 깊고 열정적으로 칭찬했다. 이 편지는 미국을 억압적 사회관습과 편견이 없는 농업의 천국으로 묘사했으며, 이러한 관점은 이후 토머스 제퍼슨과 랠프 월도 에머슨을 비롯한 수많은 작가들에게 영감을 주었다.

크롬비 (Alistair Cameron Crombie, 1915~1996). 오스트레일리아의 과학사가이다.

크뢰버 (Alfred Louis Kroeber, 1876~1960). 미국의 문화 인류학자이다. 초유기체론을 제창했으며 중남미 고고학을 개척하고 언어학 분야에도 많은 업적을 남겼다. 특히 문화지리학자인 사우어 (C. O. Sauer)에게 많은 영향을 주었다.

크리소스토무스 (St. John Chrysostom, 347~407). '황금의 입을 가진' 성자로 불린다. 정치가와 법률가로서 명성을 쌓던 중 23세에 세례를 받고 세상의 지위를 과감히 버린 후 27세부터 산에 들어가 독거하며 수도를 하다가 39세에 수도원에 들어가 사제 교육을 받았다. 그곳에서의 교육과 설교는 당시 기독교 사회에서 뛰어난 설교가로 이름을 내게 한 좋은 계기가 되었다. 교회 주변과 길거리에 즐비한 거지들을 외면한 채 호화스런 공중목욕탕, 화려한 궁궐과 교회 안에서 부와 화려한 옷, 좋은 음식을 즐기는 관행에 젖은 당시의 부도덕을 질타했다. 이로 인해 콘스탄티노플에서 추방되고 말았지만 폰투스에서 죽을 때까지 계속해 콘스탄티노플 교회에 편지를 썼다.

크리시포스 (Chrysippus of Soli 또는 Chrysippos, 서기전 280경~207경). 칼리키아(Chilicia)의 솔리(Soli) 태생의 스토아학파 철학자이다. 스토아학파의 수뇌였던 클레안테스의 저자였으며 이후 그 자리를 이었다. 스토아학파 제2의 창건자로 추앙받았는데 그리스-로마 시대 수 세기 동안 스토아학파가 가장 영향력 있는 철학 운동으로 자리잡는 데 큰 기여를 했다.

크세노크라테스 (Xenocrates, 서기전 396경~314경). 고대 그리스의 철학자이다. 플라톤 학설과 피타고라스 학설을 조화시키고자 했고 이데아와 수를 동일한 것으로 취급했으며 철학을 논리학·자연학·윤리학으로 구분했다.

크세노폰 (Xenophon, 서기전 430경~355경). 그리스의 군인이자 역사가이다. 소크라테스의 제자로 그의 작품은 일찍부터 아티케 산문의 모범으로 존중되었기 때문에 그의 전 작품이 남아 있다. 《소크라테스의 추억》(*Memorabilia*), 《오이코노미코스》(*Oe-*

conomicus), 《키루스의 교육》(*Cyropaedia*), 《아나바시스》(*Anabasis*) 등이 있다.

크세르크세스 1세(Xerxes, 서기전 519경~465) 페르시아제국 제4대 왕으로, 이집트·바빌로니아의 반란을 진압했고 운하와 선교를 만드는 등 그리스 원정을 준비했으나 실패했다.

크테시아스(Ctesias). 서기전 5세기경 그리스의 의사이자 역사가이다.

클레멘스(Clement, third Bishop of Rome, ?~110). 제4대 로마 교황이다. 성인으로 축일은 11월 23일, 별칭은 로마의 클레멘스로 가장 오래된 사도적 교부다. 베드로 사도로부터 직접 안수를 받았다고 한다. 베드로와 리노, 아나클레토에 이어 로마교회의 주교, 즉 교황이 되었으며, 도미티아누스 황제에 의해 불경죄로 문책되어 순교했다. 로마의 콜로세움 옆에는 성 클레멘스에게 봉헌된 성당이 있다. 클레멘스가 95년경에 쓴 전체 65장의 《클레멘스의 서신》(*Epistle of Clemens*)은 신약성서 다음으로 오래된 초대 교회의 문헌이자 최초의 교부문헌으로 인정받는다.

클로테르 2세(Clotaire II, 584~629). 메로빙 왕조 네우스크리아의 왕. 613년부터는 프랑크 왕국을 단독으로 통치했다. 614년 10월 파리 종교회의에서 성직자와의 관계를 규정한 광범위한 칙령을 발표하여 많은 인기를 누렸으며 오랜 소요 상태에서 야기된 문제들을 해결하기 위해 노력했다.

클리안테스(Cleanthes, 서기전 312~232). 고대 그리스 스토아 철학의 선구자이다.

키케로(Marcus Tullius Cicero, 서기전 106~43). 고대 로마의 문인, 철학자, 변론가, 정치가. 라티움의 아르피눔 태생으로 집정관이 되어 카틸리나의 음모를 타도하여 '국부'의 칭호를 받기도 했다. 그러나 카이사르와 반목하여 정계에서 쫓겨나 문필에 종사했으나 카이사르 암살 후 안토니우스를 탄핵했기 때문에 원한을 사 안토니우스의 부하에게 암살되었다. 수사학의 대가이자 고전 라틴 산문의 창조자인 동시에 완성자라고 불린다. 현존하는 작품으로는 《카틸리나 탄핵》(*In Catilinam*) 외 58편의 연설과 《국가론》(*De Republica*), 《법에 관하여》(*De Legibus*), 《투스쿨라나룸 담론》(*Tusculanae Quaestiones*), 《신들의 본성에 관하여》(*De Natura Deorum*), 《의무론》(*De Officiis*) 등의 철학서와 글들이 있다.

키프리안(Saint Cyprian, 200~258). 라틴어 이름은 타스키우스 카이킬리우스 키프리아누스(Thascius Caecilius Cyprianus)이다. 카르타고의 주교를 지냈으며 초기 기독교 학자로서 중요한 인물이다.

타운센드(Charles Townshend, 1675~1738). 영국 휘그당의 정치가이며 외교 정책을 이끄는 국무장관을 역임하기도 했다. 또한 농작물을 윤작할 때 순무를 심는 방법을 개발해 '순무 타운센드'라는 별명을 얻기도 했다.

타키투스(Publius Cornelius Tacitus, 56경~126경). 로마의 역사가, 웅변가, 정치가이다. 뛰어난 변론술로 공화정을 찬미하고 간결한 문체로 로마제국 초기의 역사를 서술했다. 저서로 《게르마니아》, 《역사》, 《연대기》 등이 있다.

타티아누스 (Tatian, ?~185경). 순교자 저스틴에게서 수학했다. 당시는 기독교와 그리스 철학이 경쟁하던 시기였으며 저스틴처럼 타티아누스도 로마에 기독교 학교를 개설한다. 로마에 얼마나 머물렀는지는 알려져 있지 않다. 저스틴의 순교 이후 행적이 불분명하나 아시리아에서 사망한 것으로 추정된다.

탄 (William Woodthorpe Tarn, 1869~1957). 영국의 역사가이다. 헬레니즘 시대의 연구 업적으로 유명하다. 《헬레니즘 문명》(*Hellenistic Civilization*, 1927), 《알렉산더 대왕》(*Alexander the Great I, II*, 1948) 외 다수의 저술이 있다.

탈레스 (Thales, 서기전 624경~546경). 그리스 최초의 철학자이다. 7현인의 제1인자이며 밀레토스학파의 시조이기도 하다. 만물의 근원을 추구한 철학의 창시자이며 그 근원을 물이라고 했다. 아마도 물이 고체·액체·기체 상태를 나타낸다는 것에서 추정한 듯하다(물활론).

탕피에 (Étienne Tempier, ?~1279). 오를레앙에서 태어나 파리에서 공부했다. 1268년부터 사망할 때까지 파리의 주교로 봉사했다(이 책 2부 16장을 참조하라).

터너 (Frederick Jackson Turner, 1861~1932). 20세기 초 활동했던 가장 영향력 있는 미국 역사가 중 하나이다. 《미국사에서 프런티어가 가지는 중요성》(*The Significance of the Frontier in American History*)으로 알려졌다. 미국의 정신과 성공은 서부로의 확장과 직결된다는 '프런티어(미개척지) 가설'을 펼쳤다. 독특하고 억센 미국인의 정체성은 정착 문명과 황무지의 야만성이 접합되면서 생겼으며 이는 새로운 종류의 시민을 탄생시켰다. 야생을 길들일 힘을 가진 시민과 야생에 의존하는 시민은 힘과 개인성을 의미한다.

테가트 (Frederick John Teggart, 1870~1946). 미국의 비교역사학자, 서지학자, 사회학자이다. 북아일랜드 벨파스트 태생으로 1925년부터 캘리포니아 버클리대학교에서 교수로 재직했다. 역사학과 사회학의 상호 교류에서 선구적 역할을 했다. 근대 초기 사회 변화를 분석했으며 고대와 근대 사회에 대한 이론적 분석을 옹호했다. 《역사의 과정》(*The Processes of History*, 1918), 《역사론》(*Theory of History*, 1925), 《로마와 중국: 역사적 사건들의 상호 관련에 대한 연구》(*Rome and China: A Study of Correlations in Historical Events*, 1939) 등의 저서가 있다.

테르툴리아누스 (Quintus Septimius Florens Tertullianus, 160경~220경). 카르타고 태생으로 수사학과 법률을 공부해 로마에서 활동했다. 197년경 기독교로 개종하여 그 이후의 생을 기독교 신앙을 위한 변증가로서 광범위한 저작 활동에 몰두했다. 라틴어로 저술하는 최초의 중요한 기독교인으로 오리게네스와 함께 2, 3세기의 가장 뛰어난 기독교 저술가로 이름을 알린 라틴 교부이다.

테오도레투스 (Theodoret, 393경~457). 시리아의 신학자·주교이다. 역사비평적 방법으로 성서와 신학을 해석한 안디옥 학파의 대표자다. 그의 저작은 5세기 기독론 논쟁을 중재했으며 기독교의 신학 어휘 발전에 기여했다. 처음에는 수사였다가 423년경

안디옥 부근 키루스의 주교가 된 뒤 그 지역 사람들을 거의 개종시켰으며 교리 문제를 가지고 기독교 분파와 논쟁을 벌였다. 그 과정에서 기독교 신앙에 대한 해설서와 변증서들을 여러 권 썼으며 그 가운데 하나인 《이교의 악들에 대한 치유책》(*Therapeutik*)은 작은 고전이 되었다.

테오도리쿠스(Theodoricus, 영문명 Theodoric, 456경~526). 이탈리아의 동고트왕(재위: 471~526)이다. 8세 때 콘스탄티노플에 인질로 보내져 비잔틴 궁정에서 자라는 동안 고전 문화와 게르만 정신의 결합을 배웠다. 469년 귀국하여 부왕 테오데미르와 협력하여 동로마제국으로부터 저(低) 모에시아 지방을 빼앗았다. 484년에는 동로마 황제 제논에 의해서 집정관으로 임명되어 이탈리아를 침공한 오도아케르를 베로나에서 쳐부수었다(489년). 493년까지 전(全) 이탈리아를 지배했고 라벤나를 수도로 했다. 그 후 다시 서로마제국의 영지에 정착하는 모든 게르만인을 지배하기 위하여 영역을 확대했다. 산업·문화를 보호하고 카시오도루스, 보이티우스 등 뛰어난 로마인을 요직에 등용해 선정을 베풀었으나 아리우스파의 신앙을 지지했기 때문에 로마인의 인심을 얻지는 못했다. 로마에 대해서는 친 로마 정책, 게르만 여러 부족의 왕에 대해서는 결혼 정책을 썼다. 그의 존재는 중세 영웅전에 자주 나타나며 《니벨룽겐의 노래》에서는 '베른의 디트리히'로 알려져 있다.

테오크리토스(Theokritos). 서기전 3세기 전반의 그리스의 대표적 목가시인이다. 시칠리아 섬 태생으로 에게 해의 코스 섬과 알렉산드리아에서 시재를 연마했으며 후에 시칠리아로 돌아왔다. 약 30편의 시가 전하는데 주로 서사시의 운율을 사용한 여러 가지 내용의 시이며 시칠리아 전원에서의 목동을 노래한 시가 대표작으로 꼽힌다. 그의 시는 친근감이 있고 서정성이 넘치며 로마의 시인 베르길리우스를 비롯하여 밀턴과 셸리 등 후세 시인에게 커다란 영향을 끼쳤다. 〈목가〉(*Idyll*) 외에도 달에게 실연을 호소하는 여인의 독백으로 된 〈여 마법사〉(*Pharmakeutria*)와 아도니스 축제에 가는 두 여인을 그린 〈아도니스 축제의 여인〉(*Adoniazousai*) 등도 유명하다.

테오프라스토스(Theophrastos 서기전 327경~288경). 그리스의 철학자이자 과학자이다. 레스보스 섬의 에레소스 태생으로 플라톤과 아리스토텔레스에게서 배웠으며, 아리스토텔레스가 개설한 리케이온 학원의 후계자가 되었다. 식물학의 창시자로 식물의 관찰은 대부분 리케이온의 정원에서 이루어졌는데, 그 지식은 그리스와 소아시아의 식물상에만 한정되지 않았다. 그 이유는 알렉산드로스의 부하들이 리케이온으로 내륙 아시아의 많은 식물을 가져왔기 때문이다.

템플 경(Sir William Temple, 1628~1699). 영국의 정치가이자 수필가이다. 고대인과 근대인의 우월성 논쟁에서 대표적인 고대인 옹호자이다("용어해설" 서명편의 《책들의 전쟁》을 참고하라).

토인비(Arnold J Toynbee, 1889~1975). 영국의 역사가이다. 필생의 역작인 《역사의 연구》에서 독자적 문명사관을 제시했다. 유기체적 문명의 주기적 생멸이 '역사'이며 또한 문명의 추진력이 고차 문명의 저차 문명에 대한 '도전'과 '대응'의 상호작용에 있다고 주장했다. 환경결정론에 대해서는 비판적 입장을 취했다.

토크빌(Alexis De Tocqueville, 1805~1859). 프랑스의 정치가이며 역사가이다. 1805년 파리의 귀족 가문에서 태생하여 보수적인 왕당파 가정에서 자랐음에도 불구하고 귀족 시대의 종결과 새로운 사회의 도래를 주장했다. 특히 1831년 미국을 여행한 후 《미국의 민주주의》(2권, 1835~1840)를 내놓아 세상을 놀라게 했다. 그는 이 책에서 근대 세계의 추세인 민주주의를 논했으며, 그가 제시한 근대 사회의 방향과 평등 개념은 당시 프랑스 사회에서 열렬한 환호를 받았다. 그 후 여러 차례 영국을 오가며 존 스튜어트 밀 등 자유주의자와 교류했고, 1848년 2월 혁명 직후 제헌의회 의원으로 선출되고 1849년부터 외무장관을 지냈으나 1851년 루이 나폴레옹의 쿠데타에 반대해 정계에서 은퇴했다. 마지막 대작으로 1856년 《앙시앵 레짐과 프랑스혁명》을 남긴 후 1859년 폐결핵으로 타계했다.

톰슨(James Westfall Thompson, 1869~1941). 미국 역사가이다. 중세 유럽과 근대 초기 유럽사, 특히 신성로마제국과 프랑스 역사를 전공했다. 중세 독일의 사회경제사 연구서인 《봉건 독일》(*Feudal Germany*)은 프레데릭 잭슨 터너의 그 유명한 프런티어 가설의 요소를 차용해 이를 중세 게르만 정착자들이 중부 유럽의 슬라브 민족을 식민화한 사건에 적용했다.

투른포르(Joseph Pitton de Tournefort, 1656~1708). 프랑스의 식물학자 · 내과의이다. 일찍부터 식물학에 관심을 가졌지만 아버지의 강요로 신학을 공부했다. 아버지 사후에는 생계를 위해 내과의를 하면서 식물학 연구를 계속했다. 1688년 파리 식물원 교수로 임명되어 평생 그 자리에 있었다. 피레네, 소아시아, 그리스의 과학 탐험에서 식물을 많이 수집했고 《식물학의 요소들》(*Eléments de Botanique*, 1694)로 널리 명성을 얻었다. 그는 식물계통학의 선구자로 그가 창안한 식물 분류 체계는 당시에 이루어졌던 중요한 진보들을 대표했고 그 일부는 현재까지도 사용된다.

투서(Thomas Tusser, 1524경~1580). 영국의 시인이자 농부이다.

투키디데스(Thukydides, 서기전 460경~400경). 그리스의 역사가이다. 아테네 태생으로 부유한 집안에서 태어나 펠로폰네소스 전쟁에서 활약했고 서기전 424년에는 장군이 되었다. 30년 가까운 펠로폰네소스 전쟁의 역사를 다룬 《펠로폰네소스 전쟁사》(*History of the Peloponnesian War*, 8권)를 저술했는데 엄밀한 사료 비판, 인간 심리에 대한 깊은 통찰 등으로 고전 · 고대의 역사 기술 중 뛰어난 역사서로 일컬어진다.

툴(Jethro Tull, 1674~1741). 산업혁명과 농업혁명 이전 시기 영국의 농학자이다. 17세에 옥스퍼드의 세인트 존 칼리지를 다녔지만 학위를 받았는지 여부는 불확실하다. 그 후에는 폐질환 치료를 위해 유럽을 여행하면서 농업에 관한 지식을 얻었고 초기 계몽주의 시대 농업에 대한 과학적 접근을 시도한 저명인사 가운데 한 사람이 되었다. 특히 그는 씨앗을 뿌릴 때 구멍을 내어 파종하는 방법을 고안하여 보급한 것으로 알려져 있다.

튀르고 (Anne Robert Jacques Turgot, 1727~1781). 프랑스의 정치가, 경제학자이다. 파리에서 태어나 파리 대학교 신학부에서 수학했으며 22세에 수도원장이 되었으나 볼테르의 책을 읽고 신앙생활에 회의를 가지고 관리 사회에 뛰어들었다. 1774년 루이 16세의 재정총감이 되어 곡물 통제의 철폐, 부역과 국내 관세의 폐지, 특권 계급의 면세 폐지 등을 추진했으나 봉건귀족과 고등법원의 저항으로 끝을 맺지 못했다. 중농주의자인 케네와 가까이 지냈다.

트라페준티우스 (Georgios Trapezuntius, 영문명 George of Trebizond, 1396~1486). 비잔틴 인문주의자, 그리스어 학자, 아리스토텔레스 사상의 논객이다. 그리스어 고전을 라틴어로 번역함으로써 이탈리아 인문주의와 문예부흥에 이바지했다.

트레멜리우스 (Gnaeus Tremellius Scrofa, ?~?). 로마 아우구스투스 시대의 농학자이자 저술가이다. 저작이 남아 있진 않지만 콜루멜라의 《농사론》과 바로의 저작에 인용되면서 등장한다.

트로구스 (Pompeius Trogus). 서기전 1세기의 로마 역사가이다.

티레의 윌리엄 (William of Tyre, 1130경~1185). 티레의 대주교이자 연대기 작가이다. 12세기 중반에 활동했으며 십자군과 중세사에 깊이 몰두했다.

티마이오스 (Timaeus 서기전 345경~250경). 고대 그리스의 역사가이다.

티베리우스 (Tiberius Caesar Augustus, 서기전 42~서기 37). 본명은 티베리우스 클라우디우스 네로이다. 로마제국의 초대 황제 아우구스투스의 뒤를 이은 두 번째 황제(재위: 14~37)다.

티불루스 (Albius Tibullus, 서기전 48경~19). 로마 고전기의 서정시인이다. 기사계급 출신으로 문인 보호자 메살라의 문학 서클에 소속되어 호라티우스와 친교가 있었다. 작품은 《티불루스 전집》(*Corpus Tibullianum*, 4권)으로 편집되었는데 제 1권은 거의가 델리아라는 여성에 대한 사랑과 실연의 노래이며, 제 2권의 절반은 창녀인 네메시스의 불행한 사랑을 노래했다.

틸버리의 제르바스 (Gervase of Tilbury, 1150경~1228경). 13세기의 교회법 변호사, 정치가, 저술가이다.

파나이티오스 (Panaitios, 영문명 Panaetius, 서기전 180경~109경). 그리스의 스토아 철학자. 로도스 섬 태생으로 '셀레우키아의 디오게네스'의 제자였다. 로마로 나가서 라엘리우스 및 소(小) 스키피오와 교유하여 로마에서 스토아 철학의 기초를 닦았으며, 후에 안티파트로스를 계승하여 스토아학파의 태두가 되었다. 포시도니오스를 제자로 두었다. 스토아 철학 본래의 유물론적 일원론에 플라톤주의를 가미하여 관념론적·이원론적 색채를 띠었으며, 또한 본래의 엄격주의 윤리설을 완화하여 절충적인 중기 스토아 철학을 확립했다. 그의 글은 키케로의 저서 일부에 남아 있다.

파라셀수스 (Philippus Aureolus Paracelsus, 1493~1541). 스위스의 화학자, 외과의이다.

1526년 바젤에서 시의(侍醫) 겸 대학 교수가 되었으나 의학 혁신을 위한 성급한 개혁 시도가 반감을 사서 1528년에 추방당하여 잘츠부르크에서 병사했다. 연금술을 연구하면서 화학을 익혔고 의학 속에 화학적 개념을 도입하는 데 힘써 의화학의 원조가 되었다. 물질계의 근본을 유황·수은·소금의 3원소라고 했고, 점성술의 영향을 받아 독자적 원리에 입각한 의료법을 제창했으며, 산화철·수은·안티몬·납·구리·비소 등의 금속 화합물을 처음으로 의약품으로 사용했다.

파르메니데스 (Parmenides, 서기전 515경~445경). 고대 그리스의 철학자이다. 엘레아학파의 시조로 이성만이 진리이며 이에 반해 다수(多數), 생성, 소멸, 변화를 믿게 하는 감각은 모두 오류의 근원이라 주장했다.

파브르 (Jean Antoine Fabre, 1749~1834). 프랑스의 하천학자이다. 하천, 급류의 기원과 조건을 체계적으로 서술했으며 이것들의 코스를 어떻게 변경할 수 있으며 어떻게 손상되지 않게 보호할 수 있는가에 관해 고찰했다. 또한 산지 경사면의 삼림 제거에 반대했으며, 산지 사면의 농지를 어떻게 경작할 수 있는가에 대해 조언을 하기도 했다.

파이리스의 군터 (Gunter of Pairis, 1150경~1220경). 독일 시토 수도회 수사이자 라틴어 작가이다.

파테르쿨루스 (Velleius Paterculus, 서기전 20경~30경). 로마의 군인이자 역사가이다. 재무관과 법무관 등을 지냈으며 그가 쓴 《로마사》는 로마 제정 초기의 귀중한 사료로 평가된다.

팔라디우스 (Palladius, ?~?). 갈라티아의 수사, 주교, 연대기 작가이다. 콘스탄티노플의 총대주교인 크리소스토무스의 제자이기도 하다. 저서인 《수도원 새벽기도 이야기》(Lausiac History)는 초기 이집트와 중동의 기독교 수도원 제도를 기록한 것으로 기독교 금욕주의에 대한 귀중하고 유일한 자료다.

팔라스 (Peter Simon Pallas, 1741~1811). 러시아에서 활동한 독일의 동물 및 식물학자이다. 베를린 태생으로 자연사에 관심을 가지고 할레 대학교와 괴팅겐 대학교를 다녔으며 19세에 라이덴 대학교에서 박사 과정을 통과했다. 그 후 의학 및 내과 지식을 쌓았고 동물 계통의 체계를 고안했다. 1767년에는 러시아 캐서린 2세의 초청으로 1768년과 1774년 사이에 상트페테르부르크의 왕립 과학아카데미 교수로 임명되어 연구 활동을 하면서 여러 지역을 여행했다. 이 여행을 통해 얻은 지질학, 광물학, 원주민들과 그들의 종교, 새로운 동식물에 관한 지식을 엮어 출판했다.

팔리시 (Bernard Palissy, 1510경~1590). 프랑스의 위그노파 도예공, 작가, 과학자이다.

팔코너 (William Falconer, 1744~1824). 영국의 의사이자 작가이다. 또한 왕립학회 회원이었다.

퍼거슨 (Adam Ferguson, 1723~1816). 영국의 철학자이자 사회학자이다. 사회를 역사적으로 연구하여 처음으로 소유 관계의 차별에 의한 여러 계급의 발생을 논했는데,

저서로는 《시민사회사론》이 있다.

퍼처스 (Samuel Purchas, 1575경~1626). 영국의 여행작가이다. 여행과 항해와 관련된 방대한 문헌을 남긴 리처드 해클루트(Richard Hakluyt)의 절친한 동료이기도 하다. 1613년 《순례》(*Pilgrimes*) 시리즈를 출판했으며, 이 시리즈의 마지막은 해클루트의 유고집으로 미완성 상태의 해클루트의 《주요 항해》(*Principal Navigations*)를 완성하여 출판했다. 그의 책들은 분별없고 부주의하고 심지어 신뢰하기 어렵지만 많은 가치를 담는다. 그 이유는 탐험사에 영향을 끼친 중요한 질문들에 대한 유일한 정보원이기 때문이다. 또한 그의 책은 영국의 낭만주의 시인 콜리지(Samuel Tylor Coleridge)의 시 〈쿠빌라이 칸〉(*Kubla Khan*)에 영감을 준 것으로도 유명하다.

페로 (Charles Perrault, 1628~1703). 프랑스의 시인, 평론가, 동화작가이다. 전설을 문학적으로 집성한 동화집을 펴냈는데 작품으로는 평론인 《고대인과 근대인의 비교》가 있으며, 〈잠자는 숲 속의 공주〉, 〈신데렐라〉, 〈장화 신은 고양이〉를 비롯한 11편의 동화가 실린 《페로 동화집》이 있다.

페르무이덴 (Cornelius Vermuyden, 1590~1677). 네덜란드의 공학자이다. 네덜란드의 개간 기술을 영국에 전했다.

페리 (William James Perry, 1887~1949). 영국 런던 대학에서 문화인류학을 선도한 학자이다. 그에 따르면 거석문화는 이집트에서 전 세계로 전파된 것이다. 그는 초전파주의를 확신했으며 스미스(Grafton Elliot Smith)와 공동작업을 했다.

페일리 (William Paley, 1743~1805). 영국의 신학자이다. 케임브리지 대학 교수를 지냈으며 1802년 《자연신학》을 출판하여 지적설계론을 제시했다. 그에 의하면 시계는 매우 복잡하고 정교한 기계라서 우연히 만들어진 것이 아니라 어떤 지성적 존재가 만들었다고 생각할 수밖에 없다. 자연 생명체는 시계보다 더 복잡하고 정교하기 때문에 더욱 우연히 만들어졌다고 볼 수 없다고 주장한 것이다.

페트라르카 (Francesco Petrarca, 1304~1374). 이탈리아의 시인, 인문주의자이다. 또한 최초의 근대인이라 불리기도 한다. 교황청에 있으면서 연애시를 쓰기 시작하는 한편 장서를 탐독하여 교양을 쌓았고 이후 계관시인이 되었다. 스위스의 역사학자인 야콥 부르크하르트에 의하면 처음으로 자연을 풍경으로 감상하기 시작한 사람이 페트라르카였다고 한다.

페티 경 (Sir William Petty, 1623~1687). 영국의 통계학자, 의사, 정치경제학자이다. 존 그랜트와 인구통계에 대한 공동연구를 했다.

펠릭스 (Minucius Felix, ?~?). 2세기경에 활동한 라틴 교부로 《옥타비아누스》의 저자이다. 개인사에 대해 알려진 바는 없다.

포르스터 부자 (the Forsters). 아버지인 요한 라인홀트 포르스터(Johann Reinhold Forster, 1729경~1798)은 독일의 박물학자이며 제임스 쿡의 두 번째 태평양 항해에 같이 참여한 식물학자로 잘 알려져 있다. 아들 게오르크 포르스터(Georg Forster 1754~

1794)도 항해에 동승했는데, 훔볼트에게 많은 영향을 미쳤다(권정화, 《지리사상사 강의노트》, 36~37쪽 참고).

포르피리오스 (Porphyrios, 233~304). 시리아 출신의 신플라톤주의 철학자이다. 플로티노스의 제자로 스승의 작품집 《엔네아데스》(*Enneades*)를 편집했다.

포세이디포스 (Poseidippos, 영문명 Posidippos, 서기전 289년경 활동). 고대 그리스의 희극 작가이다. 마케도니아 출신으로 일생에 관해 알려진 것은 거의 없다.

포시도니오스 (Poseidonios, 영문명 Posidonius, 서기전 135경~51경). 그리스의 스토아 철학자, 정치가, 지리학자, 역사가이다. 시리아의 아파메이아(Apameia) 태생으로 알려져 있다. 그리스의 스토아 철학자인 파나이티오스의 제자였으며, 철학, 물리학, 지리학, 지질학, 수학, 역사학 등 다방면에 걸쳐 스토아학파 내에서 가장 학식 있는 사람으로 알려졌다. 로마의 키케로를 제자로 두었다.

포프 (Alexander Pope, 1688~1744). 영국의 시인, 비평가이다. 18세기 전반부의 가장 위대한 영국 시인으로 꼽힌다. 풍자적 시구뿐만 아니라 〈일리아드〉, 〈오딧세이〉 등 호메로스 시의 번역자로도 유명하다. 대표작은 풍자시인 〈우인열전〉(愚人列傳)이며 영어권에서 셰익스피어와 테니슨(Tennyson) 다음으로 많이 인용되는 작가이다. 또한 철학시 〈인간론〉은 뛰어난 표현력 때문에 역작으로 평가받는다.

폴리비오스 (Polybios, Polybius, 서기전 200경~118경). 그리스의 정치가, 역사가이다. 로마가 세계적인 강대국으로 등장하는 과정의 역사를 기술한 40권짜리 저서 《역사》(*Historiae*)로 유명하다.

퐁트넬 (Bernard Le Bovier de Fontenelle, 1657~1757). 18세기 계몽사상가이자 프랑스의 문학가이다. 시, 오페라, 비극 등 문학 작품에 관여했으며 나중에는 과학 사상의 보급자, 선전자로 성공을 거두었다.

프라이징의 오토 (Otto of Freising, 1114경~1158). 독일의 주교이자 연대기 저자. 저서로는 《연대기》 혹은 《두 도시의 역사》와 《프리드리히 황제의 행적》이 있다(이 책 2부 6장 7절을 참고하라).

프락사고라스 (Praxagoras, 340경~?). 고대 그리스 의학에서 영향력을 가졌던 인물이다. 그리스의 코스 섬 태생이다.

프랜시스 베이컨 (Francis Bacon, 1561~1626). 르네상스 후 근대 철학, 특히 영국 고전경험론의 창시자이다. 인간의 정신능력 구분에 따라 학문을 역사, 시학, 철학으로 구분했다. 다시 철학을 신학과 자연철학으로 나누었는데, 그의 최대 관심과 공헌은 자연철학 분야에 있었고 과학방법론, 귀납법 등의 논리 제창에 있었다.

프랭클린 (Benjamin Franklin, 1706~1790). 미국의 과학자, 외교관, 정치가이다. 18세기 미국인 가운데 조지 워싱턴과 더불어 가장 저명한 인물이다. 그는 약간의 재산을 모은 후 1757년 정치에 입문한 후 30여 년 동안 미국의 정치를 이끌었다. 미국 독립선언서 작성에 참여했으며 독립전쟁 때 프랑스의 지원을 얻기도 했고 미국 헌법의 틀을 만들었다. 그는 일상생활의 편리와 안전에도 많은 기여를 했는데, 난로, 피뢰침, 복초점 안경 등을 발명했으며 소방대, 도서관, 보험회사, 학교, 병원 등 다양한 공공 서비스 시설들을 보급하는 데도 이바지했다.

프림의 **카에사리우스**(Caesarius of Prüm). 트리어 근교 베네딕트 수도회의 대수도원장이다. 훗날 본 근교 하이스터바흐에 있는 시토 수도회의 수도사가 된다. 1212년 대수도원장으로 선출되어 13세기 초 유럽에서 가장 부유한 수도원 중 하나였고 독일, 프랑스, 네덜란드에 흩어진 대장원을 가졌던 프림 수도원으로 들어간다.

프리드리히 1세(Friedrich I, 1122경~1190). 슈타우펜 왕조의 신성로마제국 황제(재위: 1152~1190)이다. 6차에 걸친 대규모 이탈리아 원정을 감행했으나 레냐노 전투에 패하여 화의를 맺었다. 유력한 제후인 작센 공(公)인 하인리히 사자 공을 추방하고 봉토를 몰수하여 제국 제후의 시대를 열었다. 붉은 턱수염 때문에 '붉은 수염'이라 불렸다.

프리드리히 2세(Frederick II, 1194~1250). 호엔슈타우펜 왕조(Hohenstaufen dynasty)의 왕으로 1212년부터 로마의 왕을 자처했고 1215년부터 로마의 왕이 되었다. 이런 식으로 그는 독일의 왕, 이탈리아의 왕, 버건디의 왕이 되었다. 1220년 로마 교황이 그를 신성로마제국 황제로 임명했으며 1198년 시칠리아의 왕으로 시작한 프리드리히 2세는 죽을 때까지 그 칭호를 유지했다. 그의 다른 칭호로는 결혼 때문에 생긴 '키프로스의 왕'이라는 칭호와 십자군과의 관계 때문에 생긴 '예루살렘의 왕'이 있다. 당대에 그는 호기심 많은 자로 알려졌고 9개 언어로 말하고 7개 국어로 된 글을 읽었다고 한다. 그리고 과학과 예술의 후원자를 자청해 시대를 앞서간 통치자였다.

프톨레마이오스(Klaudios Ptolemaeos, 영문은 Ptolemy, 85경~165경). 그리스의 천문학자이자 지리학자이다. 127~145년경 이집트의 알렉산드리아에서 천체를 관측하면서 대기에 의한 빛의 굴절작용을 발견했으며 달의 운동이 비등속 운동임을 발견했다. 천문학 지식을 모은 저서 《천문학 집대성》(Megalē Syntaxis tēs Astoronomias)은 아랍어 번역본인 《알마게스트》로 더 유명한데, 코페르니쿠스 이전 시대의 최고의 천문학서로 인정된다. 이 저서에서 서기전 2세기 중엽 그리스의 천문학자 히파르코스의 학설을 이어받아 천동설에 의한 천체의 운동을 수학적으로 기술했다. 그 밖에 점성술책인 《테트라비블로스》(Tetrabiblos)가 아랍 세계에서 인기를 얻었고 지리학의 명저 《지리학》(Geographike Hyphegesis)도 지리학계에서 오랫동안 아낌을 받았다. 그 밖에도 광학과 음악에 관한 여러 저서가 있다.

프톨레마이오스 필라델푸스(Ptolemy Philadelphus). "프톨레마이오스 2세"를 참고하라.

프톨레마이오스 2세(Ptolemy II, Ptolemy Philadelphus, 서기전 308~246). 이집트 프톨레마이오스 왕조의 두 번째 왕(서기전 285~246 재위)이다. 프톨레마이오스 필라델푸스라고도 불린다.

프톨레마이오스 3세(Ptolemy III, Euergetes I, 서기전 280~221). 프톨레마이오스 2세의

아들로 프톨레마이오스 왕조 전성기의 왕(재위: 서기전 246~221)이다. 에우에르게테스 1세라고도 불리는데 에우에르케테스는 '은인'을 의미하는 애칭이다. 키레네를 재병합하고 제3차 시리아 전쟁(서기전 246~241)에서는 시리아, 소아시아, 메소포타미아의 여러 도시를 손에 넣어 영토가 가장 넓었다. 그 후 20여 년 간 대체로 평온한 시기를 보냈으며, 예술을 보호하고 알렉산드리아 대도서관에 다량의 서적을 보충했다.

플라톤(Platon, 서기전 429경~347경). 고대 그리스의 철학자, 형이상학의 수립자이다. 영원불변의 개념인 이데아를 통해 존재의 근원을 밝히고자 했다.

플로루스(Florus). 로마의 역사가이다. 트리야누스 황제와 하드리아누스 황제 시대의 인물이다.

플로티노스(Plotinos, 영문명 Plotinus, 205~269경). 유럽 고대 말기를 대표하는 그리스의 철학자, 신비사상가이다. 알렉산드리아 근처 태생. 암모니오스 사카스(Ammonios Sakkas)를 스승으로 사사했고, 40세에 로마로 가서 많은 친구와 제자를 모아 학교를 개설하여 존경을 받았다. 후세 사람들은 그를 신플라톤주의의 아버지라 불렀다. 그의 저술은 9편씩으로 나뉜 6군의 논고이기 때문에 《엔네아데스》(*Enneades*: 9편)라고도 불린다. 그의 형이상학은 수 세기에 걸쳐 여러 신비주의적 종교들에 영향을 미쳤다(플로티노스 저, 조규홍 역, 2008, 《영혼 정신 하나: 플로티노스의 중심 개념》에 《엔네아데스》 중 5편이 번역되어 실려 있다).

플루타르코스(Plutarchos, 영문명 Plutarch, 46경~120경). 고대 로마의 그리스인 철학자이자 저술가이다. 그리스의 카이로네이아 태생이며 일찍이 아테네로 가서 아카데메이아에서 플라톤 철학을 공부하고 다시 자연과학과 변론술을 배웠다. 그 후 이집트의 알렉산드리아를 방문, 로마에서 황제를 비롯한 많은 명사와 깊은 친교를 맺어 아카이아 주(그리스 본토) 지사에 임명되었으며 로마 시민권을 얻었다. 만년에는 델포이의 최고 신관으로 있었다. 그는 '최후의 그리스인'으로서 고전 그리스 세계에 통달한 일류 문화인이었다. 플라톤 철학을 신봉하고 박학다식한 것으로 유명하며 저술이 무려 250종에 달했던 것으로 추정된다. 현존하는 작품은 《전기》(*Parallel Lives*), 《영웅전》(플루타르코스 영웅전), 《윤리론집》(*Moralia*) 등이다.

플뤼시(Noël-Antonie Pluche, 1688~1761). 프랑스의 성직자로 abbé de Pluche라고도 알려져 있다. 당시에 매우 인기 있었던 박물학 책인 《자연의 스펙터클》(*Spectacle de la nature*)의 저자이다.

플리니우스(Gaius Plinius Secundus, 23~79). 고대 로마의 정치가, 군인, 학자이다. 노붐코문 태생으로 조카이자 양자인 소(小)플리니우스와 구분 짓기 위하여 대(大)플리니우스라 불린다. 속주 총독 등을 역임한 후 나폴리 만의 해군 제독으로 재임 중 79년 베수비오 화산 대폭발 때 현지에서 죽었다. 그의 저서인 《박물지》(*Historia Naturalis*)는 37권으로 이루어졌는데, 이는 티투스 황제에게 바친 대백과사전으로 1

백 명의 정선된 저술가를 동원하여 예술, 과학, 문명에 관한 2만 항목을 수록한 당시 정보의 보고이다. 그는 진정한 영광은 기록으로 남길 만한 일을 하고 읽을 만한 가치가 있는 책을 저술하는 데 있다고 믿었다.

피소 (Gaius Calpurnius Piso, ?~?). 서기 1세기 로마 시대의 원로원 의원이다. 서기 65년 네로 황제에 대항했던 '피소의 음모'로 유명하다.

피어링흐 (Andries Vierlingh, 1507경~1579). 네덜란드 해안 공학의 창설자이다.

피치노 (Marsilio Ficino, 1433~1499). 르네상스 초기 이탈리아의 인문주의 철학자이다. 또한 점성학, 신플라톤주의의 부활자이며 플라톤 저작을 라틴어로 번역한 업적으로도 유명하다.

핀존 (Martin Alonso Pinzon, 1441~1493). 에스파냐의 항해가이다. 콜럼버스의 첫 항해를 동행했다.

필로티모스 (Philotimos, 서기전 300~260). 그리스의 학자이다. 프락사고라스의 제자로 아라비아 세계에서 그는 Fulutimus, Fulatis, Falatis 등으로 불렸으며, 몇몇 아라비아 출처들에서 식재료에 대한 권위자로 인용되었다.

필론 (Philon ho Alexandria, 서기전 20~서기 40). 헬레니즘 시대 유대인 철학자이다. 이집트의 알렉산드리아 태생으로 신플라톤주의자라고 할 수 있다. 성경 속 모든 문자의 배후에는 어떤 신비한 뜻이 들어 있다고 주장했다. 이는 "겉으로 드러난 현상의 배후에 있는 것이 실체"라는 이원론적인 플라톤의 관념론적 영향이다. 그의 저작은 현존하지 않지만 대부분은 중세 교부의 저작 속에 남아 있다.

필리포스 왕 (Philip, ?~?). 알렉산드로스의 아버지인 필리포스 2세(재위: 서기전 359~336)이다.

필립 오귀스트 (Philippe Auguste, 1165~1223). 프랑스 카페 왕조의 왕이다. 가장 성공적인 프랑스 군주 중 하나였다.

하드리아누스 (Publius Aelius Hadrianus, 76~138). 로마제국 황제(재위: 117~138)로 5현제의 한 사람이다. 브리타니아에 하드리아누스 성벽을 쌓고 게르마니아의 방벽을 강화하는 등 방위를 강화하고 국력의 충실에 힘썼다. 제국 제반 제도의 기초를 닦았으며 로마법의 학문 연구를 촉진시키고 문예·회화·산술을 애호했다. 속주 통치조직, 제국의 행정·관료·군사 제도의 정비에 힘써 제국 제도의 기초를 닦았다.

하딩 (Abbot Stephen Harding, ?~1134). 시토 수도회의 3대 대수도원장이다. 클레르보의 베르나르두스가 1112년 입회하면서 수도원의 새로운 부흥기를 이끌었다.

하르팔로스 (Harpalos ?~?). 서기전 4세기 마케도니아의 귀족이다. 알렉산드로스의 소년 시절 친구였다. 마케도니아의 재정장관을 맡다가 공금 횡령으로 처벌받을 것이 두려워 보물과 용병을 데리고 그리스로 도망쳤으며 아테네에서 체포되어 후에 크레타에서 살해당했다.

하이켈하임 (Fritz Heichelheim, 1901~1968). 독일의 역사학자이다. 고대 경제사가 전공으로 독일의 기센 대학교와 캐나다 토론토 대학교 교수를 역임했다. 그의 로마사 책이 번역(김덕수 역, 1999, 《로마사》, 현대지성사) 되었다.

하임(Roger Heim, 1900~1979). 프랑스의 식물학자이다. 식물병리학 및 균류학의 발전에 기여했으며 식물학, 화학, 교육학, 임학, 원예학, 인문학, 의학, 동물학 등에 걸쳐 많은 논문과 평론을 발표했다. 1951~1965년에는 프랑스 국립자연사박물관 관장을 역임했다.

한(Eduard Hahn, 1856~1928). 독일의 민족지학자, 경제사학자, 경제지리학자이다. 농경, 가축화의 기원과 역사에 대한 연구로 유명하다. 사우어로 대표되는 지리학 내 버클리학파의 연구 토대를 열었다(Fritz L. Kramer, 1967, "Eduard Hahn and the End of the 'Three Stages of Man'", *Geographical Review*, 57(1)을 참고하라).

할리카르낫소스의 디오니시오스(Dionysius of Halicarnassus, 서기전 60경~7경). 카이사르가 통치하던 시대에 활동한 그리스의 역사가이자 웅변가이다.

해스킨스(Charles Haskins, 1870~1937). 중세사가이자 우드로 윌슨(Woodrow Wilson) 미국 대통령의 자문관을 지냈다. 미국인 최초의 중세사가였던 것으로 여겨진다.

핼리(Edmund Halley, 1656~1742). 영국의 유명한 수학자이자 천문학자이다. 뉴턴과도 학문적 교류를 했으며 핼리혜성의 발견자로 유명하다.

헉슬리(Thomas Huxley, 1825~1895). 영국의 동물학자이다. 다윈의 진화론을 즉시 인정했고, 특히 1860년 6월 옥스퍼드에서 열린 영국 학술협회 총회에서 진화론 반대자인 월버포스와 논쟁을 벌인 끝에 반대론의 잘못을 설파함으로써 진화론의 보급에 커다란 영향을 끼쳤다. 또 다윈이 분명히 밝히지 않았던 인간의 기원에 대해서도 진화론을 적용해 인간을 닮은 네안데르탈인의 화석 연구를 기초로 인간이 진화의 과정에서 생긴 것임을 주장했는데 《자연에서의 인간의 자리에 관한 증거》(*Evidence as to Man's Place in Nature*, 1863)에 그 주장을 발표했다.

헤라클레이토스(Heraclitus, Herakleitos, 서기전 540경~480경). 그리스의 철학자이다. '만물은 유전한다'고 말해, 우주에는 서로 상반하는 것의 다툼이 있고 만물은 이와 같은 다툼에서 생겨나는 것임을 밝혔다.

헤로도토스(Herodotos, 서기전 484경~425경). 소아시아의 할리카르나소스 태생이다. 서기전 445년경에는 아테네에서 살았고 페리클레스, 소포클레스 등과 친교를 맺었다. 그 뒤 아테네가 서기전 444년(또는 서기전 443년)에 건설한 남이탈리아의 식민지 무리오이로 가서 그곳 시민이 되었으며 거기에서 여생을 마친 것 같다. 대여행을 했다는 것은 저서 《역사》(*The Histories*, 9권)에서 알 수 있지만 언제 있었던 일인지는 알 수 없다. 그의 여행 범위는 북으로 스키타이, 동으로는 유프라테스를 내려가서 바빌론, 남으로는 이집트의 엘레판티네, 서로는 이탈리아 그리고 아프리카의 키레네까지였다. 《역사》는 동서의 분쟁이라는 관점에서 중요한 페르시아 전쟁의 역사를 쓴 것이다. 그는 과거의 사실을 시가가 아닌 실증적 학문의 대상으로 삼은 최초의 그리스인으로 《역사》는 그리스 산문 사상 최초의 걸작으로 평가된다. 키케로는 그를 '역사의 아버지'라고 불렀다.

헤르더 (Johann Gottfried von Herder, 1744~1803). 독일의 철학가, 문학가이다. 동프로이센 모른겐 태생으로 브루노, 스피노자, 라이프니츠 등에게 영향을 받았으며 같은 시대의 하만, 야코비 등과 함께 직관주의적·신비주의적 신앙을 앞세우는 입장에서 칸트의 계몽주의적 이성주의 철학에 반대했다. 역사를 '여러 가지 힘의 경합에서 조화에 이르는 진보의 과정'이라 보는 《인류역사철학고》(Ideen zur Philosophie der Geschichte der Menschheit, 1784~1791)의 역사철학은 레싱을 계승하여 나중에는 헤겔의 역사철학 구성에 이어지며, 또한 《언어의 기원에 대한 논고》(Abhandlung über den Ursprung der Sprache, 1772)는 나중에 훔볼트의 언어철학에 영향을 주었다.

헤시오도스 (Hesiodos, ?~?). 서기전 8세기 말경 고대 그리스의 서사시인이다. 오락성이 짙고 화려한 이오니아파의 호메로스와 대조적으로 종교적·교훈적·실용적 특징의 보이오티아파 서사시를 대표하며 농사와 노동의 신성함을 서술한 《노동과 나날》(Erga kai Hemerai)과 천지창조, 신들의 탄생을 소박한 세계관으로 서술한 《신통기》(神統記, Theogonia)가 남아 있다(천병희 역, 2004, 《신통기》, 한길사; 김원익 역, 2003, 《신통기》, 민음사 판에 모두 실려 있다).

헤이크윌 (George Hakewill, 1578~1649). 영국의 성직자, 학자이다. 《변명, 세계를 경영하는 신의 권능과 섭리의 증언》이라는 책을 통해 자연의 쇠락론을 비판하고 자연의 항상성을 주장했다(이 책 3부 8장 4절에서 헤이크윌의 자연관을 상세히 다룬다).

헤일 경 (Sir Matthew Hale, 1609~1676). 영국의 법관, 법학자이다. 청교도혁명 중에 불편부당한 판결을 내린 것으로 유명했으며 의회의 법률 개혁 제안과 찰스 2세의 왕정복고 추진에서도 주요한 역할을 하여 영미법 역사에서 가장 위대한 학자의 한 사람으로 인정된다. 또한 과학적이면서 종교적인 문제에 관한 광범위한 저술을 남겼는데 대표작으로는 《인류의 시원적 기원》이 있다.

헤일스의 알렉산더 (Alexander of Hales, 1180~1245). 영국 프란체스코파의 신학자이다. 아리스토텔레스의 전체 신학 사상을 보급했으며 성경을 유일한 최종적 진리라고 했다. 그의 《신학대전》(Summa Universae Theologiae)은 롬바드의 선언서에 대한 주석으로 많이 읽혔다.

헤카타이오스 (Hecataieus, 서기전 550경~475경). 그리스의 역사가이다. 이집트와 서남아시아 등을 여행하고 《세계안내기》 및 세계지도를 저술·제작했다. 헤로도토스가 그의 저작을 언급했다.

헨 (Victor Hehn, 1813~1890). 독일의 문화사가이다.

헨리 3세 (Henry III, 1207~1272). 잉글랜드의 왕(재위: 1216~1272)이다. 존의 큰아들이자 후계자로 어린 나이에 왕위에 올랐다. 24년간(1234~1258) 효율적으로 정부를 통제했으나 관례를 무시해 결국 귀족들의 강요로 1258년 주요 개혁안인 옥스퍼드

조례에 동의해야 했다.

헬비히(Wolfgang Helbig, 1839~1915). 독일의 고고학자이다. 1865년에서 1887년까지 로마에 있는 독일고고학연구소의 부소장을 지냈으며, 헬레니즘과 폼페이 벽화와의 관계를 탐구했다.

호라티우스(Horatius Flaccus, Quintus, 영문명 Horace, 서기전 65~8). 아우구스투스 시대에 가장 유명한 시인이다. 남이탈리아 베누시아에서 해방 노예의 아들로 태어났으며 서정시집, 풍자시집, 송가집, 서간시집, 《시론》(Ars Poetica) 등이 남아 있다.

호메로스(Homeros, 영문명 Homer, 서기전 800경~750). 고대 그리스의 시인. 유럽 문학 사상 가장 오래되고 걸작으로 평가받는 서사시 〈일리아드〉와 〈오디세이〉의 작자로 전해진다. 태생지나 활동에 대해서는 연대가 일치하지 않으나 두 작품의 성립연대는 서기전 800~750년경이 정설이다. 〈일리아드〉는 15,693행, 〈오디세이〉는 12,110행의 장편 서사시이며 각각 24권이다. 두 서사시는 고대 그리스의 국민적 서사시로, 그 후의 문학, 교육, 사상에 큰 영향을 끼쳤을 뿐 아니라 로마 제국과 그후 서사시의 규범이 되었다.

호이겐스(Christiaan Huygens, 1629~1695). 네덜란드의 수학자, 천문학자, 물리학자이다. 라이덴 대학교에서 법률을 공부했으나 이후 과학으로 바꾸었다. '호이겐스의 법칙'으로 잘 알려져 있는데 이는 파동이 퍼져 나갈 때 한 점으로부터 퍼져 나간다는 이론으로 물에 돌멩이를 던지면 한 점에서 원이 되어 퍼져 나가는 현상을 의미한다.

호이카스(Reijer Hooykaas, 1906~1994). 네덜란드 유트레히트 대학교 과학사 교수였다. 화학을 공부하고 1930년부터 1946년까지 화학 교육을 했다. 1933년 "역사-철학적 발전에서 개념 요소"라는 제하의 논문이 유트레히트 대학교에서 통과되었다. 1934년 베를린 자유 대학교에서 자신의 관심사를 분명히 하는 "역사적 관점에서 본 과학과 종교"라는 강의를 진행했다. 기독교인 과학자와 물리학자 협회에서 수년간 적극적인 활동을 하기도 했다.

홀(Joseph Hall, 1574~1656). 영국의 주교이며 풍자작가이다.

홀바흐(Paul-Henri Thiry, baron d'Holbach, 1723~1789). 독일의 철학자이다. 독일 태생이나 주로 프랑스에서 활동했으며 그 당시 가장 잘 알려진 무신론자중 하나였다. 몽테스키외, 볼테르, 디드로 등과 함께 18세기 프랑스 계몽주의를 대표한다고 할 수 있다.

홈(Henry Home, 1696~1782). 케임즈 경(Lord Kames)이라고도 불리는 스코틀랜드 출신의 철학자이다. 《인간의 역사에 대한 개관》(Sketches on the History of Man)에서 역사를 4단계〔수렵채집 단계, 목축 단계, 농업 단계, (상업) 도시 단계〕로 구분했다.

화이트(Lynn White Junior, 1907~1987). 하버드 대학교에서 박사 학위를 받고 프린스턴 대학교와 스탠퍼드 대학교 역사학 교수, 캘리포니아 대학교 명예교수를 역임했다. 오랫동안 중세 르네상스 연구소 소장으로 근무했고 미국역사학회 회장, 과학사학회

회장, 중세아카데미 회장, 기술사학회 회장 등을 역임했다. 저서로는 《중세의 기술
과 사회 변화》 등이 있다.

화이트헤드 (Alfred North Whitehead, 1861~1947). 영국의 철학자, 수학자이다. 기호논
리학을 확립한 사람 중 하나로 유기체론에 바탕을 둔 독창적 형이상학을 수립했다.

훌시우스 (Levinus Hulsius, 1550~1606). 독일의 출판업자이다. 매우 다양한 영역의 지식
들을 책으로 출판했는데 이탈리아-독일어 사전과 프랑스-독일어 사전도 출판했다.

훔볼트 (Alexander von Humboldt, 1769~1859). 독일의 자연과학자이자 지리학자이다.
베를린 태생으로 지리학, 지질학, 천문학, 생물학, 광물학, 화학, 해양학 등 자연
과학 분야에서 광범위한 재능을 발휘했다. 1799년부터는 라틴아메리카 탐험 조사를
하고 1804년 프랑스로 돌아왔다. 조사 동안 베네수엘라의 오리노코 강 상류와 아마
존 강 상류를 조사하고, 에콰도르의 키토 부근의 화산과 안데스 산맥을 조사하면서
페루에 이르렀다. 1829년에는 제정 러시아 정부의 후원을 얻어 우랄, 알타이, 중앙
아시아를 여행했으며 그 기록은 중앙아시아에 대한 최초의 정확한 자연지리 자료가
되었다. 1830~1848년 동안에는 외교관으로 일했고 그동안 19세기 전반의 과학을
상세하고도 보편적으로 묘사한 대표적 저서 《코스모스》(*Kosmos*, 5권, 1845~1862)
를 집필했다. 또한 페루 앞바다를 북상하는 훔볼트 해류 외에, 산, 강, 만, 대학교
등에 자신의 이름을 남겼고, 널리 세계를 여행한 성과를 많은 저서로 간행해 자연지
리학의 시조로 일컬어진다.

휘스턴 (William Whiston, 1667~1752). 영국의 신학자, 역사가, 수학자이다.

휴 2세 (Hugh II of Cyprus, 1252경~1267). 태어난 지 두 달 만에 헨리 1세로부터 키프로
스 왕위를 물려받았고 5세부터 예루살렘 왕국의 섭정을 지냈다. 1261년 왕위를 공
동으로 물려받은 어머니 플라상(Plaisance)이 죽자 키프로스의 섭정 자리는 휴 2세
의 사촌인 25세 뤼지냥의 휴에게 돌아갔다. 휴 2세는 1267년 14세의 나이에 사망했
고 왕위는 휴 3세가 되는 뤼지냥의 휴가 물려받았다. 아퀴나스가 휴 2세에게 《왕권
에 대하여》라는 저술을 헌정했다고 알려졌지만 이 저작이 1271~1273년 사이에 쓰
였다고 강력하게 주장하는 크리스토프 플뤼엘러(Christoph Flüeler)의 견해에 따르
면 이 저작은 휴 2세의 계승자인 휴 3세에게 헌정되었을 것으로 보인다.

흄 (David Hume, 1711~1776). 영국의 철학자이다. 그의 인식론은 로크에게서 비롯된
'내재적 인식 비판'의 입장과 아이작 뉴턴 자연학의 실험·관찰의 방법을 응용했다.
홉스의 계약설을 비판하고 공리주의를 지향하였다.

히포크라테스 (Hippocrates, 서기전 460경~377경). 그리스의 의학자이다. '의사의 아버지'
로도 불린다. 인체의 생리나 병리를 체액론에 근거해 사고했고 '병을 낫게 하는 것
은 자연이다'는 설을 치료 원칙의 기초로 삼았다. 그의 학설과 그의 가르침을 받은
사람들의 소견을 모은 《히포크라테스 전집》에는 의사의 윤리에 대해서도 중요한 설
이 언급되어 있다.

히폰 (Hippon, ?~서기전 450년경). 세계는 물이나 습기로 구성되었다는 탈레스의 신념을 부활시킨 철학자이다.

힉스 (Lewis Ezra Hicks, 1839~1922). 신학자. 《설계론 비판: 자연신학의 논증방법에 관한 역사적이고 자유로운 검토》(*A Critique of Design-Arguments: a Historical Review and Free Examination of the Methods of Reasoning in Natural Theology*, 1883)를 저술했다.

힐가드 (Eugene Woldemar Hilgard, 1833~1916). 미국의 지질학자 겸 토양학자이다. 1853년 하이델베르크 대학교에서 박사학위를 받았으며 1863년 미국으로 건너갔다. 캘리포니아 대학교 농업 분야 교수(1875~1904)와 버클리대학교 농업실험실 소장을 역임했다. 1892년에는 지형, 지하수의 영향, 암석 풍화, 알칼리화 작용, 식물 반응, 관개와 배수 등에 관한 기념비적 저서인 《토양과 기후와 관련한 알칼리 토양》이란 책을 저술했다.

** 지 명

가스코뉴 (Gascogne). 프랑스 남서부의 대서양 연안에서 랑그도크 사이에 있는 지방이다.

갈리아 (Galia). 고대 켈트인의 땅으로 골(Gaul)이라고도 한다. 지금의 북이탈리아 · 프랑스 · 벨기에 등을 포함한다.

갈릴리 (Galilee). 서아시아 팔레스타인의 북부 지방으로 갈릴레아라고도 한다. 중심지는 나사렛이다. 성서에 나오는 지방으로 현재 이스라엘의 행정구로 북부 지방에 해당하며 지중해 해안에서 갈릴리 호(湖)까지가 포함된다.

감람 산 (Mount of Olives). 예루살렘 동부 구릉에 있는 높이 8백 m의 산이다. 4개의 봉우리로 이루어진 이 산의 서쪽 기슭 근처에는 그리스도의 수난이 시작되는 겟세마네 동산이 있다. 이 산기슭에서 예루살렘 입성을 앞둔 그리스도가 군중의 환영을 받았다는 기록이 있고, 사도행전 1장에는 이곳에서 그리스도가 승천했다는 기록이 있다. 현재 이곳에는 겟세마네의 바실리카를 비롯하여 많은 성당이 있으며, 산 정상에 오르면 예루살렘 시가지, 요르단 계곡, 사해의 북쪽 끝, 길르앗 · 모압의 산들을 바라볼 수 있다.

네메아 (Nemea). 그리스 펠로폰네소스 반도 북동부에 있었던 도시이다.

네미 호수 (Lake Nemi). 이탈리아 중부 라치오 주에 있는 화구호(火口湖)이다.

노트르담 대성당 (Notre Dame). 프랑스 파리 센 강 시테 섬에 있는 성당으로 프랑스 초기 고딕 성당의 대표작이다. 1163년 공사가 시작되어 13세기 중엽에 일단 완성되었으나 그 후에도 부대공사가 계속되어 18세기 초엽 측면 제실(祭室)의 증설로 오늘날의 모습을 갖추었다. 그러나 18세기 프랑스혁명 때 심하게 파손되어 19세기에 대대적인 보수공사를 했다.

누비아(Nubia). 현재 아프리카 북동부 지역을 부르던 고대 지명이다. 대략 나일 강에서부터 동쪽으로는 홍해 해변, 남쪽으로는 하르툼(현재 수단의 수도), 서쪽으로는 리비아 사막에 걸쳐 있었다.

다겐햄(Dagenham). 영국 런던 동부의 교외 지역이다.

돈 강(Don river). 동부 유럽의 러시아를 흐르는 강으로 고대 그리스에서는 타나이스 강이라고 불렸다.

두라초(Durazzo). 알바니아의 아드리아 해 연안에 위치한 도시이다. 역사가 매우 길고 경제적으로도 매우 중요한 도시였다. 알바니아어로 이 도시의 이름은 두러스(Durrës)인데 이탈리아어 이름인 두라초로 널리 알려졌다.

드네프르 강(Dnieper river). 벨로루시와 우크라이나를 흐르는 강이다. 발다이 구릉에서 시작하여 키예프를 지나 흑해로 들어간다. 유럽에서 세 번째로 긴 강으로 길이는 2천 2백 ㎞에 달한다.

라드론 섬(Ladrones). 라드론은 '도둑'을 뜻하며 오늘날의 괌이다. 마젤란이 이 섬에 도착했을 당시 원주민들이 배에서 물건을 가져가는 것을 보고 이름을 붙였다고 한다.

라인 강(Rhine river). 중부 유럽 최대의 강이다. 알프스 산지에서 발원해 유럽에서 공업이 가장 발달한 지역을 관류하여 북해로 흐른다. 본류는 스위스, 리히텐슈타인, 오스트리아, 독일, 프랑스, 네덜란드 등을 거치며 운하에 의해 지중해, 흑해, 발트해 등과 연결된다. 그중 독일을 흐르는 부분이 가장 길어 독일의 상징이라고 한다.

라플란드(Lapland). 스칸디나비아 반도 북부 지역으로, 대부분이 북극권에 속하는 라프족의 거주 지역이다. 노르웨이, 스웨덴, 핀란드, 러시아 4개국 영토에 걸쳐 있다.

랭스 대성당(Cathedral of Reims). 프랑스의 랭스에 있는 고딕식 성당. 1210년에 화재로 불타 1211년부터 13세기 말에 걸쳐 재건되었다. 프랑스 중세기 예술의 정수로 일컬어진다.

레반트(Levantine). 소아시아와 고대 시리아의 지중해 연안 지방이다.

레옹(Léon). 중세 전성기 브르타뉴 지방 서쪽에 위치했던 도시이다.

로도스(Rhodus, Rodos). 그리스 에게 해 남동쪽 해상의 섬으로 서기전 407년 로도스 도시국가가 건설되어 지중해 무역의 중심지로 번영했다.

로첼라(Roccella). 이탈리아 칼라브리아 주에 위치한 도시.

롬니 습지(Romney Marsh). 잉글랜드 남동부 지역의 인구가 희박한 습지 지역이다.

리용(Lyons). 파리에 이은 프랑스 제2의 도시로 이탈리아로 가는 관문도시다.

리카오니아(Lycaonia). 고대 소아시아 중남부 지방의 옛 이름이다.

마가리타(Margarita). 베네수엘라 북동부 누에바에스파르타 주에 딸린 섬이다.

마데이라 제도(Madeira). 모로코 서쪽 640㎞ 지점의 대서양상에 있으며 15세기 포르투갈의 항해에서 엔리케 왕자가 처음 발견했다.

마르티니크(Martinique). 서인도 제도 동부 앤틸리스 제도에 있는 화산섬이다.

마테호른(Matterhorn). 스위스와 이탈리아 사이 알프스 산맥에 있는 산으로 빙하의 침식 작용에 의해 매우 뾰족한 봉우리를 가진 빙하 지형이다.

메갈로폴리스(Megalopolis). 고대 그리스의 에파메이논다스가 아르카디아 남부에 건설한 대(大) 폴리스이다.

메로에(Meroë). 수단의 수도 하르툼 북쪽 나일 강 동편에 위치했던 고대 도시이다.

멤피스(Memphis). 이집트 카이로 남쪽 나일 강 유역 고대 이집트의 수도이다.

모에리스 호(Lake Moeris). 카이로 남서쪽에 있는 저지대 알파이움에 위치한 호수이다.

모젤 계곡(Modelle valleys). 프랑스, 독일에 걸쳐 흐르는 라인 강의 지류로 길이는 약 544㎞이며, 프랑스 북동부 보주 산맥의 보주, 오랑 두 현의 경계 부근에서 발원하여 북류하면서 에피날을 거쳐 로렌 평원으로 흐른다.

미디 운하(Canal de Midi). 랑그도크 운하라고도 하며 프랑스 남서부에 있다. 1666~1681년 동안 리케의 감독하에 건설된 운하인데 지중해 연안의 아그드 근처에서 시작하여 툴루즈에 이르고, 그 다음부터는 가론 강과 이에 병행하는 운하와 연결되어 대서양으로 흐른다. 이로 인해 대서양 연안 및 지중해 연안과 직접 이어지는 툴루즈가 상업적으로 발전했으나, 19세기에 미디 철도가 개통한 후부터는 교통량이 감소하고 국지적으로 이용되는 데 불과하다. 예술과 자연의 조화를 기술적으로 완성했다는 평가를 받으며 세계문화유산으로 등록되었다.

미시아(Mysia). 소아시아 북서 아나톨리아에 있던 지방이다.

밀레토스(Miletos). 아나톨리아의 서해안에 있던 이오니아의 고대 도시로 당시 그리스 동쪽에서는 가장 큰 도시였다.

바버리(Barbary). 북아프리카의 지중해 연안 지방에 있는 리비아, 튀니지, 알제리, 모로코를 통틀어 이르는 말이다.

바빌론(Babylon). 이라크 바그다드에서 남쪽으로 80㎞ 떨어진 메소포타미아의 고대 도시이다.

바젤(Basel). 독일, 프랑스와 접경한 국경도시로 스위스 바젤수타트 주의 주도(州都)이다. 뮌스터가 거주하던 1500년대에는 독일 영토였다.

박트리아(Bactria). 힌두쿠시 산맥과 아무다리아 강 사이에 고대 그리스인이 세운 국가(서기전 246~138)로 중국에서는 '대하'(大夏)라고 불렸다. 그리스계 왕국으로 오랫동안 동방에서 헬레니즘의 기수였다.

발루치스탄(Baluchistan). 현재 파키스탄 서부에 있는 주 지역이다. 광대한 산악의 고원 지대를 차지하며 서쪽으로는 이란, 북서쪽으로는 아프가니스탄과 접한다.

발리스 (Wallis, 프랑스명 Valais). 스위스 남부에 있는 주로 주도는 시옹이다. 남쪽으로 이
탈리아, 서쪽으로 프랑스와 접한다.

뱀스터 (Bemster 또는 Beemster). 17세기 전반에 간척이 이루어진 네덜란드에서 가장 오
래된 해안 개간지이다. 고대와 르네상스식 계획 원리에 따라 펼쳐진 촌락, 제방,
운하, 도로, 들판의 경관을 잘 보전했다. 이곳의 창조적이고 상상력 풍부한 경관은
유럽뿐 아니라 다른 지역의 간척사업에도 큰 영향을 주었으며 1999년 유네스코 세
계문화유산으로 지정되었다.

베냉 (Benin). 서부 아프리카 대서양 연안의 작은 국가. 1960년 프랑스로부터 독립했으
며 정식 국호는 베냉인민공화국이다.

베스트팔리아 (Westphalia). 지금의 독일 빌레펠트, 보훔, 도르트문트, 겔젠키르헨, 뮌스
터, 오스나브뤼, 노르트라인-베스트팔렌, 니더작센을 중심으로 하는 영역이다.

보스 (La Beauce). 프랑스 파리 남서쪽에 위치한 곡창지대로 중심 도시는 샤르트르이다.

보스포루스 해협 (Bosporus Strait). 터키 서부, 마르마라 해와 흑해를 연결하는 해협이다.
아시아 대륙과 유럽 대륙과의 경계를 이루고 고대부터 흑해와 지중해를 연결하는 중
요한 수로였다.

보이오티아 (Boeotia). 그리스 중남부에 있는 주다. 남쪽은 코린트 만, 북동쪽은 에보이아
만에 면하고 남동쪽은 아티키 주, 북서쪽은 프티오티스 주, 서쪽은 포키스 주와 각
각 접한다.

부르사 (Brusa). 터키의 4대 도시 중의 하나이다.

부르쥬 대성당 (Bourges). 프랑스의 부르쥬에 위치한 고딕 양식의 대성당이다. 유네스코
지정 세계문화유산으로 12~13세기에 건립된 고딕 예술의 최대 걸작 중 하나이며
건축의 비례 균형미와 디자인 단일성 등으로 격찬을 받는다.

부케팔라 (Bucephala, 영문명 Bucephalia). 알렉산드로스의 인도 원정 때 건설한 도시이
다. 현재 파키스탄 북동부 카슈미르 지방이다.

브라반트 (Brabant). 지금의 벨기에 플레미시 브라반트, 월룬 브라반트, 안트워프, 브뤼
셀 및 네덜란드 북브라반트 지방이다.

브렌타 강 (Brenta river). 아드리아 해로 흘러들어가는 이탈리아의 강이다.

비테르보 (Viterbo). 이탈리아 중부 라치오 주에 있는 도시이다. 9~15세기에 건축된 많은
아름다운 궁궐과 건물들이 남아 있으며, 샘이 특히 많다.

사모트라체 (Samothrace). 에게 해 북쪽에 있는 그리스의 섬이다.

샤르트르 대성당 (Chartres). 프랑스의 파리에 위치한 대성당으로, 1145년에 건설이 시작
되어 1194년 화재 이후 26년 동안 재건축되었다. 빼어난 조형미로 프랑스 고딕 양
식의 정점이라 불리며 유네스코 지정 세계문화유산 중 하나다.

샤트-알-아랍 (Shatt al-Arab). 현재 이란과 이라크의 국경을 이루는 강(수로)을 일컫는 명
칭이다.

샹파뉴(Champagne). 프랑스 남부의 랭스 근처의 포도주 산지이다.

서스케하나(Susquehannah). 미국 동부에서 가장 긴 강으로 애팔래치아 산맥을 흐르는데 수심이 깊지 않고 물이 비교적 깨끗하다. 두 개의 큰 지류가 합쳐져 뉴욕, 메릴랜드, 펜실베이니아 3개 주를 거쳐 흐른다.

세인트 후안 데 울루아 항(the port of Saint John de Ullua in New Spain). 현 멕시코 베라크루즈 항의 옛 지명이다.

소시에테 제도(Society Islands). 남태평양 중앙에 있는 프랑스령 폴리네시아에 속한 제도이다. 총 1,590㎢에 걸쳐 흩어진 이 제도 가운데 가장 크고 잘 알려진 섬은 타히티 섬이다.

수비아코(Subiaco). 이탈리아 중부 라치오 주에 있는 도시이다. 로마에서 동쪽으로 떨어진 아니에네 강변에 위치한다.

수스(Sousse). 튀니지의 수스 주의 주도로 '수사'라고도 한다.

스미르나(Smyrna). 이오니아의 고대 도시로 현재의 터키 이즈미르이다.

스트롬볼리(Stromboli). 이탈리아 지중해 중부 티레니아 해 리파리 제도 북쪽 끝에 있는 화산섬이다.

시돈(Sidon). 레바논 자누브 주의 주도로 아랍어로는 사이다(Sayda)라고 한다. 고대 페니키아 시대에는 상업 도시국가로 무역항으로 크게 번영했다.

시엘(Sierre). 스위스 남서부 발리스 주의 한 도시로 독일어로는 지더스(Siders)라 한다.

시옹(Sion). 스위스 남서부 발리스 주의 주도로 론 강 연안에 있다. 켈트족과 로마인의 정착지가 그 기원이며 6세기 말에 주교 소재지가 되었다. 이곳의 주교들은 1798년까지 발리스를 다스렸다. 주민의 대부분은 프랑스어를 사용한다.

아나톨리아(Anatolia). 터키의 소아시아 반도 내륙의 분지상 고원 지대이다. 현재는 아나톨리아 고원으로 일컬어지며 과거에는 소아시아 전 지역을 부르던 이름이었다.

아니에네 강(Aniene river). 이탈리아 중부를 흐르는 강으로 로마 남동쪽에서 발원하여 티볼리를 거쳐 협곡을 지나 캄파냐노 디 로마 평원을 굽이쳐 흐른 뒤 로마 북쪽에서 테베레 강에 합류한다.

아디제 강(Adige river). 이탈리아 북동부를 흐르는 강이다.

아르노 강(Arno river). 이탈리아 투스카니 지방의 강으로 이탈리아 중부에서 테베레 강 다음으로 중요한 강이다. 피렌체를 가로지르는 강이기도 하다.

아르덴(Ardennes). 프랑스 북동부 지방으로 벨기에와 접해 있다.

아르카디아(Arcadia). 그리스 남부 펠로폰네소스 반도 중앙에 있는 주이다. 목가적이고 고립적인 특징 때문에 그리스-로마 시대의 전원시와 르네상스 시대의 문학에서 낙원으로 묘사되었다.

아마시아(Amasya). 터키 아마시아 주의 주도이다. 삼순 남서쪽 예실 강 연안에 있는 농산물 집산지이다. 고대 폰투스 왕국의 수도였으며 그리스의 지리학자 스트라본이 태어난 곳이다.

아미아타 산(Amiata). 이탈리아 토스카나 지방의 산으로 교황 비오 2세가 1462년 흑사병과 더위가 기승을 부릴 동안 이 산에 피신해 풍경 탐닉의 절정에 도달했다고 한다.

아비시니아(Abyssinia). 에티오피아의 옛 이름이다. 지금은 국명이 아닌 지리적 명칭으로 쓰인다.

아시시(Assisi). 이탈리아 움브리아 주에 있는 도시이다. 토피노 강 유역과 키아시오 강 유역에 솟은 아펜니노 산맥의 수바시오 산 중턱에 있어 움브리아 평야의 아름다운 경치를 바라볼 수 있다. 성 프란체스코 및 성녀 클라라가 탄생한 주요 가톨릭 순례지의 하나다.

아키타니아(Aquitania). 로마 시대 갈리아(현재의 프랑스)의 남서부 지방이다.

아토스 산(Mt. Athos). 그리스 북부에 위치한 산으로 1054년 이후로 그리스정교의 정신적 성지가 되었다. '신성한 산'이라고도 불리는 이 산은 그리스정교회 수도원들이 자리 잡고 있으며, 반(半)자치공화국이다. 전통적으로 여성과 암컷 동물은 들어올 수 없다. 유네스코 세계문화유산이기도 하다.

아티케(Attike, Attica). 아테네를 중심으로 하는 그리스 중동부 지역을 일컫는다. 서기전 2000년경 이래로 그리스인이 정착했다. 현재의 아티키주(Attiki)이다.

아폴로니아(Apollonia). 고대 그리스의 도시로 현재 알바니아의 남동쪽에 위치한 도시인 피에르를 이른다.

아풀리아(Apulia). 이탈리아 남동부 아드리아 해와 타란토 만 사이에 있는 주로 현재는 풀리아로 불린다.

아피아 가도(Appian Way). 로마에서 카푸아를 지나 현재의 브란디 시에 이르는 고대 로마의 길이다.

아헨(Aachen). 독일 노르트라인 베스트팔렌 주에 있는 광공업 도시이다. 프랑스어로는 엑스라샤펠이다. 아르덴 고원의 북쪽 사면에 위치하고 아름다운 숲으로 둘러싸인데다가 고온(73.4도)의 온천이 솟아 예로부터 휴양지로 이용되었다. 로마 시대부터 쾰른에서 아헨을 거쳐 브뤼셀, 파리를 잇는 교통의 요지로 발달했다.

안티오크(Antiok). 고대 시리아의 수도로 현재의 안타키아이다.

알렉산드레타(Alexandretta). 현재 공식 지명은 이스켄데론(Iskenderun 또는 Iskenderon)으로 터키 남부 이스켄데론 만에 위치한 항구도시다. 알렉산드로스의 승리를 기념하여 건설된 도시라서 알렉산드레타라는 이름을 가졌다. 수에즈 운하가 개통되기 전에는 시리아, 이란, 인도 방면으로 통하는 내륙 통상의 중계지로서 교통의 요지였다.

알-미나(Al-Mina). 시리아 북부 지중해 해안에 있었던 고대 도시로 서기전 800년 이전에 건립된 그리스 무역 식민지이다.

에보이아(Evvoia). 그리스에서 크레타 다음으로 큰 에게 해의 섬이다.

에트나 화산 (Mount Aetna). 이탈리아 시칠리아 섬 동부에 있는 산으로, 지중해 화산대의
대표적인 활화산이며 유럽의 화산 중 가장 높다.

에페소스 (Ephesos). 소아시아 서해안에 있던 이오니아의 고대 도시. 현재는 터키의 에페
스이다.

여리고 (Jericho). 요르단 강 서안에 있는 도시로 현지인들은 '아리하'라고 한다. 예루살렘
북동쪽 36㎞, 요르단 강과 사해가 합류하는 북서쪽 15㎞ 지점에 있으며 지중해 해
면보다 250m나 낮다. 각종 과실수(특히 종려나무)가 우거진 오아시스로, 예로부터
방향(芳香)의 성읍, 또는 종려나무성이라 했다. 본래 요르단 영토인 여리고는 1967
년 6일 전쟁 때 이스라엘군이 점령한 후 줄곧 이스라엘이 관장한다.

예루살렘 (Jerusalem). 이스라엘의 정치적 수도. 아라비아인은 이 도시를 쿠드스(신성한
도시)라고 부른다. 동부는 요르단령이며 서쪽은 1948년부터 이스라엘령이 되었고,
1950년에는 그 수도가 되었다. 1967년 6월 중동전쟁 이후 유대교도·기독교도·이
슬람교도가 저마다 성지로 받드는 동부 지역도 이스라엘의 점령지다.

오리노코 강 (Orinoco river). 남아메리카 3대 강의 하나로 베네수엘라 국토를 관통하여 대
서양으로 흐른다.

올두바이 협곡 (Olduvai Gorge). 동아프리카의 탄자니아에 있는 유적군인 올두바이 유적으
로 세계에서 가장 오래된 구석기 유적이다.

요르단 강 (Jordan river). 서아시아의 요르단 지구대(地溝帶), 팔레스타인의 동쪽 가장자
리를 남으로 흐르는 하천으로 길이는 360㎞이다. 안티레바논 산맥의 남단 부근, 레
바논·시리아 영내에서 발원한 몇몇 하천이 이스라엘 영내에서 합류하여 요르단 강
이 된다. 그 후 요르단 지구대를 남류하여 일단 갈릴리 호에 들어간 다음 다시 남쪽
으로 흘러 요르단령에서 고르 저지를 곡류 후 해면 아래 394m의 사해로 들어간다.

우루크 (Uruk). 이라크 남부 우르에서 북서쪽으로 약 60㎞에 위치했던 수메르의 고대 도
시이다.

이수스 (Issus). 아나톨리아 남동부 실리시아에 위치한 강으로 서기전 330년 알렉산더 대
왕이 여기서 다리우스 왕을 대패시킨 이수스 전투가 벌어졌다.

이스마로스 (Ismarus). 에게 해안에 있던 키코네스족의 성으로 〈오디세이〉에 등장한다.

이오니아 (Ionia). 소아시아 서쪽 지중해 연안 및 에게 해에 면한 지방의 옛 이름이다. 현
재는 터키의 일부로 서기전 10세기에 고대 그리스의 한 종족인 이오니아 인이 이주
하여 12개의 식민지를 건설하고 약 4백 년간 번영한 곳이며 밀레투스를 중심으로
발전한 이오니아학파는 고대 그리스 문화 형성에 크게 이바지했다.

일 드 프랑스 (île-de-France). 프랑스 중북부 파리분지 중앙부에 위치한 지역으로 '프랑스
의 섬'이라는 뜻이다. 넓은 숲으로 둘러싸인 평원으로 중심 도시는 파리다.

일리리아 (Illyria). 지금의 발칸 반도 서부 지역이다.

잔지바르 (Zanzibar). '검은 해안'을 뜻하며 현재 아프리카 탄자니아 잔지바르 주의 주도로

고대에 아랍인이 건설한 도시이다. 아라비아 반도와 아프리카 동쪽 연안의 전통적 중계무역으로 오래전부터 번성한 기항지이다.

조이데르 해(Zuider Zee). 네덜란드 북쪽 해안의 얕은 만으로 현재는 둑으로 바다와 차단되어 있다.

질란트(Zealand 또는 Zeeland). 네덜란드 남서부에 위치한 주로 섬이 많다.

체키앙 지방(Chekiang). 중국의 저장성(浙江省)을 가리킨다.

침보라소 산(Chimnorazo). 에콰도르 중부의 안데스 산맥에 위치한 높이 6,268m의 산으로 훔볼트가 오른 에콰도르에서 가장 높은 산이다. 1802년 당시에는 세계 최고봉으로 알려졌던 이 산을 훔볼트가 등반 장비 없이 5,878m까지 올랐으며, 그 결과 태평양 해수면에서 안데스 산맥의 정점에 이르는 자연현상의 총체를 "열대지역의 자연도"라는 한 장의 지도에 담았다.

카디스(Cadiz). 에스파냐 이베리아 반도 남쪽에 위치한 도시이다.

카르마니아(Carmania). 이란 남동부 케르만 주에 해당되는 지방을 일컫던 지명이다.

카르타헤나(Carthagena). 현재 남아메리카 콜롬비아 북부 볼리바르 주의 주도이다.

카스티야(Castile). 에스파냐 중부의 역사적 지역명이다. 지역명의 유래에는 성(*castillo*, 城)의 지방이라는 뜻이 담겨 있으며, 중세 카스티야 왕국에 속하는 지역의 중심부를 가리킨다.

카에사리아(Caesarea). 율리우스 카이사르를 기리기 위해 명명된 도시 이름으로 여러 곳이 있다. 성 바실리우스가 태어난 곳은 카파도키아 지방의 카에사리아다. 카에사리아 이전의 이름은 마자카이며 현재는 터키의 대도시로 카이세리라고 불린다.

카프카스(Caucasus). 러시아 남부, 카스피 해와 흑해 사이에 있는 지역이다. 영어로는 코카서스, 코카시아라고도 한다. 동쪽으로 카스피 해, 서쪽으로는 흑해와 아조프 해를 경계로 한다.

칼데아(Chaldea). 바빌로니아 남부를 가리키는 고대 지명으로 구약성서에서는 흔히 바빌로니아와 동의어로 사용한다. 칼데아인은 서기전 1000년 전반에 바빌로니아 남부에서 활약한 셈 족의 한 종족으로 스스로 바빌로니아 문화의 후계자를 자처하고 남하하는 아시리아의 세력에 완강히 대항했다.

코린토스(Corinth). 그리스 본토와 펠로폰네소스 반도를 잇는 코린트 지협에 있었던 고대 폴리스 및 현대 도시이다.

코스(Cos). 터키 남서부 해안 부근에 있는 그리스령 섬으로, 고대 그리스 시대에는 문예 활동의 중심지였으며 '의학의 아버지'인 히포크라테스의 태생지이다.

코임브라(Coimbre). 포르투갈 중부 코임브라 주의 주도로 포르투갈어로는 'Coimbra'라고 쓴다. 한때 포르투갈 왕국의 수도였으며 학문과 예술의 중심지이다.

코파이스 호수(Lake Copais). 19세기까지 보이오티아 중부 지방에 있던 고대 그리스 시대의 호수이다.

콘월(Cornwall). 영국 잉글랜드 남서부 지역이다.

퀴리날리스 지구(Quirinal Quarters). '로마의 일곱 언덕' 중 하나가 있는 곳이다.

키도니아(Cydonia). 그리스 크레타 섬 북서부 카니아 주의 주도인 카니아(Khania)의 고대 이름이다.

키테라(Cythera). 그리스 키티라 섬의 고대 지명이다. 사랑의 여신 아프로디테의 섬으로 여겨진 곳이다.

타부르누스(Taburnus). 이탈리아 베네벤토의 서부 삼니움에 있는 아펜니노 산맥의 일군을 이루는 산이다.

타타르 지역(Tartary, 또는 Great Tartary). 우랄 산맥 서쪽, 볼가 강과 그 지류인 카마 강 유역을 말한다.

타호 강(Tagus river). 이베리아 반도에서 가장 큰 강으로 전체 길이가 1,007km에 달한다. 그 가운데 에스파냐령 안에서는 785km, 유역면적 81,600km². 에스파냐의 중동부 쿠엥카 산맥에서 발원하여 서쪽으로 흘러 포르투갈·에스파냐 국경을 따라 흐르다가 리스본에서 대서양으로 흘러든다.

테라 오스트랄리스(Terra Australis). 라틴어로 '남쪽의 땅'이라는 뜻이다. 고대 그리스인은 지구는 완벽한 구형이며 완벽한 균형을 위해 북방의 대륙만큼 남방에도 거대한 땅이 있을 거라고 믿었다. 이는 고대 그리스의 지리학자 프톨레마이오스가 남긴 세계지도에 미지의 남방의 땅이라고 표기된 데서 유래하였으며 실제로 오세아니아 대륙이 발견되면서 오늘날 오스트레일리아라는 국명의 기원이 되었다.

테베(Thebes). 그리스 중부 지역에 있던 고대 그리스 시대의 옛 도시이다.

테베레 강(Tiber river). 이탈리아 중부 아펜니노 산맥의 푸마이올로 산록에서 발원하여 토스카나·움브리아 지방으로 흐르다가 로마 시내를 관통하여 티레니아 해로 흘러드는 강이다.

테살리아(Thessaly). 그리스 중북부 지방으로 예로부터 밀의 주산지였다.

튀니시아(Tunisia). 북아프리카의 지중해안에 위치한 곳으로 고대에는 페니키아의 도시 카르타고였으며 로마제국 때는 식량기지로 중요한 역할을 담당했다.

트라체(Thrace). 불가리아, 그리스 북동부, 터키 동부 지역에 걸친 지역이다.

트리니타 데이 몬티(Trinità di Monte). 로마에 있는 교회로 1585년에 완성되었다. 에스파냐 광장과 에스파냐 계단이 서로 연결되어 있다.

티레(Tyre). 레바논 베이루트 남쪽 수르에 있는 도시 유적이다. 고대 페니키아에서 가장 큰 항구도시로 이집트 등 여러 지역과 교역하던 페니키아 문화의 중심지였다.

티볼리(Tivoli). 로마 북동쪽으로 30km 정도 떨어진 도시이다. 빼어난 경관으로 인해 로마제국 시대에 여름 휴양지로 각광받아 부유한 로마인이 별장과 소규모 신전을 지었는데, 대표적 유적으로 로마의 황제 하드리아누스의 별장이 있다. 중세에는 교황 비오 2세가 이곳에 성을 건립하기도 했다.

티에라 델 푸에고(Tierra del Fuego). 에스파냐어로 '불의 땅'이라는 뜻으로 남아메리카 대륙 남쪽 끝에 위치한 지역이다.

티에라 칼리엔테(Tierra Caliente). 에스파냐어로 '뜨거운 땅' 또는 '무더운 땅'을 의미한다. 멕시코 및 코스타리카 국경 지대와 카리브 해 및 북태평양 연안 해발 750m 이하의 낮은 평야지대를 일컫는데 평균 기온은 약 25도, 낮 기온이 30~33도로 매우 높고, 밤에도 21도 이하로 떨어지지 않는다. 반면 중앙 고지대 대부분인 해발 750~1,600m 지역은 티에라 템플라다(Tierra Templada: 온화한 땅)로 분류된다.

파이윰(Faiyûm). 이집트 카이로에서 나일 강을 따라 남쪽으로 1백 ㎞가량 떨어져 있는 도시이다.

펠로폰네소스(Peloponnesus). 그리스 남쪽의 반도로 스파르타 등의 도시국가가 있었다.

포 강(Po river). 이탈리아 북부를 흐르는 강이다.

폰티네 습지(Pontine Marshes). 이탈리아 중부 라티움 지역에 위치한 습지로 넓이는 775 ㎢에 달한다. 비옥한 토양임에도 불구하고 수천 년 동안 습지가 많은 황무지로 방치되었다가 1930년대 무솔리니 시대에 대규모 간척 사업이 시행되었다.

푸아투(Poitou). 프랑스 서부의 방데, 되 세브르, 비엔 주를 포함하는 역사적·문화적 지역이다.

풀다(Fulda). 독일 헤센 주 북동부에 있는 도시이다.

프로폰티스(Propontis). 현재의 마르마라 해로, 북동쪽은 보스포루스 해협과 흑해로 통하고 남서쪽은 다르다넬스 해협과 에게 해로 통한다.

프로프타시아(Prophthasia). 현재 아프가니스탄 서부 지방에 위치한 작은 도시로 알렉산드로스가 원정 중에 붙인 이름으로 '예언자의 도시'라는 뜻이다. 현재 이름은 파라(Farah)이다.

프리지아(Frisia). 네덜란드에서 독일, 덴마크로 이어지는 북해 남서쪽 연안 지역이다.

프리지아(Phrygia). 소아시아의 중부에서 서부에 걸쳐 있던 지역이다. 서기전 1500년경 유럽에서 인도 유럽어족 계통인 프리지아인이 침입하여 원주민을 정복하고 프리지아 왕국을 형성한 곳이기도 하다.

플랑드르(Flanders). 벨기에, 네덜란드 남부, 프랑스 북부에 걸친 중세 시대 국가이다.

플로렌티아(Florentia). 이탈리아 피렌체 지방을 부르는 로마 시대 지명으로 서기전 1세기에 카이사르가 로마군의 병영이 있던 아르노 강변에 꽃이 만발해 '꽃피는 곳'이란 뜻의 이름을 붙였다고 한다.

필리피(Philippi). 그리스 북동부 해안에 있던 고대 도시로 빌립보라고도 한다. 서기전 4세기에 필리포스가 건설했으며 로마와 아시아를 잇는 커다란 도로가 지나는 상업·문화의 요지였다. 신약성서의 "필립비인에게 보낸 편지"는 바울로가 이 도시의 기독교도에게 보낸 편지다. 바울로 시대에는 이곳이 지방 최대의 도시였으며, 기독교가 유럽에 전파된 최초의 땅이었다.

하르츠 산지(Harz). 독일 중부 산지에 걸쳐 있는 헤르시니아 습곡 산지. 베저 강과 엘베 강 사이에 있으며 불규칙한 계단 모양의 고원이다. 이 고원에는 둥글게 마모된 봉우리들이 솟아 있고 대체로 협곡을 이룬다.

할렘머메어(Haarlemmermeer). 네덜란드 북부 홀란드에 위치한 도시이다. 할렘 호수를 메워 만들어진 간척지로 유명한데 풍차가 아닌 증기기관을 이용하여 만들어졌다.

할리카르나소스(Halicarnassus). 소아시아의 남서안 카리아에 있었던 고대 그리스의 도시. 현재 터키의 보드룸이다. 역사가 헤로도토스의 태생지로 유명하다.

헬리오폴리스(Heliopolis). 이집트 북부 나일 강 삼각주에 있었던 고대 도시로 태양신 '라' 신앙의 중심지이다.

홀란트(Holland). 네덜란드 서부의 두 주(북부 홀란드, 남부 홀란드)를 가리키기도 하고, 네덜란드 전체를 가리키기도 한다. '화란'(和蘭)이란 말은 홀란트를 음역한 것이며 이 책에서는 네덜란드의 한 지역인 홀란드를 의미한다.

후루(Hurru). 고대 이집트 시대에 가나안(현재 팔레스타인 지역)을 부르던 지명이다.

히더 스페인(Hither Spain). 에스파냐의 북서부 해안과 에브로 계곡에 위치한 지역이다.

히스파니올라(Hispaniola). 서인도 제도 중부 대(大) 앤틸리스 제도에 있는 섬으로, 아이티와 도미니카 두 나라로 이루어져 있다.

*** 서 명

건축십서(*De Architectura*). 서기전 1세기 로마의 건축가·건축이론가인 비트루비우스의 저작이다. 총 10권으로 르네상스의 고전 연구 열풍 속에서 1415년경에 재발견되었으며 1484년에 로마에서 초판이 간행되었다. 유럽 건축가에게 커다란 영향을 주었으며 오늘날에도 고대 건축 연구에 귀중한 자료다(오덕성 역, 1985, 《건축십서》, 기문당 참조).

고대와 현대의 인류 수에 관한 논문(*A Dissertation on the Numbers of Mankind, in Ancient and Modern Times*). 월리스(Robert Wallace)가 고대사에 관한 방대한 연구를 통해 추정한 인구 역사에 관한 문헌으로 1751년 완성되었다. 그는 세계 인구 성장에 관한 기하학적 비율에 기초한 가설 모형을 제시하고 당시 세계 인구는 잠재력 보다 훨씬 적다고 주장했다. 데이비드 흄은 이 저서에 관한 논평을 했으며, 몽테스키외는 이 책의 프랑스 번역을 감수했다. 그의 인구 성장 모형은 맬서스의 인구론에 직접적인 영향을 미쳤다.

고백록(*Confessions*). 성 아우구스티누스가 40세 때 저술한 자서전으로 신앙 없이 방탕했던 시기 마니교에 빠졌다가 기독교 신앙을 갖기까지의 참회 생활을 중심 내용으로 엮었다. 자서전이지만 신학 체계가 매우 탁월한 작품으로 자신에 대한 기록 10권과 성서에 대한 해석 3권 등 총 13권이다. 일부에서는 후반의 3권을 그의 생활 기록이 아니라는 이유로 제외하는 경우도 있지만 이 나머지 부분도 본론에서 벗어났다기보다는 오히려 신을 보다 완전히 인식하고 더욱 사랑하고자 한 아우구스티누스의 모습을 나타낸다(김광채 역, 2004, 《성 어거스틴의 고백록》, 기독교문서선교회 참조).

고타연감(*Almanach de Gotha*). 유럽의 왕가·귀족의 족보 등을 기재한 연감이다.

농경시(*Georgics*). 로마 시대의 시인 베르길리우스가 서기전 29년에 출간한 시집이다. 주제는 농촌 생활과 농사이며 교훈적인 시로 분류된다. 2,188편의 6보격 시로 구성되며 총 4권이다. 1·2권은 농업, 3권은 가축 기르기, 4권은 양봉(養蜂)을 다룬다.

뉴 아틀란티스(*New Atlantis*). 프랜시스 베이컨의 17세기 초 소설이다. 기독교에 기반을 둔 과학적 이상사회에 관한 책으로 토마스 모어의 《유토피아》, 캄파넬라의 《태양의 도시》와 함께 근대 유럽의 유토피아 이야기를 대표하는 저작 중 하나다(김종갑 역 2002, 《새로운 아틀란티스》, 에코리브르 참조).

달 궤도에 나타나는 표면에 관하여(*De Facie Quae in Orbe Lunae Apparet*). 플루타르코스의 《윤리론집》(*Moralia*)에 실려 있는 대화편이다.

드라이아이혀 빌트반(*Dreieicher Wildbann*). 중세 마인가우 지방의 왕실 권리목록집이다. 제목의 '빌트반'은 왕실만이 가진 특별한 사냥할 권리를 뜻한다.

목가집(*Eclogae*). 로마 시대의 시인 베르길리우스의 시집. 목가적 풍경에 관한 10편의 짧은 시들로 구성되었다. 대부분의 시는 양치기와 염소 목동 간의 대화와 노래 경연의 형태이다.

박물지(*Naturalis Historia*). 로마 시대 플리니우스가 77년에 완성한 37권짜리 백과사전이다. 1권(목차와 서문), 2권(우주), 3~6권(지리학과 민족지), 7권(인류학, 생리학, 심리학), 8~11권(동물학), 12~27권(식물학: 농업, 정원, 약초), 28~32권(약용동물학), 33~37권(광물학)으로 구성된다.

법률(*Nomoi*). 플라톤의 마지막 저술로 가장 길고 어려운 책에 속한다. 추상적 이상을 제시하는 《국가》(*Politeia*)와는 대조적으로 실용적 지침과 실제 세계에서 정치질서의 구축과 유지에 대한 내용을 제공하는 것으로 보인다(박종현 역, 2009, 《플라톤의 법률》, 서광사 참조).

법의 정신(*L'esprit Des Lois*). 몽테스키외의 대표작이다. 법을 선천적·보편적 원리에서 생각하는 것이 아니라 저마다의 나라에서 실시되는 법의 형태·체제의 경험적인 사회학적 비교 고찰에 기초를 두었다. 당시 영국의 제도를 본받아 권력은 입법권·집행권·재판권으로 분리되어야 한다는 것(3권 분립)과 이것들이 서로 균형을 유지해야 한다는 것을 주장했다. 그의 이론은 귀족주의적 이해관계의 측면에서 법을 포착했다고는 하지만 그 본질적 의미는 그의 입장을 초월하여 후세에 커다란 영향을 끼쳤다. 지리학적으로는 그 당시 성행했던 환경결정론의 영향을 받아 각국의 법 형태와 체제가 기후의 영향을 많이 받는다는 것을 비교한다는 점에서 연구의 가치를 가진다(이명성 역, 2006, 《법의 정신》, 홍신문화사 참조).

베네딕트보이엔 필사본(*Manuscript of Benedictbeuern*). 13세기 세속적 시집의 필사본이다. 노래들(특히 《카르미나 부라나》라고 한다)과 6편의 종교극이 실려 있다. 이 필사본의 내용은 10~13세기 서유럽에서 환락을 찬양하는 노래와 시를 지어 유명했던 학생 방랑시인들이 쓴 것으로 보인다. 1803년 바이에른 지방 베네딕트보이엔에 있는 베네딕트 수도원에서 발견되었다. 필사본의 두 부분은 같은 시기에 쓰인 것이지만 서로 다르다. 라틴어로(몇 편은 독일어) 쓰인 이 노래는 압운을 맞춘 서정시인데, 그 주제와 문체가 다양하여 술 마실 때 부르는 노래, 진지하거나 음탕한 사랑의 노래, 종교적인 시, 전원 서정시, 교회와 정부에 관한 풍자시 등이 있다. 카를 오르프는 그중 몇 편에 곡을 부쳐 칸타타인 〈카르미나 부라나〉(*Carmina Burana*)를 만들었다. 희곡들도 라틴어로 쓰였는데 그중에는 현재 유일하게 남은 두 편의 중세 수난극의 완본이 있다. 그 두 편이란 부활절 극의 서막인 〈간단한 수난극〉(*Ludus breviter de Passione*)과, 막달라 마리아의 삶과 나사로의 부활을 그린 희곡을 확대한 것으로 추측되는 조금 더 긴 것이다. 다른 희곡들로는 부활절 극, 총괄적인 성탄극, 예수가 제자들 앞에 나타난 처음 두 사건을 그린 〈순례자〉(*Peregrinus*), 전에는 성탄극의 일부로 간주되었던 〈이집트 왕의 희곡〉(*Ludus de Rege Aegypti*)이 있다.

브리지워터 논집(*Bridgewater Treaties*). 자연신학의 후원자였던 제8대 브리지워터 백작인 에거튼이 내놓은 상금을 걸고 자연신학 관점에서 신의 지적 능력에 의한 설계론을 입증하고자 한 8편의 글을 통칭한다.

서구의 몰락(*Der Untergang des Abendlandes*). 독일의 역사가 스펭글러의 1918년 저작이다. 그는 문명을 하나의 유기체로 인식해 발생·성장·노쇠·사멸의 과정을 밟는다고 주장했다. 따라서 여러 문명의 발전 과정에는 유사점이 있다 보고 정치·경제·종교·예술·과학 등 모든 사상(事象)으로 문명을 비교함으로써 어떤 사회가 문명사에서 어떠한 단계에 이르는지를 알 수 있다고 했다. 이것이 바로 문명의 흥망에 관한 학문인 문화형태학이며 이를 근거로 서양 문명의 몰락을 예언했다. 이러한 문명사관은 제1차 세계대전과 러시아혁명 등 혼미한 시대 위기의식의 소산이었고, 그의 문화 고찰법은 토인비 등에게 큰 영향을 주었다. 영문본 *Decline of the West*는 1922년 출간되었다.

소크라테스 회상(*Memorabilia*). 인류의 온갖 문제(가령 선악, 미추, 정치가의 자격, 친구의 의미, 출세 방법 등)에 대하여 소크라테스가 어떤 교묘한 방법으로 물음을 전개했는가를 크세노폰이 회상과 전문(傳聞)을 통해 서술한 책으로 크세노폰이 소크라테스에 대해 쓴 책 중 가장 길고 유명하다. 내용상 이 책은 크게 두 부분으로 나뉘는데 앞부분은 정치적・종교적 공격에 대해 소크라테스를 직접적으로 변호하며, 뒷부분은 소크라테스에 대한 짧은 에피소드를 담았다(최혁순 역, 1998, 《소크라테스 회상》, 범우사 참고).

시간의 책(*Book of Hours*). 현존하는 중세 삽화 문헌의 가장 일반적인 형식이다. 기도문, 시편 등의 문헌을 적절한 삽화와 함께 모은 책으로 가톨릭 예배와 기도의 참고서다.

식물의 역사(*Historia Plantarum*). '식물학의 아버지'라고 불리는 테오프라스토스가 서기전 3~2세기 알렉산드로스 시대 원정을 통해 늘어난 많은 식물학 정보를 모아 저술한 책이다. 5백여 종의 식물에 이름을 붙이고 분류했으며 지역에 따라 수목 이용이 어떻게 달라지는 가에 대해서도 기술했다. 중세 시대에 이르기까지 서구 세계에서 식물학 사전 역할을 했다. 영문 서명은 *Enquiry into Plants*로 알려져 있다.

신들의 본성에 관하여(*De Natura Deorum*). 로마 시대의 철학자 키케로가 서기전 45년에 쓴 저작이다. 에피쿠로스주의자, 플라톤주의자, 스토아주의자의 견해를 대비시킨 대화집이다.

아르고 원정대(*The Argonautica*). 그리스 시대 아폴로니우스 로디우스의 대영웅 서사시이다. 당시에는 호평을 받지 못했던 것 같으나 후대에 이르러 오래 애독되었고, 베르길리우스에게 많은 영향을 줌으로써 라틴 문학 최대의 서사시인 《아이네이스》를 쓰게 했다고 한다. 왕권 반환의 조건으로 요구된 거의 성공이 불가능한 시련에 왕자 이아손과 친구인 영웅들이 도전하고 그 사이사이에 사랑과 에피소드를 곁들인 모험담이다. 그의 다른 작품은 대부분 남아 있는 것이 없다(김원익 역, 《아르고호의 모험》, 바다출판사, 2005 참고).

아스클레피오스(*Asclepius*) 《헤르메티카》를 구성하는 문서 중의 하나이다.

아이네이스(*Aeneis*, 영문명 *Aeneid*). 베르길리우스가 쓴 서사시이다. '아이네이아스의 노래'라는 뜻으로, 아이네이아스라는 한 인간의 운명을 배경으로 하여 트로이 전쟁 이후부터 로마 건국까지의 이야기를 담았다(천병희 역, 2004, 《아이네이스》, 숲 참고).

안티고네(*Antigone*). 소포클레스가 쓴 비극 중 하나로 오이디푸스 왕의 딸 안티고네와 테베의 왕 크레온(안티고네의 삼촌) 사이의 갈등이 주요 줄거리다(천병희 역, 2008, 《소포클레스 비극 전집》, 숲 참고).

에스드라(*Esdras*). 전거를 믿을 수 없다 하여 성서에 수록되지 않은 30여 편의 문헌들을 말한다. 구약외전과 신약외전으로 나뉘는데, 외전(外典) 또는 위경(僞經)이라고도 한다.

오이코노미코스(*Oeconomicus*). 그리스의 역사가 크세노폰의 서기전 400~300년경 저작이다. 책의 구성은 가정(*oikos*)의 관리와 농사에 대한 소크라테스와의 대화 형식이다. 경제학에 관한 가장 초기의 저작 중 하나로 손꼽히며 고대 그리스에서 결혼을 비롯한 남녀의 도덕적・육체적・정신적 관계 그리고 가정 및 공공경제의 기능, 농촌과 도시의 생활, 그리스의 노예제, 대중 종교, 교육의 역할 등의 주제에서 가장 중요한 정보원으로 여겨진다(오유석 역, 2005, 《크세노폰의 향연·경연론》, 작은이야기 참고).

옥타비우스(*Octavius*). 펠릭스가 키케로를 모방하고 세네카의 영향을 일부 받아 저술한 책이다. 초기 교회의 저술 중 가장 뛰어난 작품으로 인정받는다.

우울의 해부(*Anatomy of Melancholy*). 영국의 학자이자 작가이며 성공회 신부인 버턴이 쓴 책이다. 문체상으로 걸작인 동시에 진기한 정보의 보고이며 당시 철학과 심리학 이론의 귀중한 색인으로 꼽힌다. 그의 글은 상상력이 풍부하고 달변이며 고전문구의 인용과 라틴어 인용구로 가득 차 있어 박식함이 드러난다. 우리나라에서는 격언·명언집에서 그의 문구를 쉽게 찾아볼 수 있다.

인간 정신의 진보에 관한 역사적 개요(*Sketch for a Historical Picture of the Progress of the Human Mind*, 프랑스명 *Esquisse D'un Tableau Historique des Progrès de L'esprit Humain*, 1793) 계몽주의자인 콩도르세의 책으로 인간 정신의 진보와 공교육의 중요성을 강조한다. 즉, 인간 정신의 진보는 교육과 정치적 수단에 의해 가능하며, 따라서 모든 사람들은 평등하게 교육을 받아야 한다고 주장하는 것이다.

인간과 자연(*Man and Nature*). 마시의 저작으로 18세기 말 뷔퐁의 역작 이후 '인간의 활동에 의해 변화되는 지구'에 관한 가장 자세하고 체계적인 연구다. 그 당시 지배적이었던 환경결정론적 사고와는 반대로 인간 활동이 자연 세계에 심대한 영향을 미쳤다고 주장한다. 특히 인간이 자연을 변형시키는 데 가장 중요한 행위자이며 기술로 무장하고 경제 성장에 매달릴 경우 특히 문제가 심각하다는 급진적 주장을 시도했다. 시간이 흐르고 강도가 증가하면 환경의 파괴는 문명을 소멸시키고, 나아가 인간의 멸종을 가져올 수 있다고 경고한다. 이 책에서 그는 다양한 지리적 범위에 걸친 역사적 사례를 동원하여 동식물, 산림, 물(강과 호수) 등의 문제를 다루는데, 특히 산림의 파괴를 중요하게 생각했다. 무엇보다도 그에게서 환경주의의 단초를 발견할 수 있는 것은 인간이 그러한 행위에 대해 책임을 가진다는 점을 파악한 것이다. 이러한 생각은 후에 기포드 핀쇼, 루즈벨트 등에게 영향을 미치면서 19세기 후반 미국의 진보적 보전주의 운동의 시초가 된다. 루이스 멈포드는 이 책을 '환경보호운동의 선구적 업적'이라고 지적했다. 산업화라는 문제가 마시의 분석틀에 간접적으로만 개입되었지만 그가 묘사하는 생태계 파괴 뒤에서 산업화가 중요한 힘으로 작용함은 명약관화하다. 그러므로 20세기 이전에 쓰인 지구 생태계의 파괴에 대한 선구적인 연구인 이 책이 산업자본주의 시대를 비판했던 칼 마르크스의 《자본론》보다 단지 3년 앞서 출판되었다는 사실은 결코 우연이라고 말할 수 없다. 두 저작은 다 산업혁명에 의해 생성된 힘에 대항하여 쓰인 것들이었다. 마르크스의 사상이 자본주의에 항거하는 노동자 계급의 투쟁을 고취했다면, 마시의 사상은 인간의 자연에 대한 착취에 한계를 설정하려는 투쟁을 시작케 했던 것이다. 이에 관해서는 Worster, ed., 1988, *Ends of the Earth*, pp. 8~14를 보라(홍금수 역, 2008, 《인간과 자연》, 한길사 참고).

자연신학: 신성의 존재와 속성에 대한 증거들(*Natural Theology: or Evidences of the Existence and Attributes of the Deity*). 영국의 신학자 윌리엄 페일리가 1802년에 발간한 책이다. 이 책은 자연 세계의 미와 질서를 입증함으로써 신의 존재를 증명하고자 한다. 시계에 빗대어 생물학, 해부학, 천문학의 사례를 모아 현명하고 자애로운 신에서만 나올 수 있는 설계의 복잡성과 독창성을 보이려 한다. 즉, 어떤 이가 어느 시골의 불모지를 걷다가 시계를 하나 발견하고 그 시계의 여러 부분(스프링, 톱니바퀴, 바늘 등)이 충족하는 기능에서 얻어지는 유일한 논리적 결론은 '그 구조를 이해하고 그 용도를 설계한' 제작자가 있다는 것이라고 주장하는 식이다.

자연의 신기원(*Époques de la Nature*). 뷔퐁의 《박물지》 50권 가운데 1778년 출판된 5권으로 가장 유명한 부분이다. 뷔퐁은 처음으로 지질학사를 시기별로 재구성했다. 멸종된 종에 대한 그의 개념은 고생물학 발전의 터전을 마련했고 행성이 태양과 혜성의 충돌로 생겼다는 학설을 처음으로 제시했다.

자연종교에 관한 대화(*Dialogues Concerning Natural Religion*). 흄의 저작으로 그의 조카에 의해 사후에 출간되었다. 가상의 세 인물인 클리안테스, 필론, 데미아가 신의 존재에 대해, 특히 설계론에 대해 논의하는 구조이다.

장미 이야기(*Roman de la Rose*). 중세 후기 프랑스의 시로 사랑의 기술에 대해 설명하는 내용이다. 여기서 장미는 숙녀의 이름인 동시에 사랑의 상징이다. 알레고리 형식으로 쓰여 중세에 대단히 영향력이 컸으며 사랑의 묘사에 일종의 패러다임을 제시했다. 첫 4,058줄은 1230년경 드 로리스(Guillaume de Lorris)가 썼고, 1275년경 드 묑(de Meun)이 나머지 17,724줄을 쓴 것으로 알려졌다. 프랑스에서 3세기에 걸쳐 널리 읽혔고, 영국의 시인 초서가 앞부분을 영어로 번역했는데, 초서에게 많은 영향을 미쳤다(김명복 역, 1995, 《장미와의 사랑 이야기》, 솔 출판사 참고).

정치적 정의(*Political Justice*). 프랑스혁명 직후 고드윈(Godwin)이 저술한 책으로 전체 제목은 《정치적 정의와 그것이 일반 미덕과 행복에 미치는 영향에 관한 고찰》(*An Enquiry Concerning Political Justice and its Influence on General Virtue and Happiness*)이다. 고드윈은 권력이란 자연에 역행되는 것이며 사회악은 인간이 이성에 따라 자유롭게 행동하지 않기 때문에 발생한다고 주장하는 한편 사유재산의 부정(否定)과 생산물의 평등 분배에 입각한 사회 정의의 실현을 주장해 무정부주의의 선구자이자 급진주의의 대표가 되었다.

정치학(*Politika*). 아리스토텔레스의 정치철학 저작이다. 총 8권으로 니코마코스 윤리학이 끝나는 지점에서 시작된다. 제목인 '정치학'은 '폴리스에 관한 일들'을 의미한다. 국가의 기원과 이상국가론, 시민과 정체, 혁명, 가정 등에 대해 논의한다(천병희 역, 2009, 《정치학》, 도서출판 숲 참고).

종교의 유사성(*Analogy of Religion*). 원제는 《자연종교와 계시종교의 유사성》(*Analogy of*

Religion, Natural and Revealed, 1736) 이다. 조셉 버틀러의 대표작으로 기독교 변증법에 대한 대표적인 저작이다.

지구에 관한 새로운 조사 (*New Survey of the Globe*: *Or an Accurate Mensuration of All the Empires, Kingdoms, States, Principal, Provinces, Counties and Islands in the World*) 토마스 템플만(Thomas Templeman)이 1729년경 출판한 책으로 부제목으로 첨부된 것처럼 세계의 모든 제국, 왕국, 국가, 성, 지방, 섬 등에 관해 정확한 측정을 기록한 책이다.

지구에 관한 신성한 이론 (*Sacred Theory of the Earth*). 버넷이 라틴어로 1681년, 영어로 1684년에 출판한 책이다. 지표면에 관한 아무런 과학적 지식이 없는 상태에서 서술된 단순한 사색적 천지창조론이었지만 설득력 있게 쓰였다. 이 책에서 그는 지구가 노아의 홍수 이전까지 내부가 대부분 물로 채워진 완전한 공동(空洞)의 구체였지만 노아의 홍수로 산과 바다가 모습을 드러냈다고 보았다. 그는 지구상의 물의 양을 조심스럽게 (그러나 부정확하게) 측정할 정도로 가능한 과학적으로 주장하고자 했다. 뉴턴은 지질적 과정에 대한 버넷의 신학적 접근에 대한 찬양자였다.

지리학 (*Geographia*). 로마 시대의 지리학자 스트라본이 20년경 집필한 17권짜리 저술로 지리학의 백과사전이라 불린다. 유럽 각지와 동방세계를 상세하게 설명한다. 이 책은 자연환경론을 지리학 연구의 한 입장으로 확립시킨 점에서 귀중한 업적으로 평가받는다.

참된 기독교 (*Four Books of True Christianity*). 독일의 루터교신학자였던 요한 아른트에 의해 1605년에서 1610년에 걸쳐 쓰인 책이다. '참된 기독교'란 기독교의 본질을 정통 교회의 교리에서가 아닌 영적인 체험에서 찾으려는 것으로 당시 교회 개혁운동의 주제가 되었다.

책들의 전쟁 (*Battle of the Books*). 영국의 조나단 스위프트의 1704년 소설. 그는 당시 휘그당의 저명한 외교관이자 대표적인 고전 학문 옹호자였던 윌리엄 템플 경의 비서였다. 그런데 템플이 1690년 "고전 및 근대 학문에 관하여"라는 논문을 통해 근대 학문과 예술 및 과학의 우수성을 주장하는 자들에 반대하고 역사의 순환이론을 주장하면서 어떠한 형태의 진보와 발전도 인정하지는 않는다는 견해를 피력했다. 또한 현존하는 고전 저술에 대한 완벽하고 명료한 지식이야말로 모든 지식의 열쇠가 된다고 주장하면서 고전 학문이 근대 학문보다 절대적으로 훨씬 우월하다고 강변했다. 그러자 대표적인 근대 학문 옹호자이며 비평가였던 윌리엄 워튼과 리차드 벤틀리가 이에 반박하고 나섰으며, 여기에 스위프트와 당시 옥스퍼드 대학교 학생이었던 찰스 보일 등이 개입하면서 논쟁이 더욱 치열하게 전개되었다. 스위프트는 이 논쟁 과정에서 워튼과 벤틀리가 보여주었던 템플에 대한 비신사적인 공격에 특히 분개했다. 《책들의 전쟁》은 바로 이와 같은 상황에서 스위프트가 자신이 모시던 템플을 옹호하고 워튼과 벤틀리를 공격하기 위하여 쓴 풍자인데, 작품 속에서 템플은 용맹한 고전군 장수로 등장하며, 워튼과 벤틀리는 근대군 장수로 등장해서 비참한 최후를 맞는다(류경희 역, 2003, 《책들의 전쟁》, 미래사 참고).

철학의 위안(*Consolation of Philosophy*). 가톨릭 순교 성인 보이티우스(Boetius)의 525년경 저작이다. 인식과 실재에 관한 플라톤의 견해를 담았으며 섭리, 신의 예지, 우연, 운명, 인간의 행복 등을 생생하게 논의한다.

캉디드(*Candide*). 프랑스 계몽사상가 볼테르의 철학소설이자 동명소설의 주인공 이름이다. 1759년 간행되었으며 원제목은 《캉디드 또는 낙관주의》이다. 독일의 한 귀족의 성에 사는 캉디드는 예정조화설의 신봉자인 가정교사 팡글로스 박사로부터 이 세상은 조화롭고 완전한 상태, 즉 늘 최선의 상태에 있도록 신이 만들었다는 낙관주의 교육을 받는다. 팡글로스 박사에 따르면 악조차 세상의 조화를 위해 필수적인 것이다. 그러나 캉디드는 매혹적인 성주의 딸에게 품은 연정이 화가 되어 성에서 쫓겨난 이후 세상 속에서 온갖 고초를 겪는다. 이윽고 엘도라도에서 밭을 일구는 노인을 보면서 최선의 세상 혹은 낙관론적 견해와 결별하고 스스로 실천을 통해 부조리한 세상을 헤쳐 나가야 함을 깨닫는다는 내용이다.

코란(*Koran*). 이슬람교의 창시자 무함마드가 619년경 유일신 알라의 계시를 받은 뒤부터 632년 죽을 때까지의 계시・설교를 집대성한 것이다.

코스모스(*Kosmos*). 독일의 지리학자이자 박물학자인 훔볼트의 대표 저작이다. 일생에 걸쳐 수집한 자료를 모아 19세기 전반의 과학과 세계를 상세하고도 보편적으로 묘사한 5권의 책으로 1845년에서 1862년에 걸쳐 출간되었다. 자연의 복잡성 속에서 질서와 통일성이라는 개념을 정형화하려 시도한 데 의의가 있다.

크리티아스(*Critias*). 플라톤의 저서로 아틀란티스에 대해 최초로 언급한 것으로 유명하다(이정호 역, 2007, 《크리티아스》, 이제이북스 참고).

태양찬가(*Hymn to the Sun*). 이집트 제 18왕조의 10대 왕(재위: 서기전 1379~1362)인 아크나톤이 태양신 아텐을 찬양하기 위해 지었다고 알려진 것으로 《아톤 찬가》라고도 불린다. 태양을 인류의 창조자, 세상의 은인으로 칭송하며 창조주를 찬양하는 시편 104편과 내용상 유사한 것으로 알려졌다.

티마이오스(*Timaios*). 플라톤의 자연학에 대한 대화편이다. 원래 이 대화편은 《크리티아스》, 《헤르모크라테스》(*Hermocrates*)를 포함하는 3부작의 첫 부분으로 계획되었으나 실제로 완성한 저작은 《티마이오스》뿐이다. 주제는 물리학, 생물학, 천체학 등과 관련된 것이다. 플라톤에게 선의 이데아는 창조의 원리이다. 이 원리를 의인화한 것이 《티마이오스》에서 우주의 창조자로 등장하는 데미우르고스이다. 과학적 사실과 정신적 가치가 조화할 수 있는 가능성을 담은 이 책은 수 세기 동안 서구의 우주관을 형성했다(김영균 외 역, 2000, 《티마이오스》, 서광사 참고).

파이돈(*Phaidon*). 플라톤의 중기 대화편이다. 아테네의 감옥에서 죽음에 직면하여 소일하던 소크라테스의 나날을 파이돈이 에케크라테스에게 이야기하는 형식을 취한 것으로 일반적으로 영혼불사의 증명을 주제로 삼았다(박종현 역, 2003, 《에우티프론, 소크라테스의 변론, 크리톤, 파이돈: 플라톤의 네 대화 편》, 서광사 참고).

페르시아인의 편지(*Lettres Persanes*). 몽테스키외가 1721년 쓴 서간체 풍자소설이다. 페르시아인 귀족 우스벡이 그의 친구, 처첩, 관리인과 주고받은 161통의 편지로 구성되었으며, 소설의 형식을 빌려 18세기 프랑스의 사회상을 통렬히 풍자한다(이수지 역, 2002, 《페르시아인의 편지》, 다른세상 참고).

프린키피아(*Principia*). 아이작 뉴턴의 1687년 저서이다. 책 제목은 라틴어 프린키퓸(*Principium*)의 복수형이며 원제는 《자연철학의 수학적 원리》(*Philosophiae Naturalis Principia Mathematica*)이다. 뉴턴의 역학 및 우주론에 관한 연구를 집대성한 책으로 이른바 만유인력의 원리를 처음으로 세상에 널리 알린 것으로 유명하다. 라틴어로 쓰였으며 총 3편으로 구성된다. 1, 2편에서는 운동에 관한 일반적 명제를 논술했는데 특히 2편에서는 매질 속에서의 물체의 운동을 다룬다. 3편에서는 2편에서 증명된 명제로 천체의 운동, 특히 행성의 운동을 논한다. 또한 코페르니쿠스의 지동설 문제, 케플러의 행성의 타원궤도 문제를 해결했다.

헤르메티카(*Herrmetica*). 서기전 3세기~서기 3세기 동안 이집트에서 쓰인 철학·종교적 그리스어 문서이다. 여러 저자의 가르침을 기록하고 편집한 것인데 이집트 지혜의 신 토트(그리스에서는 헤르메스 트리스메기스토스)의 가르침으로 설명된다. 그 가르침의 핵심은 플라톤, 피타고라스적 철학사상이며, 점성술을 비롯한 각종 신비과학, 신학, 철학적 내용을 담았다(오성근 역, 2005, 《헤르메티카》, 김영사 참고).

형이상학 서설(*Discours de Metaphysique*). 라이프니츠가 물질, 운동, 육체의 저항, 우주 속에서 신의 역할과 관련된 철학을 전개한 책이며, 37개의 장으로 구성된다. 이 책의 사상적 기반은 절대적으로 완전한 존재로서의 신이며, 신이 세계를 완전한 형태로 창조했다는 것이다.

70인 역 성경(*Septuagint*). 구약성서를 뜻하며, 72명의 학자가 이 번역 사업에 종사했다는 전설에 따라 붙여진 이름이다. 본래는 헤브라이어 원전의 '율법' 부분을 가리키는데, 초대 그리스도 교회에서는 여기에 '예언서', '제서'(諸書)의 번역까지 포함시켜 약호로 'LXX'라 불렀다. 이집트의 알렉산드리아에서 번역되었으며 성서 연구에는 물론 언어학상으로도 중요한 자료인데 특히 신약성서의 문체와 사상을 연구하는 데 귀중한 자료이다.

**** 기 타

갈리아-로마인 (Gallo-Roman). 서기전 50년 무렵부터 서기 5세기까지 갈리아가 로마의 지배 아래 있던 시대의 원주민을 이른다.

계시종교 (*revealed religion*). "자연종교" 항목을 참고하라.

고등비평 (高等批評, *higher criticism*). 성서 각 책의 자료, 연대, 저자 및 역사적·사상적 배경 등을 학문적으로 연구하는 방법이다. 상층비평 (上層批評) 이라고도 하며, 저급비평에 대립되는 말이다. 저급비평이 성서 원문에 관한 연구인 데 반해 그 저작연대와 저자 그리고 역사적·사상적 배경 등 성서에 관한 문학적·역사적 비평과 연구를 주안으로 하므로 문학비평 또는 역사비평이라고도 한다. 이 용어는 1783년 아이히호른이 처음으로 사용했는데, 이 방법은 18~19세기에 베르하우젠, 파울 등을 중심으로 성행했다.

고왕국 시대 (*Old Kindom*). 고대 이집트 문명 최초의 번영기인 제3왕조 (서기전 2686년경) 에서 제6왕조 (서기전 2181년경) 에 이르는 시기. 피라미드가 건설된 시기였기 때문에 '피라미드 시대', 혹은 제3왕조 때 수도를 멤피스로 옮겼기 때문에 '멤피스 시대' 라고도 한다.

교부 시대 (*patristic period*). 교부란 사도들에 이어 크리스트교를 전파하며 신학의 기본 틀을 형성한 교회의 지도자를 일컫는다. 이들이 활동했던 시대를 교부 시대라고 하는데, 2세기에서 8세기까지의 시대를 이르며 시기별로 구분하거나 지역별로 구분한다. 시기별로 구분할 경우 ① 사도 시대부터 325년 니케아 공의회까지의 초기 교부 시대, ② 니케아 공의회로부터 451년 칼케돈 공의회까지의 전성기, ③ 서방은 세비야의 이시도루스 (626년), 동방은 다마스쿠스의 요한네스 (749년) 에 이르는 말기로 구분된다. 지역별 구분은 2세기 이후 라틴어 문화권이 형성됨에 따라 지역과 문화를 기준으로 구분한다. 그리스어로 집필한 교부를 중심으로 동방교부라고 칭하는데 이들은 다시 그리스교부와 동방교부로 세분화된다. 라틴어 영역권에서 활동한 교부는 라틴 교부라 칭하며 라틴 교부는 다시 로마교부와 아프리카교부로 나누어진다. 일반적으로는 지역별 구분이 자주 사용된다.

굴절의 법칙 (*law of refraction*). 네덜란드의 스넬이 1621년에 확립했다. 그의 이름을 따서 스넬의 법칙이라고도 한다. 한 매질에서 다른 매질로 입사한 빛의 일부는 매질의 경계면에서 반사의 법칙에 따라 반사하고 나머지 부분은 굴절하여 진행한다는 의미이다. 입사각을 θi, 굴절각을 θt 라고 하면 $\sin\theta i / \sin\theta t = n$ (일정) 이라는 관계가 성립한다.

권곡 (圈谷, *cirques*). 빙하 침식에 의해 생긴 반원형의 오목한 지형을 말한다.

낭트 칙령 (*Edict of Nantes*). 앙리 4세가 1598년 브르타뉴의 낭트에서 공포한 칙령으로, 프랑스 신교도인 위그노에게 광범위한 종교의 자유를 부여하는 내용이다. 이 칙령

을 통해 위그노에게는 파리를 제외한 지역에서 공공예배를 볼 수 있는 신앙의 자유
가 보장되었고 완전한 시민권이 허용되었다. 그러나 이 칙령은 교황 클레멘스 8세,
프랑스의 로마가톨릭 성직자, 고등법원 등의 커다란 불만을 샀고 1629년에 일부 조
항이 무효화되었다. 1685년 루이 14세는 이 칙령을 완전히 철폐하고 프랑스 신교도
의 모든 종교적·시민적 자유를 박탈했다.

노르만의 시칠리아 정복(1060~1091). 시칠리아는 6세기에는 비잔틴제국의 침입을 받아 이
후 3백여 년간 비잔틴 문화의 영향을 받았다. 9세기부터는 아랍인의 지배를 받다가
11세기 노르만족이 기독교의 재정복이라는 명분으로 시칠리아를 점령한 사건을 말
한다.

놈(*nome*). 고대 이집트의 하위 행정구역으로 그리스어에서 유래했다. 요즘에는 프톨레
마이오스 시대에 쓰이던 이집트 용어 세파트(*sepat*)가 더 많이 쓰인다.

능산적 자연(能産的 自然, *natura naturans*). 자연을 역동적이고 합목적적인 것으로 본 아
리스토텔레스에서 유래한 관점이다. 현대 생물학에서 목적론적 의미를 가진 진화론
은 능산적 자연관을 그 토대로 한다. 소산적 자연(所産的 自然, *natura naturata*)은
자연을 조물주가 이데아, 즉 수학적 조화의 원리에 따라 만든 완성품이라고 본 플라
톤에 의해 처음 제시되었다. 근대 이후의 기계론적 자연관이나 기계적 결정론은 이
러한 전통을 이어받은 것이다. 중세 스콜라철학에서 능산적 자연은 창조자로서의
신, 소산적 자연관은 창조되는 자로서의 자연을 의미했지만 스피노자는 이 두 개념
을 창조주와 피조물의 관계로 이해하지 않고 더 밀접하게 연관시켜서 범신론적 의미
를 부여한다. 능산적 자연은 자기 자신 안에 있고 자기 자신에 의해 생각되는 실체,
즉 신을 의미하고 소산적 자연은 신적 본성의 필연성에 의해 생기는 실체의 여러
변화 상태, 즉 양태를 의미한다(서양근대철학회, 2001, 《서양근대철학》, 창작과 비평
참고).

다이아나(Diana). 로마신화의 달의 여신. 처녀성과 수렵의 수호신이기도 하다. 그리스
신화에서는 아르테미스에 해당한다.

데미우르고스(Creator-Demiurgos). 플라톤 《티마이오스》 편에 나오는 세계를 만드는 거
인의 이름으로 제작자(창조신)라는 뜻이다.

두발가인(Tubal-cain). 성서상 인물로 창세기 4장 22절에 나오는 야금술의 시조이다.

라케다이모니아인(Lacedaemonians). 라코니아 지방에 거주하는 종족으로 그 지방의 대표
적 도시국가인 스파르타인과 동의어로 사용된다.

라프족(Lapps). 스칸디나비아 반도 북부에서 핀란드 북부에까지 거주하는 민족. 스스로
사미(*Sami*)라고 칭한다.

레비아단(*Leviathan*). 구약성서와 우가릿 문서, 후대 유대문학에서 언급되며 바다를 혼돈
에 빠뜨리는 신화적인 바다 뱀 또는 용을 일컫는다. 레비아단이란 '휘감다, 꼬다'라
는 의미의 아랍어 라와(*iwy*)와 같은 히브리어 '라와'에서 유래했다. 텔 아스마르(Tel

Asmar)에서 발굴된 메소포타미아의 원통형 도장에 그려진 7개의 머리를 가진 용, 라스 샤므나(Ras Shamra)에서 발견된 가나안 본문들(우가릿 문서)에 쓰인 바알 (Baal)에 의해 죽임을 당한 7개의 머리를 가진 바다괴물 로탄(Lotan)의 이야기가 레비아단을 표현한다. 홉스의 저서 《리바이어던》의 제목이 여기서 유래했다.

로고스 교의(*logos doctrine*). 로고스는 의미, 이성, 원리 등의 다양한 의미를 가지는 그리스어로 로고스 교의는 고대 철학에서 시작해 중세 기독교 사상에서 중요한 위치를 차지한다. 고대 철학에서 로고스는 만물이 비롯한 기초가 되는, 나누어지지 않는 물질이자 만물을 생성하는 원리이다.

로물루스(Romulus). 서기전 753년 로마 건국의 전설적인 시조이다.

롬바르드족(Langobards). 568~774년에 이탈리아 반도의 한 왕국을 다스렸던 게르만족의 일파이다.

리베르(Liber). 로마 신화에 나오는 번식과 성장을 주관하는 전원의 신이다.

리비아(Libya). 이집트 왕 에파포스의 딸로 인간으로서 포세이돈과 정을 통해 여러 아들을 낳았다고 전해진다.

리스본 대참사(Lisbon disaster). 1755년 11월 1일 아침 세 차례에 걸쳐 포르투갈, 에스파냐 및 아프리카 북서부 일대를 강타한 대지진으로 포르투갈의 리스본이 가장 큰 타격을 받았다. 9시 40분경 처음에 일어난 지진이 가장 컸다. 그날이 바로 만성절(*All Saints' Day*)이어서 시민의 대부분이 교회에 모여 있다가 약 23만 5천 명 중 3~7만 명이 사망했다. 첫 지진으로 대부분의 건물이 무너졌고, 두 번째 지진으로 많은 시민이 피난하던 항구의 새 부두가 바다 속에 가라앉아 재해가 더욱 커졌다. 최고 파고가 15m에 이르는 큰 해일이 일어났으며, 이 해일은 대서양을 횡단하여 10시간이 지난 후에 서인도 제도에 도달했다. 지진을 감지한 지역은 영국 본토, 아일랜드 남동부, 덴마크 남부, 오스트리아 서부 등이었고 그 면적은 육상에서만도 128만 km²에 이르렀다. 여진은 본진 후 6개월 동안 약 250회나 있었다.

마그나 카르타(*Magna Carta*). '대헌장'이라고도 한다. 1215년 잉글랜드의 존 왕이 내란의 위협에 직면하여 반포한 인권 헌장으로, 1216, 1217, 1225년에 개정되었다.

마니교(*Manichaean*). 이원론을 주장하는 대표적 종교로 사산조 페르시아 시대에 생겨났다. 이를 주창한 예언자 마니(Mani)의 이름을 따 마니교라고 불렀다.

마르스(Mars). 로마 신화의 군신으로 그리스 신화의 아레스에 해당한다.

맘루크 왕조(Mameluke). 중세 이집트의 노예 군인 출신이 세운 왕조이다.

망치 관리인(*Garde-Marteau*). 삼림의 관리자로서 왕실 소유의 삼림 내에서 분할하고 판매할 나무를 표시할 때 망치를 사용한 데서 유래한 명칭이다.

머큐리(Mercury). 로마 신화에서 죽은 자, 웅변가, 장인, 상인, 도둑의 수호신이다. 그리스 신화에서는 헤르메스에 해당한다.

목적인(*final cause*). "4원인설"을 참고하라.

몬테카시노 수도원(monastry of Monte Cassino). 529년경 누르시아의 베네딕트가 로마 남동쪽 몬테카시노에 세운 수도원. 베네딕트회의 모체로서 유럽 수도원의 전형인데, 개인주의적이고 금욕적인 동방의 수도원에 비해 중용과 공동생활을 채택하여 539년에 수도계율(修道戒律), 즉 회칙을 초안한 것이 나중에 서유럽 수도원 제도의 모범이 되었다.

미네르바(Minerva). 로마 신화에서 지혜, 전쟁의 여신이다. 그리스 신화에서는 아테나에 해당한다.

바실리우스 수도회칙(Basilian rule). 성 바실리우스가 정한 수도회칙이다. 단순하지만 엄격했고 제자들에게 공동생활을 요구했다. 성 바실리우스는 사막 은둔 수도자들의 극단적 금욕을 조심스레 피했다. 회칙은 55조목의 "대계율"(Regulae Fusius Tractatae)과 313조목의 "소계율"(Regulae Brevius Tractatae)로 이루어지며 신에 대한 완전한 봉사에 이르는 수단으로 금욕적 훈련을 권장한다. 또한 전례에 따라 여러 시간 기도를 하고, 지적 활동과 육체노동을 통해 순종하는 공동체 생활을 하도록 규정한다.

바이킹(Viking). 스칸디나비아 지역에 살던 노르만족을 칭한다. 스칸디나비아어에서 하구, 협곡을 의미하는 'vik'에서 유래했다는 설과 성채도시, 시장을 뜻하는 게르만어 'wik' 또는 전투를 뜻하는 'vig'에서 유래했다는 설이 있다. 789년 영국에 대한 공격을 시작으로 약 2백 년간 영국과 프랑스, 러시아를 침공, 약탈하고 정착한다.

바쿠스(Bacchus). 로마 신화에서 술의 신으로 그리스 신화의 디오니소스에 해당한다.

발도파(Waldenses). 12세기 말 프랑스의 발데스가 시작한 기독교의 순복음적 신앙노선 일파이다. 발데스 복음주의 또는 왈도파 등으로도 불린다. 재산가였던 발데스는 신을 위해 자신을 바치기로 결심하고, 1176년 재산을 모두 빈민들에게 나누어준 뒤 그리스도의 사도나 아시시의 성 프란체스코처럼 청빈한 생활을 하면서 설교에 전념했다. 설교에 감동한 많은 사람들은 두 명씩 조를 짜 '리옹의 빈자'라 이름 짓고 각지를 돌아다니며 복음을 전했다. 로마교회가 설교를 금지했음에도 설교 활동이 계속되자 교황 루키우스 3세는 1184년 칙서를 발표해 발도파를 이단으로 단죄했으나 그들은 로마교회와 결별하고 독자 조직을 만들었다.

백합 낙인(*fleur-de-lis*). 옛날에 죄인의 어깨에 찍은 백합 모양의 낙인으로 이 책에서는 나무에 새겨진 표식을 의미한다.

범형론(*exemplarism*). 창조주가 인간 및 만물의 범형이며 인간은 신의 모습을 닮은 것이라고 주장하는 중세 학설이다.

베네딕트 규율(Benedictine Rule). 성 베네딕트가 몬테카시노 수도원을 위해 작성한 수도원 개혁안 및 수도회 회칙이다. 수도원의 제도, 이상적인 수도 생활, 기도, 징계, 수도원장의 선출 방법 등이 규정되는데 이 회칙은 가톨릭교회 전체에 큰 영향을 미쳤다. 이 규율을 따르는 수도회들을 통칭해 베네딕트 수도회라 일컫는다. 청빈, 동정, 복종을 맹세하고 수행과 노동에 종사한다.

베헤못(*Behemoth*). 구약성서에 나오는 힘이 센 초식동물이다. 히브리어로는 '짐승'이라는 뜻인데 여러 성경에서 고유명사처럼 사용되었다. 12세기까지 나일 강 하류, 요셉이 살던 시대 이후까지 수리아의 오론테스 강에 살았던 것으로 알려져 있는데 어떤 격류에도 놀라지 않는 동물이다. 물속에 살지만 음식을 찾기 위해 강 밖으로 나와 비탈을 기어오르기도 한다.

벨가이족(*Belgae*). 갈리아 북부 센 강, 마른 강 북쪽에 살던 주민. 카이사르가 《갈리아 전기》에서 처음 쓴 용어이다. 문화적으로 남북으로 구별되며, 남쪽에서는 영국으로의 이주가 있었다. 갈리아 중에서도 가장 사납고 용맹스러웠다고 전해진다.

보편논쟁(*great dispute over universals*). 보편이 실재하는가, 그렇지 않은가를 문제를 다툰 중세 말기의 논쟁. 보편이 실재한다는 실재론과 보편은 이름뿐이라는 유명론이 대립했다.

볼란드파(*Bollandist*). 벨기에 예수회에 소속된 소규모 집단이다. 성인들의 전기와 전설을 그들의 축일에 따라 배열한 방대한 모음집인 《성인열전》을 편집, 출간했다.

부르고스령(*Laws of Burgos*). 1512년 10월 27일 에스파냐 부르고스에서 공표된 법령으로 에스파냐의 보통법이 적용되지 않는 아메리카 식민지에서 발생하는 법적 문제를 해결하기 위하여 제정되었다. 법의 주요 내용은 식민지에 거주하는 에스파냐인에게 아메리카 원주민에 대한 학대 행위를 금지시키고 가톨릭으로의 개종을 장려하기 위한 것이었다.

부르군트족(*Burgundians*). 민족 이동기 동게르만의 여러 부족 중 하나이다. 413년 라인 강 중류 지역에 부르군트 왕국(413~436)을 건설했다가 훈 족에게 멸망하고, 443년 론(Rhône), 손(Saône) 지방에 왕국을 재건(443~534)했으나 프랑크왕국에 의해 멸망했다.

부바스티스 의식(*cult of Boubastis*). 고대 이집트 삼각주 지대의 부바스티스 지역에서 시작된 고양이의 신 바스테트를 숭배하는 축제를 일컫는다. 후에 이집트 전 지역에 걸쳐 행해지는 가장 성대한 축제가 되었는데, 헤로도토스에 따르면 바카날리아(바쿠스 축제)와 같은 광란의 연회가 동시에 개최되었다고 한다.

빙퇴석(氷堆石, *moraines*). 빙하에 의해 운반 퇴적된 지형을 말한다.

사라센(*Saracen*). 라틴어로는 '사라세니'(Saraceni), 즉 시리아 초원의 유목민을 가리키며 아랍어로는 '동쪽에 사는 사람들'이란 뜻의 '사라킨'이라는 단어에서 기원했다고 한다. 7세기 이슬람교가 성립한 뒤부터는 이슬람교도를 통칭하는 말이 되었고 십자군을 통하여 전 유럽에서 부르는 호칭이 된다.

사모예드족(*Samoyed*). 시베리아 북서부에 거주하는 원주민 집단이다. 우랄 어족에 속하며 여름에는 북쪽 툰드라 지대, 겨울에는 남쪽 삼림 지대로 이동하며 살아간다.

살리카 법(*Salic law*). 프랑크왕국을 구성했던 프랑크족의 하위 부족인 살리족의 법으로 서게르만인의 부족법 중 가장 오래된 법이다. 6세기 프랑크왕국의 클로비스 1세가 다스리던 시대에 편찬한 전통법의 중요한 부분이다.

서고트족(Visigoths). 게르만족 중에서 가장 중요한 부족 중 하나로 4세기에 동고트족에서 분리되었고 로마 영토를 거듭 침범했으며 갈리아와 에스파냐에 걸친 거대한 왕국을 세웠다.

세계지(*cosmography*). 하늘과 땅을 포함한 세계의 특징에 대해 기술한 책으로 천지학, 우주지로도 번역된다. 세계와 그 안에 있는 모든 것에 대해 기술한 책을 통칭한다.

세소스트리스(Sesostris). 고대 이집트의 전설적인 왕이다. 북쪽으로는 시리아와 터키를 통과해 콜키스, 서쪽으로는 러시아 남부, 남쪽으로는 로마니아, 동쪽으로는 불가리아와 그리스 동부까지 영토를 확장했다고 헤로도토스는 전한다.

셀레우코스 왕조(the Seleucids, 서기전 312~60). 알렉산드로스 사후 헬레니즘 지역을 물려받은 왕조이다.

소산적 자연(所産的 自然, *natura naturata*). "능산적 자연" 항목을 참조하라.

소요학파(peripatetic school). 아리스토텔레스학파를 지칭한다. 아리스토텔레스가 학원 안의 나무 사이를 산책하며 제자들을 가르쳤다는 데서 붙은 이름이다.

스키타이인(Scythian). 서기전 6~3세기경 남부 러시아의 초원지대에서 활약한 최초의 기마 유목민족이다. 서기전 11세기경 볼가 강 중류 지역에서 서서히 침투한 민족과 원주민과의 혼혈에 의해 형성된 민족으로 추정되며 유라시아 초원 지대에서는 키메르인과 함께 서기전 90년경 가장 일찍 유목민화되었다. 민첩하고 강력한 기마민족인 이들은 서기전 7세기에 소아시아·시리아 방면을 침범하고 서기전 6세기에는 키메르인을 카프카스의 쿠반 강 유역으로 쫓아내고 근거지를 아조프 해 북부로 옮겼으며 카르파티아 산맥을 넘어서 도나우 강 중류지대까지 세력을 확대했다.

시로코(*sirocco*). 지중해 연안에 부는 국지풍을 뜻한다. 이 바람의 영향을 받을 때에는 기온이 상승하여 무덥다.

시토 수도회(*Cistercians*). '베르나르회'라고도 한다. 프랑스의 디종 근처 시토의 수도원에서 이름이 연유되었다. 1098년 베네딕트회 몰렘 수도원 원장 로베르투스(Robertus)가 수도회의 엄격하지 않은 회칙 적용에 불만을 품고 베네딕트 회칙의 엄수에 뜻을 같이하는 수사 20명과 함께 원시 수도회 제도의 복귀를 목표로 창설한 혁신적 수도회다. 1112년에 클레르보의 베르나르두스(Bernardus)가 형제 4명을 비롯해 친구와 친척 31명을 이끌고 시토 수도회에 가입함으로써 수도회의 융성을 가져왔다. 베르나르두스는 1115년에 클레르보의 창설 대수도원장으로 임명되었으며, 그때부터 시토회는 급격하게 발전했고 1120년에는 여성들을 위한 최초의 시토 수녀회가 창설되었다.

실체 변화(*transubstantiation*). 성찬에서의 빵과 포도주가 그리스도의 몸과 피로 변함을 의미한다.

실피움(*Silphium*). 리비아가 원산지인 희귀식물로 로마인에게 사랑받다 멸종되었다. 서구에서 하트 문양과 연관된다.

심리적 동일성 (*psychic unity*). 인간이 공통적으로 지니는 성향을 말하는데 심리적 동일성과 생물학적 동일성으로 나눌 수 있다. 심리적 동일성은 인간은 문화적 표현상의 차이는 있을지라도 공통된 심리적 특성과 사고방식을 가진다는 것이다. 생물학적 동일성은 인간은 인종, 성별 및 연령별 차이 등에도 불구하고 공통된 생물학적 특성을 가진다는 것이다. 이러한 동일성 개념은 서로 다른 지역에서 공통된 문화가 발견되었을 때 이를 전파에 의한 것으로 설명하는 전파론과는 달리 인류가 공통된 특성을 가지기 때문에 서로 떨어진 지역에서도 비슷한 문화적 발전 단계를 거친다는 문화진화론의 논리적 근거가 된다.

아누비스 (Anubis). 고대 이집트 신화에 나오는 신이다. 피라미드의 여러 문서에는 태양신 라(Ra)의 넷째 아들로 기록되어 있으나 후대에 와서는 오시리스(Osiris)와 네프티스(Nephthys: 이집트 9주신 중 하나인 세트의 아내)의 아들로 나타난다. 저승으로 향하는 문을 열어 죽은 자를 오시리스의 법정으로 인도하며 죽은 자의 심장을 저울에 달아 살아생전 행위를 판정하는 역할을 맡았다. 외양은 검은 표범 또는 개의 머리에 피부가 검은 남자 또는 자칼의 머리를 한 남자의 모습 등으로 표현된다.

아르팡 (*arpents*). 길이 및 넓이의 단위로 국제 표준단위는 아니다. 가장 널리 쓰이는 것은 북아메리카의 프랑스인이 사용하는 것으로 180프랑스피트에 해당하며, 국제 표준단위로 환산하면 약 58.47m에 해당한다.

아리아족 (the Aryan). 선사시대에 이란과 인도 북부 지역에 살던 민족. 이들의 언어인 아리아어에서 인도-유럽어가 비롯되었다. '아리아'는 '고귀한'이라는 뜻의 산스크리트어에서 유래했으며 19세기까지 '인도-유럽'이라는 말과 동의어로 쓰였다. 19세기에는 인도-유럽어를 사용하는 민족이 셈족이나 황인종, 흑인종에 비해 도덕적으로 우월하며 인류 진보에 결정적으로 기여한 인종으로 알려져, 나치의 유대인·집시 등 '비아리아족' 제거 정책으로 오용되었다.

아몬 (Amun, Amon). '숨겨진 자'라는 의미로 하늘의 신이자 태양의 신이다. 이집트 만신전의 우두머리신으로 여겨진다. 원래는 테베의 지방신으로 테베의 정치적 위상이 높아지면서 아몬 숭배 역시 널리 퍼졌다. 신왕국에 이르러서는 헬리오폴리스의 태양신 '라'와 한 몸이 되어 아몬-라가 되었으며 신들의 왕이자 파라오의 수호신으로 여겨진다.

아스클레피오스 (Aesclepios). 그리스-로마 신화에서 의술의 신이다.

아이네이아스 (Aeneas). 그리스-로마 신화에 나오는 영웅으로 트로이 왕족인 앙키세스와 여신 아프로디테의 아들이다.

아이톨리아인 (Aetolians). 그리스 중서부 아이톨리아 지방에 살던 종족으로 서기전 4세기 중엽 아이톨리아 동맹을 결성하여 힘을 보강해 마케도니아와 대립했다.

아크로폴리스 (Acropolis). 그리스 도시국가의 중심지에 있는 언덕으로 신전이 세워지는 곳이다.

아톰(Atum). 태초에 있었던 바다 눈(Nun)에서 태어난 이집트의 창조신이다.

아틀란티스(Atlantis). 대서양에 있었다는 전설상의 대륙으로 플라톤이 《크리티아스》와
《티마이오스》에서 아틀란티스 전설에 관해 설명한다. 서기전 9500년 아틀란티스
는 헤라클레스의 기둥(지브롤터 해협)의 바깥쪽 대해(大海) 가운데 펼쳐져 있었다.
풍부한 산물과 주변의 여러 나라에서 들어오는 무역품이나 전리품은 대륙을 크게 번
영하게 했으나 어느 날 심한 지진과 화산 활동으로 하루 밤낮 사이에 바다 속으로
가라앉고 말았다. 아틀란티스의 전설은 중세 후기 이후의 대서양 탐험, 나아가서는
아메리카 대륙 발견의 원동력이 되기도 했다.

아폴론(Apollo). 그리스 신화의 광명, 의술, 예언, 가축의 신이다. 올림포스 12신 중 하
나로 제우스와 레토의 아들이며 여신 아르테미스와는 쌍둥이 자매다.

아프리카 전쟁(*African War*, 서기전 48~47). 이집트의 클레오파트라 7세와 프톨레마이오
스 13세 간의 왕위계승 전쟁에 카이사르가 참여하면서 발발한 전쟁으로 알렉산드리
아 전쟁이라고도 한다.

알로브로게스족(Allobroges). 서기전 1세기경 현재의 론 강 유역을 지배했던 호전적 성향
으로 잘 알려진 갈리아 부족이다. 그리스 역사가인 폴리비오스에 의해 최초로 기록
되었다.

알비파(Albigenses). 이단의 추종세력을 일컫는 말로 카타리파(Cathari)라고도 한다. 발
칸 반도, 북이탈리아, 남프랑스 등지를 거쳐 12세기 중엽 프랑스 툴루즈 지방의 알
비에 전파되면서 세력을 크게 떨쳤다. 마니교적 이원론에 바탕을 둔 교리로 기독교
의 신은 영적인 것만을 창조했으며, 반신(反神)인 악마는 신에게 반기를 든 인간을
물질 속에 가두었으므로 인간은 물질적인 것으로부터 해방되어야 구원을 받을 수 있
다고 가르쳤다. 금욕적 계율을 지켰으며 대중 앞에서의 성서 낭독과 통과의례 등을
중시했다. 특히 통과의례를 통하여 일반 신자는 완전한 자, 즉 '카타리'가 되었다.
교회에서는 이들의 이단에 맞서 이단 심문제도를 만들었으며, 또한 이들의 융성은
탁발수도회의 발달을 가져오기도 했다.

야곱의 사다리(*Jacob's ladder*). 창세기 28장 10~12절에 나오는 이야기로, 형의 장자권
을 훔친 야곱은 형의 보복을 피해 집을 떠난다. 하란을 향해 가는 길에 야곱은
하늘에 닿는 층계로 천사들이 오르락내리락하는 꿈을 꾸는데, 즉 야곱의 사다
리란 하늘에 이르는 길을 의미한다.

야만인(*babarians*). 야만인 개념은 문화의 발전 가능성을 상정하지 않은 채, 즉 시간이 아
무리 흘러도 야만 상태에 머무르는 사람들을 가리키는 것으로 인종차별의 근거가 되
기도 한다. 문화진화론이란 측면에서 볼 때 원시인은 문화의 발전 단계상 초기 단계
에 해당되는 사람들로서 시간이 흐르면 문명단계로 발전할 수 있는 존재이며, 유럽
인 역시 이 원시인 단계에서 발전한 것으로 본다.

얀센파 (Jansenist). 네덜란드의 신학자 얀센이 주장한 교리를 받아들인 세력으로 이 교리
　　는 성 아우구스티누스의 은총, 자유의지, 예정구원설에 대한 엄격한 견해를 발표하
　　여 주로 프랑스에서 큰 논쟁을 일으켰다. 1713년 로마 교황에 의해 이단 선고를 받
　　고 소멸하였다.

에덴문서 (*Eden literature*). 에덴동산의 위치를 찾아내고 묘사하려는 저술들을 통칭한다.

에우티데모스 (Euthydemos). 크세노폰의 저서에 소크라테스와 함께 등장하는 인물이다.

에피메테우스 (Epimetheus). 그리스 신화에서 등장하는 프로메테우스의 동생이자 판도라
　　의 남편이다.

엔키 (Enki). 수메르 신화에 등장하는 에리두 시의 물의 신으로 안, 엔릴, 닌후르사그가
　　함께 만들었다.

영지주의 (靈知主義, *gnosticism*). 고대에 존재했던 혼합주의 종교운동 중 하나다. 정통파
　　기독교가 믿음을 통해 구원이 가능하다 주장한다면, 영지주의에서는 앎(*gnosis*)을
　　통해 구원이 가능하다 주장한다는 데 본질적 차이가 있다.

예정조화 (豫定調和, *preestablished harmony*). 독일의 철학자 라이프니츠의 중심 사상인 형
　　이상학적 개념이다. 그는 모든 존재의 기본으로서의 실체를 '모나드'(*monade*)라고
　　명명했다. 이 모나드는 우주 속에 무수히 존재하지만 저마다 독립적이고 상호 간에
　　아무런 인과관계도 없다. 그럼에도 불구하고 이와 같은 모나드로 이루어진 우주에
　　질서가 있는 것은 신이 미리 모든 모나드의 본성이 서로 조화할 수 있도록 창조했기
　　때문이다. 이것이 예정조화라는 사상이다.

왕립학회 (Royal Society). 영국 런던에 있는 왕립 자연과학학회이다. 1660년에 창립되어
　　찰스 2세의 윤허로 왕립학회의 형태를 갖춘 것으로 자연과 기술에 대한 유용한 지식
　　의 보급과 이에 기초한 합리적 철학 체계의 건설을 목적으로 하여 영국 과학의 중심
　　기관으로 성장했다.

우의 (*allegory*). '다른 이야기'라는 뜻인 그리스어 알레고리아(*allegoria*)에서 유래했다. 추
　　상적 개념을 직접 표현하지 않고 다른 구체적 대상을 이용하여 표현하는 문학 형식
　　이다. 주로 의인화하는 경우가 많다. 중세의 도덕우의극(道德寓意劇)이나 《장미
　　이야기》, 스펜서의 《페어리퀸》, 존 번연의 《천로역정》 등이 대표적이다. 지나치게
　　유형적이며 교훈적이라는 이유로 현대 작가들은 사용을 꺼리지만 정치나 종교를 문
　　제로 할 때에는 유효한 형식이며 현대 문학에서도 넓은 의미에서 '우의적'이라고 할
　　수 있는 작품도 많다.

우주화 (*cosmicized*). 미르치아 엘리아데의 주요 개념이다. 미지의 장소, 이질적 장소, 점
　　령되지 않은 장소를 인간이 점령함으로써 우주 창조를 의례적으로 반복하여 그 장소
　　를 상징적으로 우주로 변화시키는 일을 말한다. 하나의 영역은 그것을 새롭게 창조
　　하고 정화함으로써 비로소 인간의 것이 된다. 어떤 장소에 정착하여 그곳을 조직하
　　고 거기에서 산다는 것은 하나의 실존적 선택, 즉 그것을 '창조함으로써' 받아들이는

우주의 선택을 전제하는 행위다. 그러므로 그것은 성스러운 신들의 작업에 참여하는 것이다.

유명론(*nominalism*). 보편은 이름뿐이고 실재하지 않는다는 이론이다. 중세를 관통하는 흐름인 실재론〔보편은 실재하며(성 아우구스티누스), 보편은 개체 안에 실재한다(아퀴나스)〕과 충돌하며 11~12세기에 벌어진 보편논쟁의 한 축을 이룬다.

유피테르(*Jupiter*). 로마 신화 최고의 신으로 그리스 신화의 제우스에 해당된다. 이 책 원문에는 영어식 표기인 조브(Jove)로 표기되었다.

이로쿼이족(*Iroquois*). 북아메리카 동부 삼림 지대에 거주하는 아메리카 인디언이다.

이스라엘의 10지파(*ten tribes of Israel*). 아브라함의 아들 이삭이 낳은 둘째 아들 야곱이 낳은 열두 아들이 이스라엘 민족의 12부족을 이루어 부족연합체로 존재하다가 사울 왕, 다윗 왕, 솔로몬 왕이 다스린 왕국 시대가 마감되면서 유다(남왕국) 2지파와 이스라엘(북왕국) 10지파 이렇게 두 나라로 갈라진다. 북왕국은 서기전 722년 아시리아에 의해, 남왕국은 서기전 586년 바벨론에 의해 멸망한다.

이신론(理神論, *deism*). 18세기 계몽주의 시대의 대표적인 기독교 사상이다. 성서를 비판적으로 연구하고 계시를 부정하거나 그 역할을 현저히 후퇴시켜 기독교의 신앙 내용을 오로지 이성적 진리에 한정시킨 합리주의 신학의 종교관이다. 1696년 영국에서 톨런드와 틴들이 주장했고, 이어 프랑스에 이입되어 볼테르와 디드로, 루소 등이 제창하여 유럽 각지에 퍼졌다.

이중진리 교의(*doctrine of the double truth*). 중세 말기 스콜라철학에서 신앙과 지식의 관계에 대한 이중적 사고의 하나이다. 자연적/초자연적 진리 또는 이성적/계시적 진리의 두 가지 진리가 모순 없이 독립적으로 병존한다고 생각했다.

일원론(*monism*). 여기서의 일원론은 하나의 근본적 물질이 운동 및 변화하여 생긴다고 주장했던 서기전 6세기경 이오니아학파의 일원론을 말한다. 파르메니데스의 엘레아학파는 많은 것의 존재와 운동 변화의 존재를 부정하고 감각을 미망이라 규정함으로써 일원론을 부정했다.

자연신학(*natural theology*). 자연은 신의 계시를 드러내는 증거이므로 계시가 반이성적인 것이 아닌 신학의 지적 전통에 포함될 수 있다는 여러 신학 사상 중 하나이다. 즉, 자연(계시)을 신학 연구의 중요한 재료로 보는 견해이다. 자연은 계시로써 종교적 경험이 된다. 이에 비해 물리신학은 물리학에 기초한 신학의 형태로 자연의 가공자로서의 신이라는 개념을 내세운다. 자연은 계시가 아니라 물질 혹은 물리 그 자체이며 물질로서의 자연을 만든 존재가 신이라는 주장을 내세우기 때문에 일종의 신 존재 증명으로 생각되기도 한다. 근세에는 과학에 대한 기독교의 탄압에 대항하는 수단으로 이용되기도 했다.

자연종교(*natural religion*). 계몽주의 시대에 있었던 합리주의적 종교로 인간의 자연적 이성이나 통찰에 바탕을 두었다. 이는 계시종교(*revealed religion*)에 대립되는 것으로

계시가 아닌 자연 또는 이성에 의한 진리를 중시한다. 흄이나 디드로는 모든 계시종
교를 이단이라고 반박하면서 인간 정신으로부터 자연발생적으로 우러나오는 자연종
교를 주장하며 무신론으로 기울었다. 반면 계시종교는 신이 인간에게 무엇인가를
직접 드러낸다는 데서 유래한 말로 계시는 곧 '신의 말씀'이다.

쟈댕 데 플랑테(Jardin des Plantes). 파리국립자연사박물관의 전신으로 루이 13세 치하의
1626년에 설치된 약초원이 그 기원이다. 1793년에 국민의회의 포고에 의하여 설립
되었다. 동물원·식물·비교 해부·곤충·지학관 등으로 된 박물관이며, 동식물
및 지학에 관하여 주요 소장품이 있다. 뷔퐁, 라마르크, 퀴비에, 아유이 등의 식물
학·동물학·지학의 많은 선구자가 이 박물관에서 배출되어 자연사학 연구의 중심
적 역할을 했다.

쟈댕 뒤 로이(Jardin du Roy). 프랑스의 식물원으로 '왕의 정원'이라는 의미이다. 이후에
는 '라 사반느'(La Savane)로 개칭되었다. 최초의 개설 목적은 식민지 등에서 새로
가져온 식물에 대한 과학적 실험을 수행하는 것이었다.

조형적 자연(*plastic nature*). 자연 자체가 전개하는 형성 활동을 신이 이룩한 세계 창조의
모방으로 간주하는 사상이다.

찰흔(擦痕, *striations*). 빙하가 암석 위를 이동하면서 파낸 홈 자국이다.

체액설(*theory of humors*). 히포크라테스는 인간의 체액을 혈액·점액·담즙·흑담즙으로
나누었는데, 이 네 가지 체액은 인체 내에서 균등하게 존재하지 않고 어느 하나에
치우쳐 불완전한 기질을 가지며 주도적인 체액에 따라 사람의 기질이 결정된다고 보
았다. 이에 따라 사람의 기질을 다혈질, 점액질, 흑담즙질, 담즙질로 나눴다. 다혈
질은 활발하고 쾌활하며 사교적이나 쉽게 화를 낸다. 담즙질은 모험적이며 지도자
형이나 교만하고 참을성이 없다. 흑담즙질은 분석적이고 사려 깊으나 비관적이다.
점액질은 자기 통제적이고 복종적이며 소심하고 무관심하다.

충만의 원리(*principle of plentitude*). 우주가 존재의 종류에서 최대한의 다양성을 보이면서
빈틈없이 가득 차 있다는 원리로, 미국의 사상가인 러브조이(Lovejoy)가 초기 그리
스 시대부터 18세기까지의 역사를 서술한 《존재의 대사슬: 사상사 연구》에서 명명
한 원리이다.

충분 이유의 법칙(*the law of sufficient reason*). '충분 이유의 원리'라고도 하는데 발생하는
어떤 것이든지 명확한 이유를 가진다는 원리로 라이프니츠가 주장했다. 이는 설명
되지 않는 어떤 사건을 야기하는 '외부'를 인정하지 않는 폐쇄적 시스템으로 세계를
간주하는 관점이다.

치품천사(熾品天使, Seraph). 천사의 9계급 중 1계급의 천사다.

카르투지오 수도회(Carthusians). 1084년 쾰른의 성 브루노가 프랑스 그르노블 북쪽 샤르
트뢰즈 계곡에 세운 수도회이다. 11, 12세기의 수도원 개혁운동에서 중요한 역할을
했으며 고독한 은수자 생활과 수도원의 공동생활을 병행했다. 이들은 기도, 연구,

식사, 취침을 모두 각자의 방에서 하며 밤 기도·아침 미사·저녁 기도 때만 교회에 모인다. 일요일과 대축일에는 함께 모여 식사를 하면서 대화의 시간을 가지며 1주일에 한 번씩 먼 거리를 함께 산책한다. 그들은 거친 모직셔츠를 입고 고기를 전혀 먹지 않으며 금요일과 다른 축일에는 빵과 물만 먹는다. 평신도 형제들의 생활도 엄격했고 공동체를 이루어 생활했다. 수도원 본부는 그랑 샤르트뢰즈라고 불렸는데 평신도 형제들은 이곳의 이름을 딴 리큐르(술)를 증류하여 얻은 이익금을 이웃 종교단체와 자선기관에 나누어주었다. 프랑스와 이탈리아에 몇 개의 수녀원을 가진 카르투지오 수녀회의 수녀들도 속세와 접촉을 끊은 채 엄격한 수도와 명상 생활을 했다. 카르투지오 수도회는 천천히 퍼졌으나 1521년에는 유럽의 모든 가톨릭 국가에 195개 정도의 수도원이 생겨났다. 수도회 수사들 중에서 독거 생활을 하는 이들은 많지 않았는데, 그들에게 중요한 것은 공동체 신앙생활이다.

카페 왕조(Capetian). 중세 프랑스의 왕조로 보통은 직계 카페 왕조(987~1328, 14대)를 가리키나, 광의로는 그 후의 방계, 즉 발루아 왕조(1328~1498, 7대)·발루아 오를레앙 왕조(1498~1515, 1대)·발루아 앙굴렘 왕조(1515~1589, 5대)·부르봉 왕조(1589~1793, 1814~1830, 7대) 등도 포함한다. 직계 카페 왕조는 초대 위그 카페에서 비롯되어 처음에는 봉건사회 속에서 취약한 왕권을 갖는 데 불과했으나 12세기 전반 루이 6세 무렵부터 활발해져서 동세기 말부터 13세기에 걸쳐 필리프 2세, 루이 9세 시대에 집권화하기 시작해 국내로부터 영국의 왕실 세력을 크게 후퇴시키고 국내의 왕령화를 적극적으로 촉진했다. 13세기 말부터 14세기 초 필리프 4세 때에는 권력도 증대되어 행정기구의 정비와 함께 사실상의 국가 통일이 처음으로 실현되었다.

케레스(Ceres). 그리스 신화의 데메테르에 해당하는 로마의 신으로 풍작의 여신이다.

케크롭스(Kekrops). 그리스 신화 속 아티케의 최초 왕으로, 상반신은 인간이며 하반신은 뱀 또는 용의 모습이다.

코이네어(κοινή, koine). 고대 그리스어는 많은 방언으로 나누어져 있었으나 그중에서도 아테네는 훌륭한 문학을 가져 서기전 5세기에는 아테네의 아티케 방언에 의한 고전 시대가 출현했다. 서기전 4세기에 이르러 그리스인의 국가의식이 커지고 공통어를 필요로 할 때 우수한 문화를 가진 아티케의 방언을 중심으로 하고 산문에 우수한 이오니아 방언을 추가하고, 여러 방언에 공통적인 요소를 추출해 덧붙여 만든 공통어가 바로 코이네어이다. 서기전 3세기 이후에는 동부 지중해 일대에서 사용했고, 더 나아가 로마제국의 광대한 지역에서 라틴어와 함께 고대 사회의 공통어가 되었다. 신약성서의 언어이며 현대 그리스어의 근원이다.

콜키스(Colchis). 그리스 신화에 등장하는 황금 양털의 나라. 흑해 동쪽 연안의 지역으로 현재 그루지야공화국 일대이다.

큐빗(*cubit*). 고대 이집트·바빌로니아에서 사용된 길이 단위로 팔꿈치에서 중지 끝까지의 길이를 기준으로 하며 약 17~21인치에 해당한다.

킴브리족(Cimbri). 게르만족의 일파이다. 유틀란트 반도 북부에서 남하하여 서기전 2세기 말부터 테우토니족과 함께 갈리아에 침입했다. 서기전 113년 노리쿰 지방에서 로마군을 격파한 후, 론 강 유역에 들어가 서기전 105년 아라우시오에서 로마군을 격퇴시키고 에스파냐에 들어갔다. 그 후 이탈리아에 침입했으나 서기전 101년 북이탈리아의 베르켈라이 전투에서 로마의 장군인 마리우스에게 격멸당했다. 소수는 갈리아 북부에 정주했다.

테세우스(Theseus). 그리스 신화에 나오는 아티케의 영웅이다. 크레타 섬의 미궁에서 괴수 미노타우로스를 물리치고 아마존을 정복하여 아테네를 융성하게 했다고 한다.

토마스주의(*Thomism*). 아퀴나스 사상에 토대를 둔 신학의 사상 체계, 이를 계승한 사상가들을 통칭하는 표현이다. 프란체스코학파나 예수회와 대립한다.

툴리우스(Servius Tullius, ?~?). 서기전 578~534년경에 활동한 전설적인 로마 7왕 중 제6대 왕.

트리엔트 종교회의(*Council of Trent*). 루터의 종교 개혁운동으로 로마 가톨릭교회가 오스트리아의 트리엔트(현재는 이탈리아의 트렌트)에서 소집한 종교회의로 1545년부터 1563년에 걸쳐 이루어졌다.

팔라스(Pallas). ① 가이아가 낳은 거인 중 하나이다. 그중 가장 힘이 세다고 하나 아테나에 의해 죽임을 당한다. 팔라스의 가죽으로 방패를 만들고 그의 날개를 신발에 매달은 아테나는 팔라스의 뒤를 이었다고 하여 팔라스 아테나로도 불린다. ② 12티탄 중하나인 트리오스를 아버지로 하며 저승에 흐르는 강의 신 스틱스와 결혼하여 승리의 여신 니케, 경쟁심을 뜻하는 젤로스, 폭력을 뜻하는 비아, 권력을 뜻하는 크라토스를 낳은 신이다.

펠로폰네소스 전쟁(*Peloponnesian War*). 서기전 431년부터 서기전 404년까지 아테네를 중심으로 하는 델로스 동맹과 스파르타를 중심으로 하는 펠로폰네소스 동맹이 벌인 싸움으로 스파르타가 승리했다.

푸거 가(*Fugger*). 16세기에 번영한 독일 아우구스부르크의 거상 집안이다.

프레몽트레 수도회(Premonstrants). 훗날 마그데부르크의 대주교가 되는 성 노르베르토가 1120년 리옹 근교 프레몽트레에 설립했던 수도회이다.

프로메테우스(Prometheus). 그리스 신화에 나오는 티탄족 이아페토스의 아들이다. 제우스가 감춘 불을 훔쳐 인간에게 줌으로써 인간에게 맨 처음 문명을 가르친 이로 알려져 있다.

프리아푸스(Priapus). 고대 그리스 신화의 신. 아프로디테와 디오니소스의 아들로 번식력과 자연 생성력의 신으로 숭상되었다.

프타(Ptah). 이집트의 신이다. 우주의 창조신, 가축의 신으로도 불리며 그리스 신화의 불과 대장장이의 신인 헤파이스토스와 동일시된다.

프톨레마이오스 왕조 (Ptolemaios Dynasty). 헬레니즘 시대에 이집트를 지배한 마케도니아인 왕조(서기전 305~30). 프톨레마이오스 1세에 의하여 창건되고 왕가는 마케도니아 귀족의 혈통을 이어받았다. 프톨레마이오스 1세에 의하여 발전의 기틀이 잡힌 왕조는 프톨레마이오스 2, 3세 시대에 확대 발전하여 번영을 구가했고 수도 알렉산드리아는 헬레니즘 문화의 중심이 되었다. 그러나 그 뒤 내분, 내란, 외정의 실패 등에 따라 점차 쇠퇴했으며 특히 서기전 2세기 초 로마와 접촉하고부터 차차 로마 동방 진출의 제물이 되어 결국 서기전 30년 클레오파트라 7세와 프톨레마이오스 15세(클레오파트라와 카이사르의 아들로 카이사리온이라고도 한다)의 죽음으로 멸망했다.

헤르메스 트리스메기스투스 (Hermes Trismegistus). 이집트의 지혜의 신 토트(Thoth)를 자신들의 신 헤르메스와 동일시했던 그리스인이 토트의 위대한 지혜를 찬미하기 위해 토트에게 부여한 그리스식 이름이다. 트리스메기스투스는 '세 배나 위대한'이라는 뜻이다.

헤파이스토스 (Hephaistos). 그리스 신화에서 불, 대장장이 일, 수공예를 관장하는 신을 뜻한다.

헬베티아인 (Helvetii). 켈트족 일파이며 스위스의 원주민이다.

호엔슈타우펜 왕조 (Hohenstaufen). 독일의 귀족 가문 중 하나로 1138년부터 1254년까지 독일의 왕, 황제 및 슈바벤 공작을 배출한 가문이다. 1194년부터는 시칠리아 왕도 배출했다. 가문의 이름은 그들이 소유한 성의 이름인 슈타우펜에서 유래했다. 슈바벤 가문이라 부르기도 한다.

호텐토트인 (Hottentot). 아프리카 나미비아 남부의 유목민족. 작은 키가 특징이다.

황진지대 (*dust bowl*). 1930년대(특히 1935년에서 1938년 동안) 미국에서 모래폭풍이 심하게 발생했던 미시시피 강 서부(오클라호마 주, 아칸소 주, 미주리 주, 텍사스 주 등)의 건조한 평원 지대를 일컫는다. 집약적 경작으로 인해 토양 침식이 악화되는 와중에 대공황 시기 및 자연재해와 결합되면서 이 지역에서 살던 80만 명에 달하는 사람들이 캘리포니아 쪽으로 이주하지 않을 수 없었으며 환경 변화 문제에 대한 인식을 높이는 계기가 되었다.

흑인의 벗 협회 (Société des Amis des Noirs). 1788년 파리에서 설립되었으며 노예무역이나 노예제를 비판하고 이들의 해방을 주장했다. 프랑스에서는 프랑스혁명 때에도 노예제 폐지가 실현되지 않았으나, 1804년 노예와 혼혈인(물라토)에 의한 반란에 성공하여 아이티공화국의 독립이 선포되어 사실상 노예무역의 의미가 없어졌고, 1814년에 체결된 영국과의 협정에도 1819년 이후의 노예무역 폐지가 명문화되었다. 그 후 1836년 7월에 노예의 해방이 실현되었다.

A. M. (*Anno Mundi*). 영문으로는 in the year of the world의 약자로 세계가 창조된 날을 기준으로 정해진 달력이다. 헤브루의 달력에서는 서기전 3760년에 세계가 창조되었다 보고 이를 기준으로 년도를 계산했다. 이 달력은 초기 기독교 연대학자들에

의해 사용되었다. 그러나 어셔 대주교(James Ussher, 1654)의 경우는 지구가 창조된 날을 서기전 5509년이라고 말하기도 했다.

100년 전쟁(*Hundred Years' War*). 중세 말기에 영국과 프랑스가 벌인 전쟁으로 프랑스를 전장으로 하여 여러 차례 휴전과 전쟁을 되풀이하면서 1337년부터 1453년까지 116년 동안 단속적으로 지속되었다.

2차적 원인(*secondary cause*). 기독교신학에서는 하느님을 만물의 창조자, 즉 제일 원인으로 보았다. 하지만 하느님은 세상만사에 직접적으로 작용하기보다는 규칙 또는 중간적 원인을 통해 작용한다. 이 중간적 원인이 이차적 원인이며 이를 연구하는 것이 자연학의 과제로 여겨졌다(에른스트 캇시러 저, 최명관 역, 1988, 《국가의 신화》, 서광사 참고).

3궁(三宮, *triplicity*). 점성술에 나오는 12궁 중 서로 120도씩 떨어진 3궁을 말한다.

4원소설(*theory of 4 elements*) 모든 물질이 불, 공기, 물, 흙이라는 4가지 기본 원소들로 이루어졌다는 주장이다. 탈레스를 비롯한 고대 그리스 철학자들은 물질을 이루는 기본 물질을 찾아 그것으로 물질의 본질을 설명하려고 했다. 서기전 400년경 엠페도클레스가 처음으로 모든 물질은 불, 공기, 물, 흙이라는 4가지 기본 원소들의 합성물이며, 사물은 이 기본 원소의 비율에 따라 형태를 바꿀 뿐 어떤 사물도 새로 탄생하거나 소멸하지 않는다고 생각했다. 이후 4원소설은 플라톤과 아리스토텔레스에게로 계승되었으며, 데모크리토스의 원자론에도 영향을 주었다.

4원인설(*four causes*). 아리스토텔레스는 세계가 질료와 형상으로 구성된다고 생각했으며 질료와 형상으로 이루어진 실체의 운동 원인을 네 가지로 설명한다. 이것이 아리스토텔레스의 네 가지 원인으로 ① 실체로서 사물로 하여금 사물이게끔 하는 것(형상인), ② 사물의 질료이며 기본이 되는 것(질료인), ③ 사물의 운동이 시작되는 처음(동인), ④ 일의 생성이나 운동이 목표로 하는 종국적 의미(목적인)가 그것이다.

클래런스 글래컨(Clarence James Glacken, 1909~1989)

미국의 문화지리학자로 캘리포니아 버클리대학 지리학과에서 20여 년간 교수로 재직했다. 존스홉킨스대학에서 논문 "거주가능한 세계에 대한 사고"로 박사학위를 받은 이래 서구사상에 나타나는 자연과 문화의 관계를 평생의 연구 주제로 삼았다. 그 대표작이 《로도스 섬 해변의 흔적: 고대에서 18세기 말까지 서구사상에 나타난 자연과 문화》(1967) 이다. 이 책은 당시로서는 드물었던 지리학, 신학, 철학, 과학, 예술 등을 포괄하는 광범위한 융합적 접근을 시도함으로써 지리학뿐만 아니라 학계 전체의 고전으로 꼽힌다. 그는 1945년부터 1946년 동안에는 미군정 보건복지국 부사관으로 근무하면서 우리나라와도 특별한 인연을 맺었는데 이때 우리나라의 삼림황폐화 문제를 연구하기도 했다.

심 승 희

서울대 사범대학 지리교육과에서 학사·석사·박사 과정을 졸업했다. 현재 청주교대 사회과교육과 교수이다. 저서로는 《현대 문화지리의 이해》(공저, 2013), 《서울스토리》(공저, 2013), 《서울 시간을 기억하는 공간》(2004) 등이 있고, 역서로는 《지리사상사》(공역, 2015), 《장소》(2012), 《장소와 장소상실》(공역, 2005), 《공간과 장소》(공역, 1995) 등이 있다.

진 종 헌

서울대 지리학과와 동 대학원 석사 과정을 졸업했다. 이후 미국 UCLA 지리학과에서 문화경관 연구로 박사학위를 받았다. 현재 공주대 지리학과 교수이다. 저서로는 《현대 문화지리의 이해》(공저, 2013), 《현대 공간이론의 사상가들》(공저, 2013), *High Places: Cultural Geographies of Mountains, Ice, and Sciences*(공저, 2009), 《도시해석》(공저, 2006) 등이 있고, 역서로는 《문화정치 문화전쟁》(공역, 2011), 《현대문화지리학: 주요개념의 비판적 이해》(공역, 2011) 등이다.

최 병 두

서울대 지리학과와 동 대학원 석사 과정을 졸업하고, 영국 리즈 대에서 박사 학위를 받았다. 현재 대구대 지리교육과 교수로 있으며 존스홉킨스대와 옥스 퍼드대 객원교수를 지냈다. 최근 저서로는 《국토와 도시》(2016), 《창조경제 와 창조도시》(2016), 《자본의 도시》(2012), 《비판적 생태학과 환경정의》 (2010) 등이 있으며, 역서로는 《공간적 사유》(2013) 등이 있다.

추 선 영

서울신학대 기독교교육과를 졸업했다. 역서로는 《여름 전쟁》(2013), 《지속 가능한 개발에서 지속 가능한 번영으로》(공역, 2012), 《생태계의 파괴자 자 본주의》(2007), 《자연과 타협하기》(공역, 2007), 《환경정의》(공역, 2007), 《녹색사상사》(공역, 2004) 등이 있다.

허 남 혁

서울대 경제학과 학사·환경계획학과 석사 과정을 졸업하고 대구대 지리교육 과 박사 과정을 수료하였다. 대구대, 경북대, 단국대, 공주대에서 강의를 하 였고 현재 (재)지역재단 먹거리정책·교육센터 센터장으로 있다. 현대 농업 과 먹거리 문제에 대한 성찰과 대안 모색에 관심이 있다. 저서로는 《내가 먹 는 것이 바로 나: 사람, 자연, 사회를 살리는 먹거리 이야기》(2008), 《한국 사회문제》(공저, 2011)가 있고, 역서로는 《농업생명공학의 정치경제》(2007), 《자연과 타협하기》(공역, 2007), 《환경정의》(공역, 2007) 등이 있다.